NOUVEAU TRAITÉ
D'ARITHMÉTIQUE
DECIMALE,

Contenant toutes les opérations ordinaires du Calcul, les Fractions, l'Extraction des Racines;

LE SYSTÈME MÉTRIQUE,

Divers problèmes sur le titre des monnaies, les changes, les principes pour mesurer les surfaces et la solidité des Corps, etc.

ENRICHI D'UN GRAND NOMBRE DE PROBLÈMES A RÉSOUDRE POUR SERVIR D'EXERCICE AUX ÉLÈVES.

Par F. P. B.

ouvrage

APPROUVÉ PAR LE CONSEIL DE L'INSTRUCTION PUBLIQUE.

Quarante-deuxième Édition

CHEZ LES ÉDITEURS

TOURS

Ad MAME ET Cie

Imprimeurs-Libraires.

PARIS

Ve POUSSIELGUE-RUSAND

Rue Saint-Sulpice.

1853

Tout Exemplaire qui ne sera pas revêtu des trois signatures ci-dessous, sera réputé contrefait.

Les Éditeurs,

Les ouvrages suivants, par F. P. B., se trouvent aux mêmes adresses.

Abrégé d'Arithmétique décimale, 1 vol. in-18.
Abrégé de Géographie, 1 vol. in-18.
Abrégé de Grammaire Française, 1 vol. in-18.
Abrégé d'Histoire Sainte et d'Histoire de France, 1 v. in-18.
Abrégés réunis, 1 vol. in-18.
Chants pieux (Texte), 1 vol. in-18.
Le même livre (avec Musique), 1 vol. in-18.
Cours complet d'Histoire, 1 vol. in-12.
Cours d'Ecriture, 1 vol. in-4°.
Dictées et Corrigé des Exercices Orthograph., 1 vol. in-12.
Dictionnaire de la Langue Française, 1 vol. in-8°.
Exercices Orthographiques, 1 vol. in-12.
Géographie (Abrégé de), 1 vol. in-12 de 220 pages.
Géographie (Nouvel Abrégé de), 1 vol. in-12 de 652 pages.
Géométrie pratique, avec 400 gravures, 1 vol. in-12.
Grammaire Française élémentaire, 1 vol. in-12.
Lectures Instructives (autographiées), 1 vol. in-12.
Le même, caractères d'imprimerie en regard, 1 vol. in-12.
Nouveau Traité d'Arithmétique décimale, 1 vol. in-12.
Nouveau Traité des Devoirs du Chrétien, 1 vol. in-12.
Petit Traité du Style en général, 1 vol. in-12.
Solutions des Problèmes d'Arithmétique, in-12.
Syllabaire, in-18 de 144 pages.

PREFACE.

Cet ouvrage est divisé en trois parties. La 1re contient les définitions et la théorie des quatre règles et des fractions ordinaires; la 2e, un traité complet du système métrique, et la 3e la théorie des proportions et des règles qui en dépendent.

L'expérience a démontré qu'un grand nombre de jeunes gens, qui connaissent parfaitement la manière d'opérer les quatre principales règles de l'Arithmétique; sont cependant embarrassés pour en faire l'application aux problèmes qui leur sont proposés, s'ils renferment la moindre difficulté. Pour obvier à cet inconvénient, nous avons placé, à la suite de chaque partie, un grand nombre de problèmes d'application, pour servir d'exercice à leur intelligence et leur faire contracter l'habitude du calcul.

Pour atteindre ce but, il est essentiel qu'avant de passer à la solution des problèmes, les élèves étudient et comprennent bien les définitions et les raisonnements qui concernent la règle qui doit être appliquée; car les explications, indiquant la marche qu'il faut suivre, et s'oubliant difficilement lorsqu'elles sont bien saisies, deviennent des principes sûrs pour toutes les opérations dont elles sont la base fondamentale. Il est aussi très-important de ne pas faire passer les élèves à une règle qu'ils ne sachent parfaitement la précédente.

Nous avons placé à la suite de l'Arithmétique des principes généraux pour mesurer les surfaces et la solidité des corps, et divers problèmes sur les changes des monnaies, sur l'astronomie, etc.

Nous n'avons pas mis les réponses à la suite des problèmes, afin d'obliger les élèves à entrer dans le sens de la question au lieu de se borner seulement à chercher, par une combinaison quelconque des nombres proposés, un résultat semblable à celui qui serait désigné pour réponse. Cette mesure diminuera le travail du maître, qui, sans être obligé d'examiner la marche que les élèves auront suivie, pourra se contenter de leur demander le résultat de leur opération, et de le confronter avec celui qu'il sait être le véritable. Il aura néanmoins l'attention d'interroger les moins capables de chaque ordre les premiers, et d'empêcher les communications réciproques. Cependant, lorsqu'il s'agira d'un problème difficile, on pourra faire écrire la réponse sur le tableau noir, après que les élèves l'auront cherchée avec application pendant un temps suffisant sans avoir réussi.

Pour nous conformer aux intentions du Conseil de l'instruction publique, nous nous sommes abstenus, dans cette édition, de parler de l'ancien calcul.

Afin que le grand soin donné à la correction des épreuves devienne plus profitable aux élèves dans un ouvrage où une seule transposition de chiffres leur ferait perdre un temps précieux, l'éditeur tient cet ouvrage tout composé en caractères mobiles, comme tous ceux qui sont à l'usage des Ecoles chrétiennes, moyen qui présente le double avantage de rectifier les erreurs qu'on nous signalerait, et de n'en point faire aux éditions subséquentes.

CHIFFRES ROMAINS.

I, ou j.	V, ou v.	X, ou x.	L, ou l.	C, ou c.	D, ou d.	M, ou m.
1.	5.	10.	50.	100.	500.	1000.

I.	1	XXIX.	29
II.	2	XXXI.	31
III.	3	XXXIV.	34
IV.	4	XXXIX.	39
V.	5	XL.	40
VI.	6	XLVII.	47
VII.	7	XLIX.	49
VIII.	8	LI.	51
IX.	9	LX.	60
X.	10	LXXXI.	81
XI.	11	XCIV.	94
XII.	12	XCIX.	99
XIII.	13	CCCI.	301
XIV.	14	CD *ou* IV^{c}. (1)	400
XV.	15	DC *ou* IƆC. (2)	600
XVI.	16	CM.	900
XVII.	17	MC.	1100
XVIII.	18	MD.	1500
XIX.	19	MM *ou* II^{m}.	2000
XX.	20	MMM *ou* III^{m}.	3000
XXI.	21	DCCCXVI.	816
XXII.	22	X$_{\overline{m}}$.	10000000
XXIII.	23	C$_{\overline{m}}$.	100000000
XXIV.	24	MDCCXC.	1790
XXV.	25	MDCCCXXIX.	1829
XXVII.	27	MDCCCXXXVIII.	1838
XXVIII.	28	MDCCCXL.	1840

(1) Ici le C est pris soustractivement, mais on trouve rarement ce nombre écrit ainsi; on l'indique ordinairement par quatre C consécutifs: CCCC (400).

(2) Ici IƆ exprime 500, et CIƆ 1000; mais le premier nombre s'écrit ordinairement D, et le second M.

EXPLICATION

Des principaux Signes dont on fera usage dans cet Ouvrage.

Le signe *un.* signifie.	unité.
D.	demande.
R.	réponse.
P.	problème.
$-$.	moins.
$+$.	plus.
$\times$.	multiplié par.
$\frac{12}{4}$ ou $12 \gg 4$.	12 divisé par 4.
$=$.	égal à.
p^r $\frac{0}{0}$	pour cent.
x.	terme inconnu.
N^r.	numérateur.
D^r.	dénominateur.
D. C.	dénominateur commun.
:	est à.
: :	comme.
$\div$	progression arithmétique.
$\div\div$	progression géométrique.
$\sqrt[2]{}$	racine carrée à extraire.
$\sqrt[3]{}$	racine cubique à extraire.

NOUVEAU TRAITÉ
D'ARITHMÉTIQUE.

PREMIÈRE PARTIE.

PRINCIPES, OPÉRATIONS FONDAMENTALES ET FRACTIONS.

INTRODUCTION.

Origine de l'Arithmétique.

Quoique les besoins de la vie fussent beaucoup moins variés dans les premiers temps qu'ils ne le sont aujourd'hui, il est certain que, dès cette époque, il y avait peu d'hommes qui pussent se suffire à eux-mêmes et trouver, dans leurs possessions particulières, tout ce qui était nécessaire à leur bien-être. Cette insuffisance fut l'origine des échanges, qui, d'abord, ne purent se faire qu'en nature, c'est-à-dire que l'un donnait une partie des choses qu'il avait en abondance pour en recevoir d'autres dont il manquait, et réciproquement.

Cependant, les besoins s'étant multipliés, les échanges devinrent plus difficiles, surtout entre les populations éloignées les unes des autres ; ils seraient même devenus impraticables, si la nécessité de les continuer n'eût fait naître l'idée d'attacher à quelques métaux une valeur de convention, équivalente, en quelque sorte, à celle qui était attribuée aux choses en nature : telle fut l'origine des monnaies, qui, dès le principe, s'apprécièrent au poids, et les échanges faits de cette manière prirent le nom de ventes.

Les développements successifs du commerce rendirent

de jour en jour les ventes plus compliquées et les évaluations plus difficiles. On sentit le besoin de méthodes promptes et sûres pour les effectuer de manière à garantir les intérêts divers qui se trouvaient sans cesse compromis. Les recherches faites à ce sujet donnèrent des résultats satisfaisants pour l'époque ; on les perfectionna dans la suite, et l'on parvint enfin à établir des règles fixes et certaines, dont le résultat produisit la science qu'on appelle Arithmétique.

DÉFINITIONS PRELIMINAIRES.

* 1. L'Arithmétique est la science des nombres.

* 2. On appelle nombre l'expression du rapport d'une *grandeur* quelconque comparée à l'*unité*.

3. Par *grandeur* ou *quantité*, on entend tout ce qui est susceptible d'être augmenté ou diminué, comme les mesures, la valeur des choses, le temps, etc.

* 4. L'*unité* est la chose que l'on a en vue, comme terme de comparaison, lorsqu'il s'agit de compter combien il y en a de semblables dans une quantité.

Si, par exemple, il s'agit de mesurer une ligne, la longueur que l'on prendra, comme terme de comparaison, sera l'*unité*.

Si l'on veut savoir ce que pèse un objet, le poids que l'on emploiera, comme terme de comparaison, sera l'*unité*.

Si l'on veut compter les arbres d'une allée, les croisées d'une maison, etc., l'*unité* sera l'arbre, la croisée, etc.

* 5. Les nombres, en général, se divisent en nombres *abstraits* et en nombres *concrets*.

* 6. On appelle nombres *abstraits* ceux dont la nature de l'unité n'est pas déterminée.

Ils se partagent en trois classes, 1° ceux qui ne sont pas accompagnés de subdivisions, comme *six*, *neuf*, *douze,* etc. : on les nomme nombres *entiers* abstraits.

2° Ceux qui sont accompagnés de subdivisions, comme *six entiers vingt-cinq centièmes, — sept entiers cinq cent-quinze millièmes :* on les nomme nombres *décimaux* abstraits.

3° Enfin, ceux qui ne contiennent que des subdivisions, comme *soixante-quinze millièmes, — quarante centièmes*, etc. : on les nomme *fractions décimales abstraites*, ou parties décimales abstraites, et par abréviation *décimales.*

* 7. On appelle nombres *concrets* ceux dont la nature de l'unité est déterminée.

Ils se subdivisent aussi en trois classes, 1° ceux qui ne contiennent pas de subdivisions, comme *six mètres, neuf litres, douze francs :* on peut les nommer nombres *entiers concrets.*

2° Ceux qui sont accompagnés de subdivisions décimales, comme *six mètres cinquante centimètres, — neuf litres cinq décilitres, — douze francs vingt-cinq centimes :* on peut les nommer nombres *décimaux concrets.*

3° Enfin, ceux qui ne contiennent que des subdivisions d'entiers, comme *cinquante centimètres — cinq décilitres — vingt-cinq centimes :* on peut les nommer *fractions décimales concrètes.*

* 7 bis. 1° On appelle complexes les nombres concrets dont le système de décomposition n'est pas décimal, et dont les divisions respectives se rapportent à des unités différentes, comme 4 jours 6 heures 5 minutes, 8 degrés 40 minutes 30 secondes, etc.

* 2° Si ces nombres ne sont pas décomposés, on les appelle *incomplexes*, comme 4 jours, 8 degrés, etc.

Pour les fractions *ordinaires*, ou à *deux* termes, voir n° 82.

Questions sur les définitions préliminaires.

Qu'est-ce que l'arithmétique? 1. — *Qu'appelle-t-on nombre?* 2. — *Qu'entend-on par grandeur ou quantité?* 3. — *Qu'est-ce que l'unité?* 4. — *Comment divise-t-on les nombres?* 5. — *Qu'appelle-t-on nombres bstraits?* 6. — *Qu'appelle-t-on nombres concrets?* 7.

NUMÉRATION.

* 8. La *numération* est la partie de l'Arithmétique qui enseigne à *former* les nombres, à les *exprimer* et à les *représenter.*

9. Pour former les nombres on ajoute d'abord l'unité à elle-même, et l'on obtient le nombre *deux ; deux* plus *un* donne le nombre *trois ; trois* plus *un* donne le nombre *quatre ; quatre* plus *un* donne le nombre *cinq ;* ainsi des autres.

10. On *exprime* les nombres au moyen d'une petite quantité de mots qu'on appelle *noms de nombres :* c'est l'objet de la *numération parlée.*

11. On *représente* les nombres par quelques caractères particuliers appelés *chiffres :* c'est la *numération écrite.*

NUMÉRATION PARLÉE.

* 12. Les *noms de nombres* nécessaires à nos besoins sont : *un, deux, trois, quatre, cinq, six, sept, huit, neuf, dizaine* ou *dix, centaine* ou *cent, mille, million, billion, trillion,* etc.

13. On peut exprimer tous les nombres nécessaires avec cette petite quantité de mots, par les conventions et les combinaisons suivantes :

Les neuf premiers mots sont appelés *unités simples,* et par abréviation *unités ;*

Dix, égale neuf unités plus une unité ;

Cent, est la collection de dix dizaines ;

Mille, est celle de dix centaines ;

Million, celle de mille mille ;

Billion, celle de mille millions ;

Et Trillion, celle de mille billions.

Entre la première dizaine et la deuxième, on insère les neuf unités simples précédées du mot *dix,* de cette manière : *dix-un, dix-deux, dix-trois, dix-quatre, dix-cinq, dix-six, dix-sept, dix-huit* et *dix-neuf.*

L'usage a remplacé les noms des six premiers de ces

nombres par *onze*, *douze*, *treize*, *quatorze*, *quinze* et *seize*.

La réunion de deux dizaines a aussi été nommée *vingt*; celle de trois dizaines, *trente*; de quatre, *quarante*; de cinq, *cinquante*; de six, *soixante*; de sept, *soixante-dix*; de huit, *quatre-vingts*, et de neuf, *quatre-vingt-dix* (1).

Entre la deuxième dizaine et la troisième, entre la troisième et la quatrième.... la neuvième et la dixième, on place aussi les neuf premiers nombres, et l'on dit : *vingt et un*, *vingt-deux... vingt-neuf; trente... trente-neuf*, etc., jusqu'à *quatre-vingt-dix-neuf*.

CENT, qu'on appelle unité du troisième ordre, est *quatre-vingt-dix-neuf* plus un; et l'on compte par cents comme on a compté par unités : *un cent, deux cents*, etc. De la première centaine à la deuxième, de la deuxième à la troisième.... de la neuvième à la dixième, on insère les quatre-vingt-dix-neuf premiers nombres comme il suit : *cent un... cent cinquante-cinq... cent quatre-vingt-dix-neuf.... neuf cents.... neuf cent-soixante.... neuf cent-quatre-vingt-dix-neuf.*

MILLE, unité du quatrième ordre, est *neuf cent-quatre-vingt-dix-neuf* plus *un*.

On compte par mille, comme on a compté par unités, jusqu'à dix mille; entre chaque mille on insère les neuf cent-quatre-vingt-dix-neuf premiers nombres, et l'on dit : *mille-un... mille-soixante... mille-neuf cent-quatre-vingt-dix-neuf... deux mille... deux mille-vingt... neuf mille-neuf cent-quatre-vingt-dix-neuf.*

Ce nombre, plus *un*, forme l'unité du cinquième ordre appelée *dizaine de mille*, et l'on dit : *dix mille*, *onze mille... quinze mille... vingt mille... quatre-vingt-dix mille*. Plaçant entre chaque dizaine de mille tous les nombres inférieurs à dix mille, on arrive à *quatre-*

---

(1) Les expressions *onze*, *douze*... *vingt*... *cinquante*, etc., ne doivent pas être considérées comme augmentant la série des noms de nombres; elles ne sont qu'une seconde manière d'en exprimer quelques-uns.

vingt-dix-neuf mille-neuf cent-quatre-vingt-dix-neuf.

Ce dernier nombre augmenté d'*un* donne dix dizaines de mille, l'unité du sixième ordre, qui est appelée *centaine de mille*, et par abréviation *cent mille*. Comptant par *centaines de mille* comme on a compté par mille, et insérant entre chaque *centaine de mille* tous les nombres inférieurs à *cent mille*, on parviendra à *neuf cent-quatre-vingt-dix-neuf mille-neuf-cent-quatre-vingt-dix-neuf.*

MILLION, qui est l'unité du septième ordre, est ce dernier nombre augmenté d'un,

Comptant par millions comme on a compté par mille, et insérant entre chaque million tous les nombres qui lui sont inférieurs, on arrive à *dizaines de millions*, unité du huitième ordre.... *centaines de millions*, unité du neuvième ordre.... *neuf cent-quatre-vingt-dix-neuf millions-neuf cent-quatre-vingt-dix-neuf mille-neuf cent-quatre-vingt-dix-neuf.*

BILLION, qui est l'unité du dixième ordre, est ce dernier nombre plus un (1).

En suivant toujours la même marche, on arrive à *dix billions.... cent billions.... trillions.*

Ainsi que nous l'avons dit plus haut, avec ces noms de nombres, on peut calculer, et au delà, tous les objets que l'on peut avoir à compter (2). Cependant, si l'on voulait continuer la série, on dirait QUATRILLIONS, QUINTILLIONS, SEXTILLIONS, etc.

NUMÉRATION ÉCRITE.

* 14. Pour représenter les nombres, on emploie dix chiffres, dont les neuf premiers prennent les noms des unités simples; ce sont :

Un,	deux,	trois,	quatre,	cinq,	six,	sept,	huit,	neuf,	zéro.
1,	2,	3,	4,	5,	6,	7,	8,	9,	0.

---

(1) En termes de finances, on dit *milliard* au lieu de *billion*.

(2) La valeur du numéraire en circulation en Europe n'est que d'environ douze *milliards*.

15. Pour ne pas multiplier les signes numériques, on est convenu de donner à chacun de ces chiffres une seconde valeur qui dépendrait du rang qu'on lui ferait occuper, et que, commençant par la droite, le premier chiffre représenterait les *unités* simples ; le deuxième, les *dizaines ;* le troisième, les *centaines ;* le quatrième, les *mille ;* le cinquième, les *dizaines de mille ;* le sixième, les *centaines de mille ;* le septième, les *millions ;* le huitième, les *dizaines de millions*, etc....

Il faut donc au moins *deux* chiffres pour représenter les *dizaines*, *trois* pour les *centaines*, *quatre* pour les *mille*, *cinq* pour les *dizaines de mille*, *six* pour les *centaines de mille*, *sept* pour les *millions*, *huit* pour les *dizaines de millions*, *neuf* pour les *centaines de millions*, *dix* pour les *billions* ou *milliards*, etc.

Ainsi, par exemple, le nombre *quatre cent-vingt-trois mille-sept cent-cinquante-six* s'écrit 423.756 (quatre centaines de mille, deux dizaines de mille, trois mille, sept centaines, cinq dizaines et six unités).

Si, dans le nombre proposé, il y a quelque ordre d'unités qui ne soit pas exprimé, on le remplace par le zéro.

D'après ce principe, les nombres

dix, cent, mille, dix mille, cent mille, million s'écrivent 10, 100, 1,000, 10,000, 100,000, 1,000,000, puisque le chiffre 1 occupe le deuxième, le troisième, le quatrième, le cinquième, le sixième et le septième rang.

Et si l'on avait à représenter le nombre *trois cent-deux mille-quarante* unités, on écrirait 302,040, en mettant des zéros à la place des *dizaines de mille*, des *centaines* et des *unités* qui ne sont pas exprimées.

16. Pour écrire facilement en chiffres un nombre quelconque, on met d'abord autant de points que ce nombre doit avoir de chiffres ; on écrit ensuite chaque chiffre au rang qu'il doit occuper, et l'on met des zéros aux places vides, s'il y en a.

Soit le nombre *quatre billions-six millions-vingt-sept mille-cinq unités.*

Formez dix points, écrivez le 4 au rang des *billions*, le 6 au rang des *millions*, le 2 au rang des *dizaines de mille*, le 7 au rang des *mille* et le 5 au rang des *unités*, et mettez des zéros aux places vides de cette manière :

. ...

4.006.027.005

* 17. Pour énoncer aisément une quantité exprimée par un grand nombre de chiffres, on la partage, au moins par la pensée, en tranches de trois chiffres chacune, en commençant par la droite, et on leur donne les noms suivants : *unités*, *mille*, *millions*, *billions*, *trillions*, etc. ; la dernière tranche peut n'avoir qu'un ou deux chiffres.

Ainsi, le nombre 345|678|907|654|326 s'exprime en disant : trois cent-quarante-cinq *trillions* six cent-soixante-dix-huit *billions* neuf cent-sept *millions* six cent-cinquante-quatre *mille* trois cent-vingt-six *unités*.

* 18. On doit conclure de tout ce qui précède que les neuf premiers chiffres (14) ont deux espèces de valeurs, l'une absolue, qui est celle qu'ils ont étant considérés isolément, et l'autre relative, qui est celle que leur donne le rang qu'ils occupent; et que le dixième, qui est le zéro, n'a aucune valeur, puisque sa seule fonction est d'occuper les places vides (15).

Ainsi, dans 8042, la valeur absolue du premier chiffre à gauche est 8, et sa valeur relative 8 mille, parce qu'il est au quatrième rang ; la valeur absolue du troisième chiffre est quatre, et sa valeur relative 4 dizaines, parce qu'il est au second rang; le 2, qui occupe le rang des unités, n'a que sa valeur absolue, et le zéro occupe la place des centaines.

Questions sur la Numération.

Qu'est-ce que la numération? 8. — *Comment forme-t-on les nombres? — Comment exprime-t-on les nombres?* 10. — *Comment représente-t-on les nombres?* 11. — *Quels sont les noms de nombres?* 12.— *La petite quantité des mots affectés à la numération est-elle suffisante pour exprimer tous les nombres nécessaires?* 13.—*Combien emploie-t-on de chiffres pour représenter les nombres?* 14.—*Comment avec ces seuls chiffres peut-on représenter tous les nombres possibles?* 15.— *Indiquez une méthode facile pour écrire un nombre exprimé en langage ordinaire?* 16. — *Que fait-on pour énoncer aisément une quantité exprimée par un grand nombre de chiffres?* 17. — *Combien les chiffres ont-ils de valeurs?* 18.

DECIMALES.

* 19. On appelle décimales des parties dix fois, cent fois, mille fois, etc., plus petites que l'unité, et qui sont successivement de dix fois en dix fois plus petites les unes que les autres.

* 20. Les parties contenues dix fois dans l'unité se nomment *dixièmes;* les dixièmes de dixièmes, *centièmes,* parce qu'ils sont contenus cent fois dans l'unité; les dixièmes de centièmes, *millièmes,* parce qu'ils sont contenus mille fois dans l'unité; les dixièmes de millièmes, *dix-millièmes;* les dixièmes de dix-millièmes, *cent-millièmes;* les dixièmes de cent-millièmes, *millioniėmes;* les dixièmes de millioniėmes, *dix-millioniėmes;* les dixièmes de dix-millioniėmes, *cent-millioniėmes,* etc. (Voyez le tableau synoptique du système de numération, page 14.)

Comme on le voit, les décimales suivent le système de numération des entiers, mais en sens inverse; le dixième est dix fois plus petit que l'unité, tandis que la dizaine est l'unité répétée dix fois; le centième exprime la centième partie de l'unité, et une centaine est l'unité répétée cent fois, etc.

* 21. La formation des parties décimales est rendue sensible par l'exemple suivant :

Si l'on divise une *pomme* en dix parties égales, chaque morceau représentera la dixième partie de l'unité, qui est ici la pomme : si l'on divise ensuite chaque dixième en dix parties égales, on obtiendra des centièmes. Il en serait de même si, au lieu d'opérer sur une *pomme,* on opérait sur un *mètre,* sur un *litre,* sur un *gramme,* sur un *franc,* etc.

* 22. On écrit les nombres décimaux avec les mêmes caractères que les nombres ordinaires, mais en se conformant à la méthode suivante :

On écrit d'abord le nombre entier, à la droite duquel on met une virgule ; puis, allant de gauche à droite, on écrit successivement les *dixièmes*, les *centièmes*, les *millièmes*, etc.

Ainsi, le nombre 4 entiers 25 centièmes s'écrit 4,25.

S'il manque quelque ordre de décimales on le remplace par un zéro. Par exemple, le nombre 14 entiers 5 centièmes s'écrit 14,05, en mettant un zéro pour représenter les dixièmes : et 3 entiers 5 dixièmes 8 dix-millièmes se représentent par 3,5008.

Si dans le nombre proposé il n'y a pas d'entiers, on met 0 aux unités, et l'on donne aux décimales leurs places respectives.

Soient à représenter, 1° un dixième; 2° cinq dixièmes 8 centièmes; et 3° 5 millièmes, on écrira 0, 1 / 0,58, et 0, 005.

Si le nombre renferme beaucoup de chiffres décimaux, comme dans *sept cent-soixante mille-quatorze millioniémes*, on écrit d'abord le nombre comme s'il exprimait des entiers 760.014, ensuite on met 0 à la place des entiers, et l'on obtient 0,760.014.

* 23. Il y a quatre principales manières d'énoncer les nombres décimaux :

1° On exprime d'abord le nombre entier, et ensuite on réunit toutes les décimales sous une seule dénomination, qui est celle du premier chiffre à droite. De cette manière les nombres 4,75 et 7,4268 s'exprimeront 4 *entiers* 75 *centièmes*, et 7 *entiers* 4268 *dix-millièmes :* cette méthode est généralement adoptée.

2° On exprime d'abord le nombre entier, et ensuite les chiffres décimaux, en les désignant isolément. Par exemple, pour énoncer les nombres 4,75 et 7,4268, on dit 4 *entiers* 7 *dixièmes* 5 *centièmes*, et 7 *entiers* 4 *dixièmes* 2 *centièmes* 6 *millièmes* 8 *dix-millièmes*.

3° Quand il y a beaucoup de chiffres décimaux, on peut employer le procédé indiqué n° 17, en sens inverse, c'est-à-dire qu'après avoir divisé le nombre en tranches de trois chiffres, à partir de la virgule, on énoncera ensuite chaque tranche séparément en lui donnant le nom de la dernière espèce des unités qui la composent; cette dernière tranche pourra n'avoir qu'un ou deux chiffres.

Par cette méthode, le nombre 8,476965 s'énoncera 8 *entiers* 476 *millièmes* 965 *millioniémes*, et le nombre 3,60405, s'exprimera 3 *entiers* 604 *millièmes* 5 *cent-millièmes.*

4° On pourrait encore joindre les entiers aux décimales, et alors le nombre 4,75 ci-dessus s'énoncerait 475 *centièmes*, parce que 4 entiers égalent 400 centièmes; mais cette méthode n'est usitée que lorsqu'il s'agit d'exercer les élèves sur la numération.

Si le nombre ne contient pas d'entiers, on n'en fait aucune mention dans l'énoncé. Ainsi, on ne dit pas *zéro* entier 25 centièmes, mais simplement 25 centièmes, ainsi des autres.

* 24. Pourvu que la virgule qui sépare les *entiers* des chiffres décimaux ne soit pas déplacée, les *zéros*, en quelque nombre qu'on les écrive à leur suite, n'en changent point la valeur; les parties sont dix fois, cent fois plus nombreuses, mais elles sont dix fois, cent fois plus petites : il y a donc compensation.

Exemple : 0,25 *centièmes* deviennent, par l'addition d'un zéro, 0,250 *millièmes*; par celle de deux zéros, 0,2500 *dix-millièmes*; de trois zéros, 0,25000 *cent-millièmes*; mais la valeur du nombre est toujours équivalente à 25 *centièmes*.

TABLEAU SYNOPTIQUE DU SYSTÈME DE NUMÉRATION.

PROGRESSION CROISSANTE.																		PROGRESSION DÉCROISSANTE.										
Centes de quatrillions.	Dizaines de quatrillions.	QUATRILLIONS.	Centaines de trillions.	Dizaines de trillions.	TRILLIONS.	Centaines de billions.	Dizaines de billions.	BILLIONS.	Centaines de millions.	Dizaines de millions.	MILLIONS.	Centaines de mille.	Dizaines de mille.	MILLE.	Centaines.	Dizaines.	UNITÉS.	Dixièmes d'unité.	Centièmes.	MILLIÈMES.	Dix-millièmes.	Cent-millièmes.	MILLIONIÈMES.	Dix-millionièmes.	Cent-millionièmes.	BILLIONIÈMES.	Dix-billionièmes.	Cent-billionièmes.
4	0	0.	0	5	0.	0	8	6.	0	0	0.	2	7	6.	7	0	8.	4	2	0.	0	0	0.	7	6	0.	8	9
8	0	0.	6	0	0.	0	4	0.	6	0	0.	0	0	4.	5	7	9.	0	0	6.	0	8	0.	0	9	0.	0	1
1	3	2.	4	7	3.	5	2	7.	8	6	4.	1	9	8.	6	4	1.	1	6	2.	8	9	5.	4	7	8.	9	6

Nota. Ces chiffres serviront avantageusement d'exercice de numération, et l'on pourra se borner à faire nombrer jusqu'aux billions, dans la progression croissante, et jusqu'aux millioniêmes, dans la progression décroissante.

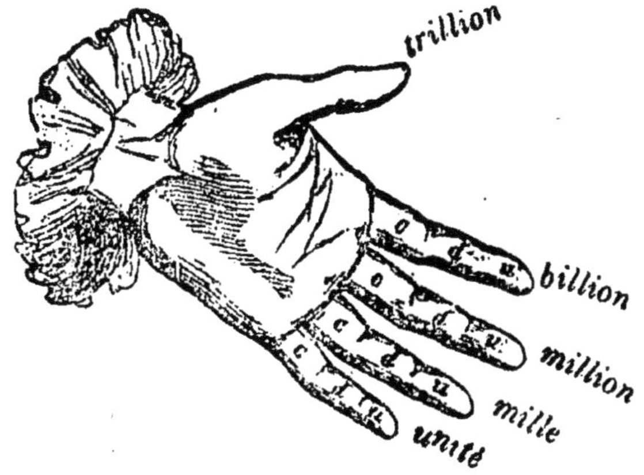

MÉTHODE POUR APPRENDRE LA NUMÉRATION AU MOYEN DE LA MAIN.

On fera regarder aux élèves chacun des doigts de leur main gauche, à partir de l'auriculaire, comme représentant les tranches des *unités*, des *mille*, des *millions*, des *billions* ou *milliards*, ainsi qu'il est marqué à la figure ci-dessus; les phalanges des mêmes doigts, à partir de celle de l'extrémité, représenteront les unités, les dizaines et les centaines de chaque tranche.

Cela posé, pour apprendre à un élève à connaître le nom des tranches, on lui fera mettre l'index de la main droite sur l'auriculaire de la main gauche, en disant: *tranche des unités*; puis, sur l'annulaire, *tranche des mille*; sur le majeur, *tranche des millions*, etc.

La même chose s'observera pour apprendre à écrire des sommes dictées. Veut-on, par exemple, faire écrire 60 mille; l'élève portant l'index droit sur la phalange extrême de l'annulaire gauche, dira: *unité de mille*; sur la seconde phalange, il dira: *dizaine de mille*; et comme c'est le nombre qu'on lui demande, il en conclura qu'il doit placer *quatre zéros* avant le six; savoir: trois pour les trois phalanges de l'auriculaire, et un pour l'extrême de l'annulaire. S'il s'agissait d'écrire cent millions, l'élève porterait l'index droit sur la dernière phalange du doigt majeur, qui représente la tranche des millions, et les huit phalanges qui suivent lui indiqueraient qu'il doit mettre huit zéros. S'il y avait des nombres intermédiaires, on lui ferait également observer la place qu'ils doivent occuper, et le nombre des zéros à interposer pour que le nombre écrit répondît à la question.

En renouvelant de temps en temps cet exercice, et en engageant les élèves à le faire entre eux, ils seront bientôt en état d'écrire toutes sortes de nombres.

EXERCICES SUR LA NUMÉRATION.

NOMBRES A ÉCRIRE EN CHIFFRES.

1. Dix *unités*, vingt *unités*, quatre-vingt-six *unités*.
2. Vingt-sept *unités*, quarante-huit *unités*, soixante-cinq *unités*.
3. Soixante-quinze *unités*, quatre-vingt-treize *unités*.
4. Soixante-douze *unités*, quatre-vingt-trois *unités*,
5. Cent *unités*, cent-dix *unités*, cent-dix-sept *unités*.
6. Cent-vingt-quatre *unités*, cent-trente *unités*, cent-quarante-neuf *unités*.
7. Cent-soixante-huit *unités*, cent-quatre-vingt-cinq *unités*.
8. Cent-neuf *unités*, cent-sept *unités*, deux cent-dix *unités*.
9. Trois cent-cinquante-et-une *unités*, quatre cent-soixante-dix-sept *unités*.
10. Six cent-deux *unités*, sept cent-vingt-trois *unités*, huit cent-quarante-sept *unités*.
11. Quatre cent-quatre-vingt-onze *unités*, cinq cent-cinquante-six *unités*.
12. Huit cent-trente-trois *unités*, neuf cent-neuf *unités*.
13. Neuf cent-quatre-vingt-quinze *unités*, neuf cent-sept *unités*.
14. Mille *unités*, mille-une *unités*, deux mille-six *unités*.
15. Trois mille-sept *unités*, quatre mille-quarante *unités*.
16. Sept mille-huit *unités*, huit mille-cent-douze *unités*.
17. Neuf mille-trente-et-une *unités*, dix-sept mille-cinquante-quatre *unités*.
18. Trente-six mille-neuf *unités*, cinquante-cinq mille-cinq cent-deux *unités*.
19. Soixante-dix mille-quarante *unités*, quatre-vingt mille-quatre-vingt-sept *unités*.
20. Cent dix-sept mille-cinq cent-vingt-deux *unités*.
21. Quatre cent-trente-cinq mille-deux cent-quatre-vingt-dix-sept *unités*.
22. Huit cent mille-six-cent-quatre *unités*, six cent-un mille-deux *unités*.

23. Sept cent-dix-huit mille-trois cent-deux *unités*, quatre mille-quatre *unités*.
24. Neuf cent mille-sept *unités*, trois cent un mille-une *unités*.
25. Deux millions-six cent-vingt-cinq mille-quatre cent-deux *unités*.
26. Dix millions-six cent mille-trois cent-vingt-cinq *unités*.
27. Quarante-trois millions-neuf cent mille-vingt-quatre *unités*.
28. Soixante-dix-sept millions-huit cent mille-quinze *unités*.
29. Quatre-vingt-quinze millions-six mille-vingt-deux *unités*.
30. Quatre-vingt-deux millions-quatre mille-deux *unités*.
31. Quatre-vingt-douze millions-dix-sept *unités*.
32. Deux cent millions-six cent-douze mille-cinq cent-quatre *unités*.
33. Quatre cent millions-trois mille-quatre cents *unités*.
34. Vingt-six *unités* trois *dixièmes*.
35. Quarante-quatre *unités* trois *centièmes*.
36. Soixante-cinq *unités* quatre *dixièmes*.
37. Vingt-sept *unités* quatre *millièmes*.
38. Trente-huit *unités* quarante *centièmes*.
39. Cinquante-six *unités* soixante-cinq *centièmes*.
40. Quarante-quatre *unités* vingt-trois *centièmes*.
41. Deux cent-dix-sept *unités* cinquante *centièmes*.
42. Trois cent-trente-quatre *unités* quarante-huit *centièmes*.
43. Vingt-deux *unités* quarante-huit *millièmes*.
44. Quatre cent-dix *unités* cinq *centièmes*.
45. Neuf cent-six *unités* cinq *millièmes*.
46. Mille-six *unités* cinq *dix-millièmes*.
47. Quatre mille-sept *unités* cinq *cent-millièmes*.
48. Vingt-trois *unités* cinq *millionièmes*.
49. Cinquante-neuf *unités* cinq *dix-millionièmes*.
50. Soixante-quinze *unités* vingt-deux *millionièmes*.
51. Quatre-vingt-deux *unités* trente-six *cent-millionièmes*.
52. Deux cent-quatre *unités* cinquante-quatre *millièmes*.
53. Huit cent-quinze *unités* seize *millièmes*.
54. Deux mille-sept *unités* vingt *dix-millièmes*.
55. Quarante mille-dix *unités* trois *centièmes*.
56. Cinq cent-mille *unités* quarante *millionièmes*.
57. Vingt-sept *unités* cent-deux *billionièmes*.
58. Quatre-vingt-trois *unités* cinquante *millièmes*.
59. Quatre-vingt-quatre *unités* trente-deux *millièmes*.
60. Vingt mille-dix *unités* trente *millionièmes*.

NOMBRES A EXPRIMER EN LANGAGE ORDINAIRE, ET A ÉCRIRE ENSUITE EN TOUTES LETTRES.

	NOMBRES ENTIERS.
61.	14, *unités*.
62.	60,
63.	400,
64.	806,
65.	6004,
66.	4068,
67.	80067,
68.	68096,
69.	650005,
70.	990660,
71.	570607,
72.	9006014,
73.	92100121,
74.	800800003,
75.	400000901,
76.	8794015,
77.	35000918,
78.	75007077,
79.	30150900,
80.	45040110,
81.	708000549,
82.	970730405,
83.	4050300,
84.	150190150,
85.	58976224,
86.	28754105,
87.	1000500,
88.	45045045,
89.	4330900,
90.	3008727,
91.	909909990,
92.	505054044,
93.	60606066,
94.	78592735,
95.	106405021,

	NOMBRES DÉCIMAUX.	
96.	6 *un*.	45
97.	7,	07
98.	8,	90
99.	9,	909
100.	502,	899
101.	541,	400
102.	703,	2004
103.	825,	1200
104.	354,	0064
105.	532,	06046
106.	788,	36006
107.	76,	26007
108.	375,	500005
109.	41,	004064
110.	452,	010778
111.	374,	100806
112.	7657,	008007
113.	1898,	04
	DÉCIMALES.	
114.	0,	0004
115.	0,	000607
116.	0,	004
117.	0,	0007007
118.	0,	00001001
119.	0,	0000004
120.	0,	07004007
121.	0,	401950
122.	0,	9540626
123.	0,	075003
124.	0,	69804445
125.	0,	736050210
126.	0,	000500019
127.	0,	00000501

NOMBRES A ÉCRIRE EN CHIFFRES ORDINAIRES.

128.	I.	145.	XL.	162.	MMM.VI.
129.	V.	146.	XLIX.	163.	M.XXV.
130.	X.	147.	LI.	164.	M.CC.V.
131.	L.	148.	LXV.	165.	D.CC.XLVI.
132.	C.	149.	XCIV.	166.	D.CC.XXXI.
133.	D.	150.	XCIX.	167.	CM.LXIX.
134.	M.	151.	CXI.	168.	CM.XXXXII.
135.	VI.	152.	CIV.	169.	D.CCCC.IX.
136.	IV.	153.	CVI.	170.	CD.LXXXXII.
137.	VII.	154.	CCCI.	171.	CCC.LIII.
138.	IX.	155.	CCCC.	172.	CD.XXXIV.
139.	XI.	156.	IV^c^.	173.	D.XXXXIX.
140.	XV.	157.	CD.	174.	M.VIIII.
141.	XIX.	158.	CM.	175.	M.D.VIII.
142.	XX.	159.	CM.IV.	176.	M.DC.XV.
143.	XXIV.	160.	M.IV^c^.	177.	M.DC.LXXXI.
144.	XXXV.	161.	MM.CC.	178.	M.DCCC.XL.

NOMBRES A METTRE EN CHIFFRES ROMAINS.

179.	1	196.	18	213.	840
180.	2	197.	19	214.	875
181.	3	198.	20	215.	965
182.	4	199.	25	216.	441
183.	5	200.	29	217.	632
184.	6	201.	30	218.	875
185.	7	202.	34	219.	487
186.	8	203.	46	220.	382
187.	9	204.	54	221.	695
188.	10	205.	59	222.	832
189.	11	206.	60	223.	440
190.	12	207.	68	224.	1742
191.	13	208.	75	225.	3246
192.	14	209.	84	226.	2013
193.	15	210.	99	227.	1156
194.	16	211.	106	228.	1650
195.	17	212.	419	229.	1840

APPLICATION DES PRINCIPES DE LA NUMÉRATION ÉTABLIS SOUS LES NUMÉROS 18 ET 20 CI-DESSUS.

25. De ce que nous avons établi aux numéros 18 et 20 ci-dessus, il suit, 1° que pour rendre un nombre *entier*, dix fois, cent fois, mille fois, etc., plus grand, on écrit à sa droite un, deux ou trois zéros (1).

Soit le nombre 26 entiers :

En écrivant 0 à la droite du 6, on obtient 260, nombre dix fois plus grand que le premier, puisque ses unités sont devenues des dizaines, et ses dizaines des centaines. Si l'on écrit un second 0 à la suite du même nombre, on aura 2600, nombre cent fois plus grand que le premier, puisque les 26 unités sont devenues 26 centaines.

*2° Que quand les nombres renferment des parties décimales, il suffit de déplacer la virgule d'un, de deux, de trois rangs, etc., vers la droite, pour les rendre dix, cent, mille fois, etc., plus grands.

Ainsi, 26, 25 devient dix fois plus grand si l'on écrit 262,5, puisque les dixièmes sont devenus des unités, les unités des dizaines, etc.

*3° Si le nombre de décimales ne suffisait pas pour rendre, par le déplacement de la virgule, le nombre proposé aussi grand qu'on le demande, on écrirait à sa droite autant de zéros qu'il en faudrait pour répondre à la proposition.

Par exemple : pour rendre 26,2, mille fois plus grand, il faudrait déplacer la virgule de trois rangs vers la droite; mais, comme il n'y a qu'une décimale, on écrirait deux 0 à sa droite, et l'on obtiendrait 26200, nombre évidemment mille fois plus grand que le premier, puisque les unités sont devenues des mille, etc.

*26. Des mêmes principes, il suit aussi, 1° que pour rendre un nombre entier dix, cent, mille fois, etc.,

---

(1) On doit entendre, par cette manière de parler, que le nombre obtenu égale 10 fois, 100 fois, etc., le premier; autrement ce raisonnement conduirait à dire que l'unité est une fois plus grande que l'unité, ce qui est absurde.

plus petit, il suffit de séparer à sa droite *un, deux* ou *trois* chiffres.

Soit, par exemple, le nombre 425, en séparant deux chiffres à droite par une virgule, on obtient 4,25, nombre cent fois plus petit que le premier, puisque les centaines sont devenues des unités, les dizaines des dixièmes, etc.

* 2° Que si le nombre renferme des parties décimales, on déplace la virgule d'un, de deux, de trois rangs, etc., pour rendre le nombre dix, cent, mille fois, etc., plus petit.

Par exemple, pour rendre 26, 25 dix fois plus petit, on déplace la virgule d'un rang vers la gauche, et l'on obtient 2,625, nombre dix fois plus petit que le premier, puisque les dizaines sont devenues des unités, les unités des dixièmes, etc.

* 3° Si ce nombre à diminuer, soit entier, soit décimal, n'avait pas assez de chiffres à gauche de la virgule, on y placerait autant de zéros qu'il serait nécessaire pour que l'opération pût s'effectuer et qu'il en restât un pour tenir la place des unités.

Par exemple, pour rendre les nombres 8 et 2,625 mille fois plus petits, il faudrait faire précéder de trois zéros chacun de ces nombres; le premier de ces zéros tiendrait la place des unités, et les autres réduiraient le nombre primitif à la valeur proposée; on obtiendrait 0,008 et 0,002625, nombres évidemment mille fois plus petits que les premiers, puisque les unités sont devenues des millièmes, etc.

Questions sur les Décimales.

Qu'appelle-t-on décimales? 19.—*Quels noms donne-t-on à ces parties décimales?* 20.—*Expliquez, par un exemple, la formation des parties décimales?* 21.—*Comment écrit-on les nombres décimaux?* 22.—*Comment énonce-t-on tous les nombres décimaux?* 23. — *Change-t-on la valeur des chiffres décimaux en mettant des zéros à leur suite?* 24. — *Que faut-il faire pour rendre un nombre entier dix, cent, mille fois, etc., plus grand?* 25. — *Que faut-il faire pour rendre un nombre entier dix, cent, mille fois, etc., plus petit?* 26.

EXERCICES

SUR L'APPLICATION DES PROPRIÉTÉS DE LA NUMÉRATION.

230. Rendre le nombre 47

1° 10
2° 100
3° 1000
4° 10000
5° 100000
6° 1000000

} fois plus grand.

231. Rendre le nomb. 45,1203891

1° 10
2° 100
3° 1000
4° 10000
5° 100000
6° 1000000

} fois plus grand.

232. Rendre le nombre 4,50

1° 10
2° 100
3° 1000
4° 10000
5° 100000
6° 1000000

} fois plus grand.

233. Rendre le nombre 0,05

1° 10
2° 100
3° 1000
4° 10000
5° 100000
6° 1000000

} fois plus grand.

234. Rendre le nombre 7468069

1° 10
2° 100
3° 1000
4° 10000
5° 100000
6° 1000000

} fois plus grand.

235. Rendre le nomb. 8748964,07

1° 10
2° 100
3° 1000
4° 10000
5° 100000
6° 1000000

} fois plus petit.

236. Rendre le nombre 4,85

1° 10
2° 100
3° 1000
4° 10000
5° 100000
6° 1000000

} fois plus petit.

237. Rendre le nombre 0,05.

1° 10
2° 100
3° 1000
4° 10000
5° 100000
6° 1000000

} fois plus petit.

238. Rendre le nombre 146,006

1° 10
2° 100
3° 1000
4° 10000
5° 100000
6° 1000000

} fois plus petit.

239. Rendre le nomb. 7654,406

1° 10
2° 100
3° 1000
4° 10000
5° 100000
6° 1000000

} fois plus petit.

RENDRE (1).

240.	10 fois plus grand le nombre		784,
241.	100 fois plus petit	. .	4867,
242.	1000 fois plus grand.	.	1064,45
243.	100 fois plus grand.	.	640,4
244.	1000 fois plus petit	. .	74,
245.	10000 fois plus grand.	.	746,
246.	100 fois plus petit	. .	9,35
247.	10000000 fois plus grand.	.	76874,
248.	1000 fois plus grand,	.	6,468
249.	1000 fois plus grand.	.	0,45
250.	1000 fois plus petit	. .	9,10
251.	1000 fois plus petit	. .	0,05
252.	1000000 fois plus petit	. .	0,11
253.	1000000 fois plus petit	. .	11111111,
254.	10000 fois plus grand.	.	1212,421
255.	10 fois plus grand.	.	401,5
256.	100000 fois plus petit	. .	0,476
257.	10000 fois plus grand.	.	9,6786
258.	100 fois plus grand.	.	976476,
259.	100 fois plus petit	. .	4,0000007
260.	100 fois plus grand.	.	0,0007
261.	10000 fois plus petit	. .	14,666
262.	10 fois plus petit	. .	0,7
263.	10000000 fois plus grand.	.	674,867
264.	1000 fois plus grand.	.	40,6804
265.	10000 fois plus petit	. .	60600867,
266.	10000000 fois plus petit	. .	9,45
267.	100000 fois plus grand.	.	74,46
268.	1000 fois plus petit	. .	7,678
269.	1000 fois plus grand.	.	6,420
270.	10000 fois plus grand.	.	460,7
271.	100000 fois plus petit	. .	6,842
272.	1000000 fois plus grand.	.	46,520
273.	10000000 fois plus petit	. .	7684,68009
274.	10000000 fois plus petit	. .	64666,67
275.	10000000 fois plus grand.	.	0,460906
276.	10000000 fois plus petit	. .	0,460906

(1) Il faut sous-entendre ce mot à toutes les lignes.

OPÉRATIONS DE L'ARITHMÉTIQUE EN GÉNÉRAL.

*27. Les divers changements que l'on fait subir aux nombres pour les composer ou les décomposer, s'appellent opérations arithmétiques ; il y en a quatre fondamentales, savoir : l'*addition*, la *soustraction*, la *multiplication* et la *division*.

28. On les appelle fondamentales, parce que les autres opérations, même les plus compliquées, ne sont que la combinaison de celles là.

29. Toute proposition qui renferme une question à résoudre ou une vérité à découvrir se nomme problème.

30. En général, la résolution d'un problème exige deux choses : la solution et le calcul.

31. La *solution* d'un problème est l'expression du raisonnement qui indique les opérations à faire pour remplir les conditions énoncées.

*32. Le *calcul* est l'exécution des opérations indiquées par une solution.

Questions sur les opérations de l'Arithmétique en général.

Qu'entend-on par les opérations de l'arithmétique? 27. — *Pourquoi les appelle-t-on fondamentales?* 28.—*Qu'est-ce qu'un problème?* 29.—*Qu'exige la résolution d'un problème?* 30. — *Qu'est-ce que la solution d'un problème?* 31.—*Qu'est-ce que le calcul?* 32.

ADDITION.

*33. L'addition est une opération par laquelle on joint ensemble des nombres exprimant des unités de même nature pour en faire un seul qu'on appelle somme ou total.

Ainsi l'opération par laquelle on trouverait la somme des nombres 6, 5, 4, et 3, serait une addition.

34. Par unités de même nature, on entend celles qui portent la même dénomination. Ainsi, on peut additionner des francs avec des francs, des mètres avec des mètres, des litres avec des litres, etc.; mais on n'additionne pas des francs avec des grammes, des stères avec des ares, des mètres avec des litres, etc.

*35. Pour bien poser l'addition, il faut écrire les nombres de manière que les unités soient sous les unités, les dizaines sous les dizaines, les centaines sous les centaines, etc., comme on le voit ci-dessous.

434678	456, 75
1323	873, 955
284	45, 680
32	908, 500
4	75, 040

36. On commence l'addition par les chiffres de la première colonne à droite, afin que, dans les nombres entiers, on puisse porter les dizaines qui proviennent de l'addition des unités à la colonne des dizaines, les centaines qui proviennent de la colonne des dizaines à la colonne des centaines, etc.; et que, dans les nombres décimaux, on puisse porter les dixièmes qui proviennent de l'addition des centièmes, par exemple, à la colonne des dixièmes, et les unités qui proviennent de l'addition des dixièmes, à la colonne des unités, ainsi des autres.

Exemple d'une Addition en nombres entiers.

Quel est le total des trois nombres suivants: 428, 635, et 874? R. 1937 unités.

Opération.

	428
	635
	874
Total.	1937

Après avoir écrit les nombres les uns sous les autres, je commence par additionner les unités, en disant : 8 et 5 font 13, et 4 font 17 : en dix-sept unités il y a une dizaine et sept unités ; j'écris 7 unités et je retiens une dizaine, pour la porter au rang des dizaines. A la seconde colonne, qui est celle des dizaines, je dis : 1 de retenue et 2 font 3, et 3 font 6, et 7 font 13 ; en treize dizaines, il y a 1 centaine et 3 dizaines; j'écris 3 au rang des dizaines, et je retiens 1 centaine. Je passe à la troisième colonne, en disant : 1 de retenue et 4 font 5, et 6 font 11, et 8 font 19; j'écris 9 au rang des centaines, et j'avance 1 au rang des mille, et j'ai 1937 pour la somme ou le total des trois nombres proposés.

*37. L'addition des nombres décimaux se fait comme celle des autres nombres; mais on sépare à la droite du résultat, par une virgule, autant de chiffres qu'il y a de décimales dans celui des nombres qui en a le plus parmi ceux qu'on a additionnés.

Exemple.

Soit proposé de faire l'addition des nombres suivants : 3579 unités 25 centièmes; 4682 unités 05 centièmes; 573 unités 75 centièmes; et 7856 unités 80 centièmes.

Opération.

	3579,	25
	4682,	05
	573,	75
	7856,	80
Réponse	16691,	85

qu'il faut lire 16691 unités 85 centièmes.

Commençant par la droite, je dis : 5 et 5 font 10 et 5 font 15 ; en 15 centièmes il y a un dixième et 5 centièmes; j'écris les 5 centièmes et je retiens le dixième pour le porter à la colonne de cette espèce, et je dis : 1 de retenue et 2 font 3, et 7 font 10, et 8 font 18 ; en 18 dixièmes il y a 1 unité que je retiens pour l'additionner avec les unités, et j'écris 8 au rang des dixièmes, puis je dis : 1 et 9 font 10, etc.

Preuve.

*38. La preuve d'une opération arithmétique est une autre opération que l'on fait pour s'assurer de l'exactitude de la première.

Preuve de l'Addition par l'Addition.

On peut faire la preuve de l'addition, en ajoutant ensemble une partie des nombres proposés, ensuite les autres; et additionnant les deux totaux, leur somme doit être égale au total de la première opération. On pourrait même diviser les sommes en un plus grand nombre d'additions partielles.

Exemple.

Opération.	*Preuve.* 1re part.	2e part.
123, 24	123, 24	56, 25
349, 00	349, 00	149, 34
56, 25		967, 32
149, 34	472, 24	1172, 91
967, 32		
Total 1645, 15		

qu'il faut lire 1645 unités 15 centièmes.

Addition des totaux partiels.

1172, 91
472, 24
1645, 15

Pour faire la preuve, j'ai additionné séparément les deux premiers nombres, puis les trois autres, et enfin les deux totaux; comme le résultat est égal à celui que j'ai obtenu dans la première addition, j'en conclus que l'opération a été bien faite.

Questions sur l'Addition.

Qu'est-ce que l'addition? 33.—*Qu'entendez-vous par unités de même nature?* 34. — *Que faut-il observer pour bien écrire l'addition?* 35. — *Par où faut-il commencer l'addition?* 36. — *Comment fait-on l'addition des nombres décimaux?* 37. — *Comment fait-on la preuve de l'addition?* 38.

Exercices sur la Numération et sur l'Addition. Nombres entiers.

PROBLÈME 277. Ecrivez en chiffres les nombres suivants: dix-huit unités, + quatre-vingt-quinze, + cent-un, + cent-vingt-trois, + trois cent-dix, + six cent-sept, et faites-en la somme.

P. 278. Quel est le total de six cents unités, + huit cent-cinquante, + cinq cent-un, + quarante-neuf, + neuf cent-quatre, + sept cent-cinquante-neuf, + deux cent-quinze, et cinq cent-cinquante-cinq ?

P. 279. Ecrivez huit cent-dix unités, + neuf neuf cent-neuf, + six cent-soixante-six, + sept cent-quatre-vingt-dix, + deux cent-soixante-dix-neuf, + neuf cent-un, + cent-onze, et dites-en le total.

P. 280. Ecrivez cent-quatre-vingt-quinze unités, + deux cent-onze, + cent-dix, + cent-quatre-vingt-dix-neuf, + huit cent-un, + sept cent-soixante-dix-sept, + neuf cent-un.

P. 281. Quel est le total des nombres suivants : six cent-quatre unités, + huit cent-dix, + trois cent-trente-trois, + mille-deux cent-vingt-six, + trois mille-quatre, + quatre mille-quatre ?

P. 282. Quelle est la somme totale de quatre mille-six cent-quarante-deux unités, + six mille-neuf cent-quinze, + mille vingt-quatre, + neuf mille-deux cent-dix-neuf ?

P. 283. Ecrivez deux mille-neuf-cent-quatre-vingt-dix-sept, + vingt-trois mille-six cent-quinze, + douze mille-six cent-dix, + mille-quinze, et dites-en le total.

P. 284. Quelle est la somme totale de dix-neuf mille-deux cent-vingt-trois unités, + cent-vingt-cinq mille-neuf cent-soixante-dix-neuf, + cent-quatre-vingt-neuf mille-vingt-trois, + cent mille-six cent-dix, + trois mille-trois cents ?

P. 285. Ecrivez quinze mille-huit cent-soixante-dix-neuf unités, + quinze mille-neuf cent-cinquante-sept, + cent mille-cent-un, + huit cent-dix mille-sept cent-quatre-vingt-dix-neuf, + neuf cent-soixante-quinze mille-vingt, + cent mille-cent-dix, et faites-en la somme.

P. 286. Ecrivez cent dix mille-deux cents unités, + neuf mille-cent-quatre, + quatre mille-six cent-dix, + dix mille-cent-dix, + quatre-vingt-quinze mille-trois cent-trois, + huit mille-huit cent-quatre-vingt-huit, et faites-en le total.

P. 287. Ecrivez neuf mille-neuf cents unités, + sept mille-trois, + soixante-neuf mille-cent-dix, + cent-un mille-cent onze, + cent-onze mille-cent-dix, + cent-deux mille-cent-vingt, et dites quelle en est la somme.

P. 288. Faites le total des nombres suivants : cent mille-cent-vingt-trois unités, + trois cent mille-dix, + cent soixante-quinze mille-neuf cent-quatre-vingt-dix, + neuf cent mille-neuf cent-dix, + cinq cent-vingt-cinq mille-cinquante, + neuf cent mille-quatre cent-quarante-quatre.

P. 289. Quel est le total des nombres suivants : cent mille-neuf cent-quatre-vingt-dix-neuf unités, + cent millions un-mille-quatre cent-quarante-quatre, + soixante-dix-sept millions-sept cent-soixante-dix-sept-mille-sept cent-sept, + dix millions-cent-dix mille, + cent-millions-quatre-vingt-dix ?

P. 290. Ecrivez neuf cent-quatre-vingt-dix-neuf millions

neuf mille, + cinq cent-quarante millions-trois cent-dix, + cent-quinze mille-quinze, + neuf cent, et dites quel est le total de ces quatre sommes.

P. 291. Ecrivez cinquante millions-trois cent-dix-neuf mille dix unités, + quinze mille-quinze, + cent-trente-deux, + vingt millions-vingt, + cent neuf mille-neuf cent-neuf, + huit millions-huit cent quatre-vingt-huit mille huit-cent-quatre-vingt-huit unités, + onze mille, + onze cent-onze, et donnez-en le total.

Nombres Décimaux.

P. 292. Ecrivez quarante *unités* cinq *centièmes*, + cent-quatre *unités* huit *dixièmes*, + mille-trois *unités* vingt-cinq *millièmes*, + sept *unités* trente-huit *centièmes*, + deux *unités* quinze *centièmes*, et faites-en la somme.

P. 293. On demande le total des nombres suivants : quatre *dixièmes*, + vingt *millièmes*, + trois-cents *dix-millièmes*, + un *centième*, + deux cents *millièmes*, + quarante-quatre *millièmes*, + dix-huit *centièmes*.

P. 294. Ecrivez quatre *centièmes*, + douze *cent-millièmes*, + cent dix *millièmes*, + onze *centièmes*, + quinze *millioniêmes*, + quatorze *millièmes*, + dix- sept *dix-millièmes*.

P. 295. Ecrivez trois *cent-millièmes*, + quatre *millièmes*, + sept *dixièmes*, + trois *cent-millièmes*, + huit *billioniêmes*, + dix-neuf *millièmes*.

P. 296. On demande le total des nombres suivants : mille *dix-millièmes*, + cent *millièmes*, + dix *centièmes*, + un *dixième*, + deux *billioniêmes*, + dix mille *millioniêmés*, + quatre cent-dix *millioniêmes*, + douze *cent-millièmes*.

P. 297. On propose d'additionner les nombres suivants : huit *cent-millièmes*, + neuf cents *dix-millièmes*, + trois cents *dixièmes*, + mille *centièmes*, + treize *dix-millièmes*, + vingt *millioniêmes*, + huit *centièmes*, + onze *cent-millièmes*, + trois mille-dix-neuf *millioniêmes*.

P. 298. Faites la somme des nombres suivants :- quatre mille *millièmes*, + deux cents *dix-millièmes*, + trois mille-quatre cent-quinze *cent-millièmes*, + dix-neuf mille *millioniêmes*, + sept cents *dix-millièmes*, + quatre mille-huit *dix-millioniêmes*.

P. 299. Ecrivez mille *dixièmes*, + quatre cents *millièmes*, + deux mille *centièmes*, + treize cents *dixièmes*, + vingt-mille *millioniêmes*, + dix mille-douze *cent-millièmes*, + mille-cinq *dix-millièmes*, + cent mille *millioniêmes*.

Autres Exercices sur l'Addition.

300. 41+64+95+77+49+64+47+36.

301. 49+97+68+45+54+68+38+97+75+63 +49+98+57+95+59+87+65+43+21 +10.

302. 48+95+67+47+89+41+50+99+87+87 +56+65+29+92+67+47+66+44+42 +64.

303. 49+468+429+47+64+46+36+49+94+39 +93+29+92+87+78+57+86+39+47 +74+98+57.

304. 47+12+13+21+34+71+17+87+42+95 +58+36+47+89+98+47+64+57+88 +47+58+86+95+67+50.

305. 56+48+64+46+57+86+54+36+95+34 +66+44+33+99+65+67+66+77+59 +96+69+49+95+67.

306. 52+34+42+29+423+695+987+429+678 +542+249+75+99+88+89+98+36+ 674+764+99+89+69+429.

307. 35+42+867+492+960+604+68+46+95 +986+806+469+694+43+696+499 +986+468+799+99+478.

308. 64+569+439+690+694+678+534+864 +684+468+94+95+649+946+495+789 +647+963+969+756+578.

309. 6,96+3,99+6,78+4,39+4,79+2,98+4,67 +7,69+4,42+6,81+7,59+9,76+4,26+ 7,95+5,35+7,77+3,79+9,99+7,889.

310. 4,95+9,54+8,69+4,29+24,09+4,07+7,45 +3,68+9,86+7,85+7,67+3,75+47,47+ 9,09+4,47+6,97.

311. 3,78+8,95+9,84+9,38+37,14+6,053+67 +4,78+4,98+5,75+7,75+5,55+47+15 +1,75+2,55+8,47.

312. 4,25+4,70+3,65+1,95+16,40+49,65+3,45 +2,90+9,80+1,40+3,55+7,40+4,65+ 9,09+7,60+55,45+2,95.

Problèmes sur l'Addition.

313. Une personne qui était née en 1742, est morte à l'âge de 89 ans : quelle est l'année de sa mort ?

314. Un régiment est composé de 3 bataillons dont le 1er compte en effectif 940 hommes, le 2e 947, et le 3e 912 : dire l'effectif de ce régiment.

315. Une pépinière contient 427 poiriers, 247 pommiers, 875 cerisiers, 563 pêchers et 389 abricotiers : combien d'arbres en totalité ?

316. Combien y a-t-il d'élèves dans une maison d'éducation divisée en 5 classes de la manière qui suit : la 1re contient 57 élèves ; la 2e, 65 ; la 3e, 72 ; la 4e, 88, et la 5e, 129 ?

317. La population de la Martinique est d'environ 109995 habitants ; celle de l'Ile-Bourbon, de 97000 ; celle du Sénégal, de 16130 ; celle de la Guyane française, de 17331, et celle de la Guadeloupe, de 112113 : dites combien il y a d'habitants dans ces 5 colonies.

318. Le département du Nord contient 7 arrondissements communaux, savoir : *Lille*, 16 cantons, 131 communes ; *Cambrai*, qui compte 7 cantons et 117 communes ; *Dunkerque*, 7 cantons, 59 communes ; *Douai*, 6 cantons, 66 communes ; *Avesnes*, 10 cantons, 152 communes ; *Hazebrouck*, 7 cantons, 53 communes ; et *Valenciennes*, 9 cantons, 80 communes : combien y a-t-il de cantons et de communes dans ce département ?

319. Le nombre des naissances en France, en 1829, a été de 986709 ; en 1830, de 967824 ; et en 1831, de 986709 : quel est le total des naissances pendant ces trois années ?

320. Le nombre des décès en France, en 1829, a été de 803453 ; en 1830, de 809830 ; et en 1831, de 802761 : dites le total des décès pendant ces trois années.

321. En 1829, la population a augmenté en France de 181074 ; en 1830, de 157994, et en 1831, de 183948 : on demande le total de l'augmentation pendant ces trois années.

323. La marine française compte 33 vaisseaux de haut-bord, 38 frégates, 26 corvettes et 29 bricks : combien compte-t-elle de navires de toutes grandeurs ?

SOUSTRACTION.

*39. La Soustraction est une opération par laquelle on retranche un nombre d'un autre nombre, pour connaître de combien le plus grand surpasse le plus petit.

Ainsi, l'opération par laquelle en arriverait à connaître de combien 47 surpasse 23 serait une soustraction, car, pour obtenir ce résultat, il faudrait retrancher 23 de 47.

*40. Le résultat de la soustraction se nomme reste, excès ou différence.

*41. Pour faire la soustraction, on écrit d'abord le plus petit nombre sous le plus grand; ensuite on ôte les unités du plus petit de celles du plus grand, et on met le reste au-dessous de la même colonne; on ôte de même les dizaines, les centaines, etc. Si le chiffre inférieur est égal à son correspondant supérieur, on écrit zéro.

Exemple.

Soit à trouver la différence entre ces deux nombres 783 et 423.

Opération.

	783 unités.
	423
Différence cherchée	360

Après avoir placé le plus petit nombre sous le plus grand, commençant par la droite, je dis : 3 ôtés de 3, reste 0, que j'écris dessous; ensuite 2 ôtés de 8, reste 6, que j'écris de même; enfin 4 ôtés de 7, reste 3. Le reste ou la différence est donc 360.

*42. Si le chiffre inférieur est plus grand que le supérieur, on augmente par la pensée, celui-ci de dix, valeur d'une unité du chiffre qui est immédiatement à gauche et qu'il faut ensuite considérer comme l'ayant de moins.

Exemple.

Otez 483 de 876.

Opération.

876
483

Reste 393

Pour faire cette opération, je dis : 3 ôtés de 6, reste 3. Ensuite 8 ôtés de 7, ne se peut ; j'emprunte sur le chiffre à gauche une centaine qui vaut 10 dizaines, et 7 que j'ai font 17 ; alors je dis 8 ôtés de 17, reste 9. Ayant emprunté sur le 8, il ne vaut plus que 7 ; je dis donc, 4 ôtés de 7, reste 3 que j'écris ; de sorte que la différence ou le reste est 393.

*43. Si le chiffre sur lequel on doit emprunter est un zéro, il faut faire l'emprunt sur le chiffre suivant ; mais comme une unité de ce chiffre en vaut dix de la colonne où se trouve le zéro, on écrit 9 sur ce zéro et on réduit, par la pensée, la dizaine restante en dix unités, que l'on ajoute au chiffre qui est trop faible.

Exemple.

Soit le nombre 3408 dont il faille soustraire 1059.

Opération.

3408
1059

2349

Comme on ne peut ôter 9 de 8, et qu'on ne peut emprunter sur le premier chiffre à gauche, puisqu'il n'a pas de valeur, on emprunte sur le 4 une centaine qui vaut 10 dizaines, on en laisse 9 sur le zéro, on joint la dizaine restante aux 8 unités et on a 18, desquels ayant ôté 9 il reste 9 ; on ôte ensuite les 4 dizaines des 9 qu'on a laissées sur le zéro, il reste 5 ; le reste comme à l'ordinaire.

*44. S'il y a un plus grand nombre de zéros, il faut prendre sur le premier chiffre significatif une unité que l'on réduit en une dizaine de l'unité immédiatement inférieure ; on en laisse 9 à ce rang, et on réduit l'unité conservée en une dizaine de l'ordre inférieur suivant, ainsi de suite, jusqu'au dernier chiffre, auquel la dernière dizaine est ajoutée.

Exemple.

De 50000
Otez 43454

6546

Ne pouvant ôter 4 de 0, ni faire l'emprunt sur les zéros suivants, je le fais sur 5; cette unité valant dix mille, j'en place neuf sur le premier zéro; je réduis l'unité de mille qui me reste en dix centaines, j'en place 9 sur le zéro suivant; je réduis la centaine qui reste en dix dizaines, j'en place 9 sur le troisième zéro; et il reste une dizaine de laquelle j'ôte 4, et il reste 6.

D'après l'opération que l'on vient de faire, on voit que tous les autres zéros doivent compter pour 9, mais le 5 ne vaut plus que 4; on retranchera donc 5 de 9, 4 de 9, 3 de 9 et 4 de 4.

Ce que nous venons de dire est rendu plus sensible par l'exemple suivant :

Soit 1 à retrancher de 1,000, il est évident qu'il restera 999; mais 1,000 est composé de cent dizaines, donc si j'en emprunte 1 pour la joindre à la colonne des unités, il en restera 99, et j'aurai 1. 0 0 0
moins 1

Il reste 999

*45. La soustraction des nombres décimaux se fait comme celle des nombres ordinaires : on écrit les unités sous les unités, les dizaines sous les dizaines, etc., et les unités décimales de même espèce aussi les unes sous les autres, c'est-à-dire les dixièmes sous les dixièmes, les centièmes sous les centièmes, etc.

Soit, par exemple, le nombre 24,45 dont on veuille soustraire 3,15, on disposera l'opération ainsi qu'il suit :

24,45
3,15

Reste 21,30

Si le nombre des chiffres décimaux n'est pas le même, on met, à la suite de celui qui en a le moins, autant de zéros qu'il en faut pour que les unités décimales soient de même espèce dans les deux nombres, et on opère comme à l'ordinaire; puis l'on sépare à la réponse, par une virgule, autant de chiffres décimaux qu'en contient le nombre qui en avait primitivement le plus.

Exemple.

De 3456,7, on veut ôter 2986,354.

Opération.

j'écris 3456,700
2986,354

Reste 470,346

On a mis deux zéros à la suite du 7, afin que ce nombre eût autant de chiffres décimaux que l'autre : on a séparé à la réponse trois chiffres décimaux, parce que l'un des nombres en a trois, et le résultat est 470 unités 346 millièmes.

*46. La preuve de la soustraction se fait en ajoutant la plus petite quantité avec la différence; si la somme égale la grande quantité, l'opération est juste.

Exemple.

De 35678, on veut ôter 27899.

Opération.

35678
27899

Reste et réponse. 7779

Preuve... 35678

Pour faire la preuve de cette opération, j'ai ajouté la petite quantité 27899 avec la différence 7779, et j'ai eu pour total 35678, nombre égal au plus grand ; d'où je conclus que l'opération est bien faite.

*47. La raison de cette règle est fondée sur ce principe, que si l'on ajoute à un nombre la différence qui existe entre lui et le plus grand, auquel il a été comparé, il lui devient égal.

Preuve de l'Addition par la Soustraction (n° 38).

48. Pour faire la preuve de l'addition par la soustrac-

tion, on commence par la gauche ; on ôte le total de chaque colonne du nombre qui est au-dessous; on écrit le reste sous ce nombre, et, après l'avoir converti, par la pensée, en unités de la colonne suivante, on le joint au chiffre du total qui se trouve sous cette colonne. De cette quantité, on retranche la totalité de la colonne, et on continue ainsi jusqu'à la dernière. Si du total de l'addition on peut ôter, sans reste, le montant de toutes les colonnes, c'est-à-dire s'il vient zéro sous la dernière, c'est une preuve que la règle est bien faite.

Exemple.

428
635
874
―――
1937
110

Ainsi, ayant trouvé que les trois nombres 428, 635 et 874 ont pour somme 1937, je fais la preuve en disant : 4 et 6 font 10, et 8 font 18 centaines, lesquelles ôtées de 19 il reste une centaine que j'écris sous les centaines; je la réduis, par la pensée, en dizaines, pour la joindre aux 3 qui sont à la somme, ce qui égale 13. Je passe à la colonne des dizaines, et je dis 2 et 3 font 5, et 7 font 12 dizaines, lesquelles étant ôtées de 13, il reste une dizaine que j'écris à son rang; je réduis cette dizaine en unités et je la joins au 7 de la somme, ce qui donne 17 unités. J'additionne la dernière colonne, 8 et 5 font 13, et 4 font 17 unités, lesquelles ôtées de 17, il ne reste rien, j'écris zéro : la règle est donc bien faite.

*49. L'exactitude de cette méthode est fondée sur ce principe, que si d'un tout on retranche les différentes parties qui le composent, il ne doit rien rester; or le total de l'addition est composé du total des unités, de celui des dizaines, de celui des centaines, etc. ; si donc on les retranche successivement, il n'y doit rien rester. On commence par la gauche, afin de réduire les restes en unités de l'ordre du chiffre immédiatement inférieur.

Questions sur la Soustraction.

Qu'est-ce que la soustraction? 39.—*Comment nomme-t-on le résultat de la soustraction?* 40.— *Comment fait-on la soustraction?* 41. —*Mais si le chiffre inférieur est plus grand que son correspondant, que faut-il faire?* 42. — *Si le chiffre sur lequel on doit emprunter est un zéro, que faut-il faire?* 43.—*S'il y a un grand nombre de zéros, que faut-il faire?* 44. — *Comment fait-on la soustraction des nombres décimaux?* 45. — *Comment fait-on la preuve de la soustraction?* 46. —*Sur quoi est fondée la raison de cette règle?* 47.—*Comment fait-on la preuve de l'addition?* 48.—*Sur quoi est fondée cette méthode?* 49.

EXERCICES SUR LA SOUSTRACTION.

NOMBRES ENTIERS.

323.	De . . . . 428 ôtez. . . .	217
324.	973	742
325.	835	539
326.	3900	351
327.	1571	945
328.	49469	15574
329.	7070	5075
330.	79906	16134
331.	190540	30409
332.	90000005	39557
333.	405907	55595
334.	8950076	4137976
335.	14003325	988827
336.	15989700	154379
337.	21530600	737898
338.	945000090	1500734
339.	337008974	40073049
340.	90555549	9900099
341.	97660054	14550045
342.	4184545945	178309709
343.	154400000	91791994
344.	37908089	5545787
345.	83000443	99888
346.	97021901	400394

SUITE DES EXERCICES SUR LA SOUSTRACTION.

347.	De . 190054009 ôtez.	. 4590589
348.	141000000	700909
349.	127321155	1300475
350.	10007549	9068073
351.	809005409	3740055
352.	10803754	379
353.	490009076	5475904
354.	101010101	9737350
355.	9457385700	17073959
356.	9707000591	19779883

NOMBRES DÉCIMAUX.

357.	De. . . .74,35 ôtez. . .	45,29
358.	90,49	39,59
359.	95,09	45,091
360.	109,191	49,073
361.	5409,055	4045,997
362.	40049,1019	4995,708
363.	400048,2136	9372,016
364.	409004,9099	100,137
365.	5070075,9004	4053,509
366.	7079073,07	373799,1204
367.	6100110,050	931971,9999
368.	5191279,9709	650056,0099
369.	9126000,0001	9008996,9088
370.	55006046,1009	99770,0010
371.	4101645,1005	498,6709
372.	59700007,0236	4979797,0098
373.	11111978,10359	9736730,0119
374.	960045,000055	600979,00001

SUITE DES EXERCICES SUR LA SOUSTRACTION.

DÉCIMALES.

375.	De . 0,06	ôtez. . 0,006
376.	0,09	0,009
377.	0,901	0,7015
378.	0,101	0,0067
379.	0,0707	0,000607
380.	0,0006	0,0000075
381.	0,90019	0,7300007
382.	0,0089	0,0070675
383.	0,0904	0,00289709
384.	0,7009	0,190007
385.	0,0991	0,004500008
386.	0,0779	0,01011001
387.	0,900	0,0019004
388.	0,19100	0,09900035
389.	0,4500	0,00550045
390.	0,09839	0,09500959

Problèmes sur la Soustraction.

P. 391. Trouver la différence de 7041 à 6942.

P. 392. Quel est l'excédant de 85450 sur 54498 ?

P. 393. La différence de deux nombres est 880, le plus grand est 1200 : quel est le plus petit ?

P. 394. Quel est le nombre qui deviendrait 650 si on y ajoutait 45 ?

P. 395. Un père et son fils ont ensemble 160 ans, le père en a 92 : quel est l'âge du fils ?

P. 396. Quel est le nombre qui deviendrait 8809 si on l'augmentait de 756 ?

P. 397. Un père avait 30 ans lorsque son fils naquit : quel sera l'âge du fils lorsque le père aura 95 ans ?

P. 398. Quel nombre faut-il ajouter à 357 unités 75 centièmes pour avoir 8000 unités ?

P. 399. Un nombre est 4 unités 5 centièmes, que faut-il y ajouter pour avoir 10 unités ?

P. 400. Quel nombre faut-il ajouter à 4 millièmes pour avoir 15 centièmes ?

P. 401. Louis XIV monta sur le trône en 1643, et mourut en 1715, combien d'années a-t-il régné ?

P. 402. On compte 150,814 habitants à Lyon et 146,239 à Marseille, quelle est la différence entre les populations de ces deux villes ?

P. 403. Pharamond monta sur le trône de France en 420 : aujourd'hui, 1er janvier 1840, combien y a-t-il d'années que cet événement a eu lieu ?

P. 404. En 1832, il mourut 44462 personnes dans la ville de Paris, dont 18602 cholériques : combien en mourut-il d'autres maladies ?

P. 405. La première croisade eut lieu en 1096, et la septième et dernière en 1270 : combien d'années ont duré ces expéditions lointaines ?

P. 406. Sous Philippe-le-Bel la population de Paris était de 125000 habitants ; en 1837, elle était de 909126 ; de combien était-elle augmentée à cette époque ?

MULTIPLICATION.

*50. La Multiplication est une opération dans laquelle étant donnés deux nombres, on en compose un troisième, qui soit à l'égard du premier ce que le deuxième est à l'égard de l'unité : c'est-à-dire que si le deuxième égale 2 fois, 3 fois, 20 fois, etc., l'unité, le nombre cherché égalera 2 fois, 3 fois, 20 fois, etc., le premier, et que si le deuxième n'égale que la 2e, la

3e, la 20e, etc., partie de l'unité, le nombre cherché n'égalera que la 2e, la 3e, la 20e, etc., partie du premier. Le 1er nombre est appelé multiplicande; le 2e, multiplicateur; le 3e, produit.

51. Il résulte de cette définition, que multiplier un nombre par 1, c'est le prendre une fois; le multiplier par 4, par 5, etc., c'est le prendre quatre fois, cinq fois, etc. Le multiplier par 0,1, c'est en prendre la dixième partie; le multiplier par 0,25, c'est en prendre 25 fois la centième partie, etc.; d'où l'on conclut :

1° Que lorsque le multiplicateur égale l'unité, le produit égale le multiplicande;

2° Que lorsque le multiplicateur est plus grand que l'unité, le produit est plus grand que le multiplicande;

3° Que lorsque le multiplicateur est moindre que l'unité, le produit est moindre que le multiplicande.

*52. Le multiplicande est le nombre que le sens du problème indique devoir être répété : il est ordinairement de même nature que le produit (1). Ainsi, dans cet exemple : Si le mètre de drap coûte 25 fr., combien coûteront 6 mètres? le multiplicande est 25 fr., parce que c'est le nombre qu'il faut répéter 6 fois pour avoir le prix de 6 mètres; il est aussi de même nature que le produit cherché, et le multiplicateur est 6 mètres.

*53. Le multiplicande et le multiplicateur se nomment facteurs de la multiplication ou du produit.

Pour opérer facilement la multiplication, il faut savoir par cœur la table suivante :

---

(1) Cependant, dans certaines opérations géométriques, le multiplicande et le multiplicateur sont de même nature entre eux.

Table de multiplication.

2 fois 2 font 4	5 fois 5 font 25
2 fois 3 font 6	5 fois 6 font 30
2 fois 4 font 8	5 fois 7 font 35
2 fois 5 font 10	5 fois 8 font 40
2 fois 6 font 12	5 fois 9 font 45
2 fois 7 font 14	5 fois 10 font 50
2 fois 8 font 16	
2 fois 9 font 18	6 fois 6 font 36
2 fois 10 font 20	6 fois 7 font 42
	6 fois 8 font 48
3 fois 3 font 9	6 fois 9 font 54
3 fois 4 font 12	6 fois 10 font 60
3 fois 5 font 15	
3 fois 6 font 18	7 fois 7 font 49
3 fois 7 font 21	7 fois 8 font 56
3 fois 8 font 24	7 fois 9 font 63
3 fois 9 font 27	7 fois 10 font 70
3 fois 10 font 30	
	8 fois 8 font 64
4 fois 4 font 16	8 fois 9 font 72
4 fois 5 font 20	8 fois 10 font 80
4 fois 6 font 24	
4 fois 7 font 28	9 fois 9 font 81
4 fois 8 font 32	9 fois 10 font 90
4 fois 9 font 36	
4 fois 10 font 40	10 fois 10 font 100

*54. Pour effectuer la multiplication, lorsque le multiplicateur est un seul chiffre, après avoir placé le multiplicateur sous le multiplicande, et tiré un trait, on prend chacun des chiffres du multiplicande autant de fois que l'unité est contenue dans le multiplicateur; si l'un des produits donne des dizaines de l'ordre qui est multiplié, on ne pose que les unités, et on joint les dizaines au produit suivant.

Exemple.

On veut multiplier 532 par 4, quel sera le produit? R. 2128.

Opération.

$$\begin{array}{r} 532 \\ \times\ 4 \\ \hline 2128 \end{array}$$

Pour faire cette opération, je multiplie d'abord les unités, en disant : 4 fois 2 font 8; j'écris 8 sous les unités. Je passe au second chiffre en disant : 4 fois 3 dizaines font 12 dizaines; j'écris 2 dizaines et je retiens 1 centaine, pour la joindre au troisième produit, que je fais en disant : 4 fois 5 centaines font 20 centaines et 1 de retenue font 21, que j'écris en entier, parce qu'il n'y a plus rien à multiplier. Le nombre 2128 est le produit demandé, car il contient 4 fois le multiplicande. En effet, il renferme quatre fois les unités, 4 fois les dizaines et 4 fois les centaines : il renferme donc 4 fois tout le nombre 532.

55. Pour faire la multiplication, il est indifférent d'écrire le multiplicateur sous le multiplicande ou celui-ci sous le multiplicateur : si, par exemple, on multiplie 5 par 3 ou 3 par 5, le produit sera le même. Ecrivons trois fois séparément les unités du nombre 5, en colonnes horizontales.

Sens vertical.

1 1 1 1 1
1 1 1 1 1
1 1 1 1 1

Sens horizontal.

La somme de ces unités, comptées horizontalement, égalera le produit de 5 par 3, et comptées verticalement, elle égalera celui de 3 par 5; mais comme toutes les unités sont comprises dans chaque opération, il est évident que les deux produits seront égaux : on peut donc prendre le multiplicande pour multiplicateur, et réciproquement. Afin d'abréger la multiplication, on multiplie ordinairement le plus grand nombre par le plus petit.

*56. On connaît ordinairement que la solution d'un problème exige une multiplication, lorsque la valeur de l'unité est désignée, et qu'on demande celle de plusieurs, ou celle de quelques parties de l'unité.

Exemple.

On sait que 25 fr. sont la valeur d'un mètre d'ouvrage, combien coûteront 15 m. du même ouvrage?

Dans cet exemple, on connaît le prix d'un mètre, et l'on demande celui de 15; le produit sera évidemment égal à 15 fois celui d'un mètre; la résolution de ce problème exige donc une multiplication.

Autre exemple. Le mètre de drap coûte 30 francs, combien coûteront 0,45 centimètres? il est évident qu'ils coûteront 45 fois la centième partie du prix du mètre, c'est-à-dire de 30 fr.

*57. Lorsque le multiplicateur est un nombre composé de plusieurs chiffres, on fait autant d'opérations particulières qu'il y a de chiffres dans le multiplicateur, c'est-à-dire qu'après avoir multiplié par les unités, on multiplie par les dizaines, mais on avance le produit d'un rang vers la gauche; on multiplie ensuite par les centaines, ayant soin de placer au troisième rang le produit qu'elles donnent, etc.

Exemple.

Soit 218 à multiplier par 456.

Opération.

```
       218
    ×  456
    ------
      1308  produit par les unités.
     1090   produit par les dizaines.
     872    produit par les centaines.
    ------
     99408  produit total.
```

Pour faire cette opération, après avoir multiplié par les unités, comme dans l'exemple précédent, je passe aux dizaines, je multiplie de la même manière le multiplicande 218 par 5, et j'avance le produit d'un rang, c'est-à-dire que je le porte sous les dizaines, etc. Je multiplie ensuite par les centaines, ayant soin d'avancer encore d'une place le produit qui en résulte, c'est-à-dire que je l'écris sous les centaines, etc.

*58. On avance d'une place le produit des dizaines, de deux celui des centaines, etc., parce qu'en multipliant les unités par des dizaines, on ne peut avoir moins que des dizaines. En effet, 10, qui est le plus petit nombre qui puisse exprimer les dizaines, multiplié par 1, qui est le plus petit nombre qui puisse exprimer des unités, donne 10. Par une raison analogue, en multipliant des unités par des centaines, on doit avoir des centaines, et c'est pour cela qu'on en porte le produit sous les centaines.

*59. On fait ordinairement la preuve de la multiplication par une autre multiplication, dont l'un des facteurs égale la $\frac{1}{2}$, le $\frac{1}{3}$, le $\frac{1}{4}$, etc., d'un de ceux de la règle, et l'autre égale 2 fois, 3 fois, 4 fois, etc., l'autre facteur de la règle.

On peut aussi faire la preuve de la multiplication par la division (n° 81 *bis*).

Preuve de l'Opération précédente.

Moitié du multiplicande.	109	
Double du multiplicateur.	912	
	218	produit par les unités.
	109	prod. par les dizaines.
	981	prod. par les centaines.
	99408	produit total égal à celui de la règle.

Pour justifier cette méthode, il faut remarquer qu'ayant pris la moitié du multiplicande, si on ne le multiplie que par le multiplicateur primitif, le produit ne sera que la moitié de celui de la règle; il faut donc, pour établir la compensation, doubler le multiplicateur, ainsi des autres.

On pourrait faire aussi la *preuve* de cette opération comme il suit :

Triple du multiplicande	327
Tiers du multiplicateur	304
	1308
	9810
Même produit que les précédents	99408

60. S'il y avait un zéro dans l'un des facteurs, ou dans les deux facteurs, on opèrerait comme dans l'exemple suivant :

On veut multiplier 109080 par 36050?

Opération.

```
      100080
       36050
   ---------
     5454000
    6544800
   327240
   ---------
Produit 3932334000
```

Pour faire cette multiplication, j'écris d'abord le dernier zéro du multiplicateur au rang des unités, puis je multiplie par le 5 en disant : 5 fois zéro ne donnent rien, j'écris zéro à la gauche de celui des unités, c'est-à-dire au rang des dizaines. Je continue en disant : 5 fois 8 font 40, j'écris zéro et je retiens 4. Puis 5 fois zéro ne donnent rien, mais j'ai 4 de retenue que j'écris ; j'opère de même pour le 9, etc. Passant au zéro, qui, dans le multiplicateur, occupe le rang des centaines, je l'écris sous le même rang, au produit, et je passe au 6 en disant : 6 fois zéro ne donnent rien, j'écris zéro au rang des mille, etc. Le produit du 3 doit être écrit également sous le rang des dizaines de mille, parce qu'il exprime lui-même des dizaines de mille ; le reste à l'ordinaire.

Multiplication des Nombres décimaux.

* 61. La multiplication des nombres décimaux se fait comme celle des nombres ordinaires, sans avoir égard à la virgule ; mais on sépare, à la droite du produit, autant de chiffres décimaux qu'il y en a dans les deux facteurs.

Soit à trouver le produit de 4,35 par 8,26.

Opération.

```
  4,35
× 8,26
------
  2610
  870
 3480
------
35,9310
```

La multiplication étant faite, je sépare quatre chiffres décimaux à la droite du produit, parce qu'il y en a deux dans chaque facteur.

62. Pour rendre raison de cette méthode, il faut se rappeler que multiplier 4,35 par 8,26, ou, ce qui est la même chose, par 826 centièmes, c'est prendre 826 fois la centième partie de 4,35 (51) ; mais on en aura la 100ᵉ partie en déplaçant la virgule de deux rangs vers la gauche (26), ce qui donnera 0,0435 ; 4,35 ; il n'y a donc plus qu'à répéter 826 fois cette centième partie pour avoir le produit demandé ; mais comme ce sont des dix-millièmes que l'on répète, le produit sera composé de décimales de cette nature ; pour en séparer les unités, il faudra donc en prendre la dix-millième partie, c'est-à-dire séparer 4 chiffres par la virgule (26). Le même raisonnement conduirait à avoir 3 chiffres décimaux de plus au produit, s'il y en avait trois au multiplicateur, et 4, si celui-ci en avait 4, etc., d'où l'on conclut cette méthode : la multiplication des nombres accompagnés de chiffres décimaux se fait comme celle des nombres ordinaires, etc.

63. On peut encore justifier l'exactitude de cette méthode par le raisonnement ci-après : par le déplacement de la virgule d'une place vers la droite, dans un nombre accompagné de fractions décimales, on le rend dix fois plus grand ; si on la recule de deux places, on le rend cent fois plus grand, etc. (nº 25), c'est-à-dire qu'on le multiplie par 10, par 100, etc.

Ainsi, dans l'exemple précédent, ayant rendu chacun des facteurs 100 fois plus grand par la suppression de la virgule, le produit doit aussi avoir éprouvé une augmentation proportionnelle.

En effet, on a opéré comme si l'on avait eu 435 unités à multiplier, tandis que l'on n'a effectivement que 4 unités 35 centièmes, c'est-à-dire que le multiplicande est 100 fois trop grand, et pour cette raison on doit rendre le produit 100 fois plus petit, et écrire 3593,10.

En second lieu, le multiplicateur n'est pas 826 unités, mais seulement 8 unités 26 centièmes, nombre 100 fois moindre; pour cette seconde raison, le produit 3593,10 est encore 100 fois trop fort, et pour le réduire à sa véritable valeur, on doit encore séparer deux chiffres et écrire 35,9310.

* 64. Si l'on n'avait que des fractions décimales pour facteurs, on ferait abstraction des virgules et des zéros qui les précèdent et même de ceux qui les suivent jusqu'aux chiffres significatifs, puis on ferait la multiplication de ces derniers chiffres, et l'on séparerait à la droite du produit, par une virgule, autant de chiffres décimaux qu'il y en aurait dans les deux facteurs : si le produit n'en donnait pas assez, on les ferait précéder par autant de zéros qu'il serait nécessaire, et l'on mettrait aussi un zéro à la place des unités.

Exemple.

On veut multiplier 0,054 par 0,056.

Opération.

```
  0,054
× 0,056
-------
    324
   270
-------
0,003024
```

Ayant multiplié 54 par 56, j'ai 3024 au produit; mais comme je dois séparer 6 chiffres décimaux, je place deux zéros à gauche de ce produit, je les fais précéder de la virgule et d'un autre zéro pour annoncer que le nombre ne contient pas d'unités, et j'ai 0,003024, qu'il faut lire 3024 millionièmes.

Questions sur la Multiplication.

Qu'est-ce que la multiplication? 50. — *Que résulte-t-il de cette définition?* 51. — *Quel est le nom commun aux deux termes de la multiplication?* 52. — *Qu'est-ce que le multiplicande?* 53. — *Comment fait on la multiplication, lorsque le multiplicateur est un seul chiffre?* 54. — *Com-*

ment faut-il disposer les termes de la multiplication? 55. — Comment connaît-on ordinairement que la solution d'un problème exige une multiplication? 56. — Que faut-il observer lorsque le multiplicateur est un nombre composé de plusieurs chiffres? 57.—Pourquoi avance-t-on d'une place le produit des dizaines, de deux celui des centaines, etc.? 58. — Comment fait-on ordinairement la preuve de la multiplication? 59. — Que faut-il faire lorsqu'il y a un zéro dans l'un des facteurs? 60. — Comment fait-on la multiplication des nombres décimaux? 61.—Comment peut-on justifier l'exactitude de cette méthode? 63.—Si l'on n'avait que des fractions décimales pour facteurs, que faudrait-il faire? 64.

EXERCICES SUR LA MULTIPLICATION.

NOMBRES ENTIERS

407.	749×46	425.	409×5400
408.	8336×57	426.	90480×9007
409.	97248×865	427.	3803607×74090
410.	837894×996	428.	7654208×20963
411.	84966×7649	429.	80097×74269
412.	96824×4696	430.	192740×32730
413.	6654×789	431.	68940×4090
414.	76496×87969	432.	900007×700608
415.	7674×12478	433.	4300407×700608
416.	3696×819162	434.	460004×99804
417.	69421×21754	435.	960076×90708
418.	3684×3456	436.	690800×456007
419.	4321×987654	437.	7006924×540086
420.	756849×74323	438.	896763×907090
421.	908708×70469	439.	1864321×609649
422.	43×89006	440.	2465783×3686407
423.	4916×69678	441.	7240036×4029003
424.	43208×4962		

SUITE DES EXERCICES SUR LA MULTIPLICATION.

NOMBRES DÉCIMAUX.

442.	9, 12×6	459.	786, ×7,789
443.	15, 27×9	460.	374, ×2,967
444.	6, 35×98	461.	9, 47×6,694
445.	7, 41×675	462.	4, 35×17,409
446.	94, 75×997	463.	39, 47×28,9005
447.	197, 19×56	464.	676, 49×60,705
448.	49, 72×84	465.	371, 06×49,008
449.	97, 85×975	466.	401, 04×1301,40
450.	69, 78×596	467.	9617, 09×4281,45
451.	32, 95×787	468.	6789, 06×13808,928
452.	947, ×4,65	469.	426, 07×4264,417
453.	869, ×6,96	470.	3807, 45×5321,806
454.	597, ×9,78	471.	900,001×48,00628
455.	345, ×3,95	472.	489,040×37,00845
456.	912, ×6,87	473.	809,095×46.00936
457.	57, ×9,475	474.	407,008×69,00849
458.	39, ×6,407	475.	304,946×48,06442

DÉCIMALES.

476.	0,8	×0,8	493.	0,0606	×0,408
477.	0,42	×0,57	494.	0,1387	×0,0064
478.	0,04	×0,95	495.	0,46780	×0,40306
479.	0,904	×0,905	496.	0,78674	×0,0045
480.	0,47	×0,68	497.	0,00260	×0,00[illegible]
481.	0,69	×0,85	498.	0,00065	×0,048
482.	0,9	×0,74	499.	0,0075	×0,75
483.	0,482	×0,35	500.	0,084	×0,436
484.	0,85	×0,7	501.	0.406	×0,00008
485.	0,364	×0,25	502.	0,00040	×0,0705
486.	0,4	×0,5	503.	0,04080	×0,00854
487.	0,04	×0,5	504.	0,140	×0.9601
488.	0,04	×0,05	505.	0,687	×0,0025
489.	0,04	×0.005	506.	0,789	×0,203
490.	0,004	×0,005	507.	0,3001	×0,068
491.	0,0042	×0,41	508.	0,4002	×0,005
492.	0,0005	×0,075	509.	0,067	×0,003

Problèmes sur la Multiplication.

P. 510. Quel est le produit de 48 par 637 ?
P. 511. Multipliez 4906905 par 789, et dites-en le produit.
P. 512. Faites le produit de 40900, 87 par 20708.
P. 513. Quel nombre donne 47 ent. 630 multiplié par 0,03?
P. 514. On demande le produit de 8475 par 49,875.
P. 515. Faites le produit de 468,45 par 87,009.
P. 516. Multipliez 47,006 par 987,04650807.
P. 517. Quel est le produit de 9640,27 par 408,009?
P. 518. Combien y a-t-il de lettres dans un volume de 719 pages, si chacune renferme 1539 lettres?
P. 519. Un édifice a 295 croisées, chaque croisée est de 24 carreaux; combien de carreaux dans tout l'édifice?
P. 520. Combien compte-t-on d'arbres dans une plantation composée de 95 rangées, si chaque rangée en contient 178?
P. 521. Une bibliothèque renferme 75 rayons, et chaque rayon contient 86 volumes; combien y a-t-il de pages si chaque volume est, terme moyen, de 420 pages?

DIVISION.

* 65. La Division est une opération par laquelle on cherche l'un des facteurs d'un produit dont on connaît l'autre facteur et ce produit.

Ainsi, diviser 12 par 3, c'est chercher un nombre qui étant multiplié par 3, donne 12 au produit. Le produit se nomme *dividende*, le facteur connu *diviseur*, et celui qu'on cherche *quotient*.

Il résulte de cette définition que le diviseur est à l'égard de l'unité ce qu'est le dividende à l'égard du quotient; c'est-à-dire que si le diviseur égale 2 fois, 3 fois, 20 fois, etc., l'unité, le dividende égale 2 fois, 3 fois, 20 fois, etc., le quotient; et que, si le diviseur n'est que la 2e, la 3e, la 20e partie de l'unité, le dividende n'est que la 2e, la 3e, la 20e partie du quotient.

* 66. Pour disposer les termes de la division, on place sur une même ligne le dividende et le diviseur séparés par un trait vertical, on souligne le diviseur et on met le quotient dessous.

Exemple.

Dividende 18	6 diviseur.
18	3 quotient.
0	

Ayant écrit le dividende et le diviseur comme il vient d'être dit, on examine combien de fois le nombre 6 est contenu dans 18, on voit qu'il y est 3 fois; on les porte au quotient, ensuite on multiplie le diviseur par ce quotient; on porte le produit 18 sous le dividende, et on l'en soustrait; comme il ne reste rien, on en conclut que le dividende contient le diviseur trois fois exactement, ou que 3 est le nombre par lequel il faut multiplier 6 pour que le produit égale le dividende.

* 67. On connaît ordinairement que la résolution d'un problème exige une division lorsque la valeur de plusieurs unités, ou de quelques parties d'unité, étant donnée, on cherche celle d'une seule.

Exemple : 36 mètres d'ouvrage ont coûté 324 fr., à combien revient le mètre?

Dans ce problème, on connaît la valeur de plusieurs unités, et on demande celle d'une seule : sa solution exige donc une division.

Autre exemple : 0,45 de drap coûtent 13 fr. 50, combien le mètre?

On veut savoir la valeur de l'unité par la connaissance de celle d'une partie; pour y arriver, il faut encore faire une division.

68. Le diviseur est toujours le facteur connu; ainsi, dans l'exemple suivant : 75 fr. sont le prix de 5 mètres, à combien revient le mètre? Le nombre 5 est le diviseur, parce qu'il est le nombre qui, multiplié par le prix du mètre, doit donner 75 fr. pour produit.

* 69. En examinant si le nombre par lequel on pourra multiplier le diviseur pour que le produit soit égal au dividende est compris dans les dizaines, dans les centaines, dans les mille, etc., on en conclut le nombre de chiffres qu'il pourra y avoir au quotient.

Par exemple, soit à savoir combien de chiffres il y aura au quotient de la division de 4689 par 9; je multiplie 9 par 100 et j'ai 900, nombre plus petit que 4689; je multiplie ensuite par 1000 et j'ai 9000, nombre plus grand que 4689 ; je vois par là que le multiplicateur de 9 pour que le produit égale 4689, est compris entre 100 et 1000; or tout nombre compris entre 100 et 1000 est composé de trois chiffres : donc il y aura trois chiffres au quotient. Soit encore à diviser 875 par 35, je dis qu'il y aura 2 chiffres au quotient, car si l'on multiplie 35 par 10, on aura 350, nombre plus petit que 875, et si on le multiplie par 100 on aura 3500, nombre plus grand que 875 ; il y aura donc deux chiffres au quotient.

• On connaît mécaniquement le nombre de chiffres qu'il y aura au quotient d'une division en séparant du dividende autant de chiffres à gauche qu'il en faut pour que le diviseur y soit contenu ; le nombre de chiffres qui restent au dividende, plus un, indique combien il y en aura au quotient.

* 70. Lorsque l'énoncé d'une division est tel que le quotient doit avoir plusieurs chiffres, par exemple, des centaines, des dizaines et des unités, on fait d'abord la division des centaines, puis celle des dizaines et enfin celle des unités. Soit 4689 à diviser par 9.

Opération.

```
46.89 | 9
45    |----
--    | 521
 18
 18
 --
  09
   9
  --
   0
```

Après avoir séparé les centaines par un point, je dis: en 46 combien de fois 9 ? il y est 5 fois ou 5 centaines de fois ; je mets le chiffre 5 au quotient, ensuite j'écris 45, produit de 5 par 9, sous 46; je fais la soustraction, et il reste une centaine que je réduis en dix dizaines par la pensée; j'y ajoute les 8 que j'ai au dividende, ce qui fait 18 dizaines. Je les divise par 9, en disant: en 18 combien de fois 9 ? il y est 2 fois ou deux dizaines de fois;

je les écris au quotient ; je multiplie ce nombre par 9 et je porte le produit 18 sous le dividende ; je l'en soustrais, et il reste zéro. J'écris à côté du zéro les unités du dividende, et je recommence la division en disant : en 9 combien de fois 9? il y est une fois ; j'écris 1 au quotient, et je porte le produit du diviseur par ce nombre sous le dividende pour l'en soustraire. Comme il reste zéro, j'en conclus que 521 est le quotient de 4689 par 9, ou le nombre par lequel il faut multiplier 9 pour avoir un produit égal au dividende ; ce qu'il est aisé de vérifier en effectuant la multiplication.

* 71. Il faut observer dans chaque division partielle, 1° que le produit du diviseur par le chiffre qu'on écrit au quotient, devant être retranché du dividende partiel, doit toujours être moindre que ce dividende, ou lui être égal ; 2° que le reste de chaque division doit toujours être moindre que le diviseur, autrement le quotient devrait être augmenté d'une ou de plusieurs unités ; 3° qu'il ne peut jamais y avoir plus de 9 au quotient pour chaque division partielle ; autrement le chiffre que l'on a mis précédemment au quotient serait trop faible d'une ou plusieurs unités ; 4° que, lorsqu'après avoir descendu un chiffre pour former un nouveau dividende partiel, il arrive que le diviseur n'y est pas contenu, c'est-à-dire que le dividende partiel est moindre que le diviseur, il faut écrire un zéro au quotient, et abaisser un autre chiffre pour former le dividende partiel suivant : le zéro est nécessaire pour tenir lieu de l'ordre d'unité qui ne se trouve point au quotient.

Exemple.

On voudrait savoir combien de fois le nombre 6 est contenu dans 7218. R. 1203 fois.

Opération.

Dividende	7218	6 diviseur.
	6	1203 quotient.
2e dividende partiel	12	
	12	
3e et 4e divid. part.	018	
	18	
	0	

Je commence cette opération par la gauche, en disant : en 7 combien de fois 6? il y est une fois; j'écris 1 au quotient, par lequel je multiplie le diviseur; je mets le produit 6 sous le premier dividende partiel, j'ôte 6 de 7, il reste 1. A côté du chiffre 1, j'écris le chiffre 2, et j'ai douze pour deuxième dividende partiel; je dis donc en 12 combien de fois 6? il y est 2 fois, que j'écris au quotient; ensuite je dis : 2 fois 6 font 12, que j'écris sous 12? je fais la soustraction, il reste 0, à côté duquel j'écris le chiffre 1, et j'ai 001 pour troisième dividende partiel. Mais comme ce nombre ne contient pas le diviseur, je mets un zéro au quotient. J'abaisse le chiffre 8; j'ai 18, que je divise par 6, et le quotient est 3; je multiplie 6 par 3, je porte le produit 18 sous le dernier dividende partiel, et j'effectue la soustraction.

*72. La preuve de la division se fait ordinairement en multipliant le diviseur par le quotient, et ajoutant au produit le reste de la division, s'il y en a un.

Exemple.

On veut diviser 8467 par 8 : dites le quotient.

Opération.		*Preuve.*
8467	8	1058
8		8
046		8464
40		3 reste.
067		8467
64		
3		

*73. Le produit du diviseur par le quotient doit être égal au dividende, parce que le diviseur et le quotient d'une division étant les facteurs du dividende, il est évident que, si l'on effectue la multiplication de l'un par l'autre, et qu'on ajoute le reste, s'il y en a un, on devra retrouver ce dividende, autrement l'opération serait manquée.

*74. Lorsque le diviseur est un nombre composé de plusieurs chiffres, l'opération se fait de la même manière que la précédente.

Soit, par exemple, 4738 à diviser par 54.

Opération.			*Preuve.*
1er dividende	473.8	54	54
partiel.	432.	87	87
2e dividende	41 8		378
partiel.	37 8		432.
Reste.	4 0		40
			4738

Dans cette opération, le diviseur 54 étant plus grand que les deux premiers chiffres 47 du dividende, j'en prends trois pour faire le premier dividende partiel ; alors je dis : 47 contient 9 fois le nombre 5 ; mais 54 multiplié par 9 donnerait 486 qui est plus grand que 473 ; je ne dois donc mettre que 8 au quotient. Je l'écris en effet, et ayant multiplié 54 par 8, j'ai 432 à soustraire du premier dividende partiel ; il reste 41. J'écris 8 à la droite de ce nombre, et j'ai 418 pour deuxième dividende partiel ; je dis donc : en 41 combien de fois 5 ? je vois qu'il ne peut y être contenu que 7 fois ; j'écris 7 au quotient et je multiplie 54 par 7, et il vient 378, à soustraire de 418. L'opération finie, je trouve 87 pour *quotient* et 40 pour *reste*.

Autre manière d'effectuer la Division.

* 75. La méthode qu'on a suivie dans les exemples précédents, en portant sous chaque dividende partiel le produit du diviseur par chaque chiffre du quotient, étant un peu longue, on fait ordinairement la soustraction à mesure que l'on multiplie, sans écrire le produit, ainsi qu'on le voit dans l'exemple suivant :

Soit le nombre 8764 à diviser par 365.

Opération.			*Preuve.*	
	876.4	365	365	
	146 4	24	24	
Reste	. . . 4		1460	
			730	
			. . . 4	*Reste.*
			8764	

Dans cette opération, je dis: en 8 combien de fois 3? il y est 2 fois, que je pose au quotient; puis multipliant le diviseur, je dis: 2 fois 5 font 10, lesquels ôtés de 16 (parce que j'emprunte sur le 7 une unité qui vaut 10), il reste 6 et je retiens 1; 2 fois 6 font 12, et 1 de retenue font 13, lesquels ôtés de 17 reste 4; je retiens 1; enfin 2 fois 3 font 6, et un de retenue font 7, lesquels ôtés de 8 reste 1. J'écris le chiffre 4 pour former le second dividende partiel, et je dis: en 14 combien de fois 3? il y est 4 fois, par lequel je multiplie 365, en ôtant le produit du second dividende, comme on a fait pour le premier; il reste 4, qu'il faut ajouter à la preuve.

* 76. On retient lorsqu'on a été obligé d'emprunter, et l'on ajoute la retenue au produit de la multiplication du chiffre suivant, parce qu'en conservant à un chiffre sa valeur, après l'avoir diminuée par l'emprunt, on l'augmente réellement; il faut donc, pour conserver l'exactitude, augmenter le nombre à soustraire d'une quantité égale à celle qu'on a empruntée.

* 77. Lorsqu'après avoir employé tous les chiffres du dividende il y a encore un reste, on réduit le reste d'abord en dixièmes en écrivant un zéro à sa suite, et on continue la division; mais comme on ne peut plus avoir d'unités, on met une virgule au quotient. Si l'on veut continuer, on réduit le second reste en centièmes en écrivant encore un zéro; mais on ne met plus de virgule au quotient, les unités étant déterminées par le rang qu'elles occupent (18 et 20).

Soit, par exemple, 679 à diviser par 28.

Opération.

Dividende	Diviseur / Quotient		*Preuve.*
679	28		24,25
119	24,25		28
70			19400
140			4850
0			679,00

Après la division il reste 7; je réduis ce reste en dixièmes en écrivant un zéro à sa droite, et je place une virgule au quotient; après quoi je dis: en 70 combien de fois 28, ou en 7 combien de fois 2? il y est 2 fois; j'écris ce chiffre au quotient, et je fais les opérations ordinaires. Mais il reste encore 14 dixièmes; je réduis ce nombre en centièmes en écrivant encore un zéro à sa droite, et je dis: en 140 combien de fois 28, ou en 14 combien de fois 2? il y est 5 fois : j'écris ce chiffre au quotient ; je fais la multiplication et la soustraction, et il reste zéro ; j'en conclus que 24,25 est le quotient exact de 679 par 28. En effet, la multiplication qui lui sert de preuve le démontre.

S'il y avait eu encore un reste, on aurait écrit un zéro à sa droite pour le réduire en millièmes, et l'on aurait continué la division; puis on aurait encore mis un zéro à la suite de ce dernier reste, etc. On peut, par ce moyen, porter l'approximation jusqu'à l'unité décimale de l'ordre qu'on voudra (1).

* 78. Lorsque le dividende est plus petit que le diviseur, on place d'abord au quotient un zéro suivi d'une virgule pour exprimer qu'il n'y a pas d'entiers, on réduit le dividende en dixièmes, en centièmes, etc. (n° 25), et l'on opère comme à l'ordinaire.

Exemple.

Supposé que l'on ait 6 entiers à diviser par 25, on aura l'opération suivante :

```
 6.0 | 25
 100 | 0,24
   0
```

Après avoir disposé les termes, je dis : en 6 combien de fois 25? il n'y est pas ; j'écris 0 suivi d'une virgule au quotient. Je réduis les 6 unités en dixièmes en écrivant un zéro à la droite du chiffre 6, et je dis : en 60 combien de fois 25? il y est 2 fois ; je fais la multiplication et la soustraction, et il reste 10 dixièmes. Je les réduis en centièmes, et je dis : en 100 combien de fois 25? ou en 10 combien de fois 2? il y est 4 fois; je fais la multiplication et la soustraction, et il reste zéro; j'en conclus que 0,24 centièmes est le quotient de 6 unités divisées par 25 unités.

* 79. On peut abréger la division dans les cas suivants: 1° lorsque le diviseur est un seul chiffre, alors l'opération se réduit à prendre la $\frac{1}{2}$, le $\frac{1}{3}$, le $\frac{1}{4}$, etc. du dividende; 2° lorsque le diviseur est le produit de la multiplication de deux nombres d'un seul chiffre, alors on divise d'abord par un facteur et l'on divise ensuite le résultat par l'autre facteur. Soit 24 le diviseur, on pourra prendre d'abord le $\frac{1}{4}$ du dividende et ensuite le $\frac{1}{6}$ du premier résultat, parce que 4 et 6 sont facteurs de 24; 3° lorsque le diviseur est l'unité suivie d'un ou de plusieurs zéros, alors l'opération se réduit à séparer à la droite du dividende autant de figures qu'il y a de

(1) Calculer un quotient à moins d'un dixième près, par exemple, c'est pousser la division jusqu'aux dixièmes inclusivement : le calculer à moins d'un centième près, c'est la pousser jusqu'aux centièmes, etc

zéros dans le diviseur, ou à déplacer la virgule de droite à gauche d'autant de places qu'il y a de zéros dans le diviseur ; 4° lorsqu'il est possible de supprimer autant de zéros au dividende qu'au diviseur; s'il s'agissait, par exemple, de diviser 48000 par 600, l'opération se réduirait à diviser 480 par 6. On conçoit que, dans ce cas, le dividende et le diviseur étant divisés chacun par un même nombre, le quotient ne doit pas changer de valeur.

En effet, 600 × le quotient égalera 48000 (n° 73), et 6,00 (nombre 100 fois plus petit que 600) × le quotient égalera 480,00 (nombre 100 fois plus petit que 48000). Mais dans les deux cas le quotient est toujours le même : donc, etc.

Division des Nombres décimaux.

* 80. La division des nombres décimaux s'effectue comme celle des nombres entiers ; mais il faut que le dividende et le diviseur aient le même nombre de chiffres décimaux ; si l'un de ces termes en a plus que l'autre, il faut écrire des zéros à la suite de celui qui a le moins de décimales pour qu'il en ait autant que l'autre ; ensuite, on fait abstraction de la virgule, et l'on divise comme à l'ordinaire.

Soit à diviser 32 entiers 75 par 5.

Opération.	3275	500
	2750	6,55
	2500	
	000	

Je prépare cette opération en mettant deux zéros à la suite du diviseur pour lui donner autant de chiffres décimaux qu'en a le dividende ; et ayant effectué la division suivant les règles précédentes, je trouve pour quotient 6 unités 55 cent.

* 81. La valeur du quotient est conservée malgré l'addition des zéros à la suite du diviseur ; car, si 5,00 (ou 5, diviseur réel) multiplié par le quotient, doit donner 32,75 (n° 65), 500 (diviseur préparé qui égale 100 fois le 1er) multiplié par le même quotient donnera 3275 (dividende préparé qui égale aussi 100 fois le dividende réel).

En suivant le même principe, si l'on avait, par exemple, 24,2 à diviser par 6.252, le dividende deviendrait 24,200, et l'on ferait l'opération comme si l'on avait 24200 entiers à diviser par 6252 entiers.

Pour diviser 36 par 4,3684, le dividende serait 360000, et le diviseur 43584, ainsi des autres (1).

Preuve de la Multiplication par la Division.

81 *bis*. Pour faire la preuve de la multiplication par la division, il faut diviser le produit par l'un des facteurs, et le quotient donnera l'autre facteur. Ce principe est fondé sur la définition de la division nº 65.

Soit proposé de faire la preuve de l'opération du nº 59, si l'on divise le produit 99408 par 109, on aura 912 au quotient, et si l'on divise le produit par 912, le quotient sera 109.

Questions sur la Division.

Qu'est-ce que la division? 65. — *Comment faut-il disposer les termes de la division?* 66. — *Comment connait-on ordinairement que la résolution d'un problème exige une division?* 67. — *Comment connait-on le diviseur?* 68. — *Comment peut-on connaître combien il y aura de chiffres au quotient d'une division?* 69. — *Comment fait-on la division lorsque le quotient doit être composé de plusieurs chiffres?* 70. — *Que faut-il observer dans chaque division partielle?* 71. — *Comment fait-on la preuve de la division?* 72. — *Pourquoi le produit du diviseur par le quotient doit-il être égal au dividende?* 73. — *Comment fait-on la division lorsque le diviseur est un nombre composé de plusieurs chiffres?* 74. — *Donnez-nous une méthode plus abrégée pour faire la division?* 75. — *Pourquoi retient-on lorsqu'on a été obligé d'emprunter, et ajoute-t-on la retenue au produit de la multiplication du chiffre suivant?* 76. — *Que fait-on ordinairement lorsqu'après avoir employé tous les chiffres du dividende il y a encore un reste?* 77. — *Comment fait-on la division lorsque le dividende est plus petit que le diviseur?* 78. — *N'y a-t-il pas quelques moyens d'abréger la division dans certains cas?* 79. — *Comment fait-on la division des nombres décimaux?* 80. — *Comment la valeur du quotient est-elle conservée malgré l'addition des zéros à la suite du diviseur?* 81.

---

(1) Nous savons que, lorsqu'il n'y a que le dividende qui est affecté de décimales, il n'est pas nécessaire d'en figurer autant par des zéros au diviseur; mais c'est pour tout réduire à une règle générale que nous donnons cette méthode.

EXERCICES SUR LA DIVISION.

NOMBRES ENTIERS.

522.	24	> 6	556.	687621	> 4691
523.	30	> 5	557.	3466604	> 1279
524.	436	> 3	558.	4268901	> 1467
525.	642	> 2	559.	2468903	> 4169
526.	434	> 7	560.	2486930	> 7614
527.	439	> 8	561.	4107129	> 7614
528.	542	> 9	562.	4167809	> 6741
529.	643	> 4	563.	81267904	> 6174
530.	863	> 5	564.	69207421	> 7186
531.	406	> 6	565.	73690001	> 4027
532.	302	> 8	566.	89064010	> 7908
533.	1024	> 6	567.	694735210	> 9087
534.	932	> 7	568.	468904008	> 7064
535.	4728	> 75	569.	389006753	> 8004
536.	6008	> 42	570.	12347600	> 7061
537.	4968	> 64	571.	86742307	> 8906
538.	39006	> 79	572.	707070709	> 42060
539.	94678	> 47	573.	654380316	> 49060
540.	30068	> 36	574.	987654321	> 49066
541.	41126	> 49	575.	8606000041	> 60041
542.	67980	> 96	576.	61247680241	> 74085
543.	432101	> 69	577.	74238961401	> 48647
544.	470896	> 72	578.	9649646664	> 42867
545.	680094	> 67	579.	6008247686	> 73648
546.	666648	> 441	580.	4789647768	> 42170
547.	767642	> 386	581.	8674289646	> 74551
548.	634211	> 278	582.	4247698734	> 94672
549.	124674	> 126	583.	9116786009	> 45380
550.	964321	> 216	584.	6312460086	> 59866
551.	7246579	> 612	585.	4234000001	> 680087
552.	8675404	> 718	586.	45680108007	> 300452
553.	4328063	> 187	587.	37894216118	> 987684
554.	7890645	> 367	588.	89006742689	> 654327
555.	9120128	> 637	589.	47874126874	> 865428

SUITE DES EXERCICES SUR LA DIVISION.

MANIÈRE D'ABRÉGER LA DIVISION.

590.	48000>6000
591.	84500>900
592.	460>230
593.	6260>20
594.	68600>30
595.	764700>20
596.	4400>410
597.	476000>5400
598.	68670>64000
599.	760000>2200
600.	2476000>400000
601.	8604640>3000
602.	642800>7000

NOMBRES DÉCIMAUX.

603.	9,4 . .	> 7,4
604.	19,8	> 8,2
605.	16,6	>10,2
606.	29,6	>20,3
607.	76,40	>19,10
608.	40,72	>16,12
609.	59,72	>50,14
610.	26,42	>20,14
611.	39,64	>29,08
612.	46,634	>39,122
613.	50,420	>17,231
614.	60,734	>19,132
615.	79,683	>14,244
616.	49,834	>17,635
617.	76,1234	> 9,24
618.	59,2687	>91,42
619.	60,12671	> 4,54
620.	10,72681	> 6,25
621.	119,74218	>59,267
622.	79,12861	>10,431
623.	219,46833	>91,111

SUITE DES NOMBRES DÉCIMAUX.

624.	79,4 > 9,04
625.	40,2 > 6,06
626.	70,8 >10,08
627.	50,6 >19,04
628.	45,7 >16,07
629.	56,9 >14,09
630.	69,3 >13,03
631.	10,5 >12,05
632.	99,45>15,006
633.	16,75>14,066
634.	29,40>18,126
635.	16,74>17,261
636.	39,36>16,621
637.	59,28>40,426
638.	29,39>70,1214

DÉCIMALES.

639.	0,4. . . .	>0,4
640.	0,8	>0,8
641.	0,6	>0,6
642.	0,7	>3,7
643.	0,2	>3,2
644.	0,9	>3,3
645.	0,1	>3,1
646.	0,12	>0,12
647.	0,42	>3,07
648.	0,9	>0,9
649.	0,009	>0,009
650.	0,009	>0,0009
651.	0,00006	>0,006
652.	0,0006	>0,006
653.	0,0001	>0,01
654.	0,00000002	>0,0000002
655.	0,0900009	>0,00009
656.	0,09	>0,0000009
657.	0,0000009	>0,9

Problèmes sur la Division.

P. 658. Partagez 924 unités en 6 parties égales.

P. 659. Combien le nombre 20 est-il contenu de fois en 4840?

P. 660. Par quel nombre faut-il diviser 2730 pour avoir 42?

P. 661. Trouvez le nombre qui, étant multiplié par 72, donne 70344.

P. 662. Le produit de deux nombres est 661045, l'un de ces nombres est 85; trouvez l'autre.

P. 663. Un facteur est 4,75, son produit par un autre facteur est 4222,18 : trouvez cet autre facteur.

P. 664. Ayant multiplié 6,55 par un autre nombre, on a obtenu 57,3125 : quel est ce nombre?

P. 665. Trouvez le nombre dont le produit par 0,005 serait 0,00025.

P. 666. Le nombre 0,000000035 est le quotient de 0,00000001225: trouvez le diviseur.

P. 667. On demande le quotient de 0,00001 par 0,001.

P. 668. Dites le quotient 0,0006 par 0,6.

FRACTIONS.

* 82. Une fraction est une ou plusieurs parties de l'unité divisée en un nombre quelconque de parties égales.

Par exemple, si l'on partageait une pomme en 5 parties égales, chaque morceau exprimerait une fraction de la pomme, et se nommerait un cinquième; si l'on en prenait trois, on aurait trois cinquièmes, etc.

On représente les fractions par deux nombres placés l'un au-dessous de l'autre, et séparés par un trait. Ainsi un cinquième s'écrit $\frac{1}{5}$, trois cinquièmes s'écrivent $\frac{3}{5}$.

* 83. Pour lire une quantité exprimée en fractions, on lit d'abord le terme supérieur, puis le terme inférieur, en y ajoutant la terminaison *ième*.

Ainsi $\frac{1}{5}$ se lit un cinquième; $\frac{4}{5}$, quatre cinquièmes; $\frac{7}{8}$, sept huitièmes, etc.; sont exceptées celles dont le dénominateur est un des chiffres 2, 3 et 4, comme $\frac{1}{2}$, $\frac{2}{3}$, $\frac{3}{4}$, qu'on lit un demi, deux tiers, trois quarts.

* 84. Le terme supérieur d'une fraction se nomme numérateur, et le terme inférieur, dénominateur.

* 85. Le numérateur indique combien la fraction contient de parties de l'unité, et le dénominateur en combien de parties égales l'unité est divisée.

Ainsi cette fraction $\frac{3}{4}$ indique que l'unité est partagée en quatre parties égales, et qu'on en a trois.

* 86. De ce qui précède, il suit que la grandeur d'une fraction dépend du nombre des parties du dénominateur comparées aux unités du numérateur.

Ainsi la fraction $\frac{4}{7}$ est plus grande que la fraction $\frac{3}{7}$; en effet, la première contient 4 parties d'une unité divisée en 7, et la seconde ne contient que trois de ces mêmes parties; la fraction $\frac{3}{8}$ est plus grande que la fraction $\frac{3}{16}$, car, dans le premier cas, on a trois parties d'une unité divisée en 8; dans le second, on a aussi trois parties; mais l'unité étant divisée en 16 parties, elles sont plus petites. Ainsi,

1° Plus le numérateur d'une fraction est petit, le dénominateur restant le même, moins la fraction a de valeur;

2° Au contraire, plus le dénominateur est petit, le numérateur restant le même, plus la fraction a de valeur;

3° Lorsque le numérateur égale le dénominateur, la fraction égale une unité;

4° Lorsque le numérateur est plus petit que le dénominateur, la fraction est plus petite que l'unité;

5° Lorsque le numérateur est plus grand que le dénominateur, la fraction est plus grande que l'unité.

87. Deux fractions exprimées par des termes différents peuvent avoir la même valeur, pourvu que le rapport soit le même entre le numérateur et le dénominateur de chaque fraction (n° 86), par exemple $\frac{2}{4}$ équivalent à $\frac{3}{6}$, car le rapport de 2 à 4 est le même que celui de 3 à 6, c'est-à-dire que 2 est la moitié de 4 comme 3 est la moitié de 6; chacune de ces fractions exprime donc la moitié de l'entier et pourrait s'écrire $\frac{1}{2}$.

* 88. On peut donc multiplier ou diviser les deux termes d'une fraction par un même nombre sans en changer la valeur.

Supposons, par exemple, qu'on multiplie par 3 les

deux termes de la fraction $\frac{4}{5}$, on aura $\frac{12}{15}$, fraction équivalente à la première. En effet, en multipliant le dénominateur seul, nous aurions $\frac{4}{15}$, fraction 3 fois plus petite que la précédente, puisque dans $\frac{4}{5}$ l'unité a été divisée en 5 et qu'on en a 4 parties, et que dans $\frac{4}{15}$ l'unité est divisée en 15, nombre trois fois plus grand; chacune de ces dernières parties n'est donc que le tiers de celles de la première fraction, et comme on n'en a que le même nombre, on n'a donc que le $\frac{1}{3}$ de la fraction primitive; mais si l'on multiplie aussi le numérateur 4, dans la fraction $\frac{4}{15}$, par 3, on aura $\frac{12}{15}$, fraction qui égale trois fois $\frac{4}{15}$, puisque dans $\frac{12}{15}$ on a 12 parties de l'unité partagée en 15, et que dans l'autre on n'a que 4, c'est-à-dire le tiers de ces mêmes parties. Mais puisque la fraction $\frac{4}{15}$ égale le $\frac{1}{3}$ de $\frac{4}{5}$, et qu'elle est aussi le $\frac{1}{3}$ de $\frac{12}{15}$, $\frac{12}{15}$ égalent donc $\frac{4}{5}$; donc, etc.

On prouverait, par un raisonnement analogue, qu'on ne change pas la valeur d'une fraction en divisant ses deux termes par un même nombre; par exemple, les deux termes de la fraction $\frac{21}{49}$ divisés par 7 donneront $\frac{3}{7}$, fraction équivalente à la première.

89. On peut considérer une fraction comme une division qui a pour diviseur le nombre qui exprime en combien de parties l'unité est partagée, et pour dividende le nombre que l'on a de ces parties. En effet, soit à diviser 3 par 8, l'opération se réduit à prendre la 8e partie de trois entiers; or la 8e partie d'un entier s'écrit $\frac{1}{8}$, celle de trois entiers s'écrira $\frac{3}{8}$; par où l'on voit que le terme supérieur représente le dividende, et le terme inférieur, le diviseur.

Questions sur les Fractions.

Qu'est-ce qu'une fraction? 82.— *Comment représente-t-on une fraction?* 83.—*Comment lit-on une fraction?* 84.—*Comment nomme-t-on les deux termes d'une fraction?* 85. — *Que marquent les deux termes d'une fraction?* 86. — *De quoi dépend la grandeur d'une fraction?* 87. — *Deux fractions peuvent-elles avoir la même valeur, quoique exprimées par des nombres différents? 88. — Change-t-on la valeur d'une fraction en multipliant ou en divisant ses deux termes par un même nombre? 89. — Comment peut-on considérer une fraction? 90.*

RÉDUCTIONS DE FRACTIONS.

*90. Les réductions des fractions sont divers changements qu'on leur fait subir, sans que pour cela elles changent de valeur.

*91. Les principales réductions sont au nombre de quatre : 1° Réduire des entiers, ou des entiers et des fractions, en une seule fraction;

2° Réduire des fractions en entiers, lorsqu'elles en contiennent (1);

3° Réduire les fractions à leur plus simple expression;

4° Réduire les fractions au même dénominateur.

Première réduction.

*92. On réduit des entiers en fractions en les multipliant par le dénominateur donné. Lorsqu'il y a une fraction jointe aux entiers, on ajoute le numérateur au produit.

1er *Exemple.*

On demande combien il y a de quarts dans trois entiers.

Un entier contient 4 quarts; 3 entiers contiendront donc 3 fois 4 quarts; donc, pour résoudre ce problème, il faut multiplier 3 par 4; on aura pour réponse $\frac{12}{4}$.

2e *Exemple.*

Réduire 18 entiers $\frac{3}{8}$ en une seule fraction.

D'après ce qui vient d'être dit, chaque entier donnera 8 huitièmes, les 18 donneront donc $18 \times 8 = \frac{144}{8}$, plus 3 qu'on avait d'abord $= \frac{147}{8}$.

(1) Quelques auteurs donnent le nom de transformation à ces deux premières réductions.

Exercices sur la première réduction.

P. 669. On veut réduire 7 entiers en quarts, combien y en aura-t-il?

P. 670. Réduisez 9 entiers $\frac{5}{6}$ en sixièmes.

P. 671. Réduisez 28 $\frac{15}{17}$ en une seule fraction.

P. 672. Réduire dix entiers $\frac{3}{5}$ en une seule fraction.

P. 673. On veut réduire 9 entiers en neuvièmes: quel en sera le total?

P. 674. On désire réduire 20 entiers en dixièmes, combien en aura-t-on?

P. 675. Dites le total de six unités réduites en quinzièmes.

P. 676. Réduisez 5 entiers en sixièmes.

P. 677. Réduisez 7 entiers $\frac{2}{5}$ en un seule fraction.

P. 678. Réduisez 9 entiers $\frac{11}{12}$ en fraction.

P. 679. Réduisez 16 entiers en quarts.

P. 680. Réduisez 19 entiers en huitièmes.

P. 681. Réduisez 24 $\frac{5}{9}$ en une seule fraction.

P. 682. Combien y a-t-il de huitièmes dans 24 entiers $\frac{5}{8}$?

P. 683. Combien y a-t-il de douzièmes dans 51 entiers $\frac{11}{12}$?

P. 684. Combien y a-t-il de septièmes dans 15 entiers $\frac{1}{7}$?

P. 685. Réduisez 34 $\frac{1}{6}$ en une seule fraction.

P. 686. Savoir le nombre de demies qu'il y a dans 31 entiers $\frac{1}{2}$?

P. 687. Dites combien il y a de tiers dans 7 entiers.

P. 688. Dites le nombre de quarts qu'il y a dans 50 entiers $\frac{1}{4}$.

Deuxième réduction, preuve de la première.

*93. Pour réduire les fractions en entiers, lorsqu'elles en contiennent, il faut diviser le numérateur par le dénominateur, le quotient donnera les unités; le reste, s'il y en a un, sera le numérateur d'une fraction qui aura pour dénominateur celui de la fraction primitive.

1er *Exemple.*

On demande combien il y a d'entiers en $\frac{12}{4}$.

Quatre quarts égalent un entier; 12 quarts valent donc autant d'entiers qu'il y a de fois 4 dans 12; donc, pour résoudre cette question, il faut diviser 12 par 4.

12	4
0	Rép. 3

2e Exemple.

Combien y a-t-il d'entiers dans $\frac{147}{8}$?

$\frac{8}{8}$ Égalent un entier; la fraction proposée contient donc autant d'entiers qu'il y a de fois 8 dans 147; pour avoir la réponse, il faut donc diviser 147 par 8, et le reste, s'il y en a un, sera le numérateur d'une fraction qui aura pour dénominateur celui de la fraction primitive.

147	8
67	$18\frac{3}{8}$.
3	

Ces exemples servent de preuves à ceux de la réduction précédente, et réciproquement.

Exercices sur la deuxième réduction.

P. 689. Combien y a-t-il d'entiers dans $\frac{28}{4}$?

P. 690. Trouvez les entiers contenus dans $\frac{59}{6}$.

P. 691. Quels sont les entiers contenus dans cette fraction $\frac{191}{17}$?

P. 692. Combien y a-t-il d'entiers dans la fraction $\frac{26}{8}$?

P. 693. Quels sont les entiers contenus dans la fraction $\frac{1234}{46}$?

P. 694. Combien y a-t-il d'entiers dans la fraction $\frac{44}{4}$?

P. 695. On demande combien il y a d'entiers dans $\frac{64}{11}$.

P. 696. Combien y a-t-il d'entiers dans $\frac{81}{6}$?

P. 697. Dites combien il y a de jours dans $\frac{184}{16}$ de jours.

P. 698. On demande combien il y a de degrés dans $\frac{176}{7}$ de degrés.

P. 699. Combien y a-t-il de francs dans $\frac{2324}{8}$ de francs?

P. 700. On demande combien il y a d'entiers dans la fraction $\frac{1692}{6}$.

Troisième réduction.

*94. Pour réduire une fraction à sa plus simple expression, il faut d'abord diviser le numérateur et le dénominateur par un même nombre et répéter cette opération sur les deux termes de la fraction résultante, jusqu'à ce qu'on ait obtenu une fraction irréductible (1).

Soit $\frac{36}{54}$, les deux termes étant divisés par 2, donnent $\frac{18}{27}$, ceux-ci étant divisés par 3, on a $\frac{6}{9}$, et si l'on divise ces deux derniers termes aussi par 3, on obtient $\frac{2}{3}$ pour la plus simple expression de $\frac{36}{54}$.

*95. On peut abréger cette simplification successive en divisant les deux termes par le plus grand commun diviseur, c'est-à-dire par le plus grand nombre qui puisse les diviser sans reste. Ainsi, dans l'exemple précédent, l'opération aurait pu être simplifiée en divisant ses deux termes par 18, nombre qui en est le plus grand commun diviseur.

96. La théorie du plus grand commun diviseur, que nous allons donner, suppose, pour être bien comprise, la connaissance de ce qui suit:

---

(1) Un nombre est divisible:

Par 2, lorsque son dernier chiffre est pair ou zéro;

— 3, lorsque la somme de ses chiffres, considérés comme des unités simples, égale 3, ou un multiple de 3;

— 4, lorsque le nombre formé par les deux derniers chiffres est divisible par 4;

— 5, lorsqu'il est terminé par 5 ou 0;

— 6, lorsqu'il est divisible par 2 et par 3, parce que 2 × 3 = 6, et que 2 et 3 sont premiers entre eux;

— 8, lorsque le nombre formé par les trois derniers chiffres égale un multiple de 8;

— 9, lorsque la somme des chiffres, considérés comme des unités simples, égale 9 ou un multiple de 9;

— 10, lorsqu'il est terminé par zéro;

— 11, lorsque la somme des chiffres des rangs pairs égale celle des rangs impairs, ou que l'une surpasse l'autre de 11, ou d'un multiple de 11.

1° Un nombre est dit multiple d'un autre lorsqu'il le contient exactement un certain nombre de fois, et celui-ci est dit sous-multiple du premier: ainsi 20 est multiple de 4, parce que 5 fois 4 égalent 20; et 4 est sous-multiple de 20, car il le divise sans reste ($\frac{20}{5} = 4$).

2° Un nombre est dit premier, lorsqu'il n'est divisible que par lui-même ou par l'unité. Il suit de là que 2, 3, 5, 7, etc., sont des nombres premiers, et que 4, 6, 9, n'en sont pas, car ils peuvent être divisés par 2 ou par 3, ou par tous les deux.

3° Deux nombres qui n'ont aucun diviseur commun sont dits premiers entre eux; ainsi 4 et 9 sont dans ce cas, car 2, qui est sous-multiple de 4, n'est pas diviseur de 9, et 3, qui est diviseur de 9, ne l'est pas de 4. 6 et 9 ne sont pas premiers entre eux, car ils ont 3 pour diviseur commun.

4° Un nombre sous-multiple d'un autre nombre divise un multiple quelconque de ce second nombre : ainsi 12 étant divisible par 3, 36, multiple de 12, sera aussi divisible par 3. En effet 12 qui contient 4 fois 3, étant contenu 3 fois dans 36, celui-ci contiendra 4 fois 3 trois fois, c'est-à-dire 12 fois exactement.

5° Un nombre étant décomposé en deux parties ayant un diviseur commun, ce diviseur sera aussi sous-multiple de ce nombre. Soit le nombre 24 divisé en deux parties 16 et 8, je dis que 4, diviseur commun de 16 et 8, divisera aussi 24 sans reste. Ceci est évident : le quotient de la division du nombre entier doit égaler le total des quotients de la division de ses parties ; et si ceux-ci sont entiers, leur somme ou le quotient du premier nombre le sera aussi.

6° Un nombre étant divisé en deux parties, si ce nombre et l'une de ses parties sont exactement divisés par un autre nombre, celui-ci divisera aussi exactement l'autre partie. En effet, le quotient du nombre entier étant égal à la somme des deux quotients partiels, si l'un de ces quotients est entier, l'autre le sera aussi par une suite nécessaire, autrement il en résulterait cette absurdité, qu'un nombre entier serait égal à un nombre fractionnaire.

*97. Pour trouver le plus grand commun diviseur des deux termes d'une fraction, il faut diviser le dénominateur par le numérateur; s'il ne reste rien, ce sera le numérateur qui sera le plus grand commun diviseur; s'il y a un reste, il faut diviser le premier diviseur par le reste, et continuer ainsi la division jusqu'à ce qu'elle se fasse sans reste. Le dernier diviseur qu'on aura employé sera le plus grand commun diviseur, par lequel il faudra diviser les deux termes de la fraction. Si le dernier diviseur était l'unité, la fraction serait irréductible.

Exemple.

On demande la plus simple expression de $\frac{117}{1365}$.

Opération.

```
1365 |  117    |  78  | 39        117 | 39     1365 | 39
 195 | 11 | 39 | 1|00 |  2          0 | 3       195 | 35
  78                                             . 0
```

Ayant divisé le dénominateur par le numérateur, il reste 78; je divise le numérateur par ce nombre, et il reste 39; je continue à diviser ainsi l'avant-dernier reste par le dernier, et je trouve que 39 ne donne pas de reste, d'où je conclus qu'il est le plus grand commun diviseur : je divise les deux termes de la fraction par 39, et j'ai 3 pour numérateur de la nouvelle fraction, et 35 pour dénominateur; ce qui donne $\frac{3}{35}$ pour la plus simple expression de $\frac{117}{1365}$.

La raison de cette règle est facile à comprendre : 39 divise 39×2, c'est-à-dire 78; il divise aussi $78 + 39$, c'est-à-dire 117; il divise également $117 \times 11 + 78$, c'est-à-dire 1365; il est donc commun diviseur des deux termes de la fraction proposée.

Il est aussi le plus grand commun diviseur; car s'il y en avait un autre, il faudrait qu'il divisât $1365 = 117 \times 11 + 78$; qu'il divisât aussi $117 = 78 \times 1 + 39$; et encore $78 = 39 \times 2$, et enfin 39 : or, s'il est plus grand que ce dernier nombre, il ne peut pas le diviser; donc 39 est le plus grand commun diviseur de cette fraction.

Exercices sur la troisième réduction.

P. 701. Réduisez les fractions $\frac{3}{9}$, $\frac{10}{18}$, $\frac{20}{60}$, $\frac{24}{96}$ à leur plus simple expression.

P. 702. Mettez $\frac{34}{126}$ à sa plus simple expression.

P. 703. Quelle est la plus simple expression de la fraction $\frac{75}{120}$?

P. 704. Réduisez $\frac{141}{705}$ à sa plus simple expression.

P. 705. Réduisez $\frac{72}{108}$ à sa plus simple expression.

P. 706. Quelle est la plus simple expression de $\frac{75}{125}$?

P. 707. Quelle est la plus simple expression de $\frac{84}{96}$?

P. 708. Réduisez à sa plus simple expression la fraction suivante 1176/[illegible].

P. 709. Dites la plus simple expression de cette fraction $\frac{72}{128}$.

P. 710. Quelle est la plus simple expression de cette fraction $\frac{252}{1200}$?

P. 711. Réduisez $\frac{819}{4536}$ à sa plus simple expression.

P. 712. Mettez $\frac{806}{3666}$ à sa plus simple expression.

P. 713. Quelle est la plus petite expression de la fraction $\frac{584}{646}$?

P. 714. Quels sont les moindres termes de la fraction $\frac{72}{732}$?

P. 715. Apprenez-nous la plus simple expression de $\frac{546}{728}$.

P. 716. Savoir quels sont les moindres termes de cette fraction $\frac{6}{66}$.

P. 717. Quelle est la plus petite expression de $\frac{4158}{4536}$?

P. 718. Quels sont les moindres termes de la fraction $\frac{1428}{2704}$?

P. 719. On propose de réduire $\frac{396}{15092}$ à sa plus simple expression.

P. 720. Réduisez $\frac{62208}{68428}$ à sa plus simple expression.

Quatrième réduction.

* 98. 1° Pour réduire deux fractions à un même dénominateur, il faut multiplier les deux termes de la première par le dénominateur de la seconde, et les deux termes de la seconde par le dénominateur de la première.

Par exemple, pour réduire à un même dénominateur les deux fractions $\frac{2}{3}$, $\frac{3}{4}$, je multiplie 2 et 3, qui sont les deux termes de la première fraction, chacun par 4, dénominateur de la seconde, et j'ai $\frac{8}{12}$ qui est de même valeur que $\frac{2}{3}$ (n° 88). Je multiplie de même les deux termes 3 et 4 de la seconde fraction, chacun par 3, dénominateur de la première, et j'ai $\frac{9}{12}$ qui est de même valeur que $\frac{3}{4}$; en sorte que les fractions $\frac{2}{3}$ et $\frac{3}{4}$ sont changées en $\frac{8}{12}$ et $\frac{9}{12}$, qui sont respectivement de même valeur que celles-là, et qui ont le même dénominateur entre elles.

Il est aisé de voir que par cette méthode le dénominateur sera toujours le même pour chacune des deux nouvelles fractions, puisque dans chaque opération le nouveau dénominateur est le produit de la multiplication dont les deux dénominateurs primitifs sont les facteurs.

2° Si l'on a plus de deux fractions, on les réduira toutes au même dénominateur, en multipliant les deux termes de chacune par le produit résultant de la multiplication des dénominateurs des autres fractions.

Par exemple, pour réduire à un même dénominateur les quatre fractions $\frac{2}{3}$, $\frac{3}{4}$, $\frac{4}{5}$, $\frac{5}{7}$, je multiplie les deux termes 2 et 3 de la première, par le produit des trois dénominateurs 4, 5, 7, des autres fractions, produit que je trouve en disant : 4 fois 5 font 20, puis 7 fois 20 font 140 ; je multiplie donc 2 et 3 chacun par 140, et j'ai $\frac{280}{420}$ qui est de même valeur que $\frac{2}{3}$ (n° 88).

Je multiplie pareillement les deux termes 3 et 4 de la seconde fraction, par le produit de 3, 5, 7, qui égale 105 : je multiplie donc 3 et 4 chacun par 105, ce qui donne $\frac{315}{420}$, fraction de même valeur que $\frac{3}{4}$.

Passant à la troisième fraction, je multiplie ses deux termes 4 et 5 chacun par 84, produit des trois dénominateurs 3, 4, et 7, et j'ai $\frac{336}{420}$ au lieu de $\frac{4}{5}$.

Enfin pour la quatrième, je multiplierai 5 et 7 chacun par le produit 60 des dénominateurs 3, 4, et 5 ; les premières fractions $\frac{2}{3}$, $\frac{3}{4}$, $\frac{4}{5}$, $\frac{5}{7}$, sont changées en $\frac{280}{420}$, $\frac{315}{420}$, $\frac{336}{420}$, $\frac{300}{420}$, moins simples, à la vérité, que celles-là, mais de même valeur qu'elles, et, de plus, susceptibles, à cause de leur dénominateur commun, des opérations d'addition et de soustraction.

99. On peut encore réduire les fractions au même dénominateur par la méthode suivante :

On choisit un nombre appelé dénominateur commun, tel qu'il puisse être divisé sans reste par chacun des dénominateurs des fractions proposées ; on divise ce nombre par chacun des dénominateurs, et l'on multiplie les deux termes de chaque fraction par le quotient.

100. On trouve le dénominateur commun en multipliant les uns par les autres les dénominateurs des fractions proposées. On peut se dispenser de multiplier par ceux qui sont sous-multiples de quelqu'autre (n° 96. 4°).

Exemple.

On veut mettre les fractions suivantes au même dénominateur : $\frac{2}{3}$, $\frac{4}{5}$, $\frac{5}{6}$, $\frac{7}{8}$.

Opération. 5×6=30×8=240 dénomin. commun.
240 dénominateur commun.

$\frac{1}{3}$ = 80 $\frac{2}{3}$, $\frac{4}{5}$, $\frac{5}{6}$, $\frac{7}{8}$,
$\frac{1}{5}$ = 48 80 48 40 30
$\frac{1}{6}$ = 40 $\frac{160}{240}$, $\frac{192}{240}$, $\frac{200}{240}$, $\frac{210}{240}$.
$\frac{1}{8}$ = 30

Ayant trouvé 240 pour dénominateur commun, je divise ce nombre par 3, par 5, par 6 et par 8; j'ai pour quotients 80, 48, 40 et 30; j'écris ces nombres sous les fractions données, et je multiplie les deux termes de chacune de ces fractions par le quotient correspondant 80, 48, etc., et j'ai pour réponses $\frac{160}{240}$, $\frac{192}{240}$, $\frac{200}{240}$, $\frac{210}{240}$ (1).

On conçoit aisément que le dénominateur commun, étant composé du produit de tous les dénominateurs des fractions primitives, est nécessairement divisible par chacun de ces nombres; il devient donc aisé de former de nouvelles fractions équivalentes aux premières, si l'on considère l'unité divisée en $\frac{240}{240}$. C'est ce qu'on exécute, par exemple, pour la fraction $\frac{1}{3}$ en divisant $\frac{240}{240}$ ou l'unité par 3, pour en avoir le tiers $\frac{80}{240}$; mais comme il faut deux tiers pour que cette nouvelle fraction soit égale à la première, on multiplie 80 par 2, et on a $\frac{160}{240}$ pour la fraction équivalente à $\frac{2}{3}$. Le rapport s'établit de même entre les termes des autres fractions.

Questions sur les Réductions de Fractions.

Qu'est-ce que les réductions de fractions? 90.—*Quelles sont les principales réductions?* 91. — *Comment réduit-on les entiers en fractions?* 92.—*Que faut-il faire pour réduire les fractions en entiers?* 93. — *Que faut-il faire pour réduire une fraction à sa plus simple expression?* 94. — *Peut-on abréger cette simplification successive des fractions?* 95. —

(1) On pourrait également écrire les quotients de la manière indiquée n° 102.

Que faut-il faire pour trouver le plus grand commun diviseur des deux termes d'une fraction? 97.— *Que faut-il faire pour réduire les fractions au même dénominateur?* 98. 1°—*S'il y a plus de deux fractions à mettre au même dénominateur, que faut-il faire?* 2° — *Comment peut-on encore réduire les fractions au même dénominateur, surtout lorsqu'elles sont en grand nombre?* 99. — *Comment trouve-t-on le dénominateur commun?* 100

Exercices sur la quatrième réduction.

P. 721. Réduisez au même dénominateur $\frac{1}{2}$, $\frac{2}{3}$, $\frac{3}{4}$, $\frac{5}{6}$.

P. 722. On veut réduire au même dénominateur $\frac{4}{5}$, $\frac{1}{6}$ et $\frac{5}{6}$.

P. 723. Je veux réduire $\frac{1}{2}$, $\frac{2}{5}$, $\frac{3}{7}$ et $\frac{4}{9}$ au même dénominateur.

P. 724. Réduisez au même dénominateur $\frac{11}{12}$, $\frac{13}{14}$ et $\frac{15}{16}$.

P. 725. Réduire au même dénominateur les fractions suivantes : $\frac{7}{8}$, $\frac{3}{11}$ et $\frac{3}{14}$.

P. 726. On veut réduire au même dénominateur $\frac{3}{4}$, $\frac{5}{8}$, $\frac{9}{16}$, et $\frac{11}{32}$.

P. 727. Réduisez au même dénominateur les fractions suivantes : $\frac{4}{9}$, $\frac{11}{12}$, $\frac{5}{16}$ et $\frac{9}{12}$.

P. 728. Réduisez au même dénominateur $\frac{31}{48}$ et $\frac{25}{23}$.

P. 729. Donnez un même dénominateur aux fractions suivantes : $\frac{17}{150}$ et $\frac{186}{140}$.

P. 730. Réduisez $\frac{3}{7}$ et $\frac{4}{9}$ au même dénominateur.

P. 731. On propose de réduire $\frac{65}{100}$ et $\frac{44}{50}$ au même dénominateur.

P. 732. On veut réduire au même dénominateur les fractions $\frac{3}{7}$, $\frac{7}{8}$, $\frac{5}{9}$ et $\frac{9}{11}$.

P. 733. On veut réduire au même dénominateur $\frac{25}{36}$, $\frac{31}{40}$ et $\frac{32}{35}$.

P. 734. On propose de ne donner qu'un même dénominateur à ces deux fractions $\frac{17}{191}$, $\frac{18}{55}$.

ADDITION DES FRACTIONS.

* 101. On effectue l'addition des fractions en ajoutant ensemble tous les numérateurs, quand les fractions sont au même dénominateur ; si elles n'y sont pas, il faut d'abord les y réduire (n° 98), ensuite on divise la somme des numérateurs par le dénominateur commun, pour avoir les entiers qui s'y trouvent.

Exemple.

On demande combien il y a d'entiers dans les fractions suivantes : $\frac{1}{7}$, $\frac{3}{8}$, $\frac{5}{8}$ et $\frac{7}{8}$? R. 2.

Opération. $1+3+5+7=\frac{16}{8}$.

La somme $\frac{16}{8}$ égale plus d'une unité, car il ne faut que 8 huitièmes pour former l'unité ; en divisant 16 par 8, on trouvera que cette fraction équivaut à deux unités (n° 93).

102. La preuve de cette règle se fait par une autre addition de fractions qui ont pour dénominateurs les mêmes que ceux de la règle, et pour numérateurs ce qui manque aux numérateurs de la règle, pour que chacun soit égal à son dénominateur. On fait la somme de ces fractions, que l'on joint à la somme des fractions de la règle, et si le total donne autant d'unités qu'il y a de fractions dans la question, la règle est bien faite.

Exemple.

Un tailleur a quatre coupons de drap, savoir : $\frac{2}{3}$, $\frac{3}{4}$, $\frac{5}{6}$ et $\frac{1}{8}$. Il veut savoir combien il y a d'entiers? R. $2\ \frac{3}{8}$.

	24 D. C.		24 D. C.
Solution.	$\frac{2}{3}\times 8=\frac{16}{24}$	*Preuve.*	$\frac{1}{3}\times 8=\frac{8}{24}$
	$\frac{3}{4}\times 6=\frac{18}{24}$		$\frac{1}{4}\times 6=\frac{6}{24}$
	$\frac{5}{6}\times 4=\frac{20}{24}$		$\frac{1}{6}\times 4=\frac{4}{24}$
	$\frac{1}{8}\times 3=\frac{3}{24}$		$\frac{7}{8}\times 3=\frac{21}{24}$
	57 | 24		39 | 24
	9 | $2\ \frac{9}{24}$		15 | $1\ \frac{15}{24}$

$1\ \frac{15}{24}$ somme de la preuve.

4

Exercices sur l'Addition des Fractions.

P. 735. On veut ajouter ensemble les fractions suivantes, savoir : $\frac{3}{7}$, $\frac{2}{9}$, $\frac{1}{4}$, $\frac{6}{10}$ et $\frac{4}{5}$: combien aura-t-on d'unités ?

P. 736. Quel est le total des nombres suivants : 14 $\frac{3}{5}$, 19 $\frac{8}{9}$, 41 $\frac{2}{7}$ et 34 $\frac{6}{11}$?

P. 737. On demande le total des nombres 31 $\frac{2}{3}$, 40 $\frac{3}{5}$, 25 $\frac{5}{6}$ et 48 $\frac{1}{8}$.

P. 738. Additionnez les nombres suivants : 36 $\frac{3}{4}$, 71 $\frac{7}{8}$, 82 $\frac{3}{7}$, 91 $\frac{2}{5}$.

P. 739. Trois ouvriers devant faire un ouvrage, y ont employé, savoir : le premier 17 jours $\frac{3}{4}$, le second 21 $\frac{7}{8}$, le troisième 23 $\frac{5}{6}$, : combien ont-ils employé de jours en tout ?

P. 740. De quel nombre faut-il ôter 77 $\frac{3}{7}$, pour que le reste soit 88 $\frac{7}{8}$?

P. 741. Additionnez ensemble $\frac{3}{8}$, $\frac{1}{5}$, $\frac{1}{4}$ et $\frac{2}{7}$.

P. 742. Faites la somme des fractions suivantes : $\frac{1}{2}$, $\frac{2}{3}$, $\frac{1}{4}$, $\frac{3}{7}$.

P. 743. Quel est le total des fractions suivantes : $\frac{14}{91}$, $\frac{11}{16}$ et $\frac{12}{15}$?

P. 744. Donnez le total des fractions suivantes : $\frac{7}{9}$, $\frac{4}{13}$, $\frac{8}{10}$.

P. 745. Additionnez les nombres suivants et donnez-en le total : 15 $\frac{11}{12}$, 18 $\frac{1}{4}$ et 20 $\frac{1}{5}$.

SOUSTRACTION DES FRACTIONS.

*103. Pour effectuer la soustraction des fractions on opère comme il suit :

1° Si les deux fractions proposées ont le même dénominateur, on retranche le numérateur de l'une du numérateur de l'autre, et l'on donne au reste le dénominateur commun de ces deux fractions. S'il est question, par exemple, de retrancher $\frac{5}{9}$ de $\frac{8}{9}$, le reste sera $\frac{3}{9}$, qui se réduit à $\frac{1}{3}$.

2° Si les fractions ne sont pas réduites au même

dénominateur, on les y réduit (n° 98), après quoi on fait la soustraction comme il vient d'être dit. Ainsi, pour ôter $\frac{2}{3}$ de $\frac{3}{4}$, je change ces fractions en $\frac{8}{12}$ et $\frac{9}{12}$; et retranchant 8 de 9, il me reste $\frac{1}{12}$.

3° Si de 9 $\frac{5}{8}$ on voulait retrancher 4 $\frac{7}{8}$, comme on ne peut ôter $\frac{7}{8}$ de $\frac{5}{8}$, on emprunterait sur 9 une unité, laquelle, réduite en huitièmes et ajoutée à $\frac{5}{8}$, ferait $\frac{13}{8}$, desquels ôtant $\frac{7}{8}$, il resterait $\frac{6}{8}$; ôtant ensuite 4 de 8 qui restent après l'emprunt, il resterait en tout 4 $\frac{6}{8}$, ou 4 $\frac{3}{4}$.

Exercices sur la Soustraction des Fractions.

P. 746. De $\frac{1}{7}$ ôtez $\frac{1}{8}$.
P. 747. De 1 $\frac{19}{28}$ ôtez $\frac{18}{28}$.
P. 748. De 5 $\frac{3}{4}$ ôtez 3 $\frac{1}{9}$.
P. 749. De 14 $\frac{3}{13}$ ôtez 8 $\frac{4}{5}$.
P. 750. Quel est le nombre qui, étant ôté de 85 $\frac{4}{7}$, donne 75 $\frac{4}{9}$ pour reste?
P. 751. Quel est l'excédant de $\frac{41}{52}$ sur $\frac{3}{5}$?
P. 752. Trouver la différence qui existe entre les nombres 165 $\frac{7}{8}$, 77 $\frac{8}{9}$.
P. 753. Combien reste-t-il de 14 $\frac{7}{9}$, après avoir ôté 13 $\frac{11}{12}$?

MULTIPLICATION DES FRACTIONS.

*104. 1° Pour multiplier une fraction par une fraction, il faut multiplier le numérateur de l'une par le numérateur de l'autre, et le dénominateur de l'une par le dénominateur de l'autre.

Par exemple, pour multiplier $\frac{2}{3}$ par $\frac{4}{5}$, on multipliera 2 par 4, ce qui donnera 8 pour numérateur; multipliant pareillement 3 par 5, on aura 15 pour dénominateur, et par conséquent $\frac{8}{15}$ pour le produit.

Pour comprendre la raison de cette méthode, il faut se rappeler que le multiplicateur indique toujours combien de fois il faut prendre le multiplicande.

Ainsi, multiplier $\frac{2}{3}$ par $\frac{4}{5}$, c'est prendre 4 fois le 5e de $\frac{2}{3}$: or, en multipliant le dénominateur 3 par 5, on change les tiers en quinzièmes (n° 88), c'est-à-dire en parties 5 fois plus petites; la fraction $\frac{2}{15}$ égale donc le 5e de $\frac{2}{3}$, et en multipliant le numérateur 2 par 4, on prend quatre fois cette cinquième partie de $\frac{2}{3}$, on multiplie donc en effet $\frac{2}{3}$ par $\frac{4}{5}$. Mais dans cette opération on a multiplié d'une part les deux numérateurs, et de l'autre les dénominateurs : donc, pour multiplier une fraction par une autre fraction, il faut, etc.

2° Si l'on avait un entier ou des entiers à multiplier par une fraction, ou une fraction à multiplier par un entier ou par des entiers, on mettrait la partie entière sous la forme de fraction, en lui donnant l'unité pour dénominateur; par exemple, si j'ai 9 à multiplier par $\frac{4}{7}$, l'opération se réduit à multiplier $\frac{9}{1}$ par $\frac{4}{7}$, ce qui, selon la règle qu'on vient de donner, produit $\frac{36}{7}$, qui se réduisent à 5 $\frac{1}{7}$. On voit que dans ce cas l'opération se réduit à multiplier les entiers par le numérateur de la fraction, et à donner au produit le dénominateur de cette même fraction.

3° S'il y avait des entiers joints aux fractions, on pourrait, avant de faire la multiplication, réduire ces entiers chacun en fraction de même espèce que celle qui l'accompagne. Par exemple, si j'ai 12 $\frac{3}{5}$ à multiplier par 9 $\frac{3}{4}$, je change le multiplicande en $\frac{63}{5}$ et le multiplicateur en $\frac{39}{4}$, et je multiplie $\frac{63}{5}$ par $\frac{39}{4}$, selon la règle ci-dessus, ce qui me donne $\frac{2457}{20}$, qui équivalent à 122 $\frac{17}{20}$.

Exercices sur la Multiplication des Fractions.

P. 754. Quel est le produit de 6 $\frac{1}{5}$ par 8 $\frac{2}{9}$?

P. 755. Quel serait le produit de 45 $\frac{3}{5}$ par 3 $\frac{4}{9}$?

P. 756. Multipliez 62 $\frac{1}{7}$ par 23 $\frac{3}{5}$, et dites-en le produit.

P. 757. Multipliez 8 $\frac{2}{3}$ par 7.

P. 758. Multipliez 7 $\frac{3}{7}$ par $\frac{9}{15}$.

P. 759. On demande le produit de 36 entiers $\frac{1}{3}$ par 13 entiers $\frac{5}{9}$.

P. 760. Quel est le produit de 35 entiers $\frac{1}{8}$ par 25 entiers $\frac{6}{7}$?

P. 761. Quel est le produit de 436 $\frac{13}{15}$ par 3 entiers?

P. 762. Multipliez 8 entiers $\frac{2}{3}$ par 25 entiers $\frac{2}{3}$.

P. 763. Calculez le produit de $\frac{67}{126}$ par 86 entiers $\frac{481}{791}$.

DIVISION DES FRACTIONS.

---

* 105. Pour diviser une fraction par une fraction, il faut renverser les deux termes de la fraction diviseur, et multiplier la fraction dividende par cette fraction ainsi renversée.

Par exemple, pour diviser $\frac{4}{5}$ par $\frac{2}{3}$, je renverse la fraction $\frac{2}{3}$, ce qui donne $\frac{3}{2}$; je multiplie $\frac{4}{5}$ par $\frac{3}{2}$, selon la règle donnée (n° 104), et j'ai $\frac{12}{10}$ ou 1 $\frac{2}{10}$ pour le quotient de $\frac{4}{5}$ divisé par $\frac{2}{3}$.

Pour comprendre l'exactitude de cette méthode, il faut se rappeler que diviser $\frac{4}{5}$ par $\frac{2}{3}$, c'est chercher un nombre tel que, si on le multiplie par $\frac{2}{3}$, le produit égale $\frac{4}{5}$; mais multiplier un nombre par $\frac{2}{3}$, c'est prendre les $\frac{2}{3}$ de ce nombre (n° 50); $\frac{4}{5}$ égale donc les $\frac{2}{3}$ du quotient : or, en multipliant 2 par 5, on a eu la fraction $\frac{4}{10}$ qui égale la moitié de $\frac{4}{5}$ et par conséquent le $\frac{1}{3}$ du nombre cherché (n° 88); en multipliant donc $\frac{4}{10}$ par 3, on aura la fraction $\frac{12}{10}$ pour le nombre demandé; mais pour faire cette opération, on a multiplié le dénominateur du dividende par le numérateur du diviseur, et le numérateur du dividende par le dénominateur du diviseur; donc, pour diviser une fraction par une fraction, il faut, etc.

2° Si l'on avait une fraction à diviser par des entiers, ou des entiers à diviser par une fraction, on commencerait par mettre les entiers sous la forme de fraction, en leur donnant l'unité paur dénominateur; par exemple, si l'on a 12 à diviser par $\frac{5}{7}$, on réduira l'opération à diviser $\frac{12}{1}$ par $\frac{5}{7}$, ce qui, selon la règle qu'on vient de donner, se réduit à multiplier $\frac{12}{1}$ par $\frac{7}{5}$, ce qui donne $\frac{84}{5}$ ou 16 $\frac{4}{5}$. Pareillement, si l'on avait $\frac{3}{4}$ à diviser par 5, l'opération se réduirait à diviser $\frac{3}{4}$ par $\frac{5}{1}$, c'est-à-dire à multiplier $\frac{3}{4}$ par $\frac{1}{5}$, ce qui donne $\frac{3}{20}$.

3° S'il y avait des entiers joints aux fractions, on réduirait ces entiers en une fraction de même espèce que celle qui l'accompagne.

Par exemple, si l'on avait 54 $\frac{3}{5}$ à diviser par 12 $\frac{2}{3}$, on changerait le dividende en $\frac{273}{5}$, et le diviseur en $\frac{38}{3}$, et l'opération serait réduite à diviser $\frac{273}{5}$ par $\frac{38}{3}$, c'est-à-dire à multiplier $\frac{273}{5}$ par $\frac{3}{38}$, ce qui donnerait $\frac{819}{190}$, ou 4 $\frac{59}{190}$.

Questions sur les quatre règles des Fractions.

Comment opère-t-on l'addition des fractions? 101. —*Comment fait-on la preuve de l'addition des fractions?* 102.—*Comment fait-on la soustraction des fractions?* 103. — *Que faut-il faire pour multiplier une fraction par une autre fraction?* 104. 1°. — *Que faut-il faire pour multiplier des entiers par une fraction ou une fraction par des entiers?* 104. 2°. — *Que faut-il faire pour multiplier des entiers et fractions par des entiers et fractions?* 104. 3°. — *Que faut-il faire pour diviser une fraction par une autre fraction?* 105. 1°. — *Que faut-il faire pour diviser des entiers par une fraction ou une fraction par des entiers?* 105. 2°. — *Que faut-il faire pour diviser une fraction par une fraction?* 105. 3°.

Exercices sur la Division des Fractions.

P. 764. Divisez 15 $\frac{2}{7}$ par 21 $\frac{3}{4}$.

P. 765. Divisez 33 $\frac{1}{2}$ par 99 $\frac{2}{5}$.

P. 766. Divisez 6 $\frac{1}{9}$ par $\frac{7}{8}$.

P. 767. Divisez 2 $\frac{1}{2}$ par 7 $\frac{1}{2}$.

P. 768. Divisez 36 entiers $\frac{3}{4}$ par 8, et donnez le quotient.

P. 769.* Combien de fois $\frac{34}{77}$ sont-ils contenus dans $\frac{17}{18}$?

P. 770. Si l'on divisait $\frac{1}{2}$ par 4 $\frac{3}{8}$, quel serait le quotient ?

P. 771. Quel est le nombre qui, étant multiplié par 7 $\frac{2}{3}$, donnerait 19 $\frac{3}{4}$ pour produit ?

P. 772. On a mis 755 bouteilles dans 3 pièces $\frac{1}{2}$: combien chacune en contient-elle ?

P. 773. Quel est le nombre qui, étant multiplié par 77 $\frac{2}{5}$, donne 24 $\frac{2}{3}$?

P. 774. Quel est le nombre qui, etant multiplié par 99 $\frac{1}{3}$, donne 244 $\frac{2}{3}$?

P. 775. On a payé 336 fr. pour 3 douzaines $\frac{1}{2}$ de chapeaux, à combien revient le chapeau ?

P. 776. Quelle est la différence des quotients de $\frac{1}{6}$ divisés par $\frac{9}{11}$ et de $\frac{3}{8}$ divisés par $\frac{11}{12}$?

FRACTIONS DE FRACTIONS.

* 106. On appelle fractions de fractions une suite de fractions dépendantes les unes des autres, telles, par exemple, que les $\frac{2}{3}$ des $\frac{3}{4}$ de l'unité, etc. C'est-à-dire qu'il s'agit de prendre les $\frac{2}{3}$ des $\frac{3}{4}$ de l'unité.

* 107. On réduit les fractions de fractions à une seule fraction en multipliant numérateurs par numérateurs et dénominateurs par dénominateurs.

Ainsi, dans l'exemple précédent, après avoir opéré comme il vient d'être dit, on aurait $\frac{6}{12}$.

En effet, en multipliant 3 par 4, j'ai eu $\frac{2}{12}$, fraction 4 fois plus petite que $\frac{2}{3}$ (n° 88) ; j'en ai pris le quart, et en multipliant 2 par 3, j'ai pris ce quart 3 fois, donc j'ai pris les $\frac{3}{4}$ de $\frac{2}{3}$: donc, pour réduire les fractions de fractions à une fraction simple, il faut multiplier numérateurs par numérateurs et dénominateurs par dénominateurs. De là, on voit ce qu'il y aurait à faire s'il s'agissait d'additionner, de soustraire, de multiplier ou de diviser ces sortes de valeurs.

RÉDUCTION DES FRACTIONS ORDINAIRES EN DÉCIMALES.

* 108. Pour réduire une fraction ordinaire en décimale, il faut écrire à la droite du numérateur autant de zéros qu'on veut avoir de chiffres décimaux, et le diviser par le dénominateur : on sépare du quotient autant de décimales qu'on a placé de zéros au numérateur, et on met au quotient, à la place des unités, un zéro suivi d'une virgule.

Exemple. Réduire $\frac{8}{25}$ en fraction décimale.

Pour résoudre ce problème, j'écris deux zéros à la suite du 8, pour réduire le numérateur en centièmes ; et je divise par 25 ; mais comme le quotient ne doit pas renfermer d'unités, je place d'abord un zéro au quotient, et continuant l'opération, je trouve 0,32 pour réponse.

* 109. Pour rendre raison de cette règle, il faut se rappeler que, pour réduire en décimales le reste d'une division, il faut ajouter à ce reste autant de zéros qu'on veut avoir de chiffres décimaux au quotient (n° 77) ; or, le numérateur d'une fraction peut être considéré comme le reste d'une division, dont le dénominateur est le diviseur (n° 89) : donc, pour réduire une fraction en décimales, il faut, etc.

Exercices.

P. 777. Mettez en fraction décimale $\frac{41}{128}$.

P. 778. On propose de réduire $\frac{4}{9}$ en décimales, à moins d'un millième près.

* 110. Lorsque le numérateur contient des décimales, on met un pareil nombre de zéros à la suite du dénominateur, et on fait la division à l'ordinaire;

ensuite on sépare au quotient autant de décimales qu'il y en a à ce numérateur.

P. 779. Quelle est la valeur de cette fraction $\frac{119773}{16}$, réduite en décimales ?

P. 780. Quelle est la valeur de $\frac{4937}{874}$ en décimales ?

RÉDUCTION DES DÉCIMALES EN FRACTIONS ORDINAIRES.

* 111. Pour réduire les décimales en fractions ordinaires, il suffit de retrancher le zéro qui tient la place des unités et la virgule, et de donner pour dénominateur, au nombre des décimales, l'unité suivie d'autant de zéros qu'il y a de chiffres.

Exemple.

Exprimer 0,32 en fraction ordinaire $\frac{32}{100}$.

D'après les règles du système décimal, le premier chiffre après la virgule exprime des dixièmes, le second des centièmes, ou les deux ensemble des centièmes d'unité ; or, telle est la fraction $\frac{32}{100}$: donc, pour réduire les décimales en fractions ordinaires, il faut, etc.

Questions sur les Fractions de Fractions et sur les Réductions des Fractions ordinaires en Fractions Décimales et réciproquement.

Qu'appelle-t-on fractions de fractions? 106. — *Comment réduit-on les fractions de fractions à une seule fraction ?* 107. — *Que faut-il faire pour réduire une fraction ordinaire en décimales?* 108. — *Rendez raison de cette opération?* 109. — *Que faut-il faire pour réduire les décimales en fractions ordinaires?* 110.

Exercices.

P. 781. Réduire 0,67 en fraction.

P. 782. Mettre 0,01 en fraction.

P. 783. Mettre 0,0101 en fraction.

P. 784. Quelle est la valeur de 0,44 en fraction réduite à sa plus simple expression ?

Problèmes divers sur les Fractions.

Quelle sera la part d'une personne qui doit avoir les $\frac{7}{10}$ d'une succession montant à la somme de 14560 fr. ? R. 10192 fr.

Pour faire ces sortes d'opérations, on multiplie la somme à partager par le numérateur, et l'on divise le produit par le dénominateur.

On demande les $\frac{3}{4}$ des $\frac{5}{8}$ de 20 fr. Réponse 9 fr. 375 mil.

P. 785. Quels sont les $\frac{2}{3}$ des $\frac{3}{4}$ de $\frac{5}{6}$?

P. 786. Quels sont les $\frac{3}{4}$ de $5\frac{3}{8}$?

P. 787. Quels sont les $\frac{3}{5}$ de $14\frac{1}{7}$?

P. 788. De $45\frac{3}{7}$ ôtez $17\frac{8}{9}$.

P. 789. J'avais les $\frac{3}{4}$ d'une pièce de drap, j'en ai vendu les $\frac{2}{9}$: combien en reste-t-il ?

P. 790. Les $\frac{2}{5}$ d'une pièce de drap ont coûté 435 fr. : combien coûteront les $\frac{5}{9}$ de la même pièce ?

P. 791. Une personne avait 608 fr. ; elle en a dépensé les $\frac{5}{8}$: combien lui reste-t-il ?

P. 792. Dans une école, il y a 60 élèves dont $\frac{1}{3}$ calculent, $\frac{1}{4}$ écrivent ; $\frac{1}{5}$ lisent, et les autres étudient : combien y en a-t-il à chaque leçon ?

P. 793. On a acheté deux pièces de vin ; la première contient 240 litres : combien en contient la seconde, qui n'est que les $\frac{4}{5}$ de la première ?

P. 794. On a payé 46 mètres de drap 368 fr. : combien vendra-t-on le mètre, si l'on veut gagner $\frac{1}{4}$ sur le tout ?

P. 795. Deux hommes ont à se partager 1200 fr. ; le premier doit avoir la $\frac{1}{2}$ des $\frac{5}{8}$ des $\frac{2}{3}$ de cette somme : combien auront-ils chacun ?

P. 796. Les $\frac{7}{10}$ d'une marchandise ont coûté 250 fr. : combien paiera-t-on pour le reste ?

PROBLÈMES DIVERS

SUR LES QUATRE OPÉRATIONS FONDAMENTALES DE L'ARITHMÉTIQUE ET SUR LES FRACTIONS (1).

P. 797. J'ai dépensé 345 fr., j'en ai perdu 61, prêté 50, et il m'en reste encore 350 : combien en avais-je en tout ?

P. 798. Une maison coûte 41,590 fr., on veut gagner 1450 fr. : combien faut-il la revendre ?

P. 799. Paul naquit en 1811 : dans quelle année aura-t-il 36 ans ?

P. 800. Le revenu territorial du département de la Seine est d'environ 54,418,000 fr. ; celui du Nord, de 44,206,000 fr. ; celui de la Gironde, de 39,907,000 fr. ; celui des Bouches-du-Rhône, de 23,588,000 fr. ; celui du Rhône, de 21,353,000 fr. ; celui de la Seine-Inférieure, de 44,524,000 fr. : dites le revenu territorial de ces six départements.

P. 801. Sur la somme de 8725 fr. 14 sergents ont pris chacun 260 fr. : combien 450 soldats auront-ils chacun en se partageant le reste ?

P. 802. Quelqu'un a acheté une maison pour la somme de 51836 fr., il y a fait pour 3189 fr. 75 c. de réparations : combien l'a-t-il revendue, sachant qu'il a gagné 1960 fr. 80 c. ?

P. 803. J'ai acheté 6 douzaines de chapeaux à 8 fr. 55 c. pièce, je donne en paiement 52 mètres de drap à 12 fr. le mètre : combien doit-on me rendre ?

P. 804. On veut partager 380 fr. entre 15 personnes, les 8 premières doivent avoir chacune 30 fr. : combien les 7 autres auront-elles chacune ?

P. 805. Ayant acheté une pièce de vin pour 140 fr., je la change pour une pièce d'eau-de-vie : combien coûte cette dernière, supposé que je donne en retour 159 fr. 75 c. ?

---

(1) Quoique nous n'ayons pas encore fait connaître les unités des poids et mesures, nous croyons cependant pouvoir proposer aux élèves les calculs des nombres accompagnés de l'unité monétaire qui est le franc ; il se divise en 10 décimes et le décime en 10 centimes.

P. 806. Un père de famille dépense annuellement 846 fr. pour nourriture, 641 fr. pour habillement, 346 fr. pour l'entretien de sa maison, et 159 fr. pour des menues dépenses : quelle est sa dépense totale, s'il donne 53 fr. 75 c. aux pauvres ?

P. 807. Un particulier s'étant procuré, par ses économies, une rente annuelle de 2530 fr., a mis de côté 8460 fr. en 12 ans : quelle a été sa dépense journalière, l'année étant comptée de 365 jours ?

P. 808. Deux amis qui ont fait bourse commune ont une somme totale de 11800 fr. ; le premier n'a mis que 4560 fr. ; combien doit-il ajouter pour que sa mise égale celle du second ?

P. 809. Trois ouvriers travaillant ensemble ont gagné, savoir : le premier 1600 fr., le second autant que le premier et 60 fr. de plus, le troisième autant que les deux autres ensemble : combien chacun a-t-il reçu, et quel est le total de leur recette ?

P. 810. Un père laissa 16000 fr. à ses trois enfants ; l'aîné eut 6000 fr., le cadet 5500 fr. : quelle fut la part du plus jeune ?

P. 811. Une flottille est composée de 6 vaisseaux sur chacun desquels il y a 369 hommes : combien y en a-t-il en tout ?

P. 812. Quel est le nombre d'habitants d'un petit Etat composé de 25 villes de chacune 13540 habitants, de 340 bourgs de chacun 759 habitants, et de 1830 villages ayant ensemble 157250 habitants ?

P. 813. Six paniers pleins de pommes en contiennent chacun 15 douzaines : quel est le nombre total contenu dans les six paniers ?

P. 814. Les quatre façades d'un château contiennent un nombre égal de croisées : on demande quel est ce nombre, sachant qu'on a payé 1248 fr. au vitrier, à raison de 1 fr. 30 c. par carreau, et que chaque croisée en contient 8.

P. 815. Un principal locataire paie 3336 fr. d'une maison : on demande quel est son bénéfice annuel, sachant que 20 sous-locataires lui donnent chacun 80 fr. par trimestre.

P. 816. Un particulier veut partager 4590 fr. en trois parts, de manière que la seconde soit de 150 fr. moins que la première, qui doit être 1850 fr. : dites quelle sera la troisième.

P. 817. Un maître de pension a acheté 50 rames de papier qui lui ont coûté 700 fr. ; il demande quel est le prix de chaque rame et celui de chaque feuille, sachant que la rame est de 20 mains, et la main de 25 feuilles.

P. 818. Quel est le total de sept sommes, dont la première est 1534 fr. 75 c., et les autres augmentent successivement de 14 fr. 35 c., de 15 fr. 75 c., de 17 fr. 85 c., de 17 fr. 85 c., de 19 fr. 75 c., et de 21 fr. 35 c. ?

P. 819. Un écrivain, ayant copié un volume, a reçu pour salaire 336 fr., à raison de 0 fr. 0012 par lettre : savoir combien ce livre contenait de pages, sachant que chacune était de 20 lignes, et chaque ligne de 40 lettres.

P. 820. Pour 9 ballots de 36 pièces contenant chacune 12 mouchoirs, on a payé 9840 fr. et 150 fr. pour le transport, 64 fr. de droit, 16 fr. d'emballage: quel sera le bénéfice si l'on vend chaque mouchoir 3 fr. 30 c. ?

P. 821. Un marchand faïencier a fait venir 800 assiettes à 15 fr. le cent : combien doit-il vendre chaque assiette pour y gagner 16 fr., supposé qu'il s'en soit cassé 30 en route, et que le marchand ait fait pour 10 fr. 30 c. d'autres petites dépenses?

P. 822. Un commis-voyageur, ayant séjourné pendant 40 jours dans une ville, paya 193 fr. 15 c. pour ses repas : on désire savoir ce qu'il dépensait par jour, et combien pour chaque repas, supposé qu'il ait donné pour les déjeuners 44 fr., pour les dîners 84 fr. 40 c., et pour les soupers 64 fr. 75 c. : il est à remarquer que dans l'intervalle il y a eu 3 jours de jeûne, et que ces jours-là la collation remplaçait le déjeuner.

P. 823. La France récolte annuellement pour environ 1900000000 de fr. en grains de toute espèce, pour 800000000 de vins de toutes qualités, pour 700000000 de fourrage, pour 262000000 de légumes et fruits ; les coupes de bois rapportent 141000000 ; le lin et le chanvre, 70000000 ; les animaux domestiques, 650000000 : on demande la somme de ces divers revenus.

P. 824. Pour la vitrerie de 54 croisées, de chacune 24 carreaux, on a payé 972 fr. : à combien revient le carreau ?

P. 825. Sur une somme de 775 fr. 90 c. que j'avais, j'ai pris 119 fr. pour acquitter le mémoire de mon boulanger, et 45 fr. pour payer mon loyer : combien me reste-t-il ?

P. 826. Au 31 décembre 1825, la fabrication des nouvelles pièces de monnaies s'élevait comme il suit, savoir : en pièces de BILLON de 10 cent., fabriquées avant la Restauration, 3,286,932 fr.; en pièces de 15 et 30 sous, 27,278,019 fr.

EN PIÈCES D'ARGENT. Sous la république, 106,237,255 fr.; sous l'empire, 887,830,055 fr.; sous Louis XVIII, 614,836,109 fr.; sous Charles X, 29,908,754 fr.

EN PIÈCES D'OR. Avant la Restauration, 528,024,440 fr.; sous Louis XVIII, 389,333,060 fr.; sous Charles X, 16,339,700 fr.: dites ce qu'à cette époque il avait été fabriqué de francs 1° en sicles d'argent, 2° en pièces d'or, et 3° en totalité, y compris les pièces en billon et les pièces de 15 et de 30 sous.

P. 827. Six cent-cinquante poutres ont été tirées d'une coupe de bois payée 98560 fr.: quel sera le bénéfice du marchand, s'il vend les poutres 160 fr. pièce, et le reste du bois 3560 fr.?

P. 828. Quatre cent-cinquante hommes ont à se partager une somme; 20 d'entre eux ont ensemble 1000 fr.; les autres se partagent le reste, et ont chacun 30 fr.: dites quelle est cette somme.

P. 829. Ayant acheté 105000 bouteilles, on se propose de les vendre 25 fr. 12 c. le cent: combien recevra-t-on, et quel sera le gain si les frais d'achat et de transport se montent à 25800 fr.?

P. 830. Un maître qui a trois compagnons, donné au premier 5 fr. 25 c., au deuxième 4 fr. 75 c., au troisième 3 fr. 35 c.: combien doit-il à chacun, et combien en tout, sachant qu'ils ont travaillé pendant trois semaines, les dimanches exceptés?

P. 831. La population de la France, qui est de 32,561,463 habitants, est répartie en 55,924 communes rurales et 1,088 communes urbaines; on sait que les premières comprennent 24,575,327 habitants: on demande de combien le chiffre des communes rurales surpasse celui des communes urbaines, et quelle est la population de ces dernières.

P. 832. Un propriétaire a affermé une prairie dans laquelle on récolte annuellement 12500 bottes de foin, savoir combien le fermier doit vendre la botte pour gagner 444 fr., sachant qu'il paie 6644 fr. pour cette prairie.

P. 833. Trois frères devant se partager la somme de 84675 fr., l'aîné doit avoir 31342 fr., et le cadet 32161 fr.: quelle sera la part du plus jeune?

P. 834. Un mémoire, montant à 23456 fr. 75 c., a été présenté au vérificateur qui y a fait une réduction de 4347 fr. 35 c.: combien l'entrepreneur recevra-t-il?

P. 835. Un homme en mourant laissa une succession de 150000 fr.; il donna 7500 francs à l'église, 8000 aux pauvres, il destina 1500 francs pour faire prier pour le repos de son âme, et ses héritiers eurent le reste; combien reçurent-ils?

P. 836. Je dois recevoir 6739 fr. en trois paiements; le premier sera de 1709 fr., le second de 3468 fr.: quel sera le montant du troisième?

P. 837. Avec 400 fr. de plus que ce que j'ai, je pourrais payer 850 fr. que je dois, et il me resterait 67 fr.: dites ce que j'ai.

P. 838. Un de mes amis m'ayant prêté 350 fr., j'ai payé 600 fr. que je devais, et il me reste 34 fr.: combien avais-je avant d'emprunter?

P. 839. Un receveur faisant ses comptes trouve que, durant le premier trimestre, il a déboursé 16740 fr.; pendant le second, 23450 fr.; pendant le troisième, 19564 fr.; et pendant le quatrième, 21670 fr.: combien doit-il avoir en caisse, sachant que sa recette générale de l'année se monte à 93432 fr., et qu'il avait une avance de 12500 fr.?

P. 840. L'église métropolitaine de Paris fut commencée en 1162: combien faut-il encore attendre d'années, à partir de 1840, pour qu'elle ait 800 ans d'existence?

P. 841. On demande quel est le produit annuel d'un bien affermé 7340 fr., sachant que le fermier dépense 670 fr. pour son entretien, qu'il paie 850 fr. pour les domestiques et pour des journées d'ouvriers, qu'il met de côté 550 fr., et qu'il donne 150 fr. 75 c. aux pauvres.

P. 842. Combien faut-il payer à 18 ouvriers qui ont travaillé pendant 18 jours, à raison de 6 fr. 75 c. par jour pour 8 d'entre eux, et de 5 fr. 30 c. pour les autres?

P. 843. On a payé 1470 fr. pour 49 milliers de plumes: à combien revient la plume?

P. 844. Un ouvrage est composé de 6 volumes, chaque volume de 560 pages, chaque page de 42 lignes, et chaque ligne de 40 lettres: combien contient-il de lettres s'il renferme 60 chapitres, et si à chaque chapitre il y a 5 lignes de moins?

P. 845. Quel est le nombre qui égale les $\frac{2}{3}$ des $\frac{3}{4}$ de 90?

———

DEUXIEME PARTIE.

SYSTEME MÉTRIQUE DÉCIMAL

DES POIDS ET MESURES (1).

INTRODUCTION

ET NOTIONS HISTORIQUES.

On appelle *mesures* les instruments dont on se sert pour évaluer les différentes étendues, les poids, les quantités quelconques.

Mesurer, c'est chercher combien de fois une quantité quelconque contient l'unité de mesure.

Les mesures en général peuvent être divisées en six classes.

1° Quand on ne veut évaluer que l'une des dimensions d'un objet, par exemple, sa longueur, ou sa largeur, ou sa hauteur, etc., on emploie une ligne que l'on prend pour unité, et que l'on appelle *mesure linéaire* ou de *longueur*.

2° Si l'on veut en connaître l'étendue, considérée sous les deux dimensions, longueur et largeur, on cherche combien de fois il contient une surface déterminée, appelée carré, que l'on prend pour unité, et que l'on nomme *mesure de surface* ou *de superficie*.

3° Quand il s'agit de connaître l'étendue d'un corps, considérée sous les trois dimensions, longueur, largeur et hauteur (2), on examine combien de fois il contient un autre corps appelé cube, dont les trois dimensions sont connues, que l'on prend pour unité, et que l'on appelle *mesure de solidité* ou *de volume*.

4° Pour évaluer les liquides, les grains, les graines, etc., on cherche combien de fois la quantité à mesurer remplirait une contenance déterminée, et qu'on appelle *mesure de capacité*.

---

(1) D'après la définition de ce mot, les poids sont de véritables mesures; on pourrait donc dire simplement le système des *mesures*; mais l'usage a adopté l'expression que nous employons ici.

(2) Quelquefois la hauteur est remplacée par la profondeur ou l'épaisseur.

5° Il existe des choses qu'on ne pourrait apprécier facilement par aucun des procédés qui précèdent; c'est pourquoi on a imaginé une cinquième manière de mesurer, qui consiste à chercher combien l'objet à évaluer pèse de fois un autre objet dont la pesanteur est connue, et que l'on appelle *mesure de poids.*

6° Enfin, quand on a besoin de connaître la valeur appréciative d'un objet, par rapport à son utilité, à sa rareté, etc., on la compare à celle d'une pièce d'argent, d'un poids déterminé, que l'on nomme *unité de monnaie, unité monétaire* ou *mesure de valeur* (1).

Pour peu qu'on réfléchisse, on comprend combien il serait à désirer que les poids et les mesures fussent uniformes chez tous les peuples qui ont entre eux des rapports commerciaux; mais cette uniformité générale, qui ne pourrait être que le fruit de la bonne intelligence des nations, sera toujours une entreprise difficile.

Néanmoins ce bienfait, qu'il est moralement impossible de rendre universel, pourrait exister au moins dans chaque Etat, et le Gouvernement français, en particulier, en a toujours senti l'importance, comme on va le voir dans l'analyse historique des travaux qui ont été exécutés pour réduire à un système uniforme une foule de mesures arbitraires, bizarrement divisées et souvent différentes, quoiqu'elles portassent le même nom.

Dès les premiers temps de la monarchie, le Gouvernement avait compris les graves inconvénients qui résultent du défaut d'uniformité dans les poids et les mesures, et Charlemagne avait surtout fait des vœux pour la réforme de cet état de choses.

Les successeurs de ce prince, et notamment Philippe-le-Bel, Philippe-le-Long, Louis XI, François Ier et Henri II, tentèrent, mais inutilement, cette réforme importante.

Plusieurs fois des commissions de savants avaient proposé de ramener toutes les mesures de provinces à celles de Paris : leurs propositions étaient restées sans effet.

D'autres avaient imaginé d'établir un système qui pût devenir universel, et proposaient de le baser sur les dimensions de la terre.

---

(1) Ce qui suit, jusqu'à la page 104 inclusivement, ne doit point être étudié par les élèves : on se contentera de le leur faire lire.

Divers astronomes de l'antiquité avaient entrepris de mesurer le globe terrestre. Leur travail, qui était demeuré imparfait, fut repris sous le règne de Henri II, et depuis cette époque jusqu'à l'institution de l'Académie des Sciences, il se fit, sur plusieurs points de l'Europe, divers essais dont les résultats furent plus ou moins exacts. Ainsi, en 1550 Fernel mesura grossièrement, en comptant les tours des roues de sa voiture, un arc du méridien entre Paris et Amiens. Après lui, Snell fils, mathématicien hollandais, mort en 1626, mesura la distance de Malines à Alcmaer, en employant une suite de triangles. En 1635, Norwood fit, sur la route de Londres à York, des opérations analogues, avec des instruments perfectionnés, et en combinant les méthodes de ses devanciers.

Sous le règne de Louis XIV, l'astronome Picard (1), qui reçut l'ordre de mesurer les degrés du méridien dans l'intérieur du royaume, détermina la distance d'Amiens à Malvoisine, et donna une mesure de la terre sur laquelle on put compter. Il observa aussi la longueur du pendule qui bat les secondes sexagésimales, à Paris, et proposa de la prendre pour base d'un nouveau système de mesures.

Cependant de vives disputes s'étaient élevées entre les savants, au sujet de l'opinion émise par Newton, sur l'aplatissement du globe vers les pôles. Pour éclaircir ce fait, le grand Colbert fit de nouveau mesurer le méridien de Paris à travers la France, et cette opération dura 35 ans (de 1683 à 1718). Cassini le fils, sous la direction duquel elle fut terminée, proposa l'adoption d'une nouvelle mesure égale à la 60000e partie du degré terrestre; dès 1670 Mouton avait demandé que la minute terrestre fût prise pour unité, sous le nom de *mille*, et qu'elle fût assujettie à la division décimale.

L'opération exécutée sous Colbert fut encore répétée pendant les années 1739 et 1740, par Lacaille et le petit-fils de Cassini, d'une manière beaucoup plus exacte; et, en 1750, un arc d'un degré fut aussi mesuré au cap de Bonne-Espérance.

Ces différentes recherches, qui avaient excité l'émulation des savants, occasionnèrent la même opération sur divers autres points du globe, par le ministère de plusieurs astronomes italiens, allemands et américains.

Déjà, en 1736, Louis XV avait envoyé au Pérou Lacondamine, Godin et Bouguer, et en Laponie quelques autres sa-

(1) Ce fut l'un des premiers membres nommés à l'institution de l'Académie des Sciences.

., présidés par Maupertuis, pour déterminer la figure la terre, et leurs observations avaient établi qu'elle est .platie vers les pôles d'un 334ᵉ.

Tant de travaux ne furent pas sans résultat : en 1766, le Gouvernement fit distribuer, aux procureurs-généraux des Parlements, des toises construites par Tillet, sur le modèle de celle qui avait servi, 30 ans auparavant, à mesurer les degrés du Pérou; ce fut un premier pas vers l'uniformité des poids et mesures, réclamée depuis si longtemps.

Toutefois la bizarrerie dont on se plaignait subsistait toujours; mais le vœu de la voir disparaître ayant été exprimé aux Etats-Généraux avec plus de force que jamais, l'Assemblée nationale rendit le décret du 8 mai 1790, par lequel l'uniformité des poids et mesures fut arrêtée, et le roi de France supplié de se concerter avec celui d'Angleterre, pour qu'une réunion de savants des deux royaumes s'occupassent à déterminer, à la latitude de 45 degrés, ou à toute autre qui pourrait être préférée, la longueur du pendule, afin d'en déduire un modèle invariable pour tous les poids et mesures, proposition que Picard avait émise 80 ans plus tôt.

Les événements politiques survenus à cette époque ne permirent pas d'exécuter la réunion projetée; il fallut se borner aux savants du royaume, et l'Académie des Sciences nomma une Commission pour déterminer la base du nouveau système. Celle-ci ayant consacré en principe la nécessité de fixer une *unité de mesure naturelle et invariable*, telle qu'elle ne renfermât rien d'arbitraire, ni de particulier à la situation d'aucun peuple, n'admit point le pendule, parce qu'il est assujetti au temps et au lieu; elle rejeta également l'unité qui aurait été fondée sur l'équateur, comme particulière à quelques peuples seulement; mais elle adopta la *dix-millionième partie du quart du méridien terrestre,* sous le nom de MÈTRE, *pour l'unité fondamentale du nouveau système,* attendu que cette ligne est commune à tous les peuples : c'est pourquoi elle fut d'avis que le Gouvernement ordonnât la mesure de l'arc du méridien compris entre Dunkerque et Barcelone (1).

Le travail de cette Commission, consigné dans son rapport du 19 mars 1791, fut présenté à l'Assemblée nationale, et approuvé par le décret du 26, qui reçut la sanction royale le 30 du même mois.

L'Académie nomma alors cinq Commissions nouvelles à l'effet de se partager les différentes espèces d'observations que demandait ce travail important, et le célèbre artiste *Lenoir*

---

(1) Voir fig. 3 *bis*, pl. 1

construisit les instruments qui devaient y être employés. Lorsque tous les préparatifs furent faits, Louis XVI publia, le 24 juin 1792, une proclamation qui avait pour but de protéger les opérations relatives à l'exécution de cette vaste entreprise.

Méchain et *Delambre*, chargés de ce travail, le divisèrent en deux sections : l'une comprenait la distance de Dunkerque à Rhodez, et l'autre celle de Rhodez à Barcelone. Cette dernière étant échue à *Méchain*, il partit, dès le 25 juin, et *Delambre* commença ses opérations le 26.

Pendant que ces deux savants se livraient, avec une activité infatigable et des précautions scrupuleuses, à une tâche aussi pénible que délicate, le Gouvernement, impatient de faire disparaître la diversité des mesures, créa un mètre provisoire, par la loi du 18 germinal an III (7 avril 1795), et y joignit la nomenclature des poids et des mesures, telle que nous l'avons aujourd'hui (voir page 105).

Cependant Méchain et Delambre terminèrent, dans l'espace de sept années, leur laborieuse mission, au milieu des dangers de toute espèce, sans être rebutés, ni par les obstacles que l'inclémence des saisons et la difficulté du terrain apportaient à leurs opérations, ni par les interruptions causées par les orages politiques qui agitaient alors la France et qui mirent plusieurs fois leur vie en danger.

Après tant de fatigues, ces deux savants, de retour à Paris, présentèrent au Gouvernement les mémoires qu'ils avaient dressés.

Alors l'Institut, créé par la constitution de l'an III (1794), et organisé par la loi du 3 brumaire an VI (25 octobre 1795), pour remplacer l'Académie, nomma une Commission dite des *Poids et Mesures*, composée de vingt-deux savants tant français qu'étrangers (1), pour s'occuper exclusivement des travaux scientifiques relatifs à l'établissement définitif du nouveau

---

(1) Noms de ces savants par ordre alphabétique: *Aeneæ*, député de la république Batave; *Balbo*, envoyé par le roi de Sardaigne et remplacé depuis par *Vassalli*; *Borda*, *Brisson*; *Bugge*, député du roi de Danemarck; *Ciscar*, député du roi d'Espagne; *Coulomb*, *Darcet*, *Delambre*; *Fabbroni*, député de la Toscane; *Franchini*, député de la république Romaine; *Lagrange*, *Laplace*, *Lefèvre-Gineau*, *Legendre*; *Mascheroni*, député de la république Cisalpine; *Méchain*; *Multedo*, député de la république Ligurienne; *Pédérayes*, député du roi d'Espagne; *Prony*; *Trallès*, député de la république Helvétique; *Van Swinden*, député de la république Batave.

système ; ceux-ci formèrent dans leur sein deux Commissions spéciales, l'une pour faire les calculs de la Méridienne, et l'autre pour déterminer l'unité de poids.

La Commission chargée des calculs de la Méridienne, travailla d'après les bases fournies par Méchain et Delambre. Le journal de leurs opérations fut compulsé avec la plus sévère exactitude; les calculs les plus rigoureux furent faits par plusieurs de ces savants et par des méthodes différentes; l'aplatissement de la terre fut compté pour un 334e; enfin, à l'aide des observations astronomiques et des autres rectifications qui avaient été faites sur les lieux, on parvint à déterminer la *distance du pôle boréal à l'équateur*. La dimension obtenue fut divisée par 10,000,000, conformément au décret des 26 mars 1791 et 1er août 1793, et le quotient de cette division fut la longueur fixée pour l'unité fondamentale, à laquelle on donna le nom de MÈTRE, du mot grec *metron*, qui signifie mesure.

Deux mètres en platine, le moins dilatable de tous les métaux, furent construits pour servir d'étalons, et portés à un degré de précision qui ne laissait rien à désirer. Cette opération, qui fut encore confiée à *Lenoir*, sous la surveillance d'une Commission spéciale, fut exécutée avec les précautions les plus minutieuses et les plus délicates.

La Commission chargée de déterminer l'unité de poids n'avait pas une tâche moins difficile à remplir ; car si les mesures de superficie, de volume et de capacité se déduisaient sans peine du mètre, il n'en était pas ainsi de l'unité de poids qui demandait une attention toute particulière.

Pour effectuer cette opération délicate, *Fortin* exécuta, en laiton, avec des précautions qu'il est impossible de pousser plus loin, un cylindre creux et droit, dont le diamètre égalait à peu près la hauteur.

Lefèvre-Gineau en détermina le volume à l'aide d'instruments construits exprès, et dont la précision était telle, que les dimensions pouvaient être appréciées à un *dix-sept centième de millimètre*: il fut trouvé de 11 décimètres cubes 2900054.

Ce cylindre fut d'abord pesé dans l'air à l'aide de procédés qui en donnèrent exactement le même poids que si l'opération eût été faite dans le vide (1).

Il fut ensuite pesé dans l'eau distillée (2), et la différence des deux poids donna celui du volume de cette eau égal au vo-

---

(1) La balance était sensible à un milligramme, et trébuchait à cinquante-trois dix-millièmes de gramme, étant chargée d'un poids de 11 kilog. 259.

(2) Voir le renvoi, page 108.

lume du cylindre (1), d'où l'on conclut le poids d'un décimètre cube d'eau distillée, ramenée au maximum de densité et posée dans le vide : ce résultat fut nommé *kilogramme*.

Il restait à construire le poids qui devait servir d'étalon. Fortin fut encore chargé de ce travail, et l'exécuta sous les ordres de Lefèvre et de Fabbroni. Il est en platine ; sa forme est celle d'un cylindre dont le diamètre, qui égale la hauteur, est de 39 millimètres et demi environ ; il ne porte aucune inscription ; il est seulement renfermé dans un étui sur lequel est écrit le mot *kilogramme*.

Les travaux des deux Commissions étant terminés, leur rapport, rédigé par Swinden, fut présenté par Tralles, au Corps législatif, au nom de l'Institut des Sciences et des Arts, avec les étalons prototypes du mètre et du kilogramme, le 4 messidor an VII (22 juin 1799).

Ces étalons furent déposés, le même jour, aux archives de l'Etat, et placés dans une boîte fermant à clef; cette boîte fut renfermée à son tour dans une armoire en fer, fermant à quatre clefs.

Enfin, la loi du 19 frimaire an VIII (10 décembre 1799), ayant approuvé le rapport de la Commission des poids et mesures du 22 juin précédent, déclara la longueur du mètre définitivement fixée et égale à l'étalon déposé aux archives.

Deux autres étalons du même métal que les premiers, certifiés conformes à ceux des archives, par une Commission de savants, furent déposés à l'Observatoire pour éviter aux premiers des visites trop fréquentes (2). Comme ce sont, l'un et l'autre, des monuments de la science, ils sont conservés avec un soin extrême : ils ne peuvent être consultés que dans des cas extraordinaires et avec une permission expresse. C'est

---

(1) Il est d'expérience qu'un corps plongé dans un liquide perd de son poids une quantité égale à celui du liquide qu'il déplace.

(2) Les étalons du mètre en platine donnent la longueur rigoureuse de cette mesure, lorsqu'ils sont à la température de la glace fondante, degré qui est le plus indépendant de l'atmosphère. Pour retrouver le mètre dans tous les temps, sans être obligé de recourir à la mesure du Méridien, on a fixé son rapport à celui du pendule qui bat la seconde sexagésimale à l'Observatoire de Paris. Ce pendule égale 0 mèt. 99385 : donc, pour obtenir la longueur du mèt., il faudrait ajouter à celle du pendule 615 fois $\frac{1}{99385}$ de ce pendule. Ces 615 sont la différence de 1 mèt. à 0 mèt. 99385.

pourquoi il fut ensuite déposé au Ministère de l'intérieur un *mètre* et un *kilogramme* en cuivre, à bouton, construits avec le plus grand soin, pour servir de régulateurs aux mesures du commerce. Des copies de ces mesures furent aussi placées dans les bureaux de vérification pour être consultées au besoin.

Le système métrique décimal fut rendu obligatoire et exclusif le 2 novembre 1801, et la valeur de l'unité monétaire fut fixée par la loi du 7 germinal an XI (28 mai 1802).

Cependant l'introduction des nouveaux poids et des nouvelles mesures rencontra de nombreux obstacles dans la pratique : de vives réclamations s'élevèrent presque partout de la part de la routine, et le gouvernement impérial crut devoir autoriser, par le décret du 8 février 1812, la fabrication de mesures *dites usuelles* qui portaient les noms des anciennes, mais qui étaient basées sur les nouvelles ; ainsi, il y eut une toise de deux mètres, un pied égal au tiers du mètre, une aune de 12 décimètres, une livre égale au demi-kilog., etc.

Mais une expérience de vingt-cinq ans ayant prouvé que ces concessions, loin d'atteindre le but qu'on s'était proposé, n'avaient servi qu'à compliquer les transactions commerciales et qu'à augmenter encore la diversité des mesures, à laquelle on avait voulu remédier, le Gouvernement a résolu de les supprimer. La loi du 4 juillet 1837 porte textuellement, qu'à partir du 1er janvier 1840, *tous poids et mesures autres que les poids et mesures établis* par les lois des 18 germinal an III (7 avril 1795) *et* 19 *frimaire an* VIII (10 décembre 1799), *seront interdits, sous les peines portées par l'art.* 479 *du Code pénal.*

Deux ordonnances royales, en date des 17 avril et 16 juin 1839, ont réglé les dispositions qui doivent assurer l'exécution de cette loi.

Le Conseil royal de l'Instruction publique, voulant seconder les vues du Gouvernement, a rendu, le 22 octobre 1839, un arrêté qui prescrit à tous les instituteurs primaires l'enseignement exclusif du système légal des poids et mesures : et il a interdit, pour les écoles, tout ouvrage qui contiendrait les dénominations anciennes.

Il est donc de la dernière importance que les élèves se familiarisent avec la théorie autant qu'avec la pratique du SYSTÈME MÉTRIQUE DÉCIMAL, et, pour y parvenir, qu'ils se mettent en état, par une attention sérieuse et par une étude suivie, de bien posséder les détails que nous donnons ci-après.

LOIS
RELATIVES AUX POIDS ET MESURES.

Extrait du décret du 8 *mai* 1790.

Le Roi sera supplié d'écrire à Sa Majesté Britannique, et de la prier d'engager le Parlement d'Angleterre à concourir, avec l'Assemblée nationale, à la fixation de l'unité naturelle de mesures et de poids.

Extrait du décret du 26 *mars* 1791.

L'Assemblée nationale décrète qu'elle adopte la grandeur du *quart du méridien terrestre* pour base du nouveau système de mesure; qu'en conséquence les opérations nécessaires pour déterminer cette base..... et notamment la mesure d'un arc du méridien, depuis Dunkerque jusqu'à Barcelone, seront incessamment exécutées.

Extrait du décret du 1er *août* 1793.

Art. 1er. Le nouveau système des poids et mesures, fondé sur la mesure du méridien de la terre et la division décimale, servira uniformément dans toute la France.

Extrait des lois du 18 *germinal an* III (7 *avril* 1795).

Art. 2. Il n'y aura qu'un seul étalon des poids et mesures pour toute la France, ce sera une règle de platine sur laquelle sera tracé le *mètre*, qui a été adopté pour l'unité fondamentale de tout système des mesures.

La loi du 19 frimaire an VIII reconnaît aussi le *kilogramme* pour étalon.

Cet étalon sera exécuté avec la plus grande précision, et il sera déposé près du Corps législatif, ainsi que le procès-verbal des opérations qui auront servi à le déterminer, afin qu'on puisse le vérifier dans tous les temps.

Art. 3. Il sera envoyé dans chaque chef-lieu de district un modèle conforme à l'étalon prototype dont il vient d'être parlé, et, en outre, un modèle de poids exactement déduit du système des nouvelles mesures. Ces modèles serviront à la fabrication de toutes les sortes de mesures.

Art. 4. La nomenclature des nouvelles mesures est définitivement adoptée comme il suit.

On appellera:

MÈTRE, la mesure de longueur égale à la dix-millionième partie de l'arc du méridien terrestre, compris entre le pôle boréal et l'équateur;

ARE, la mesure de superficie pour les terrains, égale à un carré de dix mètres de côté;

STÈRE, la mesure destinée particulièrement aux bois de chauffage, et qui sera égale au mètre cube;

LITRE, la mesure de capacité, tant pour les liquides que pour les matières sèches, dont la contenance sera celle du cube de la dixième partie du mètre;

GRAMME, le poids absolu d'un volume d'eau pure, égal au cube de la centième partie du mètre, et à la température de la glace fondante;

Enfin, l'unité de monnaies prendra le nom de FRANC, pour remplacer celui de LIVRE usité aujourd'hui.

6. La dixième partie du mètre se nommera DÉCIMÈTRE, et sa centième partie CENTIMÈTRE.

On appellera DÉCAMÈTRE une mesure égale à dix mètres; ce qui fournit une mesure très-commode pour l'arpentage.

HECTOMÈTRE signifie la longueur de cent mètres.

Enfin, KILOMÈTRE et MYRIAMÈTRE seront des longueurs de mille et de dix mille mètres, et désigneront principalement les distances ITINÉRAIRES.

7. Les dénominations des mesures des autres genres seront déterminées d'après les mêmes principes que celles de l'article précédent.

Ainsi, DÉCILITRE sera une mesure de capacité dix fois plus petite que le litre; CENTIGRAMME sera la centième partie du poids d'un gramme.

On dira de même DÉCALITRE pour désigner une mesure contenant dix litres, HECTOLITRE pour une mesure égale à cent litres; un KILOGRAMME sera un poids de mille grammes.

On composera d'une manière analogue les noms de toutes les autres mesures.

Cependant, lorsqu'on voudra exprimer les dixièmes et les centièmes du franc, unité des monnaies, on se servira des mots DÉCIME et CENTIME déjà reçus en vertu de décrets antérieurs.

8. Dans les poids et les mesures de capacité, chacune des mesures décimales de ces deux genres aura son double et sa moitié, afin de donner à la vente des divers objets toute la commodité que l'on peut désirer ; il y aura donc LE DOUBLE LITRE et le DEMI-LITRE, le DOUBLE HECTOGRAMME et le DEMI-HECTOGRAMME, et ainsi des autres.

15. On déterminera les formes des différentes sortes de mesures, ainsi que les matières dont elles devront être faites, de manière que leur usage soit le plus avantageux possible.

16. Il sera gravé sur chacune de ces mesures son nom particulier ; elles seront marquées en outre du poinçon de l'Etat, ce qui en garantira l'exactitude.

17. Il y aura à cet effet de bons vérificateurs chargés de l'apposition du poinçon.

18. Le choix des mesures appropriées à chaque espèce de marchandise aura lieu de manière que, dans les cas ordinaires, on n'ait pas besoin de fractions plus petites que les centièmes.

Extrait de la loi du 17 *floréal an* VII (6 *mai* 1799).

ART. 1er. A compter du 1er vendémiaire prochain (22 septembre 1799), toutes stipulations et comptes de valeurs monétaires pour le service public de l'exercice de l'an VIII, ne pourront être énoncés qu'en francs et fractions décimales de franc.

Extrait de la loi du 19 *frimaire an* VIII (10 *décembre* 1799).

ART. 1er. La fixation provisoire de la longueur du mètre à trois pieds onze lignes quarante-quatre centièmes, ordonnée par les lois du 1er août 1793 et du 18 germinal an III (7 avril 1795), demeure révoquée et comme non avenue. Ladite longueur, formant la dix-millionième partie de l'arc du méridien terrestre compris entre le pôle nord et l'équateur, est définitivement fixée, dans son rapport avec les anciennes mesures, à trois pieds onze lignes deux cent quatre-vingt-seize millièmes.

2. Le mètre et le kilogramme en platine, déposés le 4 messidor dernier (23 juin 1799) au Corps législatif, par l'Institut national des sciences et des arts, sont des étalons définitifs des mesures de longueur et de poids dans toute la France.

3. Les autres dispositions de la loi du 18 germinal an III, concernant tout ce qui est relatif au système métrique, ainsi qu'à la nomenclature et à la confection des nouveaux poids et des nouvelles mesures, continueront à être observées.

Extrait de la loi du 7 germinal an XI (28 *mai* 1802).

ART. 1er. Les pièces de monnaie d'argent seront d'un quart de franc, d'un demi-franc, de trois quarts de franc (1), d'un franc, de deux francs et de cinq francs.

2. Leur titre est fixé à neuf dixièmes de fin et un dixième d'alliage.

3. Le poids de la pièce d'un quart de franc sera d'un gramme vingt-cinq centigrammes ;

Celui de la pièce d'un demi-franc, de deux grammes cinq décigrammes ;

Celui de la pièce d'un franc, de cinq grammes ;

Celui de la pièce de deux francs, de dix grammes ;

Et celui de la pièce de cinq francs, de vingt-cinq grammes.

6. Il sera fabriqué des pièces d'or de vingt francs et de quarante francs.

7. Le titre est fixé à neuf dixièmes de fin et à un dixième d'alliage.

13. Il sera fabriqué des pièces de cuivre pur de deux centièmes, de trois centièmes et de cinq centièmes de franc (2).

14. Le poids des pièces de deux centièmes sera de quatre grammes.

Celui des pièces de trois centièmes, de six grammes, et celui des pièces de cinq centièmes, de dix grammes.

Extrait de la loi du 28 *juin* 1833.

Art. 1er. L'instruction primaire élémentaire comprend nécessairement..... le système légal des poids et mesures.

---

(1) Les pièces de trois quarts de franc n'ont point encore été fabriquées (décembre 1840).

(2) Les pièces de deux et trois centimes n'ont point encore été mises en circulation.

Loi rendue le 4 juillet 1837, et promulguée le 8 du même mois.

LOUIS-PHILIPPE, ROI DES FRANÇAIS, à tous présents et à venir, SALUT.

Nous avons proposé, les Chambres ont adopté, nous avons ordonné et ordonnons ce qui suit :

ART. 1er. Le décret du 12 février 1812, concernant les poids et mesures, est et demeure abrogé.

2. Néanmoins, l'usage des instruments de pesage et de mesurage confectionnés en exécution des articles 2 et 3 du décret précité, sera permis jusqu'au 1er janvier 1840.

3. A partir du 1er janvier 1840, tous poids et mesures autres que les poids et mesures établis par les lois des 18 germinal an III et 19 frimaire an VIII, constitutives du système métrique décimal, seront interdits sous les peines portées par l'article 479 du Code pénal (1).

4. Ceux qui auront des poids et mesures autres que les poids et mesures ci-dessus reconnus, dans leurs magasins, boutiques, ateliers ou maisons de commerce, ou dans les halles, foires ou marchés, seront punis comme ceux qui les emploieront, conformément à l'article 479 du Code pénal.

5. A compter de la même époque, toutes dénominations de poids et mesures, autres que celles qui sont portées dans le tableau annexé à la présente loi, et établies par la loi du 18 germinal an III, sont interdites dans les actes publics, ainsi que dans les affiches et les annonces.

---

(1) Voici cet article: Seront punis d'une amende de 11 à 15 fr. individuellement... 5° ceux qui auront de faux poids ou de fausses mesures dans leurs magasins, boutiques, ateliers ou maisons de commerce, ou dans les halles, foires ou marchés, sans préjudice des peines qui seront prononcées par les tribunaux de police correctionnelle, contre ceux qui auraient fait usage de ces faux poids ou de ces fausses mesures; 6° ceux qui emploieront des mesures ou des poids différents de ceux qui sont établis par les lois en vigueur ; les boulangers et bouchers qui vendront le pain ou la viande au-dessus de la taxe légalement faite et publiée.

Elles sont également interdites dans les actes sous seing-privé, les registres de commerce et autres écritures privées, produits en justice.

Les officiers publics contrevenants seront passibles d'une amende de vingt francs, qui sera recouvrée sur contrainte comme en matière d'enregistrement.

L'amende sera de dix francs pour les autres contrevenants : elle sera perçue pour chaque acte ou écriture sous signature privée; quant aux registres de commerce, ils ne donneront lieu qu'à une seule amende pour chaque contestation dans laquelle ils seront produits.

6. Il est défendu aux juges et arbitres de rendre aucun jugement ou décision en faveur des particuliers sur des actes, registres ou écrits dans lesquels les dénominations interdites par l'article précédent auraient été insérées, avant que les amendes encourues, aux termes dudit article, eussent été payées.

7. Les vérificateurs des poids et mesures constateront les contraventions prévues par les lois et règlements concernant le système métrique des poids et mesures.

Ils pourront procéder à la saisie des instruments de pesage et de mesurage dont l'usage est interdit par lesdites lois et règlements.

Leurs procès-verbaux feront foi en justice jusqu'à preuve contraire.

Les vérificateurs prêteront serment devant le tribunal d'arrondissement.

8. Une ordonnance royale règlera la manière dont s'effectuera la vérification des poids et mesures.

La présente loi, discutée, délibérée et adoptée par la Chambre des Pairs et par celle des Députés, et sanctionnée par nous cejourd'hui, sera exécutée comme loi de l'Etat.

Fait au palais des Tuileries, le 4e jour du mois de juillet, l'an 1837.

Signé LOUIS-PHILIPPE.

TABLEAU DES MESURES LÉGALES

établies par les lois des 18 germinal an III et 19 frimaire an VIII, et annexé à la loi du 4 juillet 1837.

NOMS SYSTÉMATIQUES.	VALEUR.
Mesures de longueur.	
Myriamètre	Dix mille mètres.
Kilomètre	Mille mètres.
Hectomètre	Cent mètres.
Décamètre	Dix mètres.
MÈTRE	*Unité fondamentale des poids et mesures*, dix-millionième partie du quart du méridien terrestre.
Décimetre	Dixième du mètre.
Centimètre	Centième du mètre.
Millimètre	Millième du mètre.
Mesures agraires.	
Hectare	Cent ares ou dix mille mètres carrés.
ARE	Cent mètres carrés, carré de dix mètres de côté.
Centiare	Centième de l'are, ou mètre carré.
Mesures de capacité pour les liquides et les matières sèches.	
Kilolitre	Mille litres.
Hectolitre	Cent litres.
Décalitre	Dix litres.
LITRE	Décimètre cube.
Décilitre. (1)	Dixième de litre.

(1) L'ordonnance du 16 juin 1839 y a ajouté le centilitre.

NOMS SYSTÉMATIQUES.	VALEUR.
Mesures de solidité.	
Décastère	Dix stères.
STÈRE	Mètre cube.
Décistère.	Dixième de stère.
Poids.	
. . . .	Mille kilogrammes, poids du mètre cube d'eau et du tonneau de mer.
. . . .	Cent kilogrammes, quintal métrique (1).
KILOGRAMME.	Mille grammes, poids, dans le vide, d'un décimètre cube d'eau distillée, à la température de quatre degrés centigrades (2).
Hectogramme	Cent grammes.
Décagramme.	Dix grammes.
GRAMME	Poids d'un centimètre cube d'eau, à quatre degrés centigrades.
Décigramme.	Dixième du gramme.
Centigramme.	Centième du gramme.
Milligramme	Millième du gramme.
Monnaie.	
FRANC.	Cinq grammes d'argent au titre de neuf-dixièmes de fin.
Décime	Dixième du franc.
Centime	Centième du franc.

Conformément à la disposition de la loi du 18 germinal an III, chacune des mesures de poids et de capacité a son double et sa moitié.

Vu pour être annexé à la loi du 4 juillet 1837.

Signé LOUIS-PHILIPPE.

(1) Cette mesure et la précédente n'ont pas reçu de noms particuliers.

(2) L'étalon prototype en platine, déposé aux archives le 4 messidor an VII, donne, dans le vide, le poids légal du kilogramme.

SYSTÈME MÉTRIQUE DÉCIMAL.

MESURES MÉTRIQUES EN GÉNÉRAL.

* 1. Le *système métrique* est l'ensemble des principes d'après lesquels on a déterminé d'une manière uniforme les poids et les mesures qui ont le mètre pour base, et dont l'usage est seul autorisé en France.

* 2. Pour déterminer les poids et les mesures, on a d'abord adopté, pour UNITÉ FONDAMENTALE, *la dix-millionième partie du quart du méridien terrestre*, que l'on a appelée MÈTRE.

Cette mesure fondamentale a été également prise pour l'unité des mesures de *longueur*.

La MESURE CONSTITUTIVE une fois déterminée, on en a déduit toutes les autres de la manière suivante :

Un carré (1) ayant dix mètres de côté a été adopté pour l'unité des mesures *agraires*, et nommé ARE.

L'unité employée pour évaluer les autres surfaces est un carré d'un mètre de côté, que l'on appelle MÈTRE CARRÉ.

Un cube (2) d'un mètre de côté a été adopté pour l'unité des mesures de *solidité*, sous le nom de STÈRE.

Un vase de forme cubique, dont les dimensions intérieures sont égales à un dixième du mètre, a été pris pour l'unité des mesures de *capacité*, et a reçu le nom de LITRE.

Le poids absolu d'un centimètre cube d'eau distillée, ramenée à son maximum de densité, a été adopté pour l'unité des mesures de *poids*, et nommé GRAMME.

Pour l'obtenir, on a pesé, dans le vide, 11 décimètres cubes 29 centièmes environ d'eau distillée et prise à son maximum de

---

(1) On appelle CARRÉ une figure de quatre côtés égaux, et dont les angles sont droits, comme la fig. 2, A B C D, pl. 1re.

(2) On appelle CUBE un solide dont les six faces sont des carrés égaux : sa forme est celle d'un *dé* à jouer, fig. 3, pl. 1re.

densité, et au moyen du calcul, on en a déduit le poids d'un centimètre cube de cette même eau (1).

Enfin, une pièce de monnaie du poids de 5 gram., contenant neuf dixièmes d'argent et un dixième de cuivre, a été adoptée pour l'unité monétaire sous le nom de FRANC.

* 3. Les unités principales du système métrique sont donc au nombre de six, savoir :

1° Le MÈTRE, pour les mesures de longueur ;
2° L'ARE, pour les mesures agraires ;
3° Le STÈRE, pour les mesures de solidité ;
4° Le LITRE, pour les mesures de capacité ;
5° Le GRAMME, pour les mesures de poids ;
6° Le FRANC, pour les mesures de monnaies.

* 4. Ce système est appelé *métrique*, parce que c'est du MÈTRE que dérivent les autres mesures : en effet,

* 5. L'ARE dérive du MÈTRE, puisqu'il est un carré qui a dix mètres sur chaque côté et cent mètres de superficie ;

* 6. Le STÈRE dérive du MÈTRE, puisqu'il est un mètre cube ;

* 7. Le LITRE dérive du MÈTRE, puisqu'il est la capacité d'un cube d'un décimètre de côté ;

* 8. Le GRAMME dérive du MÈTRE, puisqu'il est le poids absolu d'un centimètre cube d'eau distillée ;

* 9. Le FRANC, enfin, dérive du MÈTRE, puisqu'il pèse cinq grammes, et que le gramme est basé sur le MÈTRE.

Multiples et Sous-Multiples des unités métriques.

* 10. Pour exprimer la multiplication des unités métriques, suivant l'ordre décimal, on place, avant le nom de l'unité, les mots suivants, qu'on appelle multiples décimaux :

---

(1) On sait que les corps sont composés de molécules que la chaleur écarte et que le froid rapproche : dans le premier cas, le volume des corps occupe donc plus de place que dans le second. On appelle *dilatation* l'effet par lequel les molécules s'écartent, et *condensation* celui par lequel elles se rapprochent.

On dit que l'eau est à son maximun de *densité* ou de *condensation* quand elle est au degré où, sous le même volume, elle contient le plus d'eau.

L'eau distillée est celle qui est débarrassée de toute matière étrangère. Elle a été pesée dans le vide, c'est-à-dire que, par des procédés très ingénieux et à l'aide du calcul, on a obtenu le même résultat que si la pesée avait été faite dans le vide.

DÉCA, qui signifie. . . .	10
HECTO, ...	100
KILO, ...	1.000
MYRIA, ...	10.000

DÉCA, placé devant un nom d'unité, indique donc une mesure égale à *dix* fois cette unité ;

HECTO, une mesure égale à *cent* fois l'unité ;

KILO, une mesure égale à *mille* fois l'unité ;

MYRIA, une mesure égale à *dix mille* fois l'unité.

DÉCASTÈRE, par exemple, exprime une mesure de *dix* stères ;

HECTOLITRE, une mesure de *cent* litres ;

KILOGRAMME, un poids de *mille* grammes ;

MYRIAMÈTRE, une longueur de *dix mille* mètres ; ainsi des autres.

* 11. Pour exprimer les subdivisions des unités métriques, suivant l'ordre décimal, on place, avant le nom de l'unité, les mots suivants, qu'on appelle sous-multiples décimaux :

DÉCI, qui signifie . .	10e ;
CENTI, ...	100e ;
MILLI, ...	1000e.

DÉCI, placé devant un nom d'unité, indique donc une mesure égale à la *dixième* partie de cette unité ;

CENTI, une mesure égale à la *centième* partie de l'unité ;

MILLI, une mesure égale à la *millième* partie de l'unité.

Un DÉCIMÈTRE, par exemple, est une longueur égale à la *dixième* partie du mètre ;

Un DÉCILITRE, une mesure égale à la *dixième* partie du litre ;

Un CENTIGRAMME, une mesure égale à la *centième* partie du gramme ;

Un MILLIMÈTRE, une mesure égale à la *millième* partie du mètre ; ainsi des autres.

Treize mots seulement forment donc toute la nomenclature du système métrique, savoir :

Six pour exprimer les unités principales: MÈTRE, ARE, STÈRE, LITRE, GRAMME et FRANC;

Quatre mots multiples, *déca*, *hecto*, *kilo* et *myria*;

Et trois mots sous-multiples: *déci*, *centi* et *milli*.

L'usage veut que, dans quelques circonstances dont nous parlerons en traitant de chaque mesure en particulier, au lieu d'exprimer le nombre des unités que l'on a en vue, avec les multiples *déca*, *hecto*, etc., on les exprime avec les nombres ordinaires: on dit, par exemple, dix *ares*, cent *stères*, au lieu de *décare*, *hectostère*; ainsi des autres.

Dans le calcul, les *myria* se mettent au rang des dizaines de mille; les *kilo*, au rang des mille; les *hecto*, au rang des centaines: les *déca*, au rang des dizaines; et les *déci*, au rang des dixièmes; les *centi*, au rang des centièmes; et les *milli*, au rang des millièmes.

* 12. Le système métrique est appelé décimal, parce que ses *multiples* expriment des nombres qui égalent dix, cent, mille, dix mille unités; et ses *sous-multiples*, des nombres qui sont la dixième, la centième, la millième partie de l'unité.

* 13. On l'appelle encore légal, parce qu'il est prescrit par la loi (1).

Questions sur les Mesures métriques en général.

Qu'est-ce que le Système métrique? 1. — *Comment a-t-on déterminé les poids et les mesures autorisés en France?* 2. — *Qu'entendez-vous par le maximum de densité de l'eau?* (*page* 108, *note*). — *Qu'appelle-t-on eau distillée?* — *Qu'est-ce à dire que l'eau a été pesée dans le vide? Nommez les unités principales du Système métrique?* 3. — *Pourquoi le système des poids et mesures est-il appelé métrique?* 4. — *Comment l'are dérive-t-il du mètre?* 5. — *Comment le stère dérive-t-il du mètre?* 6.—*Comment le litre dérive-t-il du mètre?* 7.—*Comment le gramme dérive-t il du mètre?* 8.—*Comment le franc dérive-t-il du mètre?* 9.—*Comment exprime-t-on la multiplication des unités métriques, suivant l'ordre decimal?* 10. — *Comment exprime-t-on les subdivisions des unités métriques, suivant l'ordre décimal?* 11. — *De combien de mots se compose*

---

(1) D'après les prescriptions de la loi du 4 juillet 1837, les mesures métriques publiées le 7 avril 1795, sont les seules dont l'usage soit permis en France depuis le 1er janvier 1840.

la nomenclature du Système métrique? — Pourquoi le Système métrique est-il appelé décimal? 12. — *Pourquoi le Système métrique est-il appelé légal?* 13.

MANIÈRE D'ENSEIGNER LE SYSTÈME MÉTRIQUE AU MOYEN DE LA MAIN.

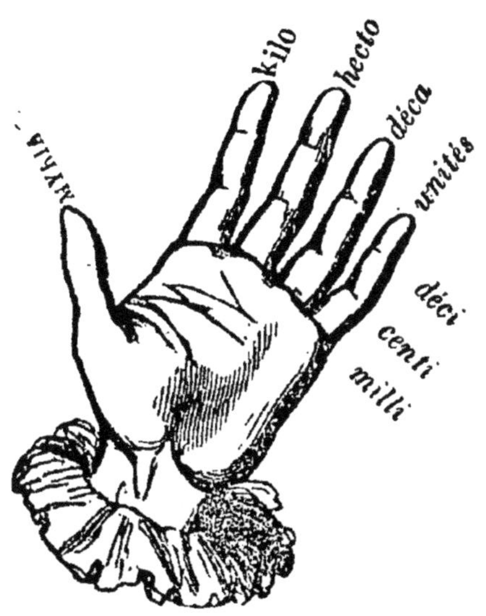

Les doigts portent les noms des multiples du système métrique, dans l'ordre désigné à la figure ci-dessus; les articulations de l'auriculaire portent les noms des sous-multiples.

Les élèves, en touchant leurs doigts les uns après les autres, disent les noms qui leur sont affectés; et lorsqu'ils les savent impertubablement, on leur en demande la signification. Par exemple, que signifie kilo? L'élève interrogé parcourt ses doigts, à partir de l'auriculaire jusqu'à l'index, qui porte le nom de kilo, en disant: unité, dizaine, centaine, mille, et répond: kilo veut dire mille. De la même manière il trouvera que myria veut dire dix mille, que hecto veut dire cent, etc. Si on lui demandait la signification des noms de la série descendante, il partirait également de l'auriculaire en disant: unité, dixième, centième, millième; et suivant qu'on lui demanderait la signification de déci, centi, milli, il trouverait que déci veut dire la dixième partie, centi la centième, et milli la millième.

Trouver la valeur réciproque des mots myria, kilo, etc.

Si l'on demandait à l'élève combien il faut de déca pour faire un kilo; en partant de déca, sur lequel il dirait unité, sur hecto dizaine et sur kilo centaine, il trouverait qu'il faut cent déca pour faire un kilo. Si on lui demandait combien il faut de centi pour faire un hecto, il porterait l'index sur la seconde articulation de l'auriculaire, puis sur l'extrémité des doigts jusqu'au majeur, en disant: unités, dizaines, centaines, etc.; il trouverait qu'il faut dix mille centi pour faire un hecto.

Si on lui présentait la question dans le sens inverse, et qu'on lui demandât, par exemple: qu'est-ce que l'hecto par rapport au myria? A partir du pouce l'élève descendrait jusqu'à hecto en disant: unité, dixième, centième, et trouverait qu'un hecto est la centième partie d'un myria. On suivrait la même marche pour répondre à toutes les questions de ce genre.

Réduire les multiples en sous-multiples

Pour la réduction des multiples en sous-multiples, le nombre de doigts et d'articulations qu'il y a depuis le doigt qui porte le nom de la quantité à réduire pour arriver au sous-multiple demandé, indique combien il faut ajouter de zéros au nombre proposé pour avoir la réponse. Ainsi, si l'on demandait de réduire 15 kilo en centi, l'élève mettrait cinq zéros à la suite de 15; car, pour arriver à centi en partant du doigt qui porte le nom de kilo, il y a trois doigts et deux articulations.

Séparer un multiple de ses sous-multiples.

Si l'on demandait où il faut placer la virgule dans 3475 unités pour en séparer les kilo, on mettrait l'index de la main droite sur celui de la main gauche, qui porte le nom de kilo, et les trois doigts qui sont à droite indiqueraient qu'il faut la placer entre le 3e et le 4e chiffre en cette manière, 3,475. Si l'on avait 47683 milli, et que l'on voulût en séparer les déca, les trois articulations, plus l'auriculaire, qui sont à droite du déca, indiqueraient qu'il faut écrire 4,7683.

Poser les quantités affectées de noms différents.

Les commençants sont ordinairement très-embarrassés pour placer les quantités affectées d'un nom différent, pour les additionner ou pour les soustraire. Il est d'expérience que leur embarras disparaît au moyen de la main, surtout quand ils ont soin de réduire en unités le premier nombre qu'ils écrivent.

Voici comment on se sert de la main dans ce cas: qu'il soit question d'additionner les nombres suivants: 25 kilo, + 35 déca, + 18 hecto.

L'élève doit réduire le premier nombre en unités en écrivant à sa suite un nombre suffisant de zéros; pour l'exemple proposé il en écrirait trois. Pour savoir sous quel chiffre il doit écrire les 35 déca, il met l'index de la main droite sur l'annulaire gauche, qui indique, par son numéro, que le dernier chiffre du nombre à écrire doit se trouver sous le deuxième chiffre du premier nombre. Pour les 18 hecto, il place l'index sur le doigt qui porte le nom de hecto dans la main gauche, et ce doigt indique également par son numéro que le dernier chiffre du nombre à écrire doit être placé sous le troisième chiffre du premier.

EXERCICES SUR LES MOTS MULTIPLES ET SUR LES MOTS SOUS-MULTIPLES.

PROBLEMES.

Nombres à écrire en chiffres et à additionner.

P. 1. 1° Deux hecto trois déca et neuf unités, 2° cent dix-huit unités, 3° un hecto et un déca.

P. 2. 1° Deux kilo deux hecto un déca et deux unités, 2° trois myria sept kilo neuf hecto et six déca, 3° soixante myria deux kilo trois hecto et trente-six unités.

P. 3. 1° Quatre myria douze hecto quatre déca et deux unités, 2° sept hecto et un déca, 3° six myria et six déca.

P. 4. 1° Quinze kilo vingt déca et huit unités, 2° deux myria six kilo huit hecto et dix-neuf unités, 3° un myria un kilo un hecto un déca et une unité.

P. 5. 1° Trois déca et six unités, 2° trois kilo trente-deux déca, 3° cent kilo douze déca neuf unités, 4° neuf myria six hecto et vingt-neuf unités.

P. 6. 1° Quinze myria huit kilo deux hecto un déca deux unités, 2° douze kilo dix-sept déca neuf unités, 3° cent vingt-deux hecto six déca et trois unités.

P. 7. 1° Trois myria deux kilo un hecto deux déca trois unités, 2° trente-neuf kilo vingt déca six unités et trois déci, 3° cent vingt-deux hecto douze unités et sept centi, 4° quatre-vingt-neuf myria et vingt-deux déca.

P. 8. 1° Quarante-cinq myria vingt-six hecto cinquante unités, 2° cent dix kilo trente déca vingt centi, 3° douze myria douze hecto douze unités cinq déci, 4° quatorze kilo trois hecto et neuf déci.

P. 9. 1° Dix-huit myria vingt hecto trois cent quinze milli, 2° vingt déca neuf cent quatre-vingt-dix-neuf milli, 3° trois kilo neuf hecto dix centi cinq milli, 4° cent un hecto dix unités et neuf déci.

P. 10. 1° Mille cent deux hecto trois centi quatre milli, 2° cent cinquante kilo vingt-cinq déca trois déci, 3° neuf myria vingt-neuf hecto trois cents milli, 4° dix myria cent un déca vingt-cinq milli.

MESURES MÉTRIQUES EN PARTICULIER.

MESURES LINÉAIRES OU DE LONGUEUR.

* 14. On appelle mesures de longueur celles dont on se sert pour mesurer l'étendue considérée comme ligne, telles que la longueur d'une route, d'une allée, la taille d'un homme, la longueur d'une pièce d'étoffe, la largeur d'une rue, la hauteur d'un édifice, l'épaisseur d'un mur, d'une table, d'une planche, etc., etc.

* 15. On divise les mesures de longueur en mesures de *longueur* proprement dites, et en mesures *itinéraires.*

MESURES DE LONGUEUR PROPREMENT DITES.

* 16. L'unité des mesures de longueur est le MÈTRE, *mesure qui égale la dix-millionième partie du quart du méridien terrestre* (N° 2) (1).

* 17. Les multiples du *mètre* sont :

Le DÉCAMÈTRE, qui égale 10 mètres ;
L'HECTOMÈTRE, ... 100 mètres ;
Le KILOMÈTRE, ... 1.000 mètres ;
Le MYRIAMÈTRE, ... 10.000 mètres.

*18. Les sous-multiples du *mètre* sont :

Le DÉCIMÈTRE, qui égale la 10e partie du mètre ;
Le CENTIMÈTRE, . . . 100e partie du mètre ;
Le MILLIMÈTRE, . . . 1.000e partie du mètre.

Ainsi, le *mètre* se divise en dix parties égales, appelées *décimètres ;* le décimètre en dix parties égales, appelées *centimètres ;* le centimètre en dix parties égales, appelées *millimètres.*

---

(1) Voir cette mesure dans sa grandeur réelle, dont la ligne A B, figure 1re, planche 1re, est la dixième partie.

Et, par conséquent,

Le *mètre* égale	10	*décimètres*,
ou. . . .	100	*centimètres*,
ou. . . .	1.000	*millimètres*.
Le *décimètre* égale. . . .	10	*centimètres*,
ou. . . .	100	*millimètres*.
Et le *centimètre* égale. . .	10	*millimètres*.

On peut aussi, pour l'exactitude des calculs, considérer le millimètre divisé, par la pensée, en dix parties égales, appelées *dix-millièmes* de mètre; les dix-millièmes en dix parties égales, appelées *cent-millièmes* de mètre, etc.; mais il n'existe pas de mesures usuelles effectives plus petites que le *millimètre*, les autres ne sont que des mesures de compte (1).

A B, figure 1re, planche 1re, représente un *décimètre* de grandeur naturelle; chacune de ses divisions cotée 1, 2, 3, etc., est un *centimètre*, et les petites subdivisions sont des *millimètres*.

La largeur de la main d'un homme est d'environ un décimètre, et la largeur de l'ongle du doigt auriculaire est d'un centimètre, à peu près.

L'expression *décamètre* n'est guère usitée que dans l'arpentage, et celles d'*hectomètre*, de *kilomètre* et de *myriamètre*, ne sont employées que pour désigner les distances *itinéraires* (N° 20).

Dans les autres circonstances on compte les mètres avec les nombres ordinaires, et l'on dit, par exemple, dix mètres, cent mètres, mille mètres d'étoffe, etc., et non un *décamètre*, un *hectomètre*, un *kilomètre*.

Ces mesures s'indiquent en abrégé comme il suit:

Mètre............	m. ou mèt.
Myriamètre.....	myriam.
Kilomètre.......	kilom.
Hectomètre.....	hectom.
Décamètre......	décam.
Décimètre......	décim.
Centimètre.....	centim.
Millimètre......	millim.

* 19. Pour écrire en chiffres les mètres et les subdivisions du mètre, on écrit d'abord les mètres au rang des unités, en les affectant de la lettre *m.* ou des lettres *mèt.*; ensuite, on écrit les décimètres au rang des dixièmes, les centimètres au rang des centièmes, etc. Ainsi, le nombre 8 mètres 5 décimètres 6 centimètres

(1) On appelle mesure *réelle* ou *effective*, celle qui existe *réellement*, et au contraire, mesure de *compte* ou *imaginaire*, celle qui n'existe que dans la pensée.

4 millimètres, s'écrit 8 mèt. 564, et se lit 8 mèt. 564 millim., en donnant à la réunion des chiffres décimaux le nom de l'ordre des décimales qu'occupe le dernier chiffre.

Cependant on pourrait aussi exprimer ce nombre comme il suit : 8 mèt. 5 décim. 6 cent. 4 millim. ; il est même à remarquer que cette méthode fixe mieux les idées que la première, parce qu'elle ne présente à l'esprit les subdivisions que les unes après les autres.

La valeur des parties décimales étant connue par le rang qu'elles occupent, on s'abstient ordinairement de l'écrire, comme on le voit dans l'exemple ci-dessus.

Si le nombre renferme plus de trois décimales, on pourra, après avoir exprimé les mètres, nommer les millimètres séparément, et ensuite les décimales plus petites que les millimètres.

Soit, par exemple, le nombre 4 mèt. 67545, on pourra dire 4 mèt. 675 millimètres 45 cent-millièmes de mètre, ou mieux encore 4 mèt. 675 millimètres 45 centièmes de millim. ; ainsi des autres. On emploie surtout ce procédé quand le millimètre est pris pour unité, comme au tableau de la page 164.

MESURES ITINÉRAIRES.

* 20. On appelle *itinéraires* les mesures qui servent à évaluer les distances géographiques, comme celle d'une ville à une autre.

* 21. Ces mesures sont le MYRIAMÈTRE, le KILOMÈTRE et l'HECTOMÈTRE : elles sont comprises dans les multiples du mètre, dont nous avons parlé au n° 13, et ce n'est que pour simplifier les expressions et soulager la mémoire qu'on les a adoptées pour unités *itinéraires* : en effet, il est plus simple de dire que la distance de Paris à Angers, par exemple, est de 300 kilomètres ou de 30 myriamètres, que de dire qu'elle est de 300,000 mètres, quoique ces expressions désignent la même longueur.

On peut prendre indifféremment le myriamètre ou le kilomètre pour unité ; on dit également : de Paris à Bordeaux, on compte 573 kilomètres, ou 57 myriamètres 3 kilomètres.

Sur plusieurs routes de France les kilomètres sont indiqués par des bornes principales, et les hectomètres par des bornes plus petites.

En marchant d'un pas réglé, et sans se presser, un homme peut parcourir

Un *Hectomètre* en 1 minute, ou environ ;
Un *Kilomètre* en 10 minutes ;
Et un *Myriamètre* en 100 minutes (1 heure 40 minutes).
Cinq pas ordinaires font à peu près 4 mètres.

Mesures effectives de longueur.

22. Les mesures *effectives* de longueur autorisées, sont :

1° Le *Double-décamètre*, mesure de 20 mètres ;
2° Le *Décamètre* (chaîne ordinaire d'arpenteur), mesure de dix mètres ;
3° Le *Demi-décamètre ;*
4° Le *Double-mètre ;*
5° Le *Mètre ;*
6° Le *Demi-mètre ;*
7° Le *Double-décimètre ;*
8° Le *Décimètre.*

23. Ces mesures peuvent être établies dans la forme qui convient le mieux aux usages auxquels on les destine ; voici les plus usitées :

1° Les *doubles-décamètres*, les *décamètres* et les *demi-décamètres*, formés en tiges de fer réunies par des anneaux ;

2° Les *doubles-mètres* en bois, divisés en décimètres et en centimètres ;

Ces deux sortes de mesures sont particulièrement employées par les arpenteurs, les architectes et les ingénieurs.

3° Les *mètres en bois* en forme de règles plates ;

4° Les *mètres brisés* ou pliants, en bois, en baleine, en os, en ivoire, etc. ; ils sont formés de deux, de cinq ou de dix parties ;

5° Les mètres en forme de canne (dits *mètres-cannes*) ;

6° Les mètres dont se servent les marchands de drap, de toile, de ruban, etc. ; ils sont en forme de règle carrée;

7° Les *demi-mètres* en bois : ils sont d'une seule

pièce ou brisés en deux parties et à charnières, pour la commodité des ouvriers ;

8° Les *doubles-décimètres* et les *décimètres* en bois, en cuivre, en ivoire, etc. ; il y en a de plats et de triangulaires ; ils sont divisés en centimètres et en millimètres ; il y en a aussi à charnières, fig. 1re, pl. 1re (1).

Questions sur les Mesures de longueur.

Qu'appelle-t-on mesures de longueur? 14.— *Comment divise-t-on les mesures de longueur?* 15. — *Quelle est l'unité des mesures de longueur?* 16.— *Qu'est-ce que le mètre?* 16. — *Quels sont les multiples du mètre?* 17.—*Quels sont les sous-multiples du mètre?* 18.—*Comment écrit-on en chiffres les mètres et les subdivisions du mètre?* 19.

Qu'appelle-t-on mesures itinéraires? 20. — *Quelles sont les mesures itinéraires?* 21.

Quelles sont les mesures effectives de longueur? 22. — *Dans quelles formes ces mesures peuvent-elles être établies?* 23.

EXERCICES SUR LES MESURES DE LONGUEUR.

NUMÉRATION.

Nombres à écrire en chiffres (N° 19).

P. 11. 1° Cinq mètres quatre décim. ; 2° douze mètres vingt-deux centimèt. ; 3° quatre-vingts mèt. trois cent trente-quatre millim. ; 4° vingt mèt. cinq centim. ; 5° quinze mèt. trois millim. ; 6° douze mèt. cinquante-deux millim. ; 7° trente centim. ; et 8° deux millim.

P. 12. 1° Cinquante mèt. trente-deux cent. ; 2° vingt mètres soixante-douze millim. ; 3° trente-cinq mètres quarante centim. ; 4° deux cent mètres sept millim. ; 5° soixante-quinze mètres dix-neuf centim. ; 6° seize millim. ; 7° dix centim. ; 8° sept centim. ; 9° trois décim. ; et 10° vingt-quatre millim.

---

(1) Les mesures en ruban, étant susceptibles de s'allonger et de se raccourcir facilement, ne sont point autorisées.

Nombres à lire en indiquant la valeur des parties décimales.

P. 13. 1° 4 mèt. 5; 2° 12 mèt. 25; 3° 43 mèt. 723; 4° 9 mèt. 1964; 5° 17 mèt. 37042; 6° 23 mèt. 827612; 7° 0 mèt. 4; 8° 0 mèt. 05; 9° 0 mèt. 42; 10° 0 mèt. 725; et 11° 0 mèt. 005.

APPLICATION DES PROPRIÉTÉS DE LA NUMÉRATION.

Mesures de longueur.

P. 14. Combien y a-t-il de *mètres* dans chacun des nombres suivants :

1° 1 myriamètre ; 2° 15 myriam. ; 3° 1kilom. ; 4° 20 kilom. ; 5° 1 hectom. ; 6° 45 hectom. ; 7° 1 décam. ; 8° 88 décam. ; 9° 10 décim. ; 10° 175 décim. ; 11° 100 centim. ; 12° 849 centim. ; 13° 1000 millim. ; et 14° 7450 millim. ?

Puisque le myriamètre vaut 10,000 mètres, on obtiendra la réponse du 1er et du 2e numéro en écrivant 4 zéros à la suite des nombres 1 et 15, ce qui donnera, 1° 10,000 mèt., 2° 150, 000 mèt.

Et, puisque le décimètre est la dixième partie du mètre, on obtiendra la réponse du 9e et du 10e numéro en séparant, par une virgule, le premier chiffre de la droite des nombres 10 et 175, ce qui donnera, pour la neuvième réponse, 1 mètre, et, pour la dixième, 17 mètres 5.

Des raisonnements analogues à ceux-ci conduiront à la solution de tous les problèmes de ce genre.

P. 15. Combien y a-t-il de décamètres dans chacun des nombres suivants :

1° 1 myriam. ; 2° 643 myriam. ; 3° 1 kilom. ; 4° 164 kilom. ; 5° 1 hectom. ; 6° 11711 hectom. ; 7° 10 mèt. ; 8° 4900 mèt. ; 9° 100 décim. ; 10° 8006 décim. ?

P. 16. Combien y a-t-il de décimètres dans chacun des nombres suivants :

1° 1 myriamètre ; 2° 64 myriam. ; 3° 1 kilom. ; 4° 86 kilom. ; 5° 1 hectom. ; 6° 95 hectom. ; 7° 1 décam. ; 8° 128 décam. ; 9° 1 mèt. ; 10° 49 mèt. ; 11° 10 centim. ; 12° 98 centim. ; 13° 100 millim. ; 14° 475 millim. ?

P. 17. Combien y a-t-il de centimètres dans chacun des nombres suivants :

1° 1 myriamètre ; 2° 43 myriam. ; 3° 1 kilom. ; 4° 67 kilom. ; 5° 1 hectom. ; 6° 88 hectom. ; 7° 1 décam. ; 8° 66 décam. ; 9° 1 mèt. ; 10° 80 mèt. ; 11° 1 décim. ; 12° 42 décim. ; 13° 10 millim. ; 14° 97 millim. ?

P. 18. Combien y a-t-il de millimètres dans chacun des nombres suivants :

1° 1 myriamètre ; 2° 46 myriam. ; 3° 1 kilom. ; 4° 38 kilom. ; 5° 1 hectom. ; 6° 45 hectom. ; 7° 1 décam. ; 8° 55 décam. ; 9° 1 mèt. ; 10° 47 mèt. ; 11° 1 décim. ; 12° 143 décim. ; 13° 1 centim. ; 14° 90 centim. ?

Mesures itinéraires.

P. 19. Combien y a-t-il de myriamètres dans chacun des nombres suivants :

1° 10 kilometres ; 2° 7149 kilom. ; 3° 100 hectom. ; 4° 8413 hectom. ; 5° 1000 hectom. ; 6° 74000 hectom. ; 7° 10000 kilom. ; 8° 478641 kilom. ; 9° 100000 kilom. ; 10° 8426111 hectom. ?

P. 20. Combien y a-t-il de kilomètres dans chacun des nombres suivants :

1° 1 myriam. ; 2° 43 myriam. ; 3° 10 hectom. ; 4° 642 hectom. ; 5° 100 hectom. ; 6° 4837 hectom. ; 7° 1000 myriam. ; 8° 2346 myriam. ?

P. 21. Combien y a-t-il d'hectomètres dans chacun des nombres suivants :

1° 1 myriamètre ; 2° 76 myriam. ; 3° 1 kilom. ; 4° 864 kilom. ; 5° 10 myriam. ; 6° 7141 myriam. ; 7° 100 kilom. ; 8° 2476 kilom. ?

ADDITIONS.

1er EXEMPLE.

Nombres entiers.

On propose d'additionner les nombres suivants : 1° 425 mèt. ; 2° 369 mèt., et 3° 937 mèt.

Opération.

	425	
	369	
	987	
Total	1781	mètres.
Preuve	120	

2e EXEMPLE.

Nombres décimaux.

Combien y a-t-il de mètres et de centimètres dans 3 pièces de toile dont les longueurs partielles sont : 1° 49 mètres 56 ; 2° 74 mèt. 38 ; 3° 78 mèt. 49 ?

Opération.

	49, 56
	74, 38
	78, 49
Réponse	202, 43

Après avoir disposé les nombres comme s'ils étaient abstraits, j'en ai fait la somme : le résultat 1781 du premier exemple exprime des mètres, et le total du deuxième doit être lu 202 mètres 43 centimètres.

Pour rendre raison des retenues dans le deuxième exemple, on pourrait opérer comme il suit : 6 et 8 font 14, et 9 font 23 ; en 23 centimètres il y a 2 décimètres et 3 cent. ; j'écris 3 cent. et je retiens 2 décimèt. pour les joindre à la colonne des décim. Puis, additionnant les décimètres, je dis: 2 de retenue et 5 font 7 et 3 font 10 et 4 font 14; en 14 décimèt. il y a 1 mèt. et 4 décim.; j'écris 4 décimèt. et je retiens 1 mèt. pour le porter à la colonne des metres, etc.

3e EXEMPLE.

Parties décimales.

Combien y a-t-il de mètres et de millim. dans les 4 nombres suivants: 1° 0 mèt. 745 millim.; 2° 0 mèt. 678 millim.; 3° 0 mèt. 964 mill., et 4° 0 mèt. 075 millimèt. ?

Opération.

0,745
0,678
0,964
0,075

Total 2,462
qu'il faut lire 2 mèt. 462 mil.

4e EXEMPLE.

Parties décimales.

Quel est le nombre de mèt. contenu dans le total des parties décimales suivantes: 1° 0 mèt. 786 millim.; 2° 0 mèt. 178 mill.; 3° 0 mèt. 98 cent.; 4° 0 mèt. 805 millim. ?

Opération.

0,786
0,178
0,980
0,805

Réponse 2,749
qu'il faut lire 2 mèt. 749 mill.

Il est à remarquer que dans les opérations on remplace ordinairement le nom de l'unité par une virgule, comme nous l'observons dans les exemples ci-dessus et dans les suivants.

PROBLÈMES.

P. 22. Quel est le total des quantités suivantes: 428 mètres, 742 mèt., 75 mèt., 6728 mèt. et 6998 mèt. ?

P. 23. Combien y a-t-il de mètres dans 4 pièces de calicot dont les longueurs suivent: 1° 75 mètres; 2° 99 mèt.; 3° 121 mèt.; et 4° 638?

P. 24. Un marchand de drap en a vendu 4 pièces qui ont les longueurs suivantes: la première, 75 mètres 45 centim.; la seconde, 84 mèt. 25 cent.; la troisième, 89 mèt. 34 cent.: et la quatrième, 68 mèt. 48 centim.: combien en a-t-il vendu de mètres et de centimètres?

P. 25. Un tapissier a employé les longueurs de bordures suivantes: 1° 49 mèt. 45; 2° 28 mèt. 70; 3° 47 mèt. 96; 4° 36 mèt. 64; 5° 186 mèt. 37; et 6° 38 mèt. 27: dites ce qu'il en a employé de mètres et de centimètres.

P. 26. Un menuisier a fait les plinthes et les cymaises d'une maison neuve dont le détail suit: au rez-de-chaussée, 12 mèt. 5 de plinthes et 108 mèt. 9 de cymaises; au 1er étage, 119 mèt. 45 de plinthes et 110 mèt. 35 de cymaises; au 2e étage, 137 mèt. de plinthes et 124 mèt. 3 de cymaises;

au 3e étage, 140 mèt. 15 de plinthes et 127 mèt. 36 de cym.; au 4e étage, 138 mèt. 18 de plinthes et 129 mèt. 14 de cym.; combien a-t-il fait de mètres de chaque espèce?

P. 27. Une couturière a porté sur un mémoire les coupons de ruban ci-après : 0 mèt. 45; 0 mèt. 76; 0 mèt. 48; 0 mèt. 80; 0 mèt. 74; 0 mèt. 42: dites le total des longueurs de ces coupons.

Sur les Mesures itinéraires.

P. 28. On demande la somme des nombres suivants : 1° 475 kilomètres; 2° 6499 kilomètres; 5° 4982 kilomètres; 4° 6794 kilomètres; et 5° 76334 kilomètres.

P. 29. Quelle est la distance entre deux villes, si elle se compose comme il suit : 1° 4 myriamètres 25 hect.; 2° 6 myriamètres 30 hectomètres; et 3° 7 myriamètres 42 hectomèt.?

SOUSTRACTIONS.

1er EXEMPLE.

Nombres entiers.

De 40680 mèt., ôtez 14682 mètres.

Opération.

De 40680 mèt.
ôtez 14682 mèt.

reste 25998 mèt.

Preuve 40080 mèt.

L'opération préparée et effectuée, comme si les nombres étaient abstraits, donne pour reste 25998 mètres.

2e EXEMPLE.

On propose de trouver la différence entre le nombre 68006 mèt. 45 et 57117 mèt. 75.

Opération.

68006,45
57117,75

Réponse 10888,70

Preuve 68006,45

Je dis : 5 centim. ôtés de 5 reste 0; 7 décimèt. ne pouvant être ôtés de 4, j'emprunte sur le 6 1 mèt. qui vaut 10 décim., etc.

La réponse du deuxième exemple doit être lue 10888 mètres 70 centimètres.

3e EXEMPLE.

Parties décimales.

Trouver la différence entre 0 mètre 465 millim., et 0 mètre 376.

Opération.

0,465
0,376

Réponse 0,089
qu'il faut lire 89 millimètres.

4e EXEMPLE.

Parties décimales.

Quel est l'excédant de 0 mèt. 875 sur 0 mèt. 774?

Opération.

0,875
0,774

Réponse 0,101
qu'il faut lire 101 millimètres.

PROBLÈMES.

P. 30. Deux pièces de toile de Flandre sont à vendre, l'une contient 897 mèt. et l'autre 767 : combien la première en contient-elle de plus que la seconde?

P. 31. Un enclos a 95476 mètres 40 de tour, et un autre 4385 mèt. 36 : dire combien le 1er en a de plus que le second?

P. 32. Dans un magasin, il y avait 74780 mèt. 47 de drap: combien en a-t-on vendu, s'il n'en reste plus que 375 mètres 38?

P. 33. Un menuisier a fait faire, par deux de ses ouvriers, les plinthes et les cymaises d'un bâtiment; le premier en a fait 670 mètres 53, le second 599 mèt. 75; combien l'un a-t-il fait de mètres de plus que l'autre?

P. 34. Un jardinier a planté autour des carrés de son jardin 1799 mèt. 37 de bordures; dans ce nombre il y en a de productives 735 mèt. 60, le reste n'est que d'agrément: dites combien il y a de mètres de ces dernières.

P. 35. Une tringle de croisée, qui doit avoir 0 mèt. 970 millim., n'a que 0 mèt. 886 millim. : de combien doit-elle être rallongée?

Sur les Mesures itinéraires.

P. 36. De Paris à Narbonne on compte 757 kilomètres; lorsqu'on est arrivé à Moulins, on en a déjà parcouru 265 : combien en reste-t-il encore à parcourir?

P. 37. Un militaire ayant entrepris un voyage de 1490 kilomètres 8 hectom., se reposa après avoir fait 1295 kilomètres 6 hectomètres : combien lui en reste-t-il encore à faire?

MULTIPLICATIONS.

1er EXEMPLE.

Nombres entiers.

Quel est le produit de 74604 mètres par 689?

Opération.	*Preuve.*
74604	37302
× 689	× 1378
671436	298416
596832	261114
447624	111906
	37302
Rép. 51402156 mèt.	51402156 mèt.

2e EXEMPLE.

Nombres décimaux.

Calculer le produit de 746 mètres 43 par 67.

Opération.

```
  746,43
×  67
--------
  522501
 447858
--------
```

Réponse 50010,81 qu'on doit lire 50010 mèt. 81 centimètres.

3e EXEMPLE.

Parties décimales.

Trouver le produit de 0 mètre 45 par 32.

Opération.

```
 0,45
 32
------
   90
 135
------
```

Rép. 14,40 qu'on doit lire 14 mèt. 40 centimètres.

PROBLÈMES.

P. 38. Un fabricant a vendu, dans le courant d'une année, 4768 pièces de drap qui contiennent, l'une dans l'autre, 94 mètres: dites ce qu'il a vendu de mètres.

P. 39. Il a été fourni, pour un hospice, 6487 pièces de toile longues, chacune, de 68 mètres: dites ce qu'il en a été fourni de mètres.

P. 40. Pour suspendre un pont, il a été employé 4852 paquets de fil de fer: combien en a-t-il été employé de mètres, si chaque paquet contenait 109 mètres 75 centimètres?

P. 41. Dans une manufacture, composée de 543 ouvriers, on a travaillé pendant 360 jours: combien a-t-on fabriqué de mètres de velours, si chaque ouvrier en a fait 2 mètres 25 centim. par jour?

P. 42. Dites quelle est la hauteur d'un escalier qui a 345 marches, si chacune a 0 mèt. 195 millimètres.

Sur les Mesures itinéraires.

P. 43. On demande combien il y a d'arbres dans l'un des côtés d'une route de 45 kilomètres, si chaque kilomètre en contient 250.

P. 44. Un militaire qui a voyagé pendant 27 jours, a parcouru 24 kilomètres 5 par jour: quelle distance a-t-il parcourue?

DIVISIONS.

1er EXEMPLE.

Nombres entiers.

On propose de diviser 47340 mèt. par 15 unités.

Opération.

```
47340 | 15
      |-----
23    | 3156
 84   |
  90  |
   0  |
```

Preuve.

```
  3156
    15
 -----
 15780
 3156
 -----
 47340
```

Réponse 3156 mèt.

2e EXEMPLE.

Nombres décimaux (1).

Calculer le quotient de 36759 mèt. 50 centim. par 25 unités.

Opération.

```
36759,50 | 25
         |---------
117      | 1470,38
 175     |
   095   |
    200  |
      0  |
```

Le résultat de l'opération donne donc pour réponse 1470 mètres 38 centim.

3e EXEMPLE.

Parties décimales.

Diviser 0 mèt. 750 millim. par 50 unités.

Opération.

```
0,750 | 50
      |-------
  250 | 0,015
   00 |
```

Le quotient doit être lu 15 millimètres.

4e EXEMPLE.

0 mèt. 275 est le produit d'une multiplication dont l'un des facteurs est 0,025 : quel est l'autre facteur ?

Opération.

```
0,275 | 0,025
      |-------
   25 | 11
    0 |
```

La réponse doit être lue 11 mètres.

PROBLÈMES.

P. 45. Si 7869 pièces de toile contiennent en totalité 369843 mèt., combien chaque pièce en contient-elle ?

P. 46. La fourniture de drap à faire pour un établissement est de 71795 mètres en 865 pièces: quelle devra être la longueur de chaque piece?

P. 47. La distance entre deux objets est de 975 mèt. 375 : combien de fois une longueur de 25 mèt. 50 est-elle contenue dans cette distance?

P. 48. La hauteur d'un édifice, où l'on parvient par 325 marches, est de 59 mèt. 150 : quelle est la hauteur de chaque marche?

(1) Voir dans le *Nouveau Traité d'Arithmétique*, page 59, ce qui est dit sur la division des nombres décimaux.

P. 49. La hauteur de la pyramide Chéops, en Égypte, est de 146 mèt., et celle de la colonne de la place Vendôme, à Paris, de 40 mèt. 50: dites, à moins d'un centième près, combien de fois cette dernière hauteur est contenue dans la première.

Sur les Mesures itinéraires.

P. 50. A quelle distance sont plantés les arbres qui bordent une route de 5 kilomètres 166, s'il y en a 1476 de chaque côté?

P. 51. On compte 585 kilom. de Paris à Brest, et 80 kilom. de Paris à Dreux: dire, à moins d'un centième près, combien de fois cette dernière distance est contenue dans la première.

MESURES DE SURFACE ou DE SUPERFICIE.

* 24. On appelle mesures de *superficie*, celles dont on se sert pour évaluer l'étendue, considérée sous les deux dimensions, *longueur* et *largeur*.

* 25. On les divise en trois classes, savoir :

1° Les mesures de *superficie* proprement dites,

2° Les mesures *topographiques*,

3° Les mesures *agraires*.

MESURES DE SUPERFICIE PROPREMENT DITES.

Mètre carré.

* 26. L'unité des mesures de superficie est le *mètre carré*, c'est-à-dire *un carré dont les côtés ont un mètre de longueur*.

Si la figure 2, pl. 1re, est un carré, et si AB et AC ont chacun un mètre, elle représente un *mètre carré*.

* 27. Les multiples du *mètre carré* sont :

Le *décamètre carré*, l'*hectomètre carré*, le *kilomètre carré*, et le *myriamètre carré* ; nous ne parlerons ici que du premier, et nous traiterons des autres à l'article des mesures topographiques (n° 37).

* 28. Le DÉCAMÈTRE CARRÉ est un carré de dix mètres de côté, renfermant 100 mètres de superficie.

Si les côtés AB et AC, fig. 2, pl. 1re, avaient chacun 10 mètres, le carré serait un décamètre carré, et chaque carré partiel un *mètre carré*.

Le carré total ABCD égale cent fois un des carrés partiels, tel que AK, puisqu'il contient dix rangs et que chaque rang se compose de 10 carrés partiels.

* 29. Les sous-multiples du *mètre carré* sont :

1° Le *décimètre carré*, 2° le *centimètre carré*, et 3° le *millimètre carré*.

* 30. Le DÉCIMÈTRE CARRÉ est un carré d'un décimètre de côté. Il y en a 100 dans le mètre carré.

Si les côtés AB et AC, fig. 2, pl. 1re, avaient chacun un mètre, le carré total serait un mètre carré; et les carrés partiels, des décimètres carrés, puisqu'ils auraient un décimètre de côté.

* 31. Le CENTIMÈTRE CARRÉ est un carré d'un centimètre de côté. Il y en a 100 dans le décimètre carré, et par conséquent 10.000 dans le mètre carré, car $100 \times 100 = 10{,}000$.

Si les côtés AB et AC, fig. 2, pl. 1re, n'avaient qu'un décimètre, le carré total serait un décimètre carré, et chaque carré partiel un centimètre carré.

* 32. Le MILLIMÈTRE CARRÉ est un carré d'un *millimètre* de côté. Il y en a 100 dans le centimètre carré, et par conséquent 10.000 dans le décim. car. ; car $100 \times 100 = 10.000$, et un 1.000.000 dans le mètre carré, car $100 \times 100 \times 100 = 1.000.000$.

Si enfin les côtés AB et AC n'avaient qu'un centimètre, le carré total serait un centimètre carré, et les carrés partiels seraient des millimètres carrés.

Ainsi le *mètre carré* égale		100	décim. car.,
	ou	10.000	centim. car.,
	ou	1.000.000	de millim. car.;
Le *décimètre carré* égale		100	centim. car.,
	ou	10.000	millim. car.,
et le *centimètre carré*	égale	100	millim. car.

Ces mesures s'indiquent en abrégé comme il suit :

Mètre carré.........	m. ou mèt. car.
Décimètre carré...	décim. car.
Centimètre carré..	centim. car.
Millimètre carré...	millim. car.

Il ne faut pas confondre :

1° Le *décimètre carré* avec le *dixième* du mètre carré : le premier est contenu *cent* fois dans le *mètre carré*, et le second n'y est contenu que *dix* fois; de sorte que le *dixième* du mètre carré égale *dix décimètres carrés ;*

2° Le *centimètre carré* avec le *centième* du mètre carré : le premier est contenu *dix mille* fois dans le *mètre carré*, et le deuxième n'y est contenu que *cent* fois ; de sorte que le *centième* du mètre carré égale cent *centimètres carrés*. — Remarquons donc que le *centième* du mètre carré est la même chose que le *décimètre carré* ;

3° Le *millimètre carré* avec le *millième* du mètre carré : le premier est contenu *un million* de fois dans le *mètre carré*, et le deuxième n'y est contenu que *mille* fois ; de sorte que le *millième* du mètre carré égale *mille millimètres carrés* ;

4° Les expressions 10 m. car., 100 m. car., etc., avec celles de 10 m. en car., 100 mèt. en car., etc. Les premières expriment des surfaces qui égalent 10 fois, 100 fois, etc., le mèt. car. ; les secondes, des car. qui ont 10 mèt. de côté ou 100 mèt. car. ; 100 mèt. de côté ou 10,000 mèt. car., etc.

* 33. Puisque le mètre carré égale 100 décimèt. carrés, le décimètre carré, 100 centimètres carrés, et le centimètre carré, 100 millimètres carrés, on peut avoir à exprimer jusqu'à 99 décim. carrés, 99 centimèt carrés, 99 millimèt. carrés, etc., et par conséquent, dans le calcul, il faut toujours, après les mètres carrés, mettre *deux* chiffres pour représenter les *décimèt. carrés*, *deux* chiffres pour représenter les *centimèt. carrés*, *deux* chiffres pour représenter les *millimèt carrés.*

* 34. Le premier chiffre décimal, à la suite des mètres carrés, représente donc les *dizaines* de décimètres carrés, et le deuxième, les *unités*. Le troisième représente les *dizaines* de centimètres carrés, et le quatrième, les *unités ;* ainsi des autres.

Si, par exemple, on avait 5 mètres carrés 4715, on exprimerait 5 mèt. carrés, 47 décim. 15 centim.

Ou bien en une seule expression 5 mèt car. 4715 cent.

* 35. Si le nombre des décimales qui suivent les mètres carrés n'était pas pair, on écrirait un zéro à sa droite, de manière qu'il pût toujours être divisé en tranches de deux chiffres. Si donc on avait le nombre 15 mèt. car. 4, il faudrait dire 15 mèt. car. 40 décim., puisque le 4 étant placé immédiatement à la droite des unités, occupe le rang des dizaines de décimètres car.

Pour une raison analogue, le nombre 25 mèt. carrés 453, s'exprimera 25 mèt. carrés, 4530 centim., puisque le 3 occupe le rang des dizaines de centimèt. carrés.

Si le nombre à représenter ne contenait que des décimales, on écrirait zéro aux unités, et on donnerait aux chiffres décimaux le rang qu'ils doivent avoir.

Soit à représenter, 1° 12 décim. carrés, on écrira 0 mèt. carré 12 ; 2° 5 décim. carrés, on écrira 0 mèt. car. 05 ; et 3° 5 centim. car., on écrira 0 mèt. car. 0005.

Les élèves ne peuvent apporter une trop grande attention à ces remarques ; les commençants surtout confondent facilement les *décimètres* carrés avec les *dixièmes* de mètres carrés, les *centimètres carrés* avec les centièmes de mètres carrés, etc.

* 36. Le *mètre carré*, qui est d'un fréquent usage, sert à évaluer toutes les surfaces relatives aux travaux de menuiserie, maçonnerie, peinture, etc.

L'expression *décamètre carré* est peu usitée : on dit ordinairement 100 mètres carrés.

Le *décimètre carré*, le *centimètre carré* et le *millimètre carré* servent à évaluer les parties du mètre carré. On les prend aussi pour unités lorsqu'il s'agit d'évaluer les surfaces de petites dimensions, comme une feuille de verre, de papier, de carton, etc. : alors les chiffres décimaux qui accompagnent ces mesures, prises pour unités, en expriment les dixièmes, les centièmes, les millièmes, etc.

Pour évaluer les dimensions des surfaces, on emploie les mesures linéaires effectives dont nous avons parlé au n° 23.

Questions sur les Mesures de superficie proprement dites.

Qu'appelle-t-on mesures de superficie? 24.—*Comment divise-t-on les mesures de superficie?* 25.—*Quelle est l'unité des mesures de superficie?* 26.—*Qu'est-ce que le mètre carré?* 26. — *Quels sont les multiples du mètre carré?* 27.—*Qu'est-ce que le décamètre carré?* 28.—*Quels sont les sous-multiples du mètre carré?* 29. — *Qu'est-ce que le décimètre carré?* 30.—*Qu'est-ce que le centimètre carré?* 31.— *Qu'est-ce que le millimètre carré?* 32. — *Quelle différence y a-t-il entre le décimètre carré et le dixième du mètre carré?* 32. 1°. — *Quelle différence y a-t-il entre le centimètre carré et le centième du mètre carré?* 32. 2°.—*Quelle différence y a-t-il entre le millimètre carré et le millième du mètre carré?* 32. 3° —*Combien faut-il de chiffres pour représenter les décimètres carrés, les centimètres et les millimètres employés comme fractions décimales?* 33.— *Que représente le* 1er, *le* 2e, *le* 3e, *etc., chiffre décimal à la suite des*

mètres carrés? 34. — Que faudrait-il faire si le nombre des décimales qui suivent les mètres carrés n'était pas pair? 35. — Quels sont les usages du mètre carré, de ses multiples et de ses sous-multiples? 36.

EXERCICES SUR LES MESURES DE SUPERFICIE PROPREMENT DITES.

NUMÉRATION.

Nombres à écrire en chiffres (n° 34).

P. 52. 1° Huit mètres carrés vingt-deux décimètres; 2° seize mèt. car. quatre décim.; 3° douze mèt. car.; 4° trente-deux décim. car.; 5° cinq mèt. car. sept décim.; 6° huit mèt. car. quatre cent-deux centim.; 7° trois mèt. car. deux mille trois cent-six centim.; 8° trois cent-dix-sept centim. car.; 9° cent-quinze millim.

P. 53. 1° Cinq mèt. car. trente-deux décim.; 2° huit mèt. car. trois décim.; 3° sept mèt. car. deux cent-dix-huit centim; 4° vingt mèt. car. seize centim.; 5° neuf mèt. car. huit cents centim.; 6° deux mille trois cent-neuf centim. car.; 7° quatre décim. car.; 8° dix-sept millim. car.

P. 54. 1° Trois mèt. car. cent-vingt-trois mille deux cent-seize millim.; 2° quatre mèt. car. deux mille-quatre millim.; 3° vingt-sept millim. car.; 4° trois décim. car.; 5° dix-huit centim. car.; 6° treize millim. car.; 7° trois cent-dix centim. car.; et 8° dix-neuf mille quatre millim. car.

Nombres à lire en indiquant la valeur des décimales.

P. 55. 1° 4 mèt. car. 42; 2° 8 mèt. car. 04; 3° 17 mèt. car. 4; 4° 18 mèt. car. 6785; 5° 9 mèt. car. 0614; 6° 3 mèt. car. 007; 7° 11 mèt. car. 0006; et 8° 12 mèt. car. 0002.

P. 56. 1° 42 mèt. car. 678968; 2° 4 mèt. car. 00074; 3° 9 mèt. car. 00006; 4° 22 mèt. car. 134; 5° 3 mèt. car. 813; 6° 0 mèt. car. 123; 7° 0 mèt. car. 00006; 8° 0 mèt. car. 000007.

Sur l'application des Propriétés de la Numération.

P. 57. Combien y a-t-il de mètres carrés dans chacun des nombres suivants :

1° 100 décim. car.; 2° 786 décim. car.; 3° 10000 centim. car.; 4° 281002 centim. car.; 5° 1000000 de millimètres car.; 6° 4321128 millim. car.?

Puisqu'il y a 100 décim. car. dans 1 mètre car., on obtiendra les réponses du 1er et du 2e numéro en séparant par une virgule les deux premiers chiffres de la droite des nombres 100 et 786, ce qui donnera 1° 1 mèt. car., 2° 7 mèt. car. 86.

Un raisonnement analogue s'applique aux autres numéros de ce problème et à ceux du suivant.

P. 58. Combien y a-t-il de décam. carrés dans chacun des nombres suivants :

1° 100 mèt. car.; 2° 19990 mèt. carrés; 3° 10000 décimèt. carrés; 4° 956891 décim. carrés; 5° 1000000 centim. carrés.; 6° 4267489 centim. car.; 7° 100000000 millim. car.; 8° 874000415 millim. car.?

P. 59. Combien y a-t-il de décimètres carrés dans chacun des nombres suivants :

1° 1 mèt. car.; 2° 26 mèt. car.; 3° 100 centim. car.; 4° 8274 cent. car.; 5° 10000 millim. car.; 6° 126419 mil. car.?

Puisqu'un mètre carré contient 100 décimètres car., on obtiendra les réponses du 1er et du 2e numéro en écrivant deux zéros à la suite des nombres 1 et 26, ce qui donnera 1° 100 décim. car., et 2° 2600 décim. car.

Un raisonnement analogue s'applique aux autres numéros de ce problème et à ceux des problèmes ci-après.

P. 60. Combien y a-t-il de centimètres carrés dans chacun des nombres suivants :

1° 1 mèt. car.; 2° 47 mèt. car.; 3° 1 décimèt. car.; 4° 8474 décim. car.; 5° 100 millim. car.; 6° 145789 mil. car.?

P. 61. Combien y a-t-il de millimètres carrés dans chacun des nombres suivants :

1° 1 mètre car.; 2° 29 mèt. car.; 3° 1 décim. car.; 4° 27 décim. car.; 5° 1 centim. car.; 6° 72 centim. car.?

ADDITIONS.

1er EXEMPLE.

Nombres entiers.

Dites le total des nombres suivants : 1° 450 mèt. carrés; 2° 97 mèt. carrés; 3° 826 mèt. carrés; 4° 185 mèt. carrés.

Opération.

```
        450
         97
        826
        185
       ----
Réponse 1558
```

2e EXEMPLE.

Nombres décimaux.

On demande le total des nombres ci-après : 1° 74 mèt. carrés 4686 cent.; 2° 86 mèt. car. 1860 cent.; 3° 47 mèt. carrés 9097.

Opération.

```
        74,4686
        86,1860
        47,9097
       --------
Réponse 208,5643
```

qu'il faut lire 208 mèt. carrés 56 décim. 43 cent. ou 208 mèt. carrés 5643 cent.

Les deux décimales qui suivent immédiatement les unités, exprimant des décimètres carrés, et les deux autres des centimètres, en effectuant l'opération on pourrait le rappeler en cette manière: 6 et 7 font 13 centimètres carrés; j'écris 3, et je retiens 1 dizaine de centim. Puis, 1 de retenue et 8 font 9 et 6 font 15 et 9 font 24 dizaines de cent. carrés, ce qui égale 2 décimètres carrés que je retiens, plus 4 dizaines de centimèt. que j'écris. Ensuite je dis : 2 de retenue et 6 font 8 et 8 font 16 décimètres carrés; j'écris 6 décimètres et je retiens une dizaine. Je continue en disant : 1 de retenue et 4 font 5 et 1 font 6 et 9 font 15 dizaines de décimètres carrés, ce qui égale 1 mètre carré que je retiens, plus 5 dizaines de décimètres que j'écris. Le reste comme à l'ordinaire.

3e EXEMPLE.

Parties décimales.

Quel est le total des nombres suivants : 1° 0 mèt. carré 7416; 2° 0 mèt. car. 4216; et 3° 0 mèt. carré 7468.

Opération.

0,7416
0,4216
0,7468

Réponse 1,9100 qu'il faut lire 1 mètre carré 9100 cent.

4e EXEMPLE.

Autre sur les parties décimales.

Combien y a-t-il de mètres et de parties de mètres carrés dans les nombres suivants : 1° 0 mètre carré 467801; 2° 0 mètre carré 646813; 3° 0 mètre carré 967012.

Opération.

0,467801
0,646813
0,967012

Réponse 2,081626 qu'il faut lire 2 mètres carrés 81626 millim.

PROBLÈMES.

P. 62. Additionnez les superficies suivantes: 46428 mèt. car.; 6839 mèt. car.; 4338 mèt. car.; 9381 mèt. car.; 8986 mèt. car.; et 19840 mèt. car : et donnez-en le total.

P. 63. Quel est le total des nombres suivants : 1° 478 mèt. car. 45; 2° 892 mèt. car. 6742; 3° 9014 mèt. car. 6780; et 4° 4096 mèt. car. 6333?

P. 64. On désire connaître la somme des superficies désignées ci-après : 4 mèt. car 4786; 81 mèt. car. 6079; 3875 mèt. car. 426014; et 98 mèt. car. 268409.

P. 65. Combien y a-t-il de décimèt. car. et de parties de décimètres carrés dans les 3 superficies suivantes : 4 décimèt. car. 426 millim.; 15 décimèt. car. 728; et 42 décim. car. 3585

SOUSTRACTIONS.

1er EXEMPLE.

Nombres entiers.

De 1373 mèt. car. retranchez 826 mèt. car., et dites le reste.

Opération.

1373
826

Réponse 547 mèt. car.

2e EXEMPLE.

Nombres décimaux.

De 4682 mèt. car. 4615 ôtez 1689 mèt. car. 3781, et dites le reste.

Opération.

4682, 4615
1689, 3781

Reste 2993, 0834
qu'il faut lire 2993 mèt. car. 0834 cent. car.

Pour rendre compte de la valeur des emprunts, il faut se rappeler que les deux premières décimales expriment des décimètres carrés, les deux suivantes, des centimèt., etc. (n° 24).

3e EXEMPLE.

Parties décimales.

De 0 mèt. car. 789560 retranchez 0 mèt. car. 187563, et dites le reste.

Opération.

0,789560
0,187563

Réponse 0,601997
qu'il faut lire 601997 mil. car.

4e EXEMPLE.

Parties décimales.

Quel est l'excédant de 0 mèt. car. 705897 sur 0 mèt. car. 568739?

Opération.

0,705897
0,568739

Réponse 0,137158
qu'il faut lire 137158 mil. car.

PROBLÈMES.

P. 66. Si de 568900 mèt. car. 46 on retranche 498612 mèt. car. 47, combien en restera-t-il?

P. 67. Une cour a 746 mèt. car. 50, et un parterre 678 mèt. car. 85; dites la différence entre ces deux superficies.

P. 68. Trouvez la différence entre les deux superficies suivantes: 1639 mèt. car. 2609, et 1549 mèt. car. 4618.

P. 69. Une glace a 0 mèt. car. 68 de superficie, et un tableau 0 mèt. car. 59: de combien le tableau est-il plus petit que la glace?

MULTIPLICATIONS.

1er EXEMPLE.

Nombres entiers.

Quel est le produit de 489 mèt. car. par 125 unités?

Opération.

```
   489
 × 125
 -----
  2445
  978
 489
 -----
Rép. 61125 mèt. car.
```

2e EXEMPLE.

Nombres décimaux.

On demande le produit de 27 mèt. car. 1658 par 47 unités.

Opération.

```
   27,1658
 × 47
 ---------
   1901606
  1086632
 ---------
Rép. 1276,7926
```

qu'on doit lire 1276 mèt. car. 7926 cent.

3e EXEMPLE.

Parties décimales.

Multipliez 0 mèt. car. 6840 par 46 unités, et dites le produit.

Opération.

```
   0,6840
 × 46
 --------
   41040
  27360
 --------
  31,4640
```

qu'on doit lire 31 mèt. car. 4640 cent.

4e EXEMPLE.

Parties décimales.

Dites le produit de 0 mèt. car. 7874 cent. par 0 mèt. 75 décim.

Opération.

```
    0,7874
 ×  0,75
 ---------
    39370
   55118
 ---------
Rép. 0,590550
```

qu'il faut lire 590550 mil. car.

PROBLÈMES.

P. 70. Combien y a-t-il de mètres carrés dans 464 superficies de chacune 3498 mèt. car. 46?

P. 71. On a carrelé 25 appartements de chacun 36 mèt. car. 4230 : combien a-t-on fait de mètres car. ?

P. 72. Calculez le produit de 0 mèt. car. 7406 par 916 unités.

DIVISIONS.

1er EXEMPLE.

Nombres entiers.

Dites le quotient de 12225 mèt. car. par 25 unités.

Opération.

```
12225 | 25
      |-----
222   | 489 mèt. car.
 225
  00
```

2e EXEMPLE.

Nombres décimaux.

On demande le quotient de 57 mèt. car. 2184 par 12 unités.

Opération.

```
57,2184 | 12
        |--------
92      | 4,7682
 81
  98
   24
    0
```

Le quotient, qui est la réponse, doit être lu 4 mèt. car. 7682 cent.

3e EXEMPLE.

Parties décimales.

Divisez 0 mèt. car. 8484 par 7 unités, et dites le quotient.

Opération.

```
0,8484 | 7
       |--------
14     | 0,1212
 08
  14
   0
```

La réponse doit être lue 1212 cent. car.

4e EXEMPLE.

Parties décimales.

Le produit 0 mètre carré 061152 mil. a pour l'un de ses facteurs 0,78 centièmes, quel est l'autre facteur?

Opération.

```
0,061152 | 0,78
         |--------
655      | 0,0784
 312
  00
```

Le quotient doit être lu 784 cent. car.

PROBLÈMES.

P. 73. Il y a 32970 mèt. car. dans 52 superficies partielles : combien y en a-t-il dans une seule?

P. 74. Dans un bâtiment, il y a 15 cloisons égales dont la superficie totale est de 1235 mèt. car. 2635 : quelle est la superficie de chacune?

P. 75. 462 rideaux, de même grandeur, contiennent ensemble 5545 mèt. car. 8480: combien chaque rideau en contient-il?

P. 76. Le produit de 2 nombres est 23 mètres car. 40; l'un de ces nombres est 5 : quel est l'autre?

MESURES TOPOGRAPHIQUES.

* 37. On appelle mesures *topographiques* celles qui servent à déterminer l'étendue d'un Etat, d'un département, d'un canton, etc.

* 38. Il y en a de trois sortes, savoir :

1° L'*hectomètre carré*, 2° le *kilomètre carré*, et 3° le *myriamètre carré*.

Ces mesures sont des multiples du mètre carré, comme on l'a dit n° 27.

* 39. L'HECTOMÈTRE CARRÉ est un carré de 100 mètres de côté, et 10.000 mètres de superficie, ou 100 décamètres carrés.

Si les côtés AB et AC, fig. 2, pl. 1re, avaient chacun 100 mèt., le carré total serait un hectomètre carré, et chaque carré partiel un décamètre carré.

* 40. Le KILOMÈTRE CARRÉ est un carré de 1.000 mèt. de côté, 1.000.000 de mètres de superficie, ou 100 hectomètres carrés.

Si les côtés AB et AC, fig. 2, pl. 1re, avaient chacun 1,000 mètres, le carré total serait un kilomètre carré, et chaque carré partiel, un hectomètre carré.

* 41. Le MYRIAMÈTRE CARRÉ est un carré de 10.000 mètres de côté, 100.000.000 de mètres de superficie, ou 100 kilomètres carrés.

Si les côtés AB et AC, figure 2, pl. 1re, avaient chacun 10,000 mètres, le carré total serait un myriamètre carré, et chaque carré partiel, un kilomètre carré.

Ainsi, le *myriam.* carré	égale	100	kilom. carrés,
	ou	10.000	hectom. carrés,
	ou	1.000.000	de décam. car.,
	ou	100,000.000	de mètres car.
Le *kilomètre* carré	égale	100	hectom. carrés,
	ou	10.000	décam. carrés,
	ou	1.000.000	de mèt. carrés.
L'*hectomètre* carré	égale	100	décam. carrés,
	ou	10.000	mètres carrés.

Ces mesures s'indiquent en abrégé comme il suit :

Hectomètre carré...... hectom. car.
Kilomètre carré........ kilom. car.
Myriamètre carré..... myriam. car.

On peut avoir à exprimer, après les myriamètres carrés, jusqu'à 99 kilomètres carrés et 99 hectomètres carrés, et par conséquent il faut toujours, dans ces cas, mettre deux chiffres pour représenter chacun de ces deux ordres d'unités, qui sont alors des parties décimales du myriamètre carré (1).

Questions sur les Mesures topographiques.

Qu'appelle-t-on mesures topographiques ? 37. — Quelles sont les mesures topographiques ? 38. — Qu'est-ce que l'hectomètre carré ? 39. — Qu'est-ce que le kilomètre carré ? 40. — Qu'est-ce que le myriamètre carré ? 41.

EXERCICES SUR LES MESURES TOPOGRAPHIQUES.

NUMÉRATION.

Nombres à écrire en chiffres.

P. 77. 1° Quatre myriam. car. douze kilom.; 2° trois myriam. car. neuf kilom. vingt-six hectom.; 3° deux kilom. car. trois hectom.; 4° neuf myriam. car. dix-sept hectom.; 5° quinze myriam. car. dix-huit hectom.; 6° mille cent-dix-neuf hectom. car.; 7° trois cent-quinze kilom. car. deux hectom.; et 8° cent-vingt-sept hectom. car.

Nombres à lire en indiquant la valeur des décimales.

P. 78. 1° 5 myriam. car. 42; 2° 16 myriam. car. 7; 3° 4 myr. car. 1465; 4° 19 myriam. car. 4; 5° 23 myriam. car. 625; 6° 7 myriam. car. 0040; 7° 2 myriam. car. 75; et 8° 3 myriam. car. 6007.

Sur l'application des Propriétés de la Numération.

P. 79. Combien y a-t-il de myriam. car. dans chacun des nombres suivants :

1° 100 kilom. car.; 2° 462 kilom. car.; 3° 10000 hectom. car.; 4° 141268 hectom. car. ?

P. 80. Combien y a-t-il de kilom. car. dans chacun des nombres suivants :

---

(1) Voir ce que nous avons dit, n° 33, sur les autres mesures carrées dont la théorie est applicable ici.

1° 100 hectom. car.; 2° 1401 hectom. car.; 3° 10000 myriam. car.; 4° 769063 myriam. car.?

P. 81. Combien y a-t-il d'hectom. car. dans chacun des nombres suivants :

1° 1000 kilom. car.; 2° 9674 kilom. car.; 3° 10 myriam. car.; 4° 9012 myriam. car.?

Sur l'Addition (1).

P. 82. Dites la superficie totale de trois cantons dont les superficies partielles suivent : celle du 1er est de 2 myriam. car. 30 kilom.; celle du 2e de 3 myriam. car. 24 kilom.; et celle du 3e est de 1 myriam. car. 38 hectom.

P. 83. On demande la superficie de quatre communes dont la 1re a 14 kilom. car. 92 hectom. car.; la 2e 15 kilom. car.; 97 hectom.; la 3e 17 kilom. car. 9 hectom.; et la 4e 16 kilom. car. 67 hectom.

Sur la Soustraction.

P. 84. La superficie d'un canton est de 189 kilom car.; celle d'un autre canton est de 179 kilom. car. 25 : dites la différence de l'un à l'autre.

P. 85. De 14 myriam. car. 15 kilom., ôtez 9 myriam. car. 27 kilom. car., et dites le reste.

Sur la Multiplication.

P. 86. Supposé que la superficie partielle de 7 cantons soit de 2 myriam. car. 36 kilom., quelle sera leur superficie totale ?

P. 87. Si 8 communes ont chacune 16 kilom. car. 76 hectom., quelle est leur superficie totale ?

Sur la Division.

P. 88. Quand la superficie de 13 communes donne 211 kilom. 25 hectom., quelle est la superficie d'une seule ?

P. 89. Dites la superficie d'un canton, si 15 cantons égaux ont ensemble 29 myriam. car. 125.

MESURES AGRAIRES.

Are.

*42. On appelle mesures *agraires* celles qui servent à évaluer la superficie des propriétés foncières, comme celle des champs, des prés, des vignes, des bois, des forêts, etc.

---

(1) Nous ne croyons pas devoir donner ici des modèles d'opérations sur les mesures topographiques, parce qu'elles s'effectuent comme les opérations sur les mesures de superficie proprement dites.

*43. L'unité des mesures agraires est l'ARE : *c'est un carré dont les côtés ont dix mètres de longueur, et qui égale, par conséquent, cent mètres carrés.*

Si, par exemple, les côtés AB et AC du carré fig. 2, pl. 1re avaient chacun dix mètres de longueur, cette surface serait un are.

*44. L'*are* n'a qu'un multiple, qui est l'*hectare* (1), mesure de cent ares. C'est un carré de 100 mètres de côté, et qui égale 10.000 mètres carrés.

Si les côtés AB et AC, fig. 2, pl. 1re, avaient chacun cent mètres, le carré total serait un hectare, et chaque carré partiel serait un are.

*45. Les hectares se comptent par dizaines, centaines, mille, etc. : ainsi on dit dix hectares, cent hectares, mille hectares.

*46. L'*are* n'a également qu'un sous-multiple, qui est le CENTIARE, mesure égale à la centième partie de l'are : c'est un carré d'un mètre de côté, et, par conséquent, un mètre carré.

Si les côtés AB et AC, fig. 2, pl. 1re, avaient chacun dix mètres de longueur, le carré total serait un are, comme il a été dit, et chaque carré partiel serait un centiare.

Un hectare égale donc. . 100 ares,
ou 10.000 centiares,
Et un are égale. . . . . . 100 centiares.

*47. Ainsi les mesures agraires sont des *carrés* dont les côtés ont 1 mètre, 10 mètres, ou 100 mètres de longueur, puisque le *centiare* est le *mètre carré;* l'*are,* un carré de 10 mètres de côté, et l'*hectare* un carré de 100 mètres de côté.

C'est parce que ces espèces de mesures sont assujetties à la condition du carré que l'on ne dit pas *milliare, déciare, décare*, et *kiloare*, mesures dont les côtés ne peuvent être exprimés exactement en chiffres décimaux. Quant au *myriare*, mesure dont les côtés auraient 100 mètres de longueur, il serait fort peu utile; c'est pourquoi la loi n'admet que les trois mesures agraires dont nous venons de parler, hectare, are et centiare.

---

(1) La combinaison donne *hectoare;* mais, pour éviter l'*hiatus*, on supprime la lettre *o* dans *hecto*.

Ces mesures s'indiquent en abrégé comme il suit :

Are . . . . a.
Hectare. . . . . hecta.
Centiare. . . . . centia.

* 48. Puisqu'il faut 100 centiares pour égaler un *are*, et 100 ares pour égaler un *hectare*, il s'ensuit que dans le calcul on peut avoir à exprimer jusqu'à 99 ares et 99 centiares. Il faut donc deux chiffres pour représenter chacune de ces deux espèces d'unités ; le premier chiffre décimal qui suit les hectares exprime des dizaines d'ares, et le deuxième, des unités; le troisième exprime des dizaines de centiares, et le quatrième, des unités.

Si, par exemple, on avait le nombre 5 hectares 7585, on l'exprimerait 5 hectares 75 ares 85 centiares.

Si quelque ordre d'unité n'était pas exprimé, on le remplacerait par un zéro.

Soit proposé d'écrire en chiffres les nombres suivants :

1° Huit hectares cinq ares quatre centiares; 2° sept hectares six centiares ;

On écrira :

1° 8 hect. 05 ares 04 centia.; 2° 7 hecta. 00 ares 06 centia.,

Et non,

1° 8 hect. 5 ares 4 centia.; 2° 7 hect. 6 centia.

Cependant, si ces nombres ne doivent pas être l'objet d'une opération arithmétique, on les écrit comme dans le dernier cas.

* 49. Pour évaluer les côtés des mesures agraires, on emploie ordinairement les décamètres et les doubles décamètres (N° 23. 1°).

Questions sur les Mesures agraires.

Qu'appelle-t-on mesures agraires? 42.—Quelle est l'unité des mesures agraires? 43. — Qu'est-ce que l'are? 43. — Quels sont les multiples de l'are? 44. — Comment compte-t-on les hectares? 45. — Quels sont les sous-multiples de l'are? 46. — Quelle est la longueur des côtés des mesures agraires? 47. — Que faut-il observer en écrivant les nombres qui expriment des mesures agraires? 48. — Quelles mesures emploie-t-on pour évaluer les côtés des mesures agraires? 49.

EXERCICES SUR LES MESURES AGRAIRES.

NUMÉRATION.

Nombres à écrire en chiffres (n° 48).

P. 90. Ecrivez, 1° cent-douze hectares vingt-cinq ares vingt-trois centiares; 2° dix-neuf mille vingt-neuf ares huit centiares; 3° mille hectares douze ares vingt centiares; 4° trente-sept mille quatre-vingt-dix-neuf ares cinq centiares.

P. 91. 1° vingt-cinq hectares six ares; 2° douze hectares quinze ares vingt-cinq centiares; 3° cent-six hect. quatre ares cinq cent.; 4° douze mille hect. six centia.; 5° cent-vingt-huit ares neuf centia.; 6° quatorze mille hectares cent-dix-sept centia.; 7° quinze cents ares vingt centia.; et 8° cinquante mille hect. vingt-six centiares.

Nombre à lire en désignant la valeur des parties décimales.

P. 92. 1° 25 hectares 75; 2° 604 hecta. 2568; 3° 75 hecta.; 4° 74 hecta. 268; 5° 19 hecta. 0101; 6° 48 hecta. 75; 7° 135 ares 4; et 8° 18 hecta. 567.

Application des propriétés de la Numération.

P. 93. Combien y a-t-il d'ares dans chacun des nombres suivants:

1° 1 hectare; 2° 8271 hectares; 3° 100 centiares; 4° 7427 centiares?

Comme un hectare égale 100 ares, on obtiendra les deux premières réponses en écrivant deux zéros à la suite des nombres 1 et 8271. Et, comme le centiare est la centième partie de l'are, on obtiendra les deux dernières réponses en séparant, par une virgule, deux chiffres à la droite des nombres 100 et 7427 : les résultats seront, 1° 100 ares; 2° 827100 ares; 3° 1 are; et 4° 74 ares 27 ; ainsi des autres. Un raisonnement analogue peut s'appliquer à la solution des problèmes suivants.

P. 94. Combien y a-t-il d'hectares dans chacun des nombres suivants:

1° 100 ares; 2° 1829 ares; 3° 10000 centiares; 4° 1367894 centiares?

P. 95. Combien y a-t-il de centiares dans chacun des nombres suivants :

1° 1 hectare; 2° 25 hectares; 3° 1 are; 4° 128 ares?

ADDITIONS.

1er EXEMPLE.

Nombres entiers.

On désire savoir le total des trois nombres suivants : 4068 hectares, 670 hectares et 706 hectares.

Opération.

```
 4068
  670
  706
 ----
```

Réponse 6444 hectares.

2e EXEMPLE.

Nombres décimaux.

Combien y a-t-il d'hectares, d'ares et de centiares dans trois pièces de terre dont les superficies partielles sont 1° 25 hect. 12 ares 25 cent.; 2° 148 hect. 16 ares 32 cent.; et 3° 78 hect. 99 ares 76 cent.?

Opération.

```
      25,1225
     148,1632
      78,9976
     --------
Rép. 252,2833
```

qu'il faut lire 252 hect. 28 ares 33 centiares.

Pour se rendre compte de la valeur des retenues, il faut se rappeler que les deux premiers chiffres décimaux représentent des ares, et les deux suivants, des centiares.

3e EXEMPLE.

Parties décimales.

Dites le total des nombres ci-après : 1° 0 are 45; 2° 0 are 09; 3° 0 are 67; et 4° 0 are 95.

Opération.

```
         0,45
         0,09
         0,67
         0,95
         ----
Réponse  2,16
```

qu'il faut lire 2 ares 16 cent.

4e EXEMPLE.

Parties décimales.

On demande le total des nombres suivants : 0 are 40, 0 are 35, 0 are 23 et 0 are 47.

Opération.

```
         0,40
         0,35
         0,23
         0,47
         ----
Réponse  1,45
```

qu'il faut lire 1 are 45 cent.

PROBLÈMES.

P. 96. Combien y a-t-il d'ares dans 4 petites pièces de terre dont la superficie partielle est, 1° 95 ares 25 centiares; 2° 79 ares 88 centia.; 3° 67 ares 90 centia.; et 4° 26 ares 35 centia.?

P. 97. Additionnez les nombres suivants : 275 hectares 2 ares 35 centiares; 6384 hectares 42 ares 23 centiares; 6901 hectares 29 ares 3 centiares, et indiquez-en le total.

P. 98. Cinq pièces de terre contiennent 1° 96 hectares 25 ares; 2° 93 hect. 29 ares; 3° 99 hect. 99 centiares; 4° 95 hect. 29 ares; et 5° 79 hect. 8 ares : quelle est leur superficie totale?

P. 99. Faites la somme des mesures agraires suivantes : 468 hectares 4 ares 25 centiares ; 684 hect. 40 ares 5 centiares ; 846 ares 35 centiares ; et 19468 hect. 4 centiares.

P. 100. On demande combien il y a d'hectares, d'ares et de centiares dans les propriétés suivantes : 1° un bois de 45 hect. 42 ares ; 2° un pré de 86 hectares 55 ares ; et 3° une vigne de 68 hect. 7 cent.

SOUSTRACTIONS.

1er EXEMPLE.

Nombres entiers.

Une vigne contient 126 hectares et un pré en contient 97 : quelle est la différence entre ces deux propriétés ?

Opération.

```
           126
            97
         ------
Réponse     29 hectares.
```

2e EXEMPLE.

Nombres décimaux.

J'ai une pièce de terre de 68 hectares 27 et un pré de 29 hectares 8 ares 25 centiares : de combien la pièce de terre est-elle plus grande que le pré ?

Opération.

```
           68,2700
           29,0825
         ---------
Réponse    39,1875
```

qu'il faut lire 39 hectares 18 ares 75 centiares.

Pour se rendre compte des retenues, il faut se rappeler que les deux 1res décimales sont des ares et les deux suivantes des centiares.

3e EXEMPLE.

Autres nombres décimaux.

On propose de trouver la différence entre 78 ares 45 et 68 ares 76.

Opération.

```
           78,45
           68,76
         -------
Réponse     9,69
```

qu'il faut lire 9 ares 69 cent.

4e EXEMPLE.

Parties décimales.

De 0 are 80 centiares, ôtez 0 are 75, et dites le reste.

Opération.

```
         0,80
         0,75
        ------
Rép.     0,05
```

qu'il faut lire 5 centiares.

PROBLÈMES.

P. 101. Une propriété qui contient 786 hectares, renferme un pré de 68 hectares : dites ce qui reste en terres labourables et autres.

P. 102. Un fermier qui avait à ensemencer 140 hectares de terre, en a déjà ensemencé 69 hectares 15 ares ; dites ce qui lui en reste encore.

P. 103. Un bois contient 64 hectares 25 ares, et un pré 26 hect. 19 ares : de combien le bois est-il plus grand que le pré?

P. 104. Dans un parc de 46 hectares 20 ares 15 centiares il y a des chemins dont la superficie totale est de 9 ares 5 cent. : combien reste-t-il en bois, en terres labourables, etc.?

P. 105. Quelle est la différence entre la superficie d'une pièce de terre de 4 hect. 8 ares, et celle d'un autre de 3 hect. 26 centiares?

MULTIPLICATIONS.

1er EXEMPLE.

Nombres entiers.

Multipliez 475 ares par 98 unités.

Opération.

```
   475
 × 98
 -----
  3800
 4275
 -----
 46550
```

Rép 46550 ares.

2e EXEMPLE.

Nombres décimaux.

Combien y a-t-il d'hectares, d'ares et de centiares dans 18 pièces de terre de chacune 9 hectares 35 ares 17 cent.?

Opération.

```
    9,3517
 ×  18
 --------
   748136
   93517
 --------
 168,3306
```

Rép. 168,3306

qu'il faut lire 168 hectares 33 ares 6 centiares.

3e EXEMPLE.

Autres nombres décimaux.

On demande le produit de 43 ares 70 par 89 unités.

Opération.

```
   43,70
 × 89
 -------
   39330
  34960
 -------
 3889,30
```

Rép. 3889,30

qu'il faut lire 3889 ares 30 centiares.

4e EXEMPLE.

Parties décimales.

Trouver le nombre d'ares contenus dans 27 pièces de terre, si chacune contient 0 are 75 centiares.

Opération.

```
  0,75
 × 27
 -----
   525
  150
 -----
 20,25
```

Réponse 20,25

qu'il faut lire 20 ares 25 cent.

PROBLÈMES.

P. 106. Multipliez 4876 hectares 29 ares par 95 unités, et donnez le résultat de cette opération.

P. 107. Si 27 pièces de terre contiennent chacune 28 hectares 15 ares, combien contiennent-elles en totalité?

P. 108. Une forêt est divisée en 37 coupes de chacune 9 hectares 23 ares 15 cent. : quelle en est la superficie?

P. 109. Les héritiers d'une succession, au nombre de 9, ont eu, chacun, 14 hectares 25 ares 93 centiares de vignes: quelle était la superficie de la propriété qu'ils ont partagée?

P. 110. 18 ouvriers ont entrepris de défricher chacun 9 hect. 75 ares 2 centiares de terre: on demande le total de leur entreprise.

DIVISIONS.

1er EXEMPLE.

Nombres entiers.

Divisez 78656 hectares par 32 unités, et indiquez le quotient.

Opération.

78656	32
146	2458
185	
256	
0	

Le quotient donne pour réponse 2458 hectares.

2e EXEMPLE.

Nombres décimaux.

Si 15 coupes de bois contiennent en totalité 90 hectares 60 ares 75 centiares, quelle est la superficie de chacune?

Opération.

90,6075	15
060	6,0405
075	
0	

Le quotient donne pour réponse 6 hectares 4 ares 5 centiares.

3e EXEMPLE.

Autres nombres décimaux.

Une petite propriété de 98 ares 14 doit être partagée entre 14 héritiers : quel sera le lot de chacun?

Opération.

98,14	14
00,14	7,01
0	

Le quotient donne pour réponse 7 ares 1 centiare.

4e EXEMPLE.

Parties décimales.

Un jardin de 95 centiares est divisé en 5 carrés, dites quelle est la superficie de chaque carré.

Opération.

0,95	5
45	0,19
0	

Le quotient donne pour réponse 19 centiares.

PROBLÈMES.

P. 111. 8 personnes ont partagé une propriété de 47 hect. 25 ares: dire, à moins d'un centiare près, la part de chacune.

P. 112. Un propriétaire, qui a pris sur son parc un jardin de 1 hectare 30 ares, demande combien de fois la superficie du jardin est contenue dans celle du parc, si celui-ci contient 11 hectares 70 ares.

P. 113. On veut faire défricher un terrain qui contient 195 hectares 30 ares : combien ce travail durera-t-il de jours, si l'on en défriche 4 hectares 65 ares par jour ?

P. 114. 52 ouvriers ont entrepris d'abattre 124 hect. 80 ares de bois taillis : quelle doit être la tâche de chacun ?

MESURES DE VOLUME ou DE SOLIDITÉ.

* 50. On appelle mesures de *solidité*, celles dont on se sert pour mesurer l'étendue considérée sous les trois dimensions, longueur, largeur et hauteur.

* 51. Ces mesures se divisent en deux classes, savoir :

1° Les mesures de *solidité* proprement dites ;

2° Les mesures pour le *bois de chauffage*.

MESURES DE SOLIDITÉ PROPREMENT DITES.

Mètre cube.

* 52. L'unité des mesures de solidité proprement dites est le MÈTRE CUBE, *c'est-à-dire un cube qui a un mètre de longueur, un mètre de largeur et un mètre de hauteur ou profondeur.*

Si la figure 3, pl. 1re, représente un cube, et si les lignes AB, AC, CE, qu'on appelle arêtes, ont chacune un mètre, le solide sera un *mètre cube.*

* 53. Le *mètre cube* ne se joint point aux mots multiples ; cette espèce de mesure se compte avec les nombres ordinaires. On dit donc : 10 mètres cubes, 100 mètres cubes, 1.000 mètres cubes, et non *décamètre cube, hectomètre cube, kilomètre cube ;* ces expressions, d'ailleurs, n'auraient pas la même signification que les premières.

* 54. Le mètre cube a trois sous-multiples, savoir : 1° le *décimètre cube*, 2° le *centimètre cube*, et 3° le *millimètre cube.*

* 55. Le DÉCIMÈTRE CUBE est un cube d'un décimètre de côté : il y en a 1.000 dans le mètre cube.

Supposé que le solide ABCDEFG, fig. 3, pl. 1re, soit un mètre cube, et que le petit solide OR soit un décimètre cube, c'est-à-dire un cube d'un décimètre de côté, celui-ci sera compris mille fois dans le mètre cube.

D'après la supposition, le carré CP est un décimètre carré, il est contenu par conséquent 100 fois dans le carré CEFD (nº 4).

Si l'on prend dans le solide une épaisseur CH, DN, FM, d'un décimètre, on aura un plateau contenant 100 décimètres cubes, comme OR. Mais l'épaisseur CH est comprise 10 fois dans la hauteur; or 10 fois 100 égalent 1000, donc le mètre cube contient 1000 décimètres cubes.

* 56. Le CENTIMÈTRE CUBE est un cube d'un centimètre de côté : il y en a 1.000 dans le décimètre cube, et par conséquent, 1.000.000. dans le mètre.

Si ABCDEFG, fig. 3, pl. 1re, est un décimètre cube, on prouvera, par un raisonnement analogue au précédent, que le solide OR qui, dans ce cas, est un centimètre cube, y est aussi contenu 1000 fois, et, par conséquent, que le mètre cube comprend 1,000,000 de centimètres cubes.

* 57. Le MILLIMÈTRE CUBE est un cube d'un millimètre de côté : il y en a 1.000 dans le centim. cube, et, par conséquent, 1.000.000.000 dans le mètre cube.

Si enfin ABCDEFG n'était qu'un centimètre cube, on prouverait que OR, qui serait alors un millimètre cube, puisqu'il aurait un millimètre de côté, serait contenu 1000 fois dans le centimètre cube, 1.000.000 de fois dans le décimètre cube, et 1.000.000.000 de fois dans le mètre cube.

Ainsi, le mètre cube égale 1.000 décimètres cubes,
ou. . . 1.000.000 de centim. cubes,
ou. . 1.000.000.000 de millim. cubes.
Le décimètre cube égale 1.000 centimètres cubes,
ou. . . 1.000.000 de millim. cubes,
Et le centimètre cube égale 1.000 millimèt. cubes.

Ces mesures s'indiquent en abrégé comme il suit :

Mètre cube . . . . . . m. ou mèt. cub.
Décimètre cube. . . . décim. cub.
Centimètre cube. . . . centim. cub.
Millimètre cube. . . . millim. cub.

Il ne faut pas confondre :

1º Le *décimètre cube* avec le *dixième* du mètre cube : le premier est contenu *mille* fois dans le *mètre cube*, et le second n'y est contenu que dix fois, de sorte qu'un *dixième* de mètre cube égale cent décimètres cubes;

2º Le *centimètre cube* avec le *centième* du mètre cube : le premier est contenu un *million* de fois dans le *mètre cube*; tandis que le deuxième n'y est contenu que cent fois ; de sorte qu'un *centième* de mètre cube égale dix mille centimètres cubes;

3º Le *millimètre cube* avec le *millième* de mètre cube : le premier est contenu un *billion* de fois dans le *mètre cube*, tandis que le second n'y est contenu que mille fois ; de sorte qu'un *millième* de mètre cube égale un million de millimètres cubes.

* 58. Puisque le mètre cube égale 1.000 décimètres cubes, le décimètre cube 1.000 centimètres cubes, et le centimètre cube 1.000 millimètres cubes, on peut avoir à exprimer jusqu'à 999 décimètres cubes, 999 centimètres cubes, 999 millimètres cubes, etc., et, par conséquent, dans le calcul, il faut trois chiffres pour représenter les *décimètres cubes*, trois chiffres pour représenter les *centimètres cubes*, trois chiffres pour représenter les *millimètres cubes*, etc.

* 59. Le 1er chiffre décimal qui accompagne les mètres cubes représente donc les *centaines* de décimètres cubes, le 2e les *dizaines*, et le 3e les *unités* ; le 4e représente les *centaines* de centimètres cubes, le 5e les *dizaines*, et le 6e les *unités*, etc.

Ainsi, par exemple, le nombre 12 mètres cubes 476839 s'exprimera 12 mèt. cub. 476 décim. 839 centim. ; ou bien 12 mèt. cub. 476839 centimèt., en donnant à cette réunion de décimales le nom du dernier ordre.

On emploie ordinairement la première méthode comme fixant mieux les idées.

* 60. Il faut donc, pour exprimer les décimales qui accompagnent les mètres cubes, les diviser, au moins par la pensée, en tranches de trois chiffres, et pour cet effet mettre un ou deux zéros à leur droite, s'il est nécessaire.

Soit, par exemple, les nombres 28 mèt. cub. 70 et 18 mèt. cub. 7124 ; on écrira 28 mèt. cub. 700 décimèt., et 18 mèt. cub. 712 décim. 400 centim. cub, en observant que, dans le premier nombre, le chiffre 7 est placé au rang des dizaines de décimètres cubes, et que dans le second le chiffre 4 est mis au rang des centaines de centimètres cubes, ainsi des autres.

Si le nombre à représenter ne contenait point de mèt. cub., on écrirait zéro aux unités, et les décimales à l'ordinaire.

Soit, par exemple, le nombre 423 décimètr. cub., on écrira 0 mèt. cube 423. Soit le nombre 5 décimètres cubes, on écrira 0 mèt. cube 005. Soit 5 centim. cub., on écrira 0 mèt. cube 000005.

* 61. Le *mètre cube* sert à évaluer les travaux de maçonnerie et de terrassements, les bois de construction (1), les blocs de pierre et de marbre, les pierres qui servent à ferrer les routes et à bâtir, le sable, le gravier, etc.

Le *décimètre cube*, le *centimètre cube* et le *millimètre cube* servent à évaluer les parties du mètre cube. On les prend aussi pour unités lorsqu'il s'agit d'évaluer les solides de petites dimensions : alors les chiffres décimaux qui accompagnent ces mesures prises pour unités, en expriment les dixièmes, les centièmes, les millièmes, etc.

Questions sur les mesures de volume ou de solidité.

Qu'appelle-t-on mesures de solidité? 50. — *Comment divise-t-on les mesures de solidité?* 51. — *Quelle est l'unité des mesures de solidité proprement dites?* 52. — *Qu'est-ce que le mètre cube?* 52. — *Le mètre cube a-t-il des multiples?* 53. — *Quels sont les sous-multiples du mètre cube?* 54. — *Qu'est-ce que le décimètre cube?* 55. — *Qu'est-ce que le centimètre cube?* 56. — *Qu'est-ce que le millimètre cube?* 57. — *Quelle différence y a-t-il entre le décimètre cube et le dixième du mètre cube?* 57. 1° — *Quelle différence y a-t-il entre le centimètre cube et le centième du mètre cube?* 57. 2° — *Quelle différence y a-t-il entre le millimètre cube et le millième du mètre cube?* 57. 3°. — *Combien faut-il de chiffres pour représenter les décimètres cubes, les centimètres cubes et les millimètres cubes employés comme fractions décimales?* 58. — *Que représente le 1er, le 2e, le 3e, etc., chiffre décimal à la suite des mètres cubes?* 59. — *Que faudrait-il faire si le nombre des décimales cubes ne pouvait se diviser exactement en tranches de trois chiffres?* 60. — *Quels sont les usages du mètre cube et de ses subdivisions?* 61.

EXERCICES SUR LES MESURES DE SOLIDITÉ PROPREMENT DITES.

NUMÉRATION.

Nombres à écrire en chiffres (59).

P. 115. 1° Quatre mètres cubes trois cent-onze décimèt. ; 2° douze mèt. cubes deux cents décimèt. ; 3° vingt mèt. cubes trente décim. ; 4° quinze mèt. cub. trois décim. ; 5° cinq mèt. cubes deux cent-dix-neuf mille-trois cent quatre-vingt-six

---

(1) Quelques auteurs indiquent le STÈRE pour l'unité de mesure des bois de construction, mais on prend ordinairement le mètre cube.

centim.; 6° sept mèt. cubes deux mille-six centim.; 7° huit mèt. cub. vingt mille-trois cents centim.; et 8° seize mèt. cubes trente-deux centim.

P. 116. 1° Neuf mètres cubes quatorze millim.; 2° onze mètres cubes trois cent-deux mille-huit millim.; 3° quatorze mèt. cubes cent-vingt millions-deux cent mille-quatre cents millim.; 4° vingt-six mèt. cubes cinq mille-trois millim.; 5° douze centim. cubes; 6° mille-deux millim. cubes; 7° quatre décimètres cubes cinquante centimèt.; 8° vingt-sept centimèt. quinze millim.; 9° sept millimètres cubes.

Nombres à lire en indiquant la valeur des parties décimales.

P. 117. 1° 4 mèt. cubes 674; 2° 14 mèt. cubes 8; 3° 7 mèt. cub. 27; 4° 3 mèt. cub. 642; 5° 11 mèt. cub. 764231; 6° 94 mèt. cub. 4678; 7° 5 mèt. cub. 04065; 8° 9 mèt. cub. 000764.

P. 118. 1° 7 mèt. cub. 000009; 2° 6 mèt. cub. 426786478; 3° 2 mèt. cub. 0000005; 4° 8 mèt. cub. 00606075; 5° 4 mèt. cub. 00000746; 6° 0 mèt. cub. 40; 7° 0 mèt. cub. 004506; 8° 0 mèt. cub. 00009; 9° 0 mèt. cub. 06742185; et 10° 0 mèt. cub. 00006008.

Application des Propriétés de la Numération.

P. 119. Combien y a-t-il de mètres cubes dans chacun des nombres suivants :

1° 1000 décimètres cubes; 2° 4687 décim. cub.; 3° 1000000 de centim. cubes; 4° 18214573 centim. cubes; 5° 1000000000 de millim. cubes; 6° 11117771111 millim. cubes?

Puisqu'il y a 1000 décimètres cubes dans un mètre cube, on obtiendra les réponses aux deux premiers numéros ci-dessus en séparant par une virgule les trois premiers chiffres de la droite des nombres 1000 et 4687; ce qui donnera : 1° 1 mèt. cub.; 2° 4 mèt. cub. 687.

Puisque le mètre cube contient 1000 décimètres cubes, on obtiendra les réponses des 2 premiers numéros du problème suivant en écrivant trois zéros à la suite des nombres 1 et 12; ce qui donnera : 1° 1000 décim. cubes; 2° 12000 décim. cub.

Des raisonnements analogues à ceux-ci conduiront à la solution des problèmes de ce genre.

P. 120. Combien y a-t-il de décimèt. cubes dans les nombres suivants :

1° 1 mèt. cube; 2° 12 mèt. cubes; 3° 1000 centimèt. cubes; 4° 21412 centim. cubes; 5° 1000000 millim. cubes; 6° 121141212 millim. cubes?

P. 121. Combien y a-t-il de centim. cubes dans chacun des nombres suivants :

1° 1 mèt. cube; 2° 25 mèt. cubes; 3° 1 décim. cube; 4° 42 décim. cubes; 5° 1000 millim. cubes; 6° 74111 millim. cubes.

P. 122. Combien y a-t-il de millimètres cubes dans chacun des nombres suivants :

1° 1 mèt. cube ; 2° 47 mètres cubes ; 3° 1 décim. cube ; 4° 39 décimètres cubes ; 5° 1 centimètre cube ; 6° 657 centimètres cubes ?

ADDITIONS.

1er EXEMPLE.

Nombres entiers.

On désire connaître la somme des trois nombres ci-après : 1° 7469 mèt. cub. ; 2° 9765 mèt. cub. ; et 3° 8327 mèt. cub.

Opération.

	7469
	9765
	8327
Total	25561 mèt. cub.

2e EXEMPLE.

Nombres décimaux.

Quel est le total des nombres suivants : 4 mètres cubes 646826 ; 7 mèt. cub. 421416 ; et 8 mèt. cub. 896432 ?

Opération.

	4,646826
	7,421416
	8,896432
Rép.	20,964674

qu'il faut lire 20 mèt. cub. 964 décim. 674 cent., ou bien 20 mèt. cubes 964674 cent.

Pour rendre compte de la valeur des retenues dans le 2e exemple, il faut se rappeler que les trois premiers chiffres décimaux expriment des décimètres cubes ; les trois suivants, des centimètres cubes, etc. (N° 41.)

3e EXEMPLE.

Parties décimales.

Combien y a-t-il de mètres cubes dans les quatre blocs de marbre dont la solidité est détaillée ci-après : 1° 0 mètr. cub. 638963 cent. ; 2° 0 mèt. cub. 004685 cent. ; 3° 0 mèt. cub. 960067 cent. ; et 4° 0 mèt. cube 460005 cent. ?

Opération.

	0,638963
	0,004685
	0,960067
	0,460005
Rép.	2,063720

qu'il faut lire 2 mèt. cubes 63 décim. 720 cent., ou bien 2 mèt. cub. 63720 cent. cubes.

4e EXEMPLE.

Parties décimales.

On demande le total des nombres suivants : 1° 0 mèt. cube 174674612 ; 2° 0 mèt. cube 004768005 ; 3° 0 mèt. cube 000004087 ; 4° 0 mèt. cube 307600443.

Opération.

	0,174674612
	0,004768005
	0,000004087
	0,307600443
Rép.	0,487047147

qu'il faut lire 487 décim. cub. 47 centim. cub. 147 millim. cub., ou 487047147 mill. cub.

PROBLÈMES.

P. 123. On désire connaître le total des nombres ci-après : 140 mèt. cubes ; 676 mèt. cubes, et 476 mèt. cubes.

P. 124. Faire la somme des nombres suivants :

1° 465 mèt. cubes ; 2° 864 mèt. cubes ; 3° 650 mèt. cubes ; 4° 638 mèt. cubes ; 5° 429 mèt. cubes.

P. 125. Trois ouvriers ont extrait, dans le courant d'une semaine, les quantités de terre qui suivent, savoir : le 1er 25 mèt. cub. ; le 2e 27 mèt. cub. ; et le 3e 40 mèt. cub. : dites le total de leur travail.

P. 126. Quatre blocs de pierre sont à vendre : le 1er contient 6 mèt. cub. 465 décim. ; le 2e 4 mèt. cub. 727 décim. ; le 3e 5 mèt. cubes 849 décim. ; et le 4e 9 mèt. cub. 640 décimètres : combien y a-t-il de mètres cubes dans les 4 blocs réunis ?

P. 127. Un propriétaire a fait construire trois murs qui ont les dimensions suivantes : le 1er 49 mèt. cub. 465462 ; le 2e 75 mèt. cub. 746860 ; et le 3e 95 mèt. cubes 604140 : quel est le total des mètres cubes de construction ?

P. 128. On demande le total, en mètres cubes, de trois tables de marbre, dont la 1re contient 165468 centim. cubes, la 2e 101460 centim. cub., et la 3e 111188 centim. cubes.

P. 129. Quel est le total des nombres suivants :

1° 4 mèt. cubes 5 cent. ; 2° 9 mèt. cu . s 37 millim. ; 3° 12 mèt. cubes 14 décim. ; et 4° 6746 millim. ubes ?

SOUSTRACTIONS.

1er EXEMPLE.	EXEMPLE.
Nombres entiers.	*Nombres décimaux.*
Quelle différence y a-t-il entre 47609 mèt. cub. et 46879 mèt. cubes ?	De 180 mèt. cub. 476861 cent. ôtez 128 mèt. cub. 723168.
Opération.	*Opération.*
47609 46879	180,476861 128,723168
Réponse 00730 mèt. cub.	Reste 51,753693
	qu'il faut lire 51 mèt. cub. 753 décim. 693 centim., ou bien 51 mèt. cub. 753693 centim.

Pour rendre compte de la valeur des emprunts, il faut se rappeler que les trois premiers chiffres décimaux expriment des décimèt. cubes, les trois suivants des centim., etc.

3° EXEMPLE.

Parties décimales.

Quel est l'excédant de 0 mètre cube 368005 sur 0 mètre cub. 148117 centim. ?

Opération.

0,368005
0,148117

Rép. 0,219888

qu'il faut lire 219 décim. cub. 888 centim., ou bien 219888 centim. cubes.

4° EXEMPLE.

Parties décimales.

Trouver la différence entre 0 mètre cube 468001705 mill. et 0 mèt. cub. 268146475 mill.

Opération.

0,468001705
0,268146475

Rép. 0,199855230

qu'il faut lire 199 décim. cub. 855 centim. 230 millim., ou bien 199855230 millim. cubes.

PROBLÈMES.

P. 130. Quelle est la différence entre 4000 mèt. cubes et 756 mèt. cubes?

P. 131. De 46894 mètres cubes ôtez 4689 mètres cubes, et donnez le résultat.

P. 132. Un bassin contient 46780 mèt. cub. et un autre n'en contient que 30861 : dites combien le 1er contient de mètres cubes de plus que le second.

P. 133. Quelle est la différence entre deux réservoirs dont l'un contient 14 mèt. cub. 467891 et l'autre 12 mèt. cubes 400046?

P. 134. Un marbrier était obligé de fournir 14 mètres cub. 743001 de granit, il en a fourni 4 mèt. cub. 674002 : combien lui en reste-t-il à fournir?

P. 135. Une table de marbre devait être de 168425 centim. cubes, elle n'est que de 134684 centim. cubes : combien y manque-t-il?

MULTIPLICATIONS.

1er EXEMPLE.

Nombres entiers.

Quel est le produit de 7469 mètres cubes par 438 unités?

Opération.

7469
× 438

59752
22407
29876

Rép. 3271422 mèt. cub.

2° EXEMPLE.

Nombres décimaux.

On demande le produit de 4 mètres cubes 768905 par 74 unités.

Opération.

4,768905
× 74

19075620
33382335

Rép. 352,898970

qu'il faut lire 352 mèt. cubes 898 décim., 970 centim., ou bien 352 mèt. cub. 898970 centim.

3e EXEMPLE.

Parties décimales.

Quel est le produit de 0 mèt. cub. 455602 centim. par 36 unités?

Opération.

```
   0,455602
 ×       36
 ----------
    2733612
   1366806.
 ----------
Rép. 16,401672
```

qu'il faut lire 16 mèt. cub. 401 décim. 672 centim., ou bien 16 mèt. cub. 401672.

4e EXEMPLE.

Parties décimales.

On désire savoir le produit de 0 mèt. cub. 430300303 par 0,43.

Opération.

```
     0,430300303
   ×        0,43
   -------------
      1290900909
     1721201212.
   -------------
Rép. 0,18502913029
```

qu'il faut lire 185 décim. cub. 29 centim. 130 millim. 29 centièmes de millimèt. cub., ou 185029130 millim. cub. 29 centièmes.

PROBLÈMES.

P. 136. Quel est le produit de 7458 mèt. cub. par 492 unités?

P. 137. Quelle est la contenance totale de 4 cuves contenant chacune 6 mèt. cubes 465?

P. 138. 637 ouvriers employés à l'extraction des pierres pour ferrer les routes en ont extrait chacun 786 mètres cubes 740 : dites la totalité de l'extraction.

P. 139. Un entrepreneur a fourni 7454 dés en pierre : combien lui doit-on de mètres cubes, si chaque dé est de 147 décimètres cubes?

P. 140. Supposé que dans la construction d'un édifice il soit entré 4749 pierres de taille de 295 décimètres cubes, l'une portant l'autre, combien y serait-il entré de mètres cubes?

DIVISIONS.

1er EXEMPLE.

Nombres entiers.

Divisez 438906 mètres cubes par 17, et donnez le quotient.

Opération.

```
438906 | 17
       |------
  98   | 25818
  139
   30
   136
     0
```

L'opération effectuée comme si les nombres étaient abstraits, le quotient donne 25818 mèt. cubes.

2e EXEMPLE.

Nombres décimaux.

On désire connaître le quotient de 4 mèt. cubes 633905 par 5 unités.

Opération.

```
4,633905 | 5
         |---------
  13     | 0,926781
   33
    39
     40
      5
      0
```

Le quotient doit être lu 926 décim. cub. 781 centim., ou bien 926781 centim. cubes.

3° EXEMPLE.

Parties décimales.

On demande le quotient de 0 mèt. cube 475027 par 7 unités.

Opération.

```
0,475027 | 7
   55    | 0,067861
    60
     2
      7
      0
```

Le quotient doit être lu 67 décim. cubes 861 centim., ou bien 67861 centim. cubes.

4° EXEMPLE.

Parties décimales.

0 mèt cube 000406054 est un produit dont 0,25 est un des facteurs : quel est l'autre facteur ?

Opération.

```
0,000406054 | 0,25
      156   | 0,0016242
       60
       105
        54
         4
```

Le quotient doit être lu 1 décim. cub. 624 centim. 200 mill., ou bien 1624200 mill. cub., et il reste 4.

PROBLÈMES.

P. 141. Dire le quotient de 478946 mètres cubes par 67 entiers.

P. 142. Il est entré 74699 pierres dans la construction d'un mur dont le cube est de 5547 mèt. cubes 775 décim. cubes : dites le volume de chaque pierre.

P. 143. Un mur de 96 mèt. cub. 050 décimèt. est construit en briques de 2 décim. cubes 260, y compris les joints : combien y est-il entré de briques ?

P. 144. Combien pourra-t-on placer de boîtes dans une caisse dont la capacité égale 1 mètre cube 280 décim., si le volume de chacune est de 16 décimètres cubes ?

P. 145. Supposé que 425 ouvriers aient fait 5297 mèt. cubes 625 décimètres de maçonnerie, combien chacun en a-t-il fait s'ils ont travaillé autant les uns que les autres ?

MESURES PO[UR] LE BOIS DE CHAUFFAGE.

Stère.

* 62. L'unité des mesures pour le bois de chauffage est le STÈRE, *solide qui égale un mètre cube.*

* 63. Le stère n'a qu'un multiple, qui est le DÉCASTÈRE, mesure de dix stères

Pour les autres évaluations, on compte le stère avec

les nombres ordinaires. Ainsi, on dit : 40 stères, 100 stères, 1000 stères, etc.; on dit même 10 stères préférablement à un décastère.

* 64. Il n'a aussi qu'un seul sous-multiple, qui est le DÉCISTÈRE, mesure qui égale un dixième de stère.

* 65. Nous avons dit (nº 59) que les unités de *décimètres cubes* ne se placent qu'au 3e rang, parce qu'elles ne sont que des millièmes du *mètre cube;* mais les *décistères*, étant la même chose que les *dixièmes* du stère, se placent immédiatement à la droite des unités.

Ainsi le nombre 14 stères 4, s'exprime 14 stères 4 décistères; le nombre 25 stères 5, s'exprime 25 stères 5 décistères, ainsi des autres.

Ces mesures s'indiquent en abrégé comme il suit:

Stère.	s. *ou* st.
Décastère	décast.
Décistère.	décist.

Mesures effectives pour le bois de chauffage.

66. Les mesures effectives pour le bois de chauffage, sont au nombre de trois, savoir :

1° Le DEMI-DÉCASTÈRE, mesure de 5 stères;

2° Le DOUBLE-STÈRE, mesure de 2 stères;

3° Le STÈRE, mesure d'un mètre cube.

67. Ces mesures sont des châssis, fig. 4, pl. 2, dont la solive du bas AB, appelée sole, doit toujours avoir, entre les *montants*, les longueurs suivantes, savoir :

Pour le *demi-décastère*, 5 mètres;

Pour le *double-stère*, 2 mètres;

Et pour le *stère*, 1 mètre.

68. La hauteur CD varie suivant la longueur des bûches : si elles ont 1 mètr., la hauteur des montants devra être de 1 mèt., tant pour le demi-décastère que pour le double-stère et pour le stère.

Si les bûches ont 1 mètre 14 centimètres de longueur, comme à Paris, la hauteur des montants sera de 88 centimètres, tant pour le demi-décastère que pour le double-stère et pour le stère, de manière que le produit des trois dimensions soit 5 stères, 2 stères ou 1 stère, ainsi des autres.

Questions sur les Mesures pour le bois de chauffage.

Quelle est l'unité des mesures pour le bois de chauffage? 62.—*Qu'est-ce que le stère?* 62.—*Quels sont les multiples du stère?* 63. — *Qu'est-ce que le décastère?* 63. — *Le stère a-t-il des sous-multiples?* 64.— *Qu'est-ce que le décistère?* 64. —*Où se placent les chiffres qui expriment les décistères?* 65.—*Quelles sont les mesures effectives pour le bois de chauffage?* 66. — *Quelle est la forme des mesures effectives pour le bois de chauffage?* 67. — *Quelle est la longueur de la solive du bas?* 67. — *Quelle doit être la hauteur des châssis?* 68.

EXERCICES SUR LES MESURES EMPLOYÉES POUR LE BOIS DE CHAUFFAGE.

NUMÉRATION.

Nombres à écrire en chiffres (n° 65).

P. 146. 1° Vingt-six stères huit décist.; 2° trente-deux stères cinq décist.; 3° quarante-quatre stères neuf décistères; 4° quinze décast. vingt-trois décist.; 5° cent vingt-neuf stères trois décist.; 6° vingt-neuf stères cinq décist.; 7° trente décast. quatre-vingts décist.; et 8° sept décast. huit décist.

Nombres à lire en indiquant la valeur des parties décimales.

P. 147. 1° 426 stères 7; 2° 764 stères 2; 3° 678 décast. 25; 4° 0 st. 6; 5° 0 décast. 36; 6° 401 st. 2.

Application des Propriétés de la Numération.

P. 148. Combien y a-t-il de stères dans chacun des nombres suivants:

1° 1 décastère; 2° 28 décastères; 3° 10 décistères; 4° 57 décistères.

Puisqu'un décastère égale 10 stères, on obtiendra les réponses des numéros 1 et 2 en écrivant 1 zéro à la suite des nombres 1 et 28;

Et puisqu'un stère égale 10 décistères, on obtiendra les réponses des numéros 3 et 4 en séparant, par une virgule, le premier chiffre de la droite des nombres 10 et 57.

P. 149. Combien y a-t-il de décast. dans chacun des nombres suivants :

1° 10 stères; 2° 748 stères; 3° 100 décistères; 4° 1839 décistères?

P. 150. Combien y a-t-il de décistères dans chacun des nombres suivants :

1° 1 décastère; 2° 18 décastères, 3° 1 stère; 4° 74 stères?

ADDITIONS.

1er EXEMPLE.

Nombres entiers.

On demande le total des nombres ci-après : 986 stères, 697 stères, 879 stères, et 485 stères.

Opération.

```
      986
      697
      879
      485
     ----
Rép. 3047 stères.
```

2e EXEMPLE.

Nombres décimaux.

Combien y a-t-il de stères dans les quatre nombres suivants : 1° 786 stères 7; 2° 986 stères 8; 3° 899 stères 9; et 4° 26 stères 5?

Opération.

```
      786,7
      986,8
      899,9
       26,5
     ------
Rép. 2699,9
```

qu'il faut lire 2699 st. 9 décist.

3e EXEMPLE.

Nombres décimaux.

Un marchand de bois à brûler en a livré les quantités suivantes : 1° 25 décast. 12; 2° 19 décast. 4; 3° 29 décast. 04; et 4° 64 décast. 86; dites ce qu'il en a livré en totalité.

Opération.

```
      25,12
      19,40
      29,04
      64,86
     ------
Rép. 138,42
```

qu'il faut lire 138 décast. 42 décist.

4e EXEMPLE.

Parties décimales.

Combien y a-t-il de stères dans les nombres suivants : 0 stère 7; 0 stère 9; 0 stère 7; et 0 stère 8?

Opération.

```
      0,7
      0,9
      0,7
      0,8
     ----
Rép.  3,1
```

qu'il faut lire 3 stères 1 décist.

PROBLÈMES.

P. 151. On demande combien il y a de stères dans les trois nombres suivants :

1° 468 stères; 2° 789 stères; et 3° 685 stères?

P. 152. Un établissement a fait sa provision de bois à brûler comme il suit : chêne 207 stères 4. décist. ; hêtre 199 stères 9 décist. ; bouleau 187 stères : dire à combien de stères se monte cette provision.

P. 153. Une coupe de bois a donné les résultats suivants : 1° 4756 stères de hêtre ; 2° 476 stères 5 décist. de bouleau ; et 3° 974 stères 6 décist. de charme : quel est le total des stères qu'a donnés cette coupe de bois ?

P. 154. Combien a-t-il été brûlé de stères de bois dans cinq cheminées, s'il en a été brûlé 14 décist. dans la première, 13 décist. dans la deuxième, 15 décist. dans la troisième, 16 décist. dans la quatrième, et 4 décist. dans la cinquième.

P. 155. Quel est le total des stères livrés par un marchand de bois, ainsi qu'il suit : 1re livraison 2 stères 9 décist. ; 2e livraison, 16 stères 4 décist. ; 3e livraison 29 stères 5 décist, et 4e livraison 37 stères 6 décistères ?

SOUSTRACTIONS.

1er EXEMPLE.

Nombres entiers.

Quelle est la différence qui existe entre les deux nombres suivants : 4789 stères et 3999 stères ?

Opération.

```
        4789
        3999
        ----
Rép.     790  stères.
```

2e EXEMPLE.

Nombres décimaux.

De 486 st. 6, ôtez 397 st. 7.

Opération.

```
          486,6
          397,7
          -----
Réponse    88,9
```

qu'il faut lire 88 st. 9 décist.

3e EXEMPLE.

Parties décimales.

Quel est l'excédant de 0 st. 8 sur 0 st. 3 ?

Opération.

```
       0,8
       0,3
       ---
Rép.   0,5
```

qu'il faut lire 5 décistères.

4e EXEMPLE.

Parties décimales.

Combien faut-il ajouter à 3 stères 6, pour que le nombre égale 5 stères ?

Opération.

```
       5,0
       3,6
       ---
Rép.   1,4
```

qu'il faut lire 1 stère 4 décist.

PROBLÈMES.

P. 156. De 74689 stères ôtez 6428 stères, et donnez le résultat.

P. 157. Si de 756900 stères 4 décist. on retranche 683431 stères 5 décist., combien restera-t-il ?

P. 158. Un industriel avait fait une provision de 476 stères 4 décistères de bois de chauffage, et il en a brûlé 379 stères 5 décist. : combien lui en reste-t-il ?

P. 159. Dans un chantier il y avait 19000 st. 8 décist. de bois de chauffage, et il n'en reste plus que 9604 stères 7 décistères : combien en a-t-il été vendu ?

P. 160. Trouvez la différence de volume entre les deux piles de bois dont la 1re contient 4 stères 6, et la seconde 5 stères 7.

MULTIPLICATIONS.

1er EXEMPLE.

Nombres entiers.

On demande le produit de 4678 stères par 75 unités.

Opération.

```
   4678
×    75
  23390
 32746
Rép.  350850  stères.
```

2e EXEMPLE.

Nombres décimaux.

Combien y a-t-il de stères de bois à brûler dans 25 bûchers, si chacun en contient 197 stères 5 ?

Opération.

```
   197,5
×    25
    9875
   3950
Rép.  4937,5
```

qu'il faut lire 4937 st. 5 décist.

3e EXEMPLE.

Parties décimales.

Une pile de bois de chauffage a été partagée entre 86 personnes, et chacune a reçu 0 st. 7 décist. : combien cette pile contenait-elle de stères ?

Opération. — *Autrement.*

```
   0,7           0,7
×  86            86
   42     Rép.  60,2
  56
Rép. 60,2
```

qu'il faut lire 60 st. 2 décist.

4e EXEMPLE.

Combien y a-t-il de stères de bois dans 25 fois 9 décist. ?

Opération.

```
   0,9
×  25,
   45
  18
Rép.  22,5
```

qu'il faut lire 22 st. 5 décist.

PROBLÈMES.

P. 161. Quel est le produit de 47896 stères par 647 unités ?

P. 162. Un voiturier qui a conduit 735 voitures de bois, demande combien il en a conduit de stères en totalité, si chaque voiture en contenait 3 stères 5 ?

P. 163. 642 ouvriers ont scié, dans le courant d'un hiver,

chacun 945 stères 6 décist. de bois de chauffage; combien en ont-ils scié en totalité?

P. 164. Combien y a-t-il de stères de bois de chauffage dans 25 voitures, si chacune contient 3 stères 5 décistères?

P. 165. Combien y aurait-il de stères de bois de chauffage dans 12 chantiers, s'il y en avait 6847 stères 6 décistères dans chacun?

DIVISIONS.

1er EXEMPLE.

Nombres entiers.

Divisez 7635 stères par 36 unités, et donnez le quotient.

Opération.

```
7635  | 36
      |-------
 43   | 212,08
  75  |
  300 |
   12 |
```

Le quotient doit être lu 212 stères 8 centièmes, et il reste 12 centièmes.

2e EXEMPLE.

Nombres décimaux.

Si l'on distribue 698 stères 4 dans 36 bûchers, combien y en aura-t-il dans chacun?

Opération.

```
698,4 | 36
      |-----
338   | 19,4
 144  |
  00  |
```

Le quotient doit être lu 19 stères 4 décistères?

3e EXEMPLE.

Parties décimales.

Quel est le quotient de 0 st. 9 décistères par 0 st. 4 décistères?

Opération.

```
0,9 | 0,4
    |-----
 10 | 2,25
  20|
   0|
```

Le quotient, qui est la réponse, doit être lu 2 entiers 25 centièmes.

4e EXEMPLE.

Parties décimales.

En 22 stères 5 décistères, combien de fois 9 décistères?

Opération.

```
22,5 |  0,9
     |---------
 45  | 25 fois.
  0  |
```

PROBLÈMES.

P. 166. Divisez 478980 stères de bois de chauffage en 27 lots, et dites combien il y en aura dans chacun.

P. 167. Dans un établissement où il y a 47 feux, il a été brûlé, pendant un hiver, 587 stères 5 décist. de bois: combien en a-t-il été brûlé dans chaque feu?

P. 168. Un marchand de bois à brûler a mis en chantier 2944 stères: de combien était chaque voyage, s'il y en a eu 640?

P. 169. On a distribué 93 stères 2 de bois de chauffage entre 28 familles : quelle est la part de chacune?

P. 170. Un propriétaire a fait abattre et débiter 48 arbres de mêmes dimensions, qui ont produit 120 stères de bois de chauffage : combien chacun en a-t-il produit?

MESURES DE CAPACITÉ.

* 69. Les mesures de *capacité* sont celles qui servent à mesurer les *liquides*, comme l'eau, le vin, le cidre, la bière, l'eau-de-vie, etc., etc.; et les *matières sèches*, comme le fromage, le seigle, l'orge, l'avoine, les haricots, les pois, etc., etc.

* 70. L'unité principale des mesures de capacité est le LITRE : *c'est un vase dont la contenance égale un décimètre cube* (n° 55).

Si donc les dimensions intérieures GH, GK et KL, du vase cubique représenté par la figure 5, pl. 2, étaient d'un décimètre, sa contenance serait un litre.

* 71. Comme la forme cubique ne serait pas commode pour les usages du commerce, on donne ordinairement au litre celle d'un cylindre, fig. 6, pl. 2, mais sa contenance reste la même.

* 72. Les multiples du *litre* sont :

Le DÉCALITRE, qui égale 10 litres;
L'HECTOLITRE. . . . 100 litres;
Le KILOLITRE. . . . 1.000 litres;

* 73. Les sous-multiples du *litre* sont :

Le DÉCILITRE, qui égale la 10e partie du litre;
Et le CENTILITRE. . . . 100e partie du litre.

Les expressions *myrialitre* et *millilitre* ne sont pas usitées.

Le *kilolitre* égale donc 10 hectolitres,
ou 100 décalitres,
ou 1.000 litres.
L'*hectolitre* égale. . . 10 décal. ou 100 lit.
Le *décalitre* égale. . . 10 litres,
ou 100 décilitres,
ou 1.000 centilitres.

Le *litre* égale. . . . 10 décilitres,
ou 100 centilitres.
Le *décilitre* égale. . . 10 centilitres.

Ces mesures s'indiquent en abrégé comme il suit :

Litre.	lit.
Kilolitre	kilol
Hectolitre	hectol.
Décalitre	décal.
Décilitre	décil.
Centilitre	centil.

* 74. Si, dans le calcul, on prend l'*hectolitre* pour unité, le premier chiffre décimal exprime des *décalitres*, le second des *litres*, etc., puisque l'*hectolitre* vaut 10 *décalitres* et le *décalitre* 10 *litres*.

* 75. Si l'on prend le *décal.* pour unité, le premier chiffre décimal exprime des *litres*, le second des *décil.*, etc.

* 76. Si, enfin, on prend le *litre* pour unité, le premier chiffre décimal représente des *décilitres*, le second des *centilitres*, etc., puisque le *litre* vaut 10 *décilitres* et le *décilitre* 10 *centilitres*.

Ainsi, les nombres suivants : 1° 54 hectol. 5; 2° 45 hectol. 54; 3° 8 décal. 2; 4° 6 lit. 5; et 5° 7 lit. 20, s'expriment : 1° 54 hectol. 5. décal.; 2° 45 hectol. 54 lit.; 3° 8 décal. 2 litres; 4° 6 litres 5 décil.; et 5° 7 litres 20 centilitres.

Le commerce en gros des vins et de plusieurs autres liquides se fait en *hectolitres* et en *litres*, et le commerce en détail se fait en *litres*, en *décilitres* et en *centilitres*.

Le commerce aussi en gros des grains et des légumes secs se fait en *hectolitres* et en *décalitres*.

Le commerce en détail des légumes secs, des graines, grenailles, etc., se fait ordinairement en *litres* et en *décilitres*.

On dit, par exemple, 25 hectol. 15 lit. de vin de Bordeaux, de Bourgogne, etc.; 50 hectol. 5 décal. de froment, de seigle, d'orge, de haricots, etc.; et 12 litres 5 décilitres de petits pois, etc.

Mesures effectives pour les liquides.

77. Les mesures effectives autorisées pour les liquides se divisent en trois classes, savoir : 1° celles qui doivent être établies en *cuivre*, en *tôle* ou en *fonte;* 2° celles qui ne peuvent être établies qu'en *étain;* et 3° celles qui ne peuvent être établies qu'en *fer-blanc*.

78. Les premières sont des vases cylindriques dont la

profondeur égale le diamètre ; il y en a cinq, comme il est indiqué dans le tableau suivant :

TABLEAU *des Mesures en cuivre, en fonte ou en tôle, pour les liquides.*

NOMS DES MESURES.	DIMENSIONS INTÉRIEURES d'après les instructions ministérielles du 19 décembre 1839.	
HECTOLITRE.	503 millimètres	1 dixième.
Demi-hectolitre.	399	3
Double-décalitre.	294	2
DÉCALITRE.	233	5
Demi-décalitre.	185	3

Supposé que le diamètre CD et la profondeur AB, fig. 7, pl. 3, soient de 233 millimèt. 5, le vase sera un décalitre ; ainsi des autres.

79. Celles qui ne peuvent être établies qu'en *étain* sont des cylindres creux dont la profondeur est le double du diamètre ; elles sont au nombre de huit, et indiquées dans le tableau suivant :

Mesures en étain, avec l'indication des dimensions et du poids de chacune, d'après les instructions ministérielles du 19 *décembre* 1839.

NOMS DES MESURES.	PROFONDEUR intérieure.		DIAMÈTRE intérieur.		POIDS AVEC ANSES sans couvercles.
	millim.	dixièm.	millim.	dixièm.	
Double-litre.	216	7	108	4	1,700 gram.
LITRE.	172	0	86	0	1,100
Demi-litre.	136	6	68	3	650
Double-décilit.	100	6	50	3	335
DÉCILITRE.	79	9	39	9	180
Demi-décilitre.	63	4	31	7	110
Double-centilit.	46	7	23	4	60
CENTILITRE.	37	1	18	5	35

Supposé que la profondeur CD du vase représenté par la figure 6, pl. 2, soit 172 millim., et le diamètre AB 86 millim., cette mesure sera un litre; ainsi des autres.

80. Enfin, celles qui sont établies en *fer-blanc* sont exclusivement destinées pour le *lait* et pour l'*huile* : elles ont, comme les mesures en cuivre, la forme d'un cylindre dont la profondeur égale le diamètre; leurs noms et leurs dimensions se trouvent dans le tableau suivant :

Mesures en fer-blanc pour le lait et pour l'huile.

NOMS DES MESURES.	PROFONDEUR ET DIAMÈTRE d'après les instructions ministérielles.	
Double-litre.	136 millimètres	6 dixièmes.
LITRE.	108	4
Demi-litre.	86	0
Double-décilitre.	63	4
DÉCILITRE.	50	3
Demi-décilitre.	39	9
Double-centilitre.	29	5
CENTILITRE.	23	4

La série des mesures pour le *lait* commence au double-litre et finit au demi-décilitre.

Celles des mesures à huile comprend le litre et toutes celles qui sont au-dessous.

Les mesures pour l'huile à manger doivent être marquées de la lettre M sur la face extérieure; et celles qui servent à l'huile à brûler, de la lettre B. Elles doivent toutes avoir une anse comme les mesures en étain.

Dans la plupart des localités, on vend l'huile au *poids* et non à la *mesure*.

Mesures effectives pour les matières sèches.

81. Les mesures effectives pour les *matières sèches* doivent être construites en bois de chêne; on peut aussi en fabriquer en cuivre et en tôle, mais alors elles doivent être étamées : leur forme est cylindrique, fig. 7, pl. 3, et elles doivent avoir le diamètre égal à la profondeur.

Ces mesures, au nombre de onze, sont indiquées dans le tableau suivant.

Mesures en bois pour les matières sèches.

NOMS DES MESURES.	PROFONDEUR ET DIAMÈTRE d'après les instructions ministérielles.	
HECTOLITRE.	503 millimètres	1 dixième.
Demi-hectolitre.	399	3
Double-décalitre.	294	2
DÉCALITRE.	233	5
Demi-décalitre.	185	3
Double-litre.	136	6
LITRE.	108	4
Demi-litre.	86	0
Double-décilitre.	63	4
DÉCILITRE.	50	3
Demi-décilitre.	39	9

Si donc le diamètre CD et la profondeur AB de la mesure représentée par la figure 7, pl. 3, étaient 503 millim. 1 dixième, cette mesure serait un hectolitre; ainsi des autres.

Si les mesures sont garnies intérieurement de potences ou d'autres corps, la hauteur doit être augmentée en proportion du volume de ces objets, afin que leur contenance soit toujours la même.

Toutes les mesures en bois doivent être garnies dans leur partie supérieure d'une bordure de tôle rabattue, pour en conserver les dimensions.

Questions sur les Mesures de capacité.

Qu'appelle-t-on mesures de capacité? 69. — *Quelle est l'unité principale des mesures de capacité?* 70.—*Qu'est-ce que le litre?* 70.—*Quelle forme donne-t-on ordinairement au litre?* 71.—*Quels sont les multiples du litre?* 72.—*Quels sont les sous-multiples du litre?* 73. — *Que faudrait-il observer dans le calcul si l'on prenait l'hectolitre pour unité?* 74.—*Si l'on prend le décalitre pour unité, que faut-il observer?* 75. —

Si c'était le litre qu'on prît pour unité, que faudrait-il faire? 76. — *En combien de classes se divisent les mesures effectives autorisées pour les liquides?* 77.—*Quelle est la forme des mesures qui doivent être établies en cuivre, en tôle ou en fonte?* 78. — *Quelle est la forme des mesures qui ne peuvent être établies qu'en étain?* 79.—*A quoi servent les mesures établies en fer-blanc? quelle en est la forme?* 80. — *Comment se construisent les mesures effectives pour les matières sèches? Quelle en est la forme?* 81.

EXERCICES SUR LES MESURES DE CAPACITÉ.

NUMÉRATION.

1° *Nombres à écrire en chiffres* (n° 74.—76).

P. 171. 1° trois hectol. vingt-cinq litres; 2° quinze hectol. quatre décal.; 3° mille hectol. quatre litres; 4° six kilol. quinze litres; 5° cent deux litres seize centil.; 6° quinze litres deux centil.; 7° neuf kilol. six litres; 8° trente décal. vingt-trois litres; 9° sept litres neuf décil., et 10° dix-sept litres deux centilitres.

2° *Nombres à lire en indiquant la valeur des décimales.*

P. 172. 1° 17 hectol. 25; 2° 29 hectol. 15; 3° 16 hectol. 4; 4° 8 kilol. 04; 5° 12 hectol. 9; 6° 10 kilol.; 7° 8 décal. 9; 8° 19 décal. 25; 9° 6 litres 22; 10° 7 litres 4, 11° 5 litres 04; et 12° 6 décil. 7.

Sur l'application des Propriétés de la Numération.

P. 173. Combien y a-t-il de litres dans chacun des nombres suivants :

1° 1 hectol.; 2° 27 hectol.; 3° 1 décal.; 4° 37 décal.; 5° 10 décil.; 6° 184 décil.; 7° 100 centil.; 8° 2742 centil.?

P. 174. Combien y a-t-il de kilolitres dans chacun des nombres suivants :

1° 10 hectol.; 2° 478 hectol.; 3° 100 décal.; 4° 4767 décal.; 5° 100 litres; 6° 7638 litres; 7° 10000 décil.; 8° 456731 décil.?

P. 175. Combien y a-t-il d'hectol. dans chacun des nombres suivants :

1° 10 décal.; 2° 830 décal; 3° 100 litres; 4° 14840 litres;

5° 1000 décil.; 6° 89111 décil.; 7° 10000 centil.; 8° 109600 centil.?

P. 176. Combien y a-t-il de décalitres dans chacun des nombres suivants :

1° 1 hectol.; 2° 141 hectol.; 3° 100 litres; 4° 420 litres; 5° 10000 décil.; 6° 1875 décil.; 7° 10000 centil.; 8° 99004 centilitres?

P. 177. Combien y a-t-il de décilitres dans chacun des nombres suivants :

1° 1 hectol.; 2° 85 hectol.; 3° 1 décal.; 4° 29 décal.; 5° 1 litre; 6° 27 litres; 7° 10 centil.; 8° 142 centil.?

P. 178. Combien y a-t-il de centilitres dans chacun des nombres suivants : 1° 1 hectol.; 2° 27 hectol.; 3° 1 décal.; 4° 16 décalitres; 5° 1 litre; 6° 27 litres; 7° 1 décil.; 8° 12 décilitres?

ADDITIONS.

1er EXEMPLE.

Nombres entiers.

Quelle est la somme des nombres ci-après : 7606 hectolitres, 9354 hectol., et 8765 hectol.?

Opération.

```
      7606
      9354
      8765
      -----
Rép. 25725
```

2e EXEMPLE.

Nombres décimaux.

On demande le total des nombres suivants : 1° 25 hectol. 9 de blé; 2° 39 hectol. 7; et 3° 78 hectol. 8.

Opération.

```
      25, 9
      39, 7
      78, 8
      ------
Rép. 144, 4
```

qu'il faut lire 144 hectol. 4 déc.

3e EXEMPLE.

Autres nombres décimaux.

Quel est le total des nombres suivants : 1° 29 hectol. 25 lit. de vin; 2° 75 hectol. 98 lit., 3° 89 hectol. 06 lit.?

Opération.

```
       29,25
       75,98
       89,06
      ------
Rép. 194,29
```

qu'il faut lire 194 hectol. 29 lit.

4e EXEMPLE.

Parties décimales.

Trouver le total des nombres suivants : 1° 0 lit. 25; 2° 0 lit. 06; et 3° 0 lit. 75.

Opération.

```
       25
       06
       75
      -----
Rép. 1,06
```

qu'il faut lire 1 lit. 6 centil.

PROBLÈMES.

P. 179. On demande le total des nombres suivants :

1° 467 hectolitres; 2° 6296 hectol. ; 3° 8649 hectol. ; 4° 6343 hectol. ; et 5° 6789 hectol.

P. 180. Quel est le total des nombres suivants :

1° 1684 hectol. 25 litres ; 2° 8964 hectol. 35 litres ; 3° 6378 hectol. 98 litres ; 4° 3033 hectol. 36 litres ; et 5° 9380 hectol. 14 litres ?

P. 181. Combien y a-t-il d'hectol. et de litres de vin dans 4 fûts dont la contenance suit : celle du 1er est de 3 hectol. 75 litres ; celle du 2e, de 2 hectol. ; celle du 3e, de 3 hectol. 19 litres; et celle du 4e, de 2 hectol. 97 litres?

P. 182. Dire le total des nombres suivants :

1° 47 litres 25 centil. ; 2° 98 litres 24 centil. ; 3° 89 litres 33 centil. ; 4° 74 litres 29 centil. ; 5° 78 litres 45 centil. ; 6° 8345 litres 30 centil. ; et 7° 46 litres 09 centilitres

P. 183. Trouver combien il y a de litres dans 3 barils dont les contenances partielles sont : 1° 27 litres 75 centil. ; 2° 49 litres 32 centil. ; et 3° 98 litres 39 centil.

P. 184. Combien y a-t-il d'hectolitres et de décalitres de froment dans trois greniers, si le 1er en contient 148 hectol. 4 décal. ; le 2e, 169 hectol. 5 décal. ; et le 3e, 98 hectol. 6 décal. ?

P. 185. Un cultivateur a fait trois livraisons d'avoine comme il suit : la 1re est de 675 hect. 9 décal. ; la 2e est de 496 hect. 6 décal. ; et la 3e est de 796 hectol. 5 décal. ; dites ce qu'il a fourni en totalité.

SOUSTRACTIONS.

1er EXEMPLE.

Nombres entiers.

De 760300 hectol. ôtez 678 012 hect., et indiquez le reste.

Opération.

760300
678012

Rép. 082288 hectolit.

2e EXEMPLE.

Nombres décimaux.

J'avais dans mon grenier 766 hect. 7 décal. de froment, j'en ai vendu 589 hectol. 8 : dites ce qui doit m'en rester.

Opération.

676, 7
589, 8

Rép. 86, 9

qu'il faut lire 86 hectol. 9 décal.

3e EXEMPLE.

Autres nombres décimaux.

Il y avait dans une cave 768 hectol. 65 lit. de vin de Bordeaux, il en reste encore 679 hectol. 95 lit. : dites ce qu'il en a été vendu

Opération.

768, 65
679, 95

Rép. 88, 70
qu'il faut lire 88 hectol. 70 lit.

4e EXEMPLE.

Parties décimales.

De 0 litre 95 ôtez 0 litre 16, et dites le reste.

Opération.

0,95
0,16

Rép. 0,79
qu'il faut lire 79 centilit.

PROBLÈMES.

P. 186. De 6004000 hectol. 20 litres, ôtez 4969811 hectol. 75 litres, et indiquez le reste.

P. 187. Un fût de cidre en contient 49 hectol. 50 litres, et un autre n'en contient que 39 hectol. 55 litres : trouvez la différence entre l'un et l'autre.

P. 188. Un débitant avait dans ses caves 468 hectol. 45 lit. de vins de toute espèce, et il ne lui en reste que 418 hect. 73 litres : dites ce qu'il en a vendu.

P. 189. Si de 76890 hectol. 4 décal. de seigle on en prend 74691 hectol. 7 décal., combien en restera-t-il ?

P. 190. Il y avait 7700 hect. 5 décal. d'avoine dans un dépôt, et il n'en reste plus que 6946 hect. 8 décal. : combien en a-t-on retiré ?

MULTIPLICATIONS.

1er EXEMPLE.

Nombres entiers.

On demande le produit de 36967 hectol. par 49 unités.

Opération.

36967
× 49

332703
147868

Rép. 1811383 hectolitres.

2e EXEMPLE.

Nombres décimaux.

Dire le produit de 46 hectol. 29 lit. par 75 entiers.

Opération.

46, 29
× 75

23145
32403

Rép. 3471,75
qu'il faut lire 3471 hect. 75 lit.

3e EXEMPLE.

Parties décimales.

Trouver le produit de 0 lit. 07 par 8 unités.

Opération.

```
    0, 07
      8,
   ------
Rép. 0, 56
```

qu'il faut lire 56 centil.

4e EXEMPLE.

Nombres décimaux.

Combien y a-t-il d'hectolitres de vin dans une cave garnie de 420 pièces de chacune 2 hect. 25 lit. ?

Opération.

```
       2,25
       420,
     ------
      4500
      900
     ------
Rép. 945,00
```

qu'il faut lire 945 hectolitres.

PROBLÈMES.

P. 191. Multipliez 7496 hectol. par 673 unités, et indiquez le produit.

P. 192. Dites le produit de 84783 hect. 52 lit. par 479 unités.

P. 193. On demande combien il y a d'hectol. de bière dans 689 fûts, si chacun en contient 1 hectol. 25 litres.

P. 194. Calculez le nombre d'hectol. de vin contenu dans 768 pièces contenant, chacune, 3 hect. 75 litres.

P. 195. Combien y a-t-il de litres dans 9685 flacons, si chacun contient 0 litre 25 centilitres?

P. 196. Un propriétaire a 12 fermiers qui lui paient chacun 326 hect. 4 décal. de froment: dites ce qu'il reçoit d'hectol. par an.

P. 197. On désire savoir la quantité d'hectol. d'avoine contenus dans 6747 sacs, si chaque sac en contient 1 hectol. 8 décalitres.

DIVISIONS.

1er EXEMPLE.

Nombres entiers.

Divisez 437605 hectol. par 27, et donnez-en le quotient.

Opération.

```
437605 | 27
       |---------
167    | 16207,59
 56
  205
   160
    250
      7
```

Le quotient doit être lu 16207 hectol. 59 lit., et il reste 7 lit.

2e EXEMPLE.

Nombres décimaux.

Trouver le quotient de 713 hectol. 44 lit. par 98 unités.

Opération.

```
713,44 | 98
       |------
 27 4  | 7,28
  7 84 |
     0
```

Le quotient doit être lu 7 hectol. 28 lit.

3e EXEMPLE.

Parties décimales.

Diviser 0 litre 015 par 5 unités.

Opération.

```
0,015 | 5
      |------
    0 | 0,003
```

Le quotient doit être lu 3 millilitres.

4e EXEMPLE.

Nombres décimaux.

Il y a dans une cave 945 hectolitres de vin dans 420 pièces égales : combien chacune en contient-elle ?

Opération.

```
 945  | 420
      |------
1050  | 2,25
 2100 |
  000 |
```

La réponse doit être lue 2 hectolitres 25 litres.

PROBLÈMES.

P. 198. On propose de diviser le nombre 468904 hect. par 78 unités : quel sera le quotient ?

P. 199. On veut mettre 15952 hect. 80 lit. de vin dans 6647 fûts : combien chaque fût en contiendra-t-il ?

P. 200. Un marchand brasseur a fourni, en 215 livraisons égales, 892 hectol. 25 litres de bière : de combien était chaque livraison ?

P. 201. Combien faut-il de flacons pour contenir 74 litres 25 centil. d'eau de fleur d'oranger, si la contenance de chaque flacon est de 0 litre 27 centilitres ?

P. 202. On a fait provision de 4685 hectol. 2 décal. de blé : combien faut-il de sacs pour le mettre, si chaque sac peut en contenir 1 hect. 3 ?

P. 203. Un portefaix chargé de transporter 790 hectol. 5 décal. d'avoine, en porte 1 hectol. 4 décal. à chaque voyage, combien fera-t-il de voyages ?

MESURES DE POIDS.

* 82. On appelle mesures de *poids*, ou simplement *poids*, les mesures dont on se sert pour peser.

* 83. L'unité principale des mesures de poids est le GRAMME : ***c'est un poids égal à celui d'un centimètre cube d'eau distillée, prise à la température du maximum de densité et pesée dans le vide*** (n° 2).

84. Les multiples du *gramme* sont :

Le Décagramme, qui égale. .	10 grammes;
L'Hectogramme, ...	100 grammes;
Le Kilogramme, ...	1.000 grammes;
Le Myriagramme, ...	10.000 grammes.

* 85. Les sous-multiples du gramme sont les suivants :

Le Décigramme, qui égale la 10ᵉ	partie du gramme;
Le Centigramme, . . . 100ᵉ	partie du gramme.
Le Milligramme, . . .1.000ᵉ	partie du gramme.

Le *myriagramme* égale donc		10 kilogrammes,
	ou	100 hectogramm.,
	ou	1.000 décagrammes,
	ou	10.000 grammes, etc.
Le *kilogramme* égale. . . .		10 hectogrammes,
	ou	100 décagrammes,
	ou	1.000 grammes, etc.
L'*hectogramme* égale. . .		10 décagrammes,
	ou	100 grammes, etc.
Le *décagramme* égale . .		10 grammes, etc.,
	ou	100 décigram., etc.
Le *gramme* égale. . . .		10 décigrammes,
	ou	100 centigrammes,
	ou	1.000 milligrammes.
Le *décigramme* égale. . .		10 centigrammes,
	ou	100 milligrammes.
Le *centigramme* égale . .		10 milligrammes.

* 86. L'expression *myriagramme* est ordinairement remplacée par celle de dix *kilogrammes.*

* 87. Le *quintal métrique* pèse 100 kilogrammes, et le tonneau de mer en pèse 1.000.

Ces mesures s'indiquent en abrégé comme il suit :

Gramme.	gram.
Myriagramme. . . .	myriag.
Kilogramme.	kilog.
Hectogramme. . . .	hectog.
Décagramme	décag
Décigramme.	décig.
Centigramme	centig.
Milligramme	millig.

* 88. Le *kilogramme*, étant un poids commode pour les pesées, est devenu l'unité usuelle des mesures de poids; et, dans le commerce ordinaire, on compte par KILOGRAMMES, dont les dixièmes sont des *hectogrammes*, et les centièmes, des *décagrammes*. Ainsi, on dit 10 kilogrammes 5 hectogrammes; 115 kilogrammes 8 hectogrammes; 25 kilogrammes 15 décagrammes de pain, de viande, de beurre, de savon, de café, de sucre, de riz, de sel, etc.

Dans le calcul, le premier chiffre à droite des kilog. représente des hectogram., le deuxième des décag., le troisième des grammes, etc.; de sorte que, par exemple, les nombres 19 kilog. 5, 15 kilog. 85, et 25 kilog. 175, etc., s'expriment 19 kilog. 5 hectog., 15 kilog. 85 décag., et 25 kilog. 175 grammes, etc.

89. Cependant, dans l'évaluation des choses précieuses, on prend le GRAMME pour *unité*; ses décimales sont *décigramme*, *centigramme* et *milligramme*. On dit, par exemple, 24 grammes 15 centigrammes d'argent; 16 grammes 125 milligrammes d'or; ainsi des autres. Alors le premier chiffre décimal exprime des décig., le deuxième des centig., et le troisième des millig.; de sorte que les nombres 24 grammes 15 et 16 gram. 125, etc., s'expriment 24 grammes 15 centig., et 16 grammes 125 millig., etc.

Mesures effectives de Poids.

90. En général, on distingue deux sortes de poids, ceux qui sont fabriqués en fonte de fer, et ceux qui sont fabriqués en cuivre.

91. La forme des poids de 50 et de 20 kilog. en fonte est celle d'une pyramide tronquée dont la base est un rectangle à angles arrondis; la forme des autres poids en fonte est celle d'une pyramide tronquée dont la base est un hexagone régulier. (Fig. 9, pl. 3.)

Ces poids sont détaillés dans le tableau suivant, avec les dimensions prescrites par les instructions ministérielles du 19 décembre 1839.

TABLEAU *des Poids en fonte de fer.*

NOMS DES POIDS.	LEUR VALEUR en grammes.	ABRÉVIATIONS qui sont écrites sur la face supérieure.	HAUTEUR des POIDS.
			millim.
50 kilogrammes.	50.000	50 Kilog.	136
20 kilogrammes.	20.000	20 Kilog.	100
10 kilogrammes.	10.000	10 Kilog.	82
5 kilogrammes.	5.000	5 Kilog.	66
Double-kilogram.	2.000	2 Kilog.	48
Kilogramme.	1.000	1 Kilog.	39
Demi-kilogramme.	500	Demi-Kilog. 5 Hectog.	31
Double-hectogram.	200	2 Hectog.	23
Hectogramme.	100	1 Hectog.	18
Demi-hectogram.	50	Demi-Hectog.	14

92. Les poids en cuivre, depuis celui de 20 hectog. jusqu'au gramme, ont la forme d'un cylindre surmonté d'un bouton. (Fig. 8, pl. 3.)

La hauteur BC du cylindre doit égaler son diamètre, et celle du bouton en être la moitié; cependant, les poids d'*un* et de *deux* grammes doivent avoir le diamètre plus grand que la hauteur, afin de donner la place nécessaire pour y graver le nom du poids.

Les poids cylindriques, jusqu'au poids de 200 grammes, peuvent être massifs ou creux, mais le volume doit être le même pour les poids de même valeur.

Le tableau suivant comprend la série des poids cylindriques en cuivre, avec les dimensions qu'ils doivent avoir, d'après les instructions ministérielles du 19 décembre 1839.

TABLEAU *des poids cylindriques en cuivre.*

NOMS DES POIDS.	INDICATIONS qui sont écrites sur la face supérieure.	HAUTEUR et diamètre du cylindre.		HAUTEUR du bouton.
		millim.		millim.
20 Kilogrammes.	20 kilogrammes.	142		71
10 Kilogrammes.	10 kilogrammes.	114		57
5 Kilogrammes.	5 kilogrammes.	90		45
Double-kilogram.	2 kilogrammes.	66		33
KILOGRAMME.	1 kilogramme.	52		26
Demi-kilogramme.	500 grammes.	42		21
Double-hectogr.	200 grammes.	32		16
HECTOGRAMME.	100 grammes.	25		12,5
Demi-hectogram.	50 grammes.	20		10
Double-décagram.	20 gram.	14		7
DÉCAGRAMME.	10 gram.	11		5,5
Demi-décagram.	5 gram.	9		4,5
		haut.	diam.	
Double-gramme.	2 gram.	4	8	4
GRAMME.	1 gram.	2,5	7	3,5

93. Les poids d'un demi-gramme et au-dessous sont des lames de cuivre minces et carrées.

Ces poids servent principalement à peser les choses précieuses comme les matières d'or et d'argent, les perles, les diamants, etc., etc.; on les emploie aussi dans les manipulations chimiques, dans les recherches de physique très-délicates, et dans la pharmacie.

Les figures 12 et 13, planche 3, représentent des poids de ce genre. Les dimensions des poids en lames de laiton sont détaillées au tableau suivant.

TABLEAU *des Poids en lames de laiton carrées.*

NOMS DES POIDS.	INDICATION qu'ils portent.	CÔTÉS DU CARRÉ d'après les instructions ministérielles.
		millimètres.
Demi-gramme.	5 décig.	15
Double-décigramme.	2 décig.	12
DÉCIGRAMME.	1 décig.	10
Demi-décigramme.	5 C. G.	9
Double-centigramme.	2 C. G.	7
CENTIGRAMME.	1 C. G.	6
Demi-centigramme.	5 M. G.	5
Double-milligramme.	2 M.	4
MILLIGRAMME.	1 M.	3,3

94. Il y a aussi des poids en cuivre, dans la forme de godets coniques, qui s'empilent les uns dans les autres, et dont le plus grand est une boîte qui les renferme tous.

Chaque série forme un poids d'un kilogramme ou d'un de ses sous-multiples, et chaque pièce correspond à l'un des poids cylindriques.

La figure 9, A, représente le poids de 10 grammes.
La figure 9, B, représente le poids d'un gramme.

95. Les poids, soit en fer, soit en cuivre, se divisent en trois classes :

1° Les poids de 50 kilogrammes et au-dessous, jusques et y compris le kilogramme, sont appelés *gros poids ;*

2° Les poids au-dessous du kilogramme, y compris le gramme, sont appelés *poids moyens ;*

3° Enfin, les poids inférieurs au gramme sont appelés *petits poids.*

De la Balance.

96. La balance est un instrument dont on se sert pour connaître le poids des corps en les mettant en équilibre avec des poids déterminés. Il y en a de plusieurs sortes : nous ne parlerons ici que de la balance dite *à bras égaux*, fig. 11, pl. 3.

Cette espèce de balance se compose de trois choses principales : 1° de la colonne O C, 2° du fléau A C B, et 3° des bassins P. R. Souvent la colonne est remplacée par une châsse et un anneau au moyen duquel on suspend les balances.

Pour peser un corps on le met dans l'un des bassins de la balance, et l'on charge l'autre bassin avec des poids jusqu'à ce que l'équilibre soit établi : alors on dit que le corps pèse autant que les poids.

Toute balance, pour être bonne, doit réunir les conditions suivantes :

1° Le fléau doit se tenir de lui-même dans une position horizontale, et tendre à reprendre cette position lorsqu'on l'en a écarté; 2° les points de suspension A et B et le centre de rotation C doivent rigoureusement être sur une même ligne droite;

3° Les mêmes points de suspension A et B des bassins doivent être à égale distance du centre de rotation C. Cette condition essentielle est cependant très-difficile à remplir, mais l'on peut y remédier par la méthode des doubles pesées. Pour cet effet, après avoir placé dans l'un des bassins l'objet que l'on doit peser, on fait l'équilibre en mettant du sable, de la grenaille de plomb ou quelque autre corps dont le volume soit facile à augmenter et à diminuer; ensuite on retire l'objet que l'on veut peser, et on le remplace par des poids jusqu'à ce que l'équilibre soit de nouveau rétabli : alors on est sûr que l'objet à peser égale ce poids, puisqu'il fait équilibre à la même résistance que lui.

On dit que l'équilibre est établi quand le fléau est immobile, dans la position horizontale : alors l'aiguille C D, s'il y en a une, marque zéro.

On appelle oscillations les mouvements du fléau autour du point de suspension C.

Plus ces oscillations se font avec lenteur, plus la balance est sensible.

4° Les plateaux, avec leurs suspensions, doivent être de même poids entre eux, pour ne faire pencher le fléau ni d'un côté ni de l'autre.

Questions sur les Mesures de poids.

Qu'appelle-t-on mesures de poids? 82. — *Quelle est l'unité principale des mesures de poids?* 83.—*Qu'est-ce que le gramme?* 83. — *Quels sont les multiples du gramme?* 84.—*Quels sont les sous-multiples du gramme?* 85.—*Comment remplace-t-on ordinairement l'expression de myriagramme?* 86.—*Combien de kilog. pèsent le quintal métrique et le tonneau de mer?* 87. —*Quel est l'usage du kilogramme?* 88.— *Quels sont les usages du gramme et de ses sous-multiples?* 89. — *Combien distingue-t-on de sortes de poids?* 90. — *Quelle est la forme des poids en fonte?* 91.—*Quelle est la forme des poids en cuivre depuis le* 20 *hectog. jusqu'au gramme?* 92.—*Quelle est la orme des poids d'un demi-gramme et au-dessous?* 93.—*N'existe-t-il pas des poids en cuivre sous la forme de godets coniques?* 94.— *En combien de classes se divisent les poids?* 95.—*Qu'est-ce que la balance?* 96.

EXERCICES SUR LES MESURES DE POIDS.

NUMÉRATION.

1° *Nombres à écrire en chiffres* (n° 88).

P. 204. 1° Vingt kilogrammes trente-deux décagrammes; 2° douze kilog. dix-neuf décag.; 3° vingt kilog. cent-trente-deux grammes; 4° onze kilog. vingt-six gram.; 5° treize kilog. sept gram.; 6° neuf grammes; 7° seize grammes quatorze centig.; 8° neuf grammes cinq centig.; 9° quinze millig.; et 10° douze cent-vingt-six millig.

2° *Nombres à lire en indiquant la valeur des parties décimales.*

P. 205. 1° 27 kilogrammes 75; 2° 36 kilog. 4; 3° 76 kilog. 04; 4° 26 kilog. 004; 5° 4 myriag. 006; 6° 9 myriag. 0005; 7° 21 kilog. 000001; 8° 16 grammes 27; 9° 3 grammes 006; 10° 0 gram. 015; 11° 0 gram. 04; et 12° 0 gram. 003.

Sur l'Application des Propriétés de la Numération.

P. 206. Combien y a-t-il de grammes dans chacun des nombres suivants:

1° 1 kilogram.; 2° 12 kilog.; 3° 1 hectog.; 4° 28 hectog.; 5° 1 décag.; 6° 82 décag.; 7° 10 décig.; 8° 119 décig.; 9° 100 centig.; 10° 1111 centig.?

P. 207. Combien y a-t-il de kilogrammes dans chacun des nombres suivants:

1° 10 hectog.; 2° 295 hectog.; 3° 100 décag.; 4° 7140 décag.; 5° 1000 gram.; 6° 80009 gram.; 7° 10000 décig.; 8. 7010102 décig.; 9° 100000 centig.; 10° 1062487 centig.?

P. 208. Combien y a-t-il d'hectogrammes dans chacun des nombres suivants:

1° 1 kilog.; 2° 23 kilog.; 3° 10 décag.; 4° 89 décag.; 5° 100 grammes; 6° 895 grammes; 7° 1000 décigrammes; 8° 10000 centigrammes; 9° 9864321 centigrammes?

P. 209. Combien y a-t-il de décagrammes dans chacun des nombres suivants:

1° 1 kilogramme; 2° 19 kilog.; 3° 1 hectog.; 4° 97 hectog.; 5° 10 gram.; 6° 98 gram.; 7° 100 décig.; 8° 8797 décig.; 9° 1000 centig.; 10° 70412 centig.?

P. 210. Combien y a-t-il de décigrammes dans chacun des nombres suivants:

1° 1 kilog.; 2° 10 kilog.; 3° 1 hectog.; 4° 29 hectog.; 5° 1 décag. ; 6° 37 décag. ; 7° 1 gram. ; 8° 28 gram. ; 9° 10 centig. ; 10° 58 centigram. ?

P. 211. Combien y a-t-il de centigrammes dans chacun des nombres suivants :

1° 1 kilog. ; 2° 26 kilog. ; 3° 1 hectog. ; 4° 16 hectog. ; 5° 1 décag. ; 6° 37 décag. ; 7° 1 gram. ; 8° 13 gram. ; 9° 1 décig. ; 10° 750 décig. ?

P. 212. Combien y a-t-il de milligrammes dans chacun des nombres suivants :

1° 1 décag. ; 2° 876 décag. ; 3° 1 gram. ; 4° 786 gram. ; 5° 1 décig. ; 6° 46 décig. ; 7° 1 centig. ; 8° 14 centig. ?

ADDITIONS.

1° EXEMPLE.

Nombres entiers.

Combien y a-t-il de kilog. dans les 4 nombres ci-après : 1° 7777 kilog. ; 2° 8769 kilog. ; 3° 5336 kilog. ; et 4° 9865 kil. ?

Opération.

```
      7777
      8769
      5336
      9865
     -----
Rép. 31747
```

2° EXEMPLE.

Nombres décimaux.

On propose de faire le total des nombres suivants : 1° 67 kilog. 75 ; 2° 88 kilog. 57 ; et 3° 85 kilog. 88.

Opération.

```
      67, 75
      88, 57
      85, 88
     -------
Rép. 242, 20
```

qu'il faut lire 242 kil. 20 décag.

3° EXEMPLE.

Autre sur les nombres décim.

Soit proposé d'additionner ensemble les nombres suivants : 1° 9 gram. 671 ; 2° 7 gram. 459 ; et 3° 4 gram. 198.

Opération.

```
      9, 671
      7, 459
      4, 198
     -------
Rép. 21, 328
```

qu'il faut lire 21 gram. 328 mil.

4° EXEMPLE.

Parties décimales.

Trouver le total des quatre nombres ci-après : 1° 0 gram. 642 ; 2° 0 gram. 075 ; 3° 0 gram. 42 ; et 4° 0 gram. 176.

Opération.

```
      0, 642
      0, 075
      0, 420
      0, 176
     -------
Rép.  1, 313
```

qu'il faut lire 1 gram. 313 millig.

PROBLÈMES.

P. 213. Un marchand épicier a reçu 4 caisses de savon, dont le poids brut est 1° 148 kilog. 65 décag. ; 2° 154 kilog. 22 décag. ; 3° 139 kilog. 98 décag. ; et 4° 160 kilog. 33 décag. : dire le poids total de ces quatre caisses.

P. 214. On demande la quantité d'huile contenue dans 3 barils si le 1er en contient 99 kilog. 25 décag. ; le 2e 101 kilog. 98 décag. ; et le 3e 87 kilog. 56 décag.

P. 215. Un voiturier a fait charger sur sa voiture 7 balles de marchandises qui pèsent comme il suit, savoir : la 1re 159 kilog. 25 décag. ; la 2e 215 kilog. 18 décag. ; la 3e 170 kilog. 32 décag. ; la 4e 238 kilog. 19 décag. ; la 5e 177 kilog. 38 décag. ; la 6e 242 kilog. 27 décag. ; et la 7e 99 kilog. 34 gram. : dites le poids de ce chargement.

P. 216. Un orfèvre a vendu les objets en vermeil dont le détail suit : un calice du poids de 527 gram. 450 millig. ; une paire de burettes du poids de 216 gram. 275 millig. ; une sonnette du poids de 115 grammes ; un ciboire du poids de 205 gram. 301 millig. : dites le poids total de ces différents objets.

SOUSTRACTIONS.

1er EXEMPLE.

Nombres entiers.

Quel est l'excédant de 70800 kilog. sur 61278 kilog. ?

Opération.

```
        70800
        61278
       ------
Rép.    09522 kilog.
```

2e EXEMPLE.

Nombres décimaux.

De 47 kilog. 42 ôtez 39 kilog. 27, et dites ce qui reste.

Opération.

```
        47,   42
        39,   27
       ----------
Rép.    08,   15
```

qu'il faut lire 8 kilog. 15 décag.

3e EXEMPLE.

Autre sur les nombres décim.

Soit proposé de trouver la différence entre 18 hectog. 01 et 8 hectog. 17.

Opération.

```
        18,   01
         8,   17
       ----------
Rép.     9,   84
```

qu'il faut lire 9 hectog. 84 grammes.

4e EXEMPLE.

Parties décimales.

Si de 0 gramme 018 on ôte 0 gram. 013, quel sera le reste ?

Opération.

```
         0,   018
         0,   013
       -----------
Rép.     0,   005
```

qu'il faut lire 5 milligrammes.

PROBLÈMES.

P. 217. Trouver la différence entre 14680000 kilog. et 3681111 kilog.

P. 218. Dans une raffinerie de sucre de betterave, il en a été fabriqué 46040 kilog. 41 décag. et vendu 36789 kilog. : combien doit-il en rester à vendre ?

P. 219. Un propriétaire qui avait récolté 647000 kilog. de riz, en a vendu 146301 kilog. 25 décag. : dites ce qu'il lui en reste à vendre.

P. 220. Un calice pèse 275 grammes 140 millig. et un ciboire 261 gram. 172 millig. : dites ce que le calice pèse de plus que le ciboire.

P. 221. Un objet en or pèse 245 millig., et un autre 166 milligrammes : combien le 1er pèse-t-il plus que le second ?

MULTIPLICATIONS.

1er EXEMPLE.

Nombres entiers.

Multipliez 876409 kilogram. par 687, et dites le produit.

Opération.

```
    876409
  ×    687
  --------
   6134863
  7011272
 5258454
 ---------
Rép. 602092983 kilog.
```

2e EXEMPLE.

Nombres décimaux.

Dire le produit de 74 kilog. 04 décag. par 19 unités.

Opération.

```
    74, 04
  ×     19
  --------
     66636
     7404
  --------
Rép. 1406,76
```

qu'il faut lire 1406 kilog. 76 décag.

3e EXEMPLE.

Sur les nombres décimaux.

Multipliez 23 gram. 756 par 29 unités, et dites le produit.

Opération.

```
    23, 756
  ×     29
  --------
    213 804
    475 12
  --------
Rép. 688,924
```

qu'il faut lire 688 grammes 924 millig.

4e EXEMPLE.

Parties décimales.

Trouvez le produit de 0 gram. 614 par 75 unités.

Opération.

```
    0, 614
  ×    75
  --------
     3070
    4298
  --------
Rép. 46,050
```

qu'il faut lire 46 grammes 50 millig.

PROBLÈMES.

P. 222. Faites le produit de 468905 kilog. par 679 unités.

P. 223. Combien y a-t-il de kilogrammes de figues dans 247 cabas, si chaque cabas en contient 14 kilog. 25 décag. ?

P. 224. On a acheté 189 caisses de raisins secs pesant chacune, net, 29 kilog. 75 décag. : dites quelle est la totalité de cet achat.

P. 225. Combien y a-t-il de kilogram. de pruneaux dans 468 caisses, si chacune en contient 57 kilog. 89 décag. ?

P. 226. Quel est le poids de 24 couverts d'argent, si chacun pèse 123 gram. 218 millig. ?

DIVISIONS.

1er EXEMPLE.

Nombres entiers.

Divisez 386609 kilogrammes par 37 unités.

Opération.

```
386609  |37
0166    |--------
  180   |10448,89
   329  |
   330
    340
      7
```

le quotient doit être lu 10448 kilog. 89 décag., et il reste 7.

2e EXEMPLE.

Nombres décimaux.

Trouver le quotient de 745 kilog. 35 par 15 unités.

Opération.

```
745,35  | 15
145     |------
 103    | 49,69
  135   |
   00
```

le quotient doit être lu 49 kilog. 69 décag.

3e EXEMPLE.

Autre sur les nombres décimaux.

Quel est le quotient de 4 grammes 260 millig. par 12 unités ?

Opération.

```
4,260 |  12
   66 |------
   60 | 0,355
    0 |
```

le quotient doit être lu 355 milligrammes.

4e EXEMPLE.

Parties décimales.

Divisez 0 gramme 963 par 9 unités.

Opération.

```
0, 963 |  9
       |------
   063 |0,107
     0 |
```

le quotient doit être lu 107 milligrammes.

PROBLÈMES.

P. 227. Quel est le quotient de 468046 kilog. par 645 unités?

P. 228. 45 barils d'huile en contiennent ensemble 5715 kilog. ; dire ce que chaque baril en contient.

P. 229. On demande le poids d'un pain de sucre lorsque 6749 pèsent ensemble 57029 kilog. 05 décag.

P. 230. Trouver le poids d'un baril de miel, lorsque 492 pèsent ensemble 17559 kilog. 48 décag.

P. 231. Quel est le poids d'un objet en or, lorsque 250 semblables pèsent ensemble 1153 gram. 750 millig. ?

MESURES MONÉTAIRES.

* 97. On appelle mesures *monétaires*, ou simplement *monnaies*, celles qui servent à évaluer le prix des choses.

* 98. L'unité *monétaire* est le FRANC : ***c'est une pièce de monnaie du poids de cinq grammes, contenant neuf dixièmes d'argent et un dixième d'alliage.***

* 99. Le *franc* ne se lie à aucun des mots multiples, et on le compte avec les nombres ordinaires : on dit donc 10 francs, 100 francs, 1.000 francs, etc., et non *décafranc*, *hectofranc*, *kilofranc*, etc.

* 100. Il se divise en *dixièmes*, *centièmes* et *millièmes*; mais au lieu de dire *décifranc*, *centifranc*, on dit *décime*, *centime* (1), et au lieu de dire *millifranc*, on dit *millième*.

Ainsi, le *franc* égale		10	décimes,
	ou	100	centimes,
	ou	1.000	millièmes.
Le *décime* égale		10	centimes,
	ou	100	millièmes.
Le *centime* égale		10	millièmes.

(1) Ce mot est du genre masculin : on ne doit donc pas dire *une* centime, mais *un* centime.

* 100 (*bis*). Dans le calcul, on écrit les francs au rang des unités, les décimes au rang des dixièmes, les centimes au rang des centièmes, etc. ; de sorte que ce nombre 4 fr. 25 s'exprime 4 francs 25 cent., et celui-ci 6 fr. 125 s'exprime 6 francs 125 millièmes.

Si l'on avait à exprimer des parties plus petites que les millièmes de franc, on pourrait exprimer d'abord les centièmes, et ensuite les autres chiffres décimaux de cette manière : 4 fr. 45 cent. 25 dix-millièmes.

Dans les calculs ordinaires, on néglige les parties plus petites que le centime.

En abrégé, on désigne franc par f., décime par d. ou déc., centime par c. ou cent.

Monnaies effectives.

101. La série des pièces de monnaie se compose de 11 pièces dont la valeur, le diamètre et le poids sont cotés dans le tableau suivant :

TABLEAU *des Pièces de Monnaie légale en circulation.*

INDICATION et valeur DES PIÈCES.		DIAMÈTRE DES PIÈCES.	POIDS DES PIÈCES.
		millim.	gram. centigr.
2 en or.	40 francs.	26	12, 9032
	20,	21	6, 4516
5 en argent.	5,	37	25,
	2,	27	10,
	1,	23 (1).	5,
	½ fr.	18	2, 50
	¼ de fr.	15	1, 25
1 en billon.	10 cent.	19	2,
3 en cuivre.	décime.	31	20,
	5 cent.	27	10,
	1 cent.	18	2,

(1) Voir figure 10, planche 3.

La loi du 7 germinal an XI (28 mars 1803) a aussi décrété des pièces de 2 et de 3 centimes, et de trois quarts de franc; mais elles n'ont pas encore été mises en circulation; il en est de même des pièces d'or de 10 et de 100 francs, créées par l'ordonnance royale du 8 novembre 1830.

Chaque pièce de monnaie ayant un diamètre particulier, ainsi que l'indique le tableau ci-dessus, on peut obtenir la longueur du mètre en mettant bord à bord et sur une même ligne,

1° 32 pièces de 40 fr. et 8 pièces de 20 fr.

Car 32 × 26 millimètres, diamètre des pièces de 40 fr. = ... 0 m. 832
Et 8 × 21 millim., diamètre des pièces de 20 fr. = ... 168

Total. 1 m. 000

2° 11 pièces de 40 fr. et 34 pièces de 20 fr.;

3° 20 pièces de 2 fr. et 20 de 1 fr.
Car 20 × 27 = ... 0 m. 540
Et 20 × 23 = ... 0 m. 460

Total. 1 m. 000

4° 19 pièces de 5 fr. et 11 de 2 fr.
Car 19 × 37 millim. = ... 0 m. 703
Et 11 × 27 millim. = ... 0 m. 297

Total. 1 m. 000

5° 27 pièces de 5 fr., rangées en cette manière, donnent 999 millim. (1 mètre moins 1 millim.)

Il existe encore quelques autres combinaisons qui donnent la longueur du mètre. Il est cependant à remarquer, 1° que la loi du 7 germinal an XI ne fait pas des pièces de monnaie des étalons de mesures, mais qu'elle en a seulement déterminé le poids; 2° que les pièces d'or et les pièces de cinq francs, frappées depuis 1830, portent sur la tranche des lettres en relief, ce qui exige quelque précaution pour les mettre en contact.

Tolérance sur le Poids des Pièces de Monnaie.

102. Le poids des pièces de monnaie, tel qu'il est indiqué au tableau ci-dessus, a été déterminé par la loi du 7 germinal an XI; mais comme il serait très-difficile de fabriquer des pièces qui

eussent exactement le poids légal, la loi tolère une petite erreur, en *plus* ou en *moins*, relative au poids des pièces : c'est ce qu'on appelle *tolérance de poids*.

Pour les pièces en *or*, la tolérance est des deux millièmes du poids de la pièce en *plus* ou en *moins*; ce qui donne 0 gram. 026 pour la pièce de 40 francs, et 0 gram. 013 pour celle de 20 francs.

Pour la pièce d'un quart de franc, la *tolérance* est du centième du poids de la pièce; ce qui donne 0 gram. 0125 de tolérance.

Pour la pièce d'un demi-franc, la tolérance est des 7 millièmes du poids de la pièce; ce qui donne 0 gram. 017.

Pour les pièces d'un franc et de 2 francs, la tolérance est des 5 millièmes du poids des pièces; ce qui donne 0 gram. 025 pour la première, et 0 gram. 05 pour la seconde.

Pour la pièce de 5 francs, la tolérance est des 3 millièmes du poids de la pièce; ce qui donne 0 gram. 075 de tolérance en plus ou en moins.

Pour les monnaies de cuivre, la tolérance n'a lieu qu'en *plus*, et elle est d'un cinquantième du poids de la pièce; ce qui donne, pour le décime, 0 gram. 40 de tolérance; pour les 5 centimes, 0 gram. 20, et pour le centime, 0 gram. 04.

Du Titre des Pièces de Monnaie.

103. Les pièces d'or et d'argent contiennent 1 partie de cuivre et 9 parties d'or ou d'argent pur : c'est ce que l'on entend quand on dit qu'elles sont au titre $\frac{9}{10}$. Les pièces de billon sont au titre $\frac{2}{10}$, c'est-à-dire qu'elles sont composées de 8 parties de cuivre et de 2 parties d'argent (1).

Questions sur les Mesures monétaires.

Qu'appelle-t-on mesures monétaires? 97. — *Quelle est l'unité monétaire?* 98. — *Qu'est-ce que le franc?* 98. — *Le franc a-t-il des multiples?* 99. — *Quels sont les sous-multiples du franc?* 100. — *Faites connaître la série des pièces de monnaie?* 101. — *Qu'appelle-t-on tolérance de poids?* 102. — *Qu'entend-on par le titre des pièces de monnaie?* 103. — *Quel est le titre des pièces d'or?* 103. — *Quel est le titre des pièces d'argent?* 103. — *Quel est le titre des pièces de billon?* 103.

---

(1) En terme de monnaie, on dit $\frac{900}{1000}$ et $\frac{200}{1000}$, expressions qui, d'ailleurs, équivalent à $\frac{9}{10}$ et $\frac{2}{10}$.

OBSERVATIONS GÉNÉRALES.

Toutes les mesures et tous les poids à l'usage du commerce doivent porter ostensiblement la dénomination de la mesure ou du poids qu'ils représentent, ainsi que le nom ou la marque du fabricant.

Tout acheteur a le droit de s'assurer si les mesures ou les poids qui servent à évaluer les marchandises qu'il achète sont conformes à la loi.

EXERCICES SUR LES MESURES MONÉTAIRES.

NUMÉRATION.

Nombres à écrire en chiffres (n° 100 *bis*).

P. 232. 1° Cent vingt-cinq francs trente-cinq cent. ; 2° dix-neuf francs quinze cent. ; 3° huit francs quatre deci. ; 4° seize francs quatre cent. ; 5° douze mille deux francs quatre millièmes ; 6° huit cent deux francs trente millièmes ; 7° trois francs deux millièmes ; 8° cinquante centimes ; 9° cinq centimes ; 10° un centime.

Nombres à lire en indiquant la valeur des parties décimales.

P. 233. 1° 25 fr. 24 ; 2° 6 fr. 4 ; 3° 7 fr. 05 ; 4° 8 fr. 75 ; 5° 7 fr. 421 ; 6° 0 fr. 007 ; 7° 20 fr. 02 ; 8° 12 fr. 2.

Application des Propriétés de la Numération.

P. 234. Combien y a-t-il de francs dans chacun des nombres suivants :

1° 10 décimes ; 2° 57 décimes ; 3° 4789 centimes ; 4° 100 centimes ; 5° 16789 centimes ; 6° 74678 centimes ?

P. 235. Combien y a-t-il de décimes dans chacun des nombres suivants :

1° 1 franc ; 2° 199 fr. ; 3° 8794 francs ; 4° 12 centimes ; 5° 8747 centimes ?

P. 236. Combien y a-t-il de centimes dans chacun des nombres suivants :

1° 1 franc ; 2° 10 francs ; 3° 206 francs ; 4° 1 décime ; 5° 27 décimes ; 6° 742 décimes ?

ADDITIONS.

1er EXEMPLE.

Nombres entiers.

Combien y a-t-il de francs dans les trois sommes ci-après : 780906 ; 96708 ; 47897 ?

Opération.

```
 780906
  96708
  47897
 ------
 925511
```

Rép. 925511 francs.

2e EXEMPLE.

Nombres décimaux.

Quel est le total des sommes suivantes : 1° 728 fr. 45 ; 2° 677 fr. 40 ; 3° 497 fr. 38 ?

Opération.

```
 728, 45
 677, 40
 497, 38
 -------
1903, 23
```

Rép. 1903, 23 qu'il faut lire 1903, fr. 23 cent.

3e EXEMPLE.

Parties décimales.

Dites ce que doit, en totalité, une personne qui a les dettes suivantes : 1° 0 45 ; 2° 0 fr. 725 ; et 3° 0 fr. 275.

Opération.

```
 0, 45
 0, 725
 0, 275
 ------
 1, 450
```

Rép. 1, 450 qu'il faut lire 1 fr. 45 cent.

4e EXEMPLE.

J'ai dépensé les trois sommes suivantes, savoir : 1847 fr. 25 cent. ; 242 fr. 75 cent. ; 826 fr. 35 cent. : quel est le total de ma dépense ?

Opération.

```
1847, 25
 242, 75
 826, 35
 -------
2916, 35
```

Rép. 2916, 35 qu'il faut lire 2916 fr. 35 cent.

PROBLÈMES.

P. 237. On demande le total des sommes suivantes : 1re 476 fr. ; 2e 7896 fr. ; 3e 1479 fr. ; et 4e 964 fr.

P. 238. Un débiteur doit à 5 créanciers les sommes suivantes, savoir : au 1er 67004 fr. ; au 2e 96041 fr. ; au 3e 49690 fr. ; au 4e 79307 fr. ; et au 5e 68409 fr. : dites ce qu'il doit en totalité.

P. 239. Une maison de commerce a fait, pendant une semaine, les recettes suivantes : le lundi, 4680 fr. 50 cent. ; le mardi, 6740 fr. 75 cent. ; le mercredi, 9639 fr. 95 cent. ; le jeudi, 12639 fr. 42 cent. ; le vendredi, 15436 fr. 40 cent. ; et le samedi, 3947 fr. 85 cent. : dites le total de ces recettes.

P. 240. Trois pièces de drap ont été payées comme il suit : la première, 348 fr. 50 ; la deuxième, 565 fr. 25 ; et la troisième, 425 fr. 75 ; combien l'acheteur a-t-il déboursé ?

SOUSTRACTIONS.

1er EXEMPLE.

Nombres entiers.

Otez 47896099 francs de 147806700 francs, et indiquez le reste.

Opération.

```
     147806700
      47896099
Rép.  99910601 fr.
```

2e EXEMPLE.

Nombres décimaux.

Si d'une somme de 146001 fr. 01 on ôte 76101 fr. 42, combien restera-t-il ?

Opération.

```
     146001, 01
      76101, 42
Rép.  69899, 59
```

qu'il faut lire 69899 francs 59 cent.

3e EXEMPLE.

Parties décimales.

Trouvez la différence entre 0 fr. 015 et 0 fr. 007.

Opération.

```
      0, 015
      0, 007
Rép.  0, 003
```

qu'il faut lire 3 millièmes.

4e EXEMPLE.

Dites l'excédant de 45 fr. 075 millièmes sur 44 francs 25 centimes.

Opération.

```
      45, 075
      44, 250
Rép.  00, 825
```

qu'il faut lire 825 millièmes.

PROBLÈMES.

P. 241. De 674300 francs ôtez 543216 francs, et indiquez le reste.

P. 242. Une personne devait 436000 fr. 45 cent., et elle a payé 296215 fr. 75 cent. : combien doit-elle encore ?

P. 243. Le montant d'un mémoire est de 46800 fr. 25, et il a été réglé à 45312 fr. 35 cent. : de combien a-t-il été réduit ?

P. 244. Une pièce de drap qui avait coûté 1684 fr. 30 cent. a été revendue 1746 fr. 10 : combien a-t-on gagné dessus ?

P. 245. Un propriétaire qui paie pour 4687 fr. de contributions doit encore pour cet objet 2798 fr. 15 cent. : combien a-t-il déjà payé ?

MULTIPLICATIONS.

1er EXEMPLE.

Nombres entiers.

On désire savoir le produit de 7670908 francs par 6790 unités.

Opération.

```
   7670908
   × 6790
 690381720
 53696356
46025448
Rép. 52085465320 fr.
```

2e EXEMPLE.

Nombres décimaux.

Calculez le prod. de 47390 fr. 06 par 98 unités.

Opération.

```
   47390,06
   × 98
  37912048
 42651054
Rép. 4644225,88
```

qu'il faut lire 4644225 fr. 88 c.

3e EXEMPLE.

Parties décimales.

Quel est le résultat de la multiplication du nombre 0 fr. 065 par 49 unités?

Opération.

```
  0,065
 ×49,
    585
   260
Rép. 3,185
```

qu'il faut lire 3 fr. 185 mill.

4e EXEMPLE.

Je dépense 87 fr. 25 cent. par mois; quelle est ma dépense annuelle?

Opération.

```
  87,25
 × 12
  17450
  8725
Rép. 1047,00 c.
```

qu'il faut lire 1047 fr.

PROBLÈMES.

P. 246. On propose de multiplier 4764900 fr. par 4780 unités : quel sera le produit?

P. 247. Quelle somme faudra-t-il pour payer 7459 ouvriers à la fin d'une semaine, si on doit 25 fr. 50 cent. à chacun?

P. 248. Que doit-on payer pour 425 mètres 98 centim. de drap, si le mètre coûte 38 fr. 65 cent.?

P. 249. Quelle somme doit-on à un peintre en bâtiment pour 478 mèt. car. 42 décim. 25 cent. d'ouvrage, à raison de 9 fr. 65 cent. le mèt. carré?

P. 250. Combien coûteront 4 mèt. cub. 125 décim. 200 centim. de marbre, à 150 fr. le mèt. cube?

P. 251. Un propriétaire a vendu une pièce de terre contenant 45 hectares 12 ares 15 centiares, à raison de 2700 fr. 65 cent. l'hectare : dites le prix de cette propriété.

P. 252. A quelle somme se monte une provision de bois à brûler de 429 stères 5 décistères, si chaque stère coûte 19 fr. 87 cent. ?

P. 253. On a acheté 249 hectol. 15 litres de vin, à raison de 46 fr. 75 cent. l'hectolitre : dites le prix de cet achat.

P. 254. Si un hectolitre de blé coûte 49 fr. 75 cent., combien coûteront 6700 hectol. 9 décal. ?

P. 255. Quand le kilog. de marchandise coûte 7 fr. 95 centimes, combien doivent coûter 9307 kilog. 16 décag. ?

P. 256. Calculez le prix de 690 gram., à 0 fr. 45 cent. le gramme.

DIVISIONS.

1er EXEMPLE.

Nombres entiers.

Divisez 600040602 fr. par 769 unités.

Opération.

```
6000.40602 | 769
 6174      |----------
  2206     | 780286,86
   6680
    5282
     6680
      5280
       660
```

le quotient doit être lu 780286f. 86 centimes; il reste 6, 66 c.

2e EXEMPLE.

Nombres décimaux.

On demande le quotient de 70460 fr. 45 c. par 25.

Opération.

```
70460,45 | 25
 204     |---------
  46     | 2818,418
  210
   104
    45
    200
      0
```

le quotient doit être lu 2818 fr. 418 millièmes.

3e EXEMPLE.

Nombres décimaux.

Quel est le quotient de 0 fr. 0348 par 29 unités ?

Opération.

```
0,0348 | 29
    58 |-------
     0 | 0,0012
```

le quotient doit être lu 12 dix-millièmes.

4e EXEMPLE.

Ma dépense anuelle est de 1047 francs : quelle est ma dépense mensuelle ?

Opération.

```
1047 | 12
 87  |------
  30 | 87,25
  60
   0
```

le quotient doit être lu 87 fr. 25 centimes.

PROBLÈMES.

P. 257. Partagez 740842 fr. 65 entre 69 personnes, et dites la part de chacune.

P. 258. Si on paie 2880 fr. 30 cent. à 967 ouvriers, quelle somme recevra chacun d'eux?

P. 259. Supposé que 1793 fr. 853 soient le prix de 72 mèt. 35 cent. de drap, quel sera le prix du mètre?

P. 260. Une pièce de terre contenant 143 hectares 32 ares a été vendue 277589 fr. 342 : quel est le prix de l'hectare ?

P. 261. On a payé 10949 fr. 13 pour 649 stères 8 décistères : dites le prix d'un stère.

P. 262. Quand 6330 hectol. 25 coûtent 75963 fr., quel est le prix de l'hectolitre?

P. 263. Un fermier a vendu 548 hectol. 7 décal. d'avoine pour 12343 fr. 98 : quel est le prix de l'hectolitre?

P. 264. 6940 fr. 505 millièmes étant le prix de 742 kilog. 30 décag., quel est le prix d'un kilogramme?

EXERCICES SUR LE TITRE DES PIÈCES DE MONNAIE.

MONNAIE D'OR.

Cette monnaie est composée de 9 parties d'or et d'une partie de cuivre (n° 10[illegible]).

P. 265. Combien y a-t-il de cuivre dans une somme en or pesant 40 kilogrammes?

P. 266. Combien y a-t-il de cuivre dans une somme de 6840 francs en or?

P. 267. Combien y a-t-il de cuivre dans 475 pièces de 40 francs et 380 pièces de 20 francs?

P. 268. Combien y a-t-il d'or pur dans une somme en or pesant 2 kilogrammes?

P. 269. Combien y a-t-il d'or pur dans 470 pièces de 40 francs et 560 pièces de 20 francs?

P. 270. Combien faut-il mettre de cuivre avec 9 kilogrammes d'or pur pour obtenir de l'or monnayé au titre légal $\frac{900}{1000}$?

P. 271. Quelle quantité d'or pur faudrait-il allier avec 3 hectogrammes de cuivre pour obtenir de l'or monnayé au titre légal $\frac{900}{1000}$?

MONNAIE D'ARGENT.

Elle est composée de 9 parties d'argent pur et d'une partie de cuivre (n° 103).

P. 272. Combien y a-t-il de cuivre dans une somme en argent pesant 9 kilogrammes?

P. 273. Combien y a-t-il de cuivre dans 4700 francs en argent?

P. 274. Combien y a-t-il de cuivre dans les pièces de monnaie dont le détail suit : 1° 420 pièces de 5 francs; 2° 410 pièces de 2 francs; 3° 720 pièces de 1 franc; 4° 210 pièces de $\frac{1}{2}$ franc ; 5° 430 de $\frac{1}{4}$ de franc?

P. 275. Combien y a-t-il d'argent pur dans une somme en argent pesant 10 kilogrammes 50?

P. 276. Combien y a-t-il d'argent pur dans les pièces de monnaie dont le détail suit : 1° 270 pièces de 5 francs; 2° 575 pièces de 2 francs; et 3° 4750 pièces de 1 franc?

P. 277. Quelle quantité de cuivre faudra-t-il allier avec 45 hectogrammes d'argent pur pour obtenir des pièces d'argent monnayé au titre légal $\frac{900}{1000}$?

P. 278. Quelle quantité d'argent pur faudrait-il allier avec 3 kilogrammes 25 décag. de cuivre pour obtenir de l'argent monnayé au titre légal $\frac{900}{1000}$?

MONNAIE DE BILLON.

Elle est composée de 2 parties d'argent et de 8 parties de cuivre (n° 103).

P. 279. Combien y a-t-il de cuivre dans une somme qui pèse 72 hectogrammes, en billon?

P. 280. Combien y a-t-il de cuivre dans 25 fr. en billon?

P. 281. Combien y a-t-il de cuivre dans 470 pièces de 10 centimes, en billon?

P. 282. Combien y a-t-il d'argent pur dans une somme qui pèse 82 hectogrammes, en billon?

P. 283. Combien y a-t-il d'argent pur dans 30 francs 50 c., en billon?

P. 284. Combien y a-t-il d'argent pur dans 750 pièces de 10 centimes, en billon?

P. 285. Quelle quantité d'argent faudrait-il allier avec 12 kilogrammes de cuivre, pour obtenir de la monnaie de billon au titre légal $\frac{200}{1000}$?

P. 286. Quelle quantité de cuivre faudrait-il allier avec 2 kilogrammes d'argent pur, pour obtenir de la monnaie de billon au titre égal $\frac{200}{1000}$?

RELATIONS

QUI EXISTENT ENTRE LES MESURES MÉTRIQUES.

104. MESURES DE SUPERFICIE.

Relation des Mesures de superficie entre elles.

Le mètre carré égale 1 centiare ;
Le décamètre carré égale 1 are ;
L'hectomètre carré égale 1 hectare ou 100 ares ;
Le kilomètre carré égale 100 hectares ;
Le myriamètre carré égale 10.000 hectares.

Et réciproquement

Un centiare égale un mèt. carré ;
Un are égale 1 décamèt. car. ou 100 mèt. carrés ;
Un hectare égale un hectom. car. ou 10.000 mèt. car.

105. MESURES DE SOLIDITÉ.

1° *Relation du mètre cube avec les mesures pour le bois de chauffage.*

10 mètres cubes égalent un décastère ;
1 mètre cube égale un stère ;
100 décimètres cubes égalent un décistère.

2° *Relation des mesures de solidité avec les mesures de capacité.*

Puisque le mètre cube contient 1.000 décimètres cubes, et que le décimètre cube égale le litre,

Une mesure d'un mètre cube serait un kilolitre ;

Une mesure de 100 décimètres cubes serait un hectolitre ;

Une mesure de 10 décimètres cubes serait un décalitre ;

Une mesure de 100 centimètres cubes serait un décilitre ;

Une mesure de 10 centimètres cubes serait un centilitre ;

Et une mesure de 1 centimètre cube serait un millilitre (1).

3° *Relation du volume de l'eau avec son poids.*

Puisque le décimètre cube d'eau pure, prise au maximum de densité et pesée dans le vide, pèse un kilogramme,

10 décimètres cubes d'eau pèsent 10 kilog.
100 décimètres cubes d'eau pèsent 100 kilogr.
1.000 décimètres cubes, ou un mètre cube d'eau, pèsent 1.000 kilogrammes.

Pour la même raison,

100 centimètres cubes d'eau pèsent un hectogramme;
10 centimètres cubes d'eau pèsent 1 décagramme;
1 centimètre cube d'eau pèse 1 gramme;
100 millimètres cubes d'eau pèsent 1 décigramme;
10 millim. cubes d'eau pèsent 1 centigramme;
1 millim. cube d'eau pèse un 1 milligramme.

Si l'on prend de l'eau ordinaire, la différence de poids sera très-peu de chose, de sorte que, dans la pratique, on dit qu'un mètre cube d'eau pèse 1000 kilogrammes (n° 87).

106. MESURES DE CAPACITÉ.

Relation de la quantité d'eau que peuvent contenir les mesures de capacité, avec le poids de cette eau.

Puisqu'un litre d'eau pure, prise au maximum de densité et pesée dans le vide, pèse 1 kilogramme,

1 kilolitre d'eau pèse 1.000 kilogrammes;
1 hectolitre d'eau pèse 100 kilogrammes;
1 décalitre d'eau pèse 10 kilogrammes;
1 décilitre d'eau pèse 1 hectogramme;
1 centilitre d'eau pèse 1 décagramme.

---

(1) Cette mesure n'existe pas comme mesure effective.

107. MESURES MONÉTAIRES.

Relation des pièces de monnaie avec les mesures de poids.

Comme il a été dit au n° 101, chaque pièce de monnaie a un poids déterminé en grammes. (Voir ce numéro.) On pourrait donc, à défaut de poids, peser avec des pièces de monnaie.

108. POIDS RESPECTIFS DES DIFFÉRENTES MONNAIES.

De ce qui a été dit au tableau de la page 185, sur le poids des pièces de monnaie, il résulte, 1° qu'un fr. en or pèserait 0 gram. 32258, et que 100 fr. pèsent 32 gr. 258;

2° Qu'un fr. en argent pèse 5 gram., et que 100 fr. pèsent 500 gram. 00; et 200 fr. un kilog.;

3° Qu'un fr. en billon pèse 20 gram., et que 100 fr. pèsent 2000 gram.;

4° Qu'un fr. en cuivre pèse 200 gram., et que 100 fr. pèsent 20000 gram.

Et, par conséquent, que,

1° Une somme en or pèse 15 fois ½ moins qu'en argent,
62 fois moins qu'en billon,
et 620 fois moins qu'en cuivre.

2° Une somme en argent pèse 15 fois ½ plus qu'en or,
4 fois moins qu'en billon,
et 40 fois moins qu'en cuivre.

3° Une somme en billon pèse 62 fois plus qu'en or,
4 fois plus qu'en argent,
et 10 fois moins qu'en cuivre.

4° Une somme en cuivre pèse 620 fois plus qu'en or,
40 fois plus qu'en argent,
et 10 fois plus qu'en billon.

Ainsi, supposé que le poids d'une somme en or soit 1

Celui d'une même somme en argent, sera 15,50

——————————— en billon, sera 62

——————————— et en cuivre, sera 620, etc.

D'où il suit que, à poids égal,

1° L'or monnayé vaut 15 fois $\frac{1}{2}$ plus que l'argent,
62 fois plus que le billon,
et 620 fois plus que le cuivre.

2° L'argent vaut 4 fois plus que le billon,
et 40 fois plus que le cuivre.

Et 3° le billon vaut 10 fois plus que le cuivre.

EXERCICES SUR LES RELATIONS QUI EXISTENT ENTRE LES MESURES MÉTRIQUES.

MESURES DE SUPERFICIE ENTRE ELLES (N° 104).

L'are vaut 100 *mètres carrés.*

P. 287. Combien y a-t-il de mètres carrés, 1° dans 1 hectare; 2° dans 712 hectares; 3° dans 10 ares; 4° dans 475 ares; 5° dans 10 centiares; 6° dans 24 hectares 15 ares 16 centiares; 7° dans 4 hectares 7 ares 8 centiares?

P. 288. Combien y a-t-il de décamètres carrés, 1° dans 25 ares; 2° dans 1 hectare; 3° dans 47 hectares, et 4° dans 90 hectares 5 ares?

P. 289. Combien y a-t-il d'hectomètres carrés, 1° dans 30 hectares; 2° dans 475 hectares?

P. 290. Combien y a-t-il de kilomètres carrés, 1° dans 400 hectares; 2° dans 5000 hectares?

P. 291. Combien y a-t-il de myriamètres carrés, 1° dans 20000 hectares; 2° dans 790000 hectares?

P. 292. Combien y a-t-il de centiares, 1° dans 10 mètres carrés; 2° dans 475 mètres carrés; 3° dans 10 décamètres carrés; 4° dans 15 hectomètres carrés, et 5° dans 10 myriamètres carrés?

P. 293. Combien y a-t-il d'ares, 1° dans 400 mètres carrés; 2° dans 4 décamètres carrés; 3° dans 7 hectom. carrés; 4° dans 3 myriamètres carrés; 5° dans 4600 mètres carrés?

P. 294. Combien y a-t-il d'hectares, 1° dans 10 hectomètres carrés; 2° dans 1 kilomèt. carré; 3° dans un myriam. carré; 4° dans 40000 mètres carrés; 5° dans 470000 mètres carrés?

MESURES DE SOLIDITÉ.

1° MESURES DE SOLIDITÉ ENTRE ELLES (N° 105).

Le stère égale le mètre cube.

P. 295. Combien y a-t-il de mètres cubes dans 672 stères?

P. 296. Combien y a-t-il de décimètres cubes dans 1 stère?

P. 297. Combien y a-t-il de décimètres cubes dans 25 décastères?

2° MESURES DE SOLIDITÉ AVEC LES MESURES DE CAPACITÉ, ET RÉCIPROQUEMENT.

Le mètre cube égale un kilolitre, et le décimètre cube un litre.

P. 298. Combien y a-t-il de kilolitres, 1° dans 12 mètres cubes; 2° dans 42 mètres cubes 425?

P. 299. Combien y a-t-il d'hectolitres, 1° dans 25 mètres cubes; 2° dans 17 mètres cubes 425?

P. 300. Combien y a-t-il de litres, 1° dans 725 décimètres cubes; 2° dans 46 décimètres cubes?

P. 301. Combien y a-t-il de décalitres, 1° dans 40 mètres cubes; 2° dans 75 mètres cubes 430; 3° dans 710 décimètres cubes?

P. 302. Combien y a-t-il de décilitres dans 1000 centimètres cubes?

P. 303. Combien une mesure de 20 décilitres contient-elle de centimètres cubes?

P. 304. Combien une mesure de 400 centimètres cubes contient-elle de centilitres?

P. 305. Combien une mesure de 190 centilitres contient-elle de centimètres cubes?

3° DU VOLUME DE L'EAU AVEC SON POIDS, [illegible] RÉCIPROQUEMENT.

Le décimètre c[illegible]eau distillée, prise à son maximum de densité [illegible] kilogramme.

P. 306. Quel [illegible] poids, 1° de 120 décimètres cubes d'eau; 2° de 500 déc[illegible]es cubes d'eau; 3° de 6 mètres cubes d'eau; 4° de 12 mètres 678 décim. cubes d'eau; 5° de 300 centimètres cubes d'eau; 6° de 750 millimètres cubes d'eau; 7° de 845 millimètres cubes d'eau?

P. 307. Combien y a-t-il de décimètres cubes, 1° dans 1000 kilogrammes d'eau; 2° dans 6000 kilogrammes; 3° dans 400 kilogrammes; 4° dans 350 kilogrammes; 5° dans 25 hectogrammes, et 6° dans 42 décagrammes?

P. 308. Quel est le poids de l'eau pure contenue dans un vase de 9 litres 4 décilitres?

P. 309. L'eau pure contenue dans un vase pèse 40 kilog. 45 décag. : quel est le cube de ce vase?

MESURES DE CAPACITÉ.

Relation de la quantité d'eau que peuvent contenir les mesures de capacité, avec les mesures de poids (n° 106).

Le litre d'eau distillée, prise à son maximum de densité, pèse 1 kilogramme, et le millilitre pèse 1 gramme.

P. 310. Quel est le poids, 1° de 475 litres d'eau; 2° de 25 décalitres d'eau; 3° de 42 hectolitres d'eau; 4° de 14 kilolitres d'eau; 5° de 25 décilitres d'eau; 6° de 44 centilitres d'eau?

P. 311. Combien y a-t-il de litres, 1° dans 24 kilogrammes d'eau; 2° dans 68 kilogrammes; 3° dans 45 hectogrammes; 4° dans 19 décagrammes; 5° dans 715 kilogrammes 25 décagrammes; et 6° dans 425 hectogrammes 6 décagrammes?

P. 312. Combien y a-t-il de décilitres, 1° dans 24 hectog. d'eau; 2° dans 423 grammes; 3° dans 7436 grammes; et 4° dans 42330 grammes?

P. 313. Combien y a-t-il de centilitres, 1° dans 45 grammes d'eau; 2° dans 240 grammes; et 3° dans 789 grammes?

P. 314. Quel est le poids de 13 hectol. 25 litres 4 décil. d'eau?

P. 315. Le poids brut d'un vase plein d'eau est de 47 kilog. 25 : quelle est sa contenance, si le vase pèse 6 kilog. 15?

MESURES MONÉTAIRES AVEC LES [illegible]RES DE POIDS, ET RÉCIPROQUEMENT ([illegible]7).

1° Monnaie d'o[illegible]

La pièce de 40 francs pèse 12 [illegible]*mes 9032; celle de 20 francs, 6 grammes 4516* (n° [illegible]).

P. 316. Quel est le poids, 1° de 175 pièces de 40 francs; 2° de 149 pièces de 20 francs; 3° de 48 pièces de 40 francs avec 73 pièces de 20 francs; 4° de 100 francs en or; 5° de 1000 francs; 6° de 6900 francs; et 7° de 4780 francs?

P. 317. Combien y a-t-il de pièces de 40 francs dans un sac qui pèse brut 3 kilog. 374832, si le poids du sac est de 20 grammes?

P. 318. Combien y a-t-il de pièces de 20 francs dans une somme en or qui pèse 3 kilog. 06451?

2° Monnaie d'argent.

La pièce de 1 franc en argent pèse 5 grammes; celle de 2 francs, 10 grammes, et les autres pièces d'argent à proportion (n° 101).

P. 319. Quel est le poids, 1° de 190 pièces de 1 franc; 2° de 635 pièces de $\frac{1}{2}$ franc; 3° de 827 pièces de $\frac{1}{4}$ de franc; 4° de 109 pièces de 2 francs; 5° de 160 pièces de 5 francs; et 6° quel est le poids total de toutes les pièces de monnaie ci-dessus ?

P. 320. Quel est le poids, 1° de 43638 francs en argent; 2° de 765 francs 25 cent.; 3° de 874 francs 50 centimes?

P. 321. Quel est le poids, 1° d'une somme de 1000 francs en argent; 2° d'une somme de 2568 francs?

P. 322. On demande la somme que contient un sac de monnaie d'argent pesant 10 kilog. 915, sachant d'ailleurs que le sac pèse 15 grammes.

P. 323. Combien y a-t-il de pièces de 5 francs dans une somme d'argent qui pèse 4 kilog. 780?

3° Monnaie de billon et de cuivre.

La pièce de 10 centimes en billon pèse 2 grammes; celle d'un décime en cuivre, 20 grammes; celle de 5 centim., 10 gram., et celle de 1 cent., 2 gram. (n° 101).

P. 324. Quel est le poids, 1° de 475 pièces de 10 centimes; 2° de 170 pièces d'un décime; 3° de 240 pièces de 5 centimes; et 4° de 143 pièces de 1 centime?

P. 325. Quelle serait la charge d'un cheval qui porterait, 1° 400 fr. en pièces de 10 centimes; 2° 600 fr. en pièces d'un décime; 3° 750 fr. 25 en pièces de 5 centim.; et 4° 12 fr. 75 en pièces de 1 centime?

P. 326. Combien y a-t-il de pièces de 10 centimes dans un sac dont le poids brut est de 475 gram., si le sac pèse lui-même 15 grammes?

P. 327. Quelle est la somme que renferme un sac qui pèse brut 5 kilog. 450, si les pièces de monnaie sont en cuivre et si le sac pèse 70 grammes?

POIDS RESPECTIFS DES DIFFÉRENTES MONNAIES (N° 108)

P. 328. 350 fr. en or pèsent 112 gram. 903 : quel est le poids de la même somme, 1° en argent, 2° en billon, 3° en cuivre?

P. 329. 440 fr. en argent pèsent 2 kilog. 200 : quel est le poids de la même somme, 1° en or, 2° en billon, et 3° en cuivre ?

P. 330. 620 fr. en billon pèsent 12 kilog. 4 : quel est le poids de la même somme, 1° en or, 2° en argent, et 3° en cuivre ?

P. 331. 480 fr. en cuivre pèsent 96 kilog. : quel est le poids de la même somme, 1° en or, 2° en argent, 3° en billon ?

P. 332. Quelle somme en argent pèserait autant que 620 fr. en or ?

P. 333. Quelle somme en billon pèserait autant que 2790 fr. en or ?

P. 334. Quelle somme en cuivre pèserait autant que 74400 francs en or ?

P. 335. Quelle somme en or pèserait autant que 430 fr. en argent ?

P. 336. Quelle somme en billon pèserait autant que 340 fr. en argent ?

P. 337. Quelle somme en cuivre pèserait autant que 8080 fr. en argent ?

P. 338. Quelle somme en or pèserait autant que 70 fr. en billon ?

P. 339. Quelle somme en argent pèserait autant que 745 fr. 50 en billon ?

P. 340. Quelle somme en or pèserait autant que 38 fr. en cuivre ?

P. 341. Quelle somme en argent pèserait autant que 420 fr. en cuivre ?

P. 342. Quelle somme en billon pèserait autant que 279 fr. en cuivre ?

EXERCICES SUR LES VALEURS RELATIVES DES MESURES.

P. 343. Qu'est-ce que 50 centim. relativement au mètre ?
P. 344. Qu'est-ce que 10 centim. relativement au mètre ?
P. 345. Qu'est-ce que 40 centim. relativement au mètre ?
P. 346. Qu'est-ce que 50 millim. relativement au mètre ?
P. 347. Qu'est-ce que 25 ares relativement à l'hectare ?
P. 348. Qu'est-ce que 75 ares relativement à l'hectare ?
P. 349. Qu'est-ce que 1 décim. car. relativ. au mètre carré ?
P. 350. Qu'est-ce que 10 décim. car. relativ. au mètre carré ?
P. 351. Qu'est-ce que 50 décim. car. relativ. au mètre carré ?

P. 352. Qu'est-ce que 80 décim. car. relativ. au mètre carré?
P. 353. Qu'est-ce que 75 décim. car. relativ. au mètre carré?
P. 354. Qu'est-ce que 25 décim. car. relativ. au mètre carré?
P. 355. Qu'est-ce que le mètre carré relativ. à l'hectare?
P. 356. Qu'est-ce que 10 mètres carrés relativ. à l'hectare?
P. 357. Qu'est-ce que 1 décistère relativement au stère?
P. 358. Qu'est-ce que 5 décistères relativement au stère?
P. 359. Qu'est-ce que le stère relativement au décastère?
P. 360. Qu'est-ce que 180 décim. cub. relat. au mèt. cube?
P. 361. Qu'est-ce que 500 décim. cub. relat. au mèt. cube?
P. 362. Qu'est-ce que 750 décim. cub. relat. au mèt. cube?
P. 363. Qu'est-ce que 250 décim. cub. relat. au mèt. cube?
P. 364. Qu'est-ce que 400 décim. cub. relat. au mèt. cube?
P. 365. Qu'est-ce que 1 centimèt. cub. relat. au mèt. cube?
P. 366. Qu'est-ce que 100 centim. cub. relat. au mèt. cube?
P. 367. Qu'est-ce que 1000 centim. cub. relat. au mèt. cube?
P. 368. Qu'est-ce que 5000 centim. cub. relat. au mèt. cube?
P. 369. Qu'est-ce que 8000 centim. cub. relat. au mèt. cube?
P. 370. Qu'est-ce que 1 litre relativement à l'hectolitre?
P. 371. Qu'est-ce que 10 litres relativement à l'hectolitre?
P. 372. Qu'est-ce que 5 décilitres relativement au décalitre?
P. 373. Qu'est-ce que 4 centilitres relativement au litre?
P. 374. Qu'est-ce que 25 litres relativement à l'hectolitre?
P. 375. Qu'est-ce que 75 litres relativement à 2 hectolitres?
P. 376. Qu'est-ce que le gram. relativ. au kilogramme?
P. 377. Qu'est-ce que 500 gram. relativ. au kilogramme?
P. 378. Qu'est-ce que 5 hectogram. relat. à 2 kilogrammes?
P. 379. Qu'est-ce que 10 gram. relativ. à l'hectogramme?
P. 380. Qu'est-ce que 250 gram. relativ. au kilogramme?
P. 381. Qu'est-ce que 50 centigram. relativ. au gramme?
P. 382. Qu'est-ce que 5 décimes relativement au franc?
P. 383. Qu'est-ce que 8 décimes relativement au franc?
P. 384. Qu'est-ce que 50 centimes relativement au franc?
P. 385. Qu'est-ce que 25 centimes relativement au franc?
P. 386. Qu'est-ce que 75 centimes relativement au franc?

PROBLÈMES A RÉSOUDRE EN Y APPLIQUANT LES PRINCIPES DE LA NUMÉRATION.

Mesures de longueur.

P. 387. Si le mètre coûte 5 francs, combien coûtera chacune des unités suivantes : 1° 1 décimètre; 2° 1 centimètre; 3° 1 millimètre?

P. 388. Si un décimètre coûte 0 fr. 50 centimes, combien

coûtera chacune des unités suivantes : 1° 1 mètre ; 2° 1 centimètre ; 3° 1 millimètre ?

P. 389. Si 1 centimètre coûte 6 fr. 10 cent., combien coûtera chacune des unités suivantes ; 1° 1 mètre, 2° 1 décim. ; 3° 1 millimètre ?

Mesures de superficie.

P. 390. Si le mètre carré coûte 80 fr., combien coûtera chacune des unités suivantes : 1° 1 décimèt. carré ; 2° 1 centimètre carré ; 3° 1 millimètre carré ?

Il faut se rappeler que le mètre carré contient 100 décim. car. ou 10,000 centim. car., ou 1,000,000 de millim. car., etc.

P. 391. Si un décimètre carré coûte 2 fr., combien coûtera chacune des unités suivantes : 1° 1 mètre carré ; 2° 1 centimèt. carré ; 3° 1 millimètre carré ?

P. 392. Si 1 centimètre carré coûte 0 fr. 01 cent., combien coûtera chacune des unités suivantes : 1° 1 mètre carré ; 2° 1 décim. carré ; 3° 1 millim. carré ?

P. 393. Si le millimètre carré coûte 0 fr. 0003, combien coûtera chacune des unités suivantes : 1° 1 mètre carré ; 2° 1 décim. carré ; 3° 1 centim. carré ?

Mesures agraires.

P. 394. Si l'are coûte 58 fr. 45, combien coûtera chacune des unités suivantes : 1° 1 hectare ; 2° 1 centiare ?

P. 395. Si un hectare coûte 7480 fr., combien coûtera chacune des unités suivantes : 1° 1 are ; 2° 1 centiare ?

P. 396. Si un centiare coûte 1 fr. 15, combien coûtera chacune des unités suivantes : 1° 1 hectare ; 2° 1 are ?

Mesures de solidité.

P. 397. Si 1 mètre cube coûte 256 fr., combien coûtera chacune des unités suivantes : 1° 1 décim. cube ; 2° 1 centim. cube ; 3° 1 millim. cube ?

Il faur se rappeler que le mètre cube contient 1,000 décim. cub., ou 1,000,000 centim. cubes, ou 1,000,000,000 millim. cubes, etc.

P. 398. Si 1 décimètre cube coûte 19 fr., combien coûtera chacune des unités suivantes : 1° 1 mètre cube ; 2° 1 centimètre cube ; 3° 1 millim. cube ?

P. 399. Si un centim. cube coûte 0 fr. 02, combien coûtera chacune des unités suivantes : 1° 1 mètre cube ; 2° 1 décimètre cube ; 3° 1 millim. cube ?

P. 400. Si 1 millim. cube coûte 0 fr. 00004, combien coûtera chacune des unités suivantes : 1° 1 mèt. cube ; 2° 1 décimètre cube ; 3° 1 centim. cube ?

Mesures pour le bois de chauffage.

P. 401. Si un stère coûte 19 fr., combien coûtera chacune des unités suivantes : 1° 1 décastère ; 2° 1 décistère ?

P. 402. Si 1 décastère coûte 215 fr. 40, combien coûtera chacune des unités suivantes : 1° 1 stère ; 2° 1 un décistère ?

P. 403. Si 1 décistère coûte 2 fr. 10, combien coûtera chacune des unités suivantes : 1° 1 décastère ; 2° 1 stère ?

Mesures de capacité.

P. 404. Si un litre coûte 0 fr. 45, combien coûtera chacune des unités suivantes : 1° 1 hectolitre ; 2° 1 décalitre ; 3° 1 décilitre ; 4° 1 centilitre ?

P. 405. Si 1 hectolitre coûte 35 fr. 40, combien coûtera chacune des unités suivantes : 1° 1 décal. ; 2° 1 litre ; 3° 1 décil. ; 4° 1 centilitre ?

P. 406. Si 1 décalitre coûte 42 fr. 75, combien coûtera chacune des unités suivantes : 1° 1 hectol. ; 2° un litre ; 3° 1 décil. ; 4° 1 centilitre ?

P. 407. Si 1 décilitre coûte 0 fr. 42, combien coûtera chacune des unités suivantes : 1° 1 hectol. ; 2° 1 décal. ; 3° 1 litre ; 4° 1 centilitre ?

P. 408. Si 1 centilitre coûte 0 fr. 05, combien coûtera chacune des unités suivantes : 1° 1 hectol. ; 2° 1 décal. ; 3° 1 litre ; 4° 1 décilitre ?

Mesures de poids.

P. 409. Si 1 kilogramme coûte 24 fr. 25, combien coûtera chacune des unités suivantes : 1° 1 hectog. ; 2° 1 décag. ; 3° 1 gram. ; 4° 1 décig. ; 5. 1 centigramme ?

P. 410. Si 1 hectogramme coûte 5 fr. 75, combien coûtera chacune des unités suivantes : 1° 1 kilog. ; 2° 1 décag. ; 3° 1 gramme ?

P. 411. Si 1 décagramme coûte 1 fr. 25, combien coûtera chacune des unités suivantes : 1° 1 kilog. ; 2° 1 hectog. ; 3° 1 gramme ; 4° 1 décigramme ; 5° 1 centigramme ?

P. 412. Si 1 gramme coûte 0 fr. 90, combien coûtera chacune des unités suivantes : 1° 1 kilog. ; 2° 1 hectog. ; 3° 1 décag. ; 4° 1 décig. ; 5° 1 centigramme ?

P. 413. Si 1 décigramme coûte 0 fr. 12, combien coûtera chacune des unités suivantes : 1° 1 kilog. ; 2° 1 hectog. ; 3° 1 décag. ; 4° 1 gramme ; 5° 1 centigramme ?

P. 414. Si 1 centigramme coûte 0 fr. 03, combien coûtera chacune des unités suivantes : 1° 1 kilog.; 2° 1 hectog.; 3° 1 décag.; 4° 1 gramme; 5° 1 décigramme?

AUTRES PROBLÈMES.

Multiplications.

P. 415. Combien doit-on payer pour 475 mètres de drap d'Elbeuf, à 3 fr. le décimètre?

P. 416. Dites le prix de 9 décimètres de galon en or, à 6 fr. 25 cent. le mètre?

P. 417. On a acheté 45 cent. de velours, à 17 fr. 50 le mètre : dites ce que l'on doit payer.

P. 418. Quel est le prix d'une planche d'acier de 523 centim. carrés, à 6 fr. le décim. carré?

P. 419. Que faut-il payer pour une glace de 147 décim. carrés, à 15 fr. 40 le mètre carré?

P. 420. Un jardin, contenant 45 ares 60 centiares, a été vendu à raison de 1700 fr. l'hectare : dites le prix de cette propriété.

P. 421. Combien coûteront 48 hect., à 20 fr. 40 l'are?

P. 422. Que faut-il payer pour 75 décastères 9 stères, à raison de 25 fr. le stère?

P. 423. On demande le prix de 45 mètres cubes, à 1 fr. 75 le décimètre cube.

P. 424. Que doivent coûter 8 centimètres cubes, si le mètre cube coûte 8750 fr.?

P. 425. Si un litre d'eau-de-vie se vend 1 fr. 45 cent., combien doivent se vendre 28 hectolitres?

P. 426. Dites le prix de 8 décal. de froment, à 39 fr. 75 cent. l'hectolitre.

P. 427. Un particulier a acheté 12 hectolitres de vin de Bourgogne, à 0,55 cent. le litre : dites ce qu'il doit payer.

P. 428. Lorsque le décal. d'orge coûte 5 fr., quel est le prix de 49 hectolitres?

P. 429. 91 hectol. de petits pois ont été vendus à raison de 62 cent. le litre : quel est le prix de cette vente?

P. 430. Dites ce que doivent coûter 4 décilitres de liqueur, à 2 fr. 40 cent. le litre.

P. 431. Un ouvrier a acheté 12 litres de bière, à raison de 22 fr. l'hectol. : que doit-il au marchand?

P. 432. Que faut-il payer pour 85 décal. de seigle, à 36 fr. 35 l'hectolitre?

Divisions.

P. 433. On demande le prix d'un mètre, lorsque 0 mètre 40 coûtent 10 francs.

P. 434. On a payé 200 fr. pour 25 centiares : quel est le prix de l'are?

P. 435. Combien coûte le décimètre carré, quand 30 mètres carrés coûtent 450 fr. 30 cent. ?

P. 436. Dites ce qu'on paie le mètre cube, quand 120 fr. 60 sont le prix de 15 décim. cubes?

P. 437. Si 65 décastères de bois à brûler coûtent 10406 fr. 50, quel est le prix du stère?

P. 438. Quand 25 hectol. de vin sont payés 1012 fr. 50, quel est le prix du litre?

P. 439. Si 9 décalitres de froment coûtent 40 fr. 14, combien coûte 1 hectolitre?

P. 440. On a vendu 19 kilog. 4 de sucre pour 29 fr. 10, combien a-t-on estimé l'hectog.?

P. 441. Calculez ce que doit coûter le kilog. de marchandise, quand 29 décagram. sont estimés 13 fr. 05.

P. 442. Si 40 fr. 25 sont le prix de 10 kilog. de soie, quel est le prix de l'hectog.?

P. 443. Dites à combien revient le kilog. de café, quand 15 hectog. ont été payés 2 fr. 70.

P. 444. Sachant que 20 mètres de drap ont coûté 240 fr., dites ce que coûterait un décimètre du même drap.

P. 445. Quel est le prix de l'hectare, si 21325 francs 1250 sont le prix de 748 ares 25?

P. 446. On a acheté 48 hectol. de vin pour 2892 francs; combien a-t-on payé le litre?

P. 447. Un marchand a acheté 100 kilog. d'huile pour 180 fr. 45 : à combien revient l'hectog.?

P. 448. Un industriel a fait une provision de 45 décastères de bois de chauffage pour 7200 fr. : combien a-t-il payé le stère?

P. 449. Combien coûterait un décilitre, si 47 décal. 5 coûtaient 522 fr. 5?

P. 450. On demande le prix du kilog. de marchandise, lorsque 48 hectog. coûtent 33 fr. 95.

TABLEAU SYNOPTIQUE DU SYSTEME METRIQUE DECIMAL DES POIDS ET MESURES.

Le Quart du méridien terrestre est la base de ce système, le **MÈTRE** en est l'unité fondamentale, et le nombre **10** le diviseur unique.

MOTS MULTIPLES.				UNITÉS.	MOTS SOUS-MULTIPLES.		
10.000	**1,000**	**100**	**10**	MÈTRE.	**10e.**	**100e.**	**1000e.**
MYRIA (1).	KILO (1).	HECTO (1).	Déca.	Pour les mesures de longueur.	Déci.	Centi.	Milli.
»	»	Hecto (2).	»	ARE. Pour les mesures agraires.	»	Centi.	»
»	»	»	Déca.	STÈRE. Pour les mesures de solidité.	Déci.	»	»
»	Kilo.	Hecto.	Déca.	LITRE. Pour les mesures de capacité.	Déci.	Centi.	*Milli* (3).
Myria.	Kilo.	Hecto.	Déca.	GRAMME. Pour les mesures de poids.	Déci.	Centi.	Milli.
»	»	»	»	FRANC. Pour les monnaies.	Décime.	Centime.	*Millième.*

(1) Nous avons écrit ces trois mots en Majuscules pour rappeler que, joints au mètre, ils expriment les mesures itinéraires. (2) On supprime la lettre *o* pour éviter l'*hiatus*. (3) Le *millilitre* n'est qu'une mesure de compte.

PROBLÈMES DE RÉCAPITULATION

SUR LES QUATRE OPÉRATIONS FONDAMENTALES APPLIQUÉES AUX MESURES MÉTRIQUES ET SUR LES FRACTIONS.

P. 451. Un propriétaire a 3 vignes dans lesquelles il a récolté 4500 hectolitres de vin ; la première en a produit 1334 décalitres, la deuxième 14284 litres : quel est le produit de la troisième ?

P. 452. Un marchand de bois doit en livrer en quatre différentes fois 853 stères pour la somme de 17060 fr. ; la première fourniture a été de 250 stères pour la somme de 5000 fr., la deuxième était de 345 stères pour 6900 fr., la troisième de 205 stères pour 4100 fr. : on demande combien il doit encore en livrer de stères, et pour quelle somme.

P. 453. Un marchand de bois a acheté 875 stères, dont la moitié à 12 fr. 75 cent. le stère, et le reste à 15 fr. 25 cent. : il a payé pour le mesurage 0 fr. 20 c. par stère : combien a-t-il déboursé pour le tout ?

P. 454. On lit dans la Métrologie de Paucton que la taille de Og, roi de Bazan, dont il est parlé dans le Deutéronome, était de 3 mèt. 010, et que celle de Goliath était de 2 mèt. 024 ; dites la différence de ces deux tailles.

P. 455. On a porté au marché 56 sacs de grain, qui contiennent chacun 12 décalitres 7 litres : combien devra-t-on recevoir pour ce grain, en le vendant 31 fr. 95 c. l'hectolitre ?

P. 456. Mon boulanger m'a fourni 172 pains de 2 kilogr., dont la moitié à raison de 0 fr. 25 cent. le kilog. et les autres à 0 fr. 265 mill : combien dois-je lui payer ?

P. 457. De quel nombre 4 est-il les $\frac{4}{5}$?

P. 458. De quelle somme le nombre 4563 est-il les $\frac{3}{8}$ des $\frac{9}{13}$?

P. 459. On a donné 763 mèt. de drap pour payer 3052 mèt. de toile : à combien revient le mèt. de toile, si celui de drap vaut 16 fr. ?

P. 460. Je devais une somme que je solde en donnant 334 pièces de calicot à 47 fr. 20 c. ; 22, à 23 fr. 45 c. ; 24 pièces de

1 fr. 50 c.; 41, de 0 fr. 50 c.; et 18, de 0 fr. 25 cent.; combien devais-je?

P. 461. On a acheté 12 assiettes à 0 fr. 15 c., 15 plats à 0 fr. 24 c., 18 pots à 0 fr. 90 c., 35 bouteilles à 0 fr. 22 c., 36 verres à 0 fr. 11 cent. On a revendu les assiettes 20 c., les plats 30 cent., les pots 95 c., les bouteilles 25 c., les verres 15 cent. : combien a-t-on gagné sur le tout?

P. 462. Lorsque le sucre se vend 2 fr. 50 c. le kilog., le café 3 fr. et le chocolat 3 fr. 50 c., combien aura-t-on de kilog. de ces marchandises pour 135 fr., si l'on en veut autant de l'une que de l'autre, et combien de chaque sorte?

P. 463. Un épicier a acheté 44 hectol. d'huile à 0 fr. 75 c. le litre, 66 kilog. de sucre à 1 fr. 75 cent., 15 kilog. de poivre à 3 fr. 75 c.; il a revendu l'huile 0 fr. 90 le litre, le sucre 1 fr. 95 le kilog., le poivre 0 fr. 40 c. l'hectogram. : combien a-t-il gagné?

P. 464. Les $\frac{3}{11}$ d'un nombre sont 39 : quel est ce nombre?

P. 465. Un marchand a reçu 4 caisses de marchandise qui contiennent chacune 217 kilogrammes 25 décagrammes, à raison de 3 fr. 75 le kilogramme; il a payé pour les droits 10 c. par kilogramme, et pour le port de chaque caisse, 3 fr. 65 c.: combien doit-il débourser pour le tout?

P. 466. Un particulier prête à un de ses amis une pièce de drap de 77 mètres 35 cent. à 9 fr. 30 c. le mètre; celui-ci ayant débité le drap, rend une autre pièce de 80 mètres, estimée 7 fr. 95 cent. le mètre : que doit-il donner en argent?

P. 467. Un épicier reçoit six caisses qui contiennent ensemble 750 kilog. de fromage : combien chaque caisse en contient-elle, et à combien revient le kilog., sachant qu'il a payé 945 fr. pour ces six caisses?

P. 468. On reçoit un bateau chargé de 80 pièces de vin contenant chacune 120 litres; chaque pièce coûte 50 fr. d'achat, 6 fr. de port, 30 fr. d'entrée, 8 fr. de commission, et 1 fr. 75 c. d'encavement : si l'on vend le litre 0 fr. 95 c., quel sera le profit net, et quel est le poids du chargement, si l'hectolitre de vin pèse 98 kilog. et si chaque fût pèse 25 kilogrammes?

P. 469. Un marchand a acheté 18 pièces de vin contenant chacune 235 litres, à raison de 130 fr. 75 c. la pièce : combien gagnera-t-il sur ce marché, s'il vend le litre 0 fr. 80 c., sachant qu'il y a eu 6 litres de lie dans chaque pièce?

P. 470. Avec les $\frac{1}{9}$ de son bénéfice annuel, un négociant a acheté une propriété de 49700 fr. : combien lui reste-t-il sur ce bénéfice?

P. 471. Un détaillant a acheté 4 pièces de vin contenant 240 litres chacune; il a payé 500 fr. d'achat, 35 fr. de transport, 240 fr. d'entrée, 15 fr. de commission; il se trouve 5 litres de lie dans chaque pièce : combien le marchand doit-il vendre le litre de vin pour gagner 150 fr. sur les 4 pièces?

P. 472. Un marchand qui devait 1500 fr. a donné en paiement 69 mèt. de toile à 3 fr., 48 mèt. de drap à 8 fr. 60 c., et 135 mèt. de calicot à 2 fr. : combien doit-il encore?

P. 473. Un marchand a acheté 6 balles de laine pesant chacune 159 kilogrammes; on lui a rabattu en tout 6 kilog. de tare et 4 de trait : combien paiera-t-il à raison de 2 fr. 75 c. par kilog.?

P. 474. Un libraire veut faire relier 720 volumes dans le plus bref délai, et s'adresse à trois ateliers : le 1er aurait fini le travail en 12 jours, le 2e en 36 jours, et le 3e en 18 jours : s'il les emploie tous les trois ensemble, combien durera le travail, et combien chaque atelier reliera-t-il de volumes?

P. 475. Deux marchands ont acheté 4 coupes de bois pour 30960 fr. 45; la 1re a produit 674 stères 4, la 2e 467 st. 5, la 3e 986 st. 3, et la 4e 968 st. 7. Ils ont payé 3840 fr. 50 pour frais d'abattage et autres, ils en ont revendu 2641 st. 4 pour 32615 fr., et ils livrent le reste pour 5400 fr. : on demande 1° le gain total qu'ils feront sur ce marché; 2° combien ils donneront de stères pour ces 5400 fr.

P. 476. Les trois quarts d'une succession sont de 95400 fr. : quelle est-elle?

P. 477. On a fait tapisser un appartement dans lequel il est entré 45 mèt. car. 18 de papier de tenture à 2 fr. 98 cent. le mèt. carré, et 9 mains de papier gris à 0 fr. 60, tout collé : dites le prix de ce travail.

P. 478. En 1832, il fut consommé, à Paris, 595585 hectol. de vins; 27794 hectol. d'eau-de-vie; 61760 doubles décalitres de cidre ou poiré, et 7894800 litres de bière : combien d'hectolitres de liquides furent-ils consommés pendant cette année?

P. 479. Un marchand a acheté 4 pièces de toile; deux de ces pièces ont chacune 129 mèt. 50, et les deux autres ont ensemble 238 mèt. 45 : combien lui en restera-t-il lorsqu'il aura satisfait à deux commandes, l'une de 75 mèt., et l'autre de 86 mètres 25 cent.?

P. 480. Sachant que la tour de St-Etienne, à Vienne, a 138 mèt. d'élévation, on demande combien il y a de marches à l'escalier qui y conduit, la hauteur de chaque marche supposée de 0 mèt. 12.

P. 481. Quel est le poids d'un centimètre cube d'or forgé, sachant que le décimètre pèse 19 kilog. 3617?

P. 482. On a mis en couleur les murs d'un établissement dont voici les surfaces : 1° 456 mètr. car.; 2° 7926 mètr. car.; 3° 6328 mètr. car. 25 : et 4° 3289 mètr. car. 7 : quelle est la superficie totale de ce travail, et que doit-on à l'ouvrier, si le prix de chaque mètre est 1 fr. 75?

P. 483. Trois particuliers se sont présentés à la Banque de France avec des billets pour toucher des espèces : le 1er a touché 9600 fr., dont la moitié en pièces de 40 fr. et l'autre en pièces de 1 fr.; le 2e 8720 fr., dont la moitié en pièces de 20 fr. et l'autre en pièces de 25 cent.; et le 3e a touché 7900 francs, dont 3300 en pièces de 20 fr., 3300 en pièces de 2 francs, et le reste en pièces de 50 centimes : dites quelle était la charge de chacun.

P. 484. Le poids brut d'un baril rempli de pièces de monnaie décimale est de 120 kilog. 734 grammes; le fût pèse 6 kilog. 005786; les pièces de 5 fr. pèsent 80 kilog. 025; les pièces de 2 fr. sont au nombre de 2000; celles de 1 fr. au nombre de 1000; celles de billon pèsent 3 kilogr. 800, et le reste est en pièces d'or de 20 fr.: dites ce qu'il y en a de ces dernières, le poids d'une seule étant de 6,4516 gram.

P. 485. Le Mont-Blanc, la plus haute montagne de l'Europe, est élevée de 4810 mètres au-dessus du niveau de la mer; et l'Himalaya, en Asie, est élevé de 7821 mètr.: de combien le premier est-il moins élevé que le second?

P. 486. Une pièce de drap n'a été revendue que 400 fr., somme égale aux deux tiers de ce qu'elle avait coûté : dites ce qu'elle avait été achetée.

P. 487. Un vase rempli d'eau pèse 25 kilog.: quelle est sa capacité en décimètres cubes, sachant que le vase vide pèse 5 kilog. 50.

P. 488. On a fait creuser un canal dont le travail, adjugé à 4 entrepreneurs, donne les résultats suivants : le travail d'extraction du 1er entrepreneur s'élève à 946879 mètres cubes 175 décimètres cubes; celui du 2e à 100684 mètr. cub. 840 décimètres cubes; le 3e à 64688 mètres cubes 4 décim. cub., et le 4e à 864287 mètr. cub. 27 décimèt.: dire combien il a été extrait de mètres cubes, et ce que coûte la main-d'œuvre, si l'extraction d'un mètre cube est payée 0,55 centimes.

P. 489. La plus haute des pyramides d'Égypte a 146 mètr.; la tour de Strasbourg 142 mètres; la coupole de St-Pierre à Rome, 132 mètr.; la flèche des Invalides, 105 mètres; la colonne de la place Vendôme à Paris, 43 mètr.: dites la différence entre la pyramide et la tour de Strasbourg, entre celle-ci et St-Pierre de Rome, entre St-Pierre et la flèche des Invalides, entre la colonne de la place Vendôme et la pyramide d'Egypte.

P. 490. Un fil de fer de 18 mètres de longueur doit être employé à faire des pointes, chaque pointe a 3 centimètres 25 de longueur: combien ce fil fournira-t-il de douzaines de pointes?

P. 491. Sous Henri II, la superficie de Paris était de 567 hectomètres carrés 80 décim.; aujourd'hui elle est de 3450 hectomètr. car.: de combien la superficie de Paris a-t-elle été agrandie depuis cette époque?

P. 492. On compte de Paris à Fontainebleau 52 kilomètr.; de Fontainebleau à Montargis, 57 kilom.; de Montargis à Nevers, 100 kilom.; de Nevers à Moulins, 56 kilom.; de Moulins à Clermont, 92 kilom.; de Clermont à St-Flour, 76 kilom.; de St-Flour à Mende, 96 kilom.; de Mende à Béziers, 204 kilom.; de Béziers à Narbonne, 24 kilom.; de Narbonne à Perpignan, 60 kilom.: dire la distance de cette dernière ville à Paris, et ce que coûterait ce voyage à une personne qui dépenserait 1 fr. 30 par myriamètre.

P. 493. La superficie totale des murs d'un appartement est de 122 mèt. car. 4. décim. 15 centim.; celle des portes, des croisées, des glaces et des lambris est de 32 mètr. car. 15 décim. 5 centim.: quelle est la superficie du reste, et combien doit-on payer au peintre qui l'a mise en couleur, à raison de 1 fr. 05 le mètre carré?

P. 494. La France récolte annuellement environ 47850000 hect. de froment; 22300000 hect. de seigle; 9850000 hectol. de méteil; 16950000 hectol. d'orge; 5780000 hectol. de maïs et de millet; 7140000 hectol. de blé sarrasin; 2100000 hectol. de menus grains; 40822000 hectol. d'avoine; 2284000 hectol.

de légumes secs : combien ces différentes récoltes font-elles, 1° d'hectolitres ; 2° de doubles décalitres ?

P. 495. Sur la masse des subsistances détaillées dans le problème précédent, la population en consomme environ 97000000 d'hectolitres ; les animaux domestiques, environ 29000000 de décalitres ; les semailles en exigent 12000000 de doubles décalitres, et le reste est employé à divers usages ou mis en réserve : on demande quel est ce reste, en hectolitres.

P. 496. On a 280 kilog. 368 de fer en barre : on demande combien on a de décimètres cubes de fer, sachant qu'un décimètre cube de ce métal pèse 7 kilog. 788.

P. 497. Combien y a-t-il de litres de vin de Bordeaux dans une pièce qui pèse brut 288 kilog. 536, sachant que le fût pèse 50 kilog., et que le poids d'un litre de vin de Bordeaux est de 0 kilog. 9939 ?

P. 498. On a lambrissé un appartement qui renferme les superficies suivantes : 1° 4 mètr. car. 12 décim. 14 centim. ; 2° 8 mètr. car. 14 décim. 2 centim. ; 3° 9 mètr. car. 4 décim. 5 centim. ; et 4° 7 mètr. car. 3 décim. 40 centim. : dire 1° le total de ces 4 parties de lambris, et 2° ce qui est dû à l'ouvrier, si le mètre carré coûte 5 fr. 75 cent.

P. 499. Une propriété foncière est composée de 45 hectares 25 ares 30 centiares de terres labourables ; de 26 hectares 15 centiares de prés ; de 22 hectares 8 ares 4 centiares de bois taillis, et de 15 hectares 22 ares de vignes : quel est le prix si les terres labourables valent 1906 fr. 40 l'hectare, les prés 2009 fr. 25, les bois 3964 francs 97, et les vignes 2507 fr. 35 centimes ?

P. 500. De quel nombre 42 est-il les $\frac{6}{7}$?

P. 501. La pesanteur spécifique de l'eau de la mer étant 1 kilog. 0263, lorsque celle de l'eau ordinaire est 1 kilog., quel est le poids de l'eau de la mer contenue dans un tonneau de 3 hectol. 45 litres ?

P. 502. Un homme de force ordinaire peut porter 125 kilog. : on demande quelle somme il pourrait porter en argent monnayé.

P. 503. Un sac qui pèse 6 kilog. 850, renferme 150 pièces de 5 fr., 230 pièces de 2 fr., et le reste est en pièces de 1 franc : combien renferme-t-il de ces dernières ?

P. 504. Une personne qui devait la somme de 4500 fr., en a payé d'abord les $\frac{2}{5}$, ensuite le $\frac{1}{4}$: que doit-elle encore ?

P. 505. De Paris à Lyon par Autun, on compte 46 myriam. 6 kilom., de Paris à Autun, 172 kilom.: combien y a-t-il d'Autun à Lyon?

P. 506. Un propriétaire a deux fermes, l'une de 47 hectares 25 ares 30 centiares, et l'autre de 74 hectares 38 ares 53 centiares; une pièce de terre de 4 hectares 32 ares a été démembrée de la 1re ferme pour y faire des constructions, 2 hectar. 20 ares ont été pris pour une route royale, et 37 ares 35 centiares ont été convertis en pièces d'eau: dites ce qui reste en culture.

P. 507. Combien taillera-t-on de pièces de 40 francs dans un lingot d'or pur pesant 1 kilog. 3932, et combien faudra-t-il ajouter de grammes d'alliage pour la fabrication?

P. 508. Lorsqu'un litre d'eau pèse 1 kilog., un litre de vin de Bourgogne pèse 0 kilog. 9915 : quel est le poids de ce vin contenu dans deux tonneaux, l'un de 2 hectol. 28 litres, l'autre de 2 hectol. 32 litres?

P. 509. Une propriété foncière de 54 hectares 60 ares de superficie doit être partagée entre 18 héritiers de la manière suivante: six d'entre eux en auront les deux tiers, et l'autre partie appartiendra aux 12 autres : quelle sera la part de chacun?

P. 510. Un sac qui pèse net 218 gram. 75, contient le plus grand nombre possible de pièces de 5 fr., puis de 2 fr., de 1 fr., de $\frac{1}{2}$ fr. et $\frac{1}{4}$ de fr. Quel est le nombre de pièces de chacune de ces valeurs?

P. 511. De Paris à Melun on compte 46 kilom.; de Melun à Montereau, 30 kilom.; de Montereau à Sens, 35 kilom.; de Sens à Joigny, 30 kilom.; de Joigny à Auxerre, 27 kilom.; d'Auxerre à Avallon, 48 kilom.; d'Avallon à Autun, 78 kilom.; d'Autun à Châlons-sur-Saône, 48 kilom.; de Châlons à Mâcon, 57 kilom.; de Mâcon à Lyon, 48 kilom.: combien y a-t-il de Paris à Lyon par cette route, appelée route de Bourgogne?

P. 512. La longueur d'une règle est de 45 centim., celle d'une seconde règle de 33 centim.: si on les met bout à bout, que manquera-t-il pour avoir un mètre?

P. 513. Trois compagnies d'ouvriers se présentent pour faire un ouvrage; la 1re peut le faire en 6 jours; la 2e en 8 jours, et la 3e en 10 jours: en combien de jours cet ouvrage serait-il terminé, si les trois compagnies y étaient employées ensemble?

P. 514. Un réservoir a deux robinets; par le 1er il peut se

vider en 2 heures, et par le 2e en 4 : si on les ouvre tous les deux en même temps, combien faudra-t-il d'heures pour le vider?

P. 515. On a un travail pressé à faire; un maître ouvrier peut y employer 4 hommes, un autre 6 hommes et un 3e 12 hommes : de quelle manière doit-on leur distribuer le travail?

P. 516. Un prodigue a dépensé au jeu les $\frac{7}{9}$ de sa fortune, et il lui reste 27000 fr.: quelle était cette fortune?

P. 517. Quel est le nombre qui, étant multiplié par 80, 35, donne un produit triple de celui qu'on obtiendrait en multipliant 47, 50 par les $\frac{5}{6}$ de 93?

P. 518. Un entrepreneur a fourni 5 blocs de pierre de taille dont le détail suit, savoir : le 1er contient 2 mètr. cubes 450; le 2e égale les $\frac{4}{5}$ du 1er; le 3e égale les $\frac{2}{3}$ du 4e, qui égale les $\frac{3}{10}$ du 5e, lequel égale lui-même les deux premiers moins 810 décim. cubes : dites le montant du mémoire de cet entrepreneur, s'il porte le mètre cube à 24 fr.

P. 519. Quatre appartements dont la superficie est détaillée ci-après ont été carrelés à 3 fr. 25 le mètr. carré : la surface du 1er est de 25 mèt. car. 25 décim.; celle du 2e, de 19 mètr. car. 42 décim. 47 centim.; celle du 3e, de 48 mèt. 7 décim. 6 cent., et celle du 4e, de 45 mèt. car. 68 décim. 4 centim.: on demande ce qu'il faut payer à l'entrepreneur.

P. 520. La largeur d'un tableau n'est que les $\frac{7}{11}$ de sa hauteur : quelle est cette hauteur, si la largeur égale les $\frac{4}{7}$ de 2 mètres 73?

TROISIÈME PARTIE.

PROPORTIONS,

OPÉRATIONS QUI EN DÉPENDENT, etc.

PROPORTIONS.

* 1. Une proportion est l'égalité de deux rapports.

* 2. Un rapport est le résultat de la comparaison de deux nombres.

* 3. Il y a deux sortes de rapports : les rapports par différence ou par soustraction, et les rapports par quotient ou par division ; ces rapports se nomment aussi raison.

4. Le rapport par différence est le résultat d'une soustraction ; par exemple, le rapport de 8 à 11 est 3 ; car la différence de 11 à 8 est 3. On met un point entre les deux termes qui forment un rapport par différence. Exemple : 8 . 11, et on lit 8 est à 11.

* 5. Le rapport par quotient est le résultat d'une division ; ainsi le rapport ou la raison de 12 à 4 est 3, parce que trois est le quotient de 12 divisé par 4 ; celui de 15 à 7 est $2\frac{1}{7}$, parce que $2\frac{1}{7}$ est le quotient de 15 divisé par 7. Il résulte de là que, pour trouver le rapport par quotient qui existe entre deux nombres, il faut diviser l'un par l'autre, et le quotient donne la réponse. Les deux termes de ce rapport se lient par deux points. Exemple : 12 : 4, qu'on lit 12 est à 4.

* 6. Si les deux rapports égaux qui forment une proportion sont des rapports par soustraction, elle est appelée *proportion* par *différence* ou *équidifférence ;* et si ce sont deux rapports par *division,* la proportion est dite par *quotient.*

Ainsi, 8 et 4, 12 et 8, forment une proportion par *différence* ou une *équidifférence*, parce que la différence de 8 à 4 est la même que celle de 12 à 8.

On l'écrit ainsi : 8 . 4 : 12 . 8 , et on l'énonce en disant : 8 est à 4 comme 12 est à 8. Et ces deux autres rapports 12 et 3, 20 et 5 forment une proportion par *quotient*, car le rapport de 12 à 3 est le même que celui de 20 à 5 ; en effet, le quotient de 12 par 3 = 4, comme celui de 20 par 5 = 4. Une proportion par quotient s'écrit ainsi : 12 : 3 :: 20 : 5, qu'on lit 12 est à 3 comme 20 est à 5.

7. Le premier et le troisième terme d'une proportion sont appelés antécédents, et le deuxième et le quatrième conséquents ; le premier et le dernier se nomment aussi extrêmes, et les deux du milieu, moyens.

Propriétés des proportions par différence.

8. La propriété principale des proportions par différence est que *la somme des extrêmes est égale à celle des moyens.*

Ainsi, dans la proportion par différence suivante : 8 . 6 : 5 . 3 la somme des extrêmes 8 + 3 = 11, et celle des moyens 6+5 = aussi 11. En effet, le nombre 8, qui forme l'antécédent du premier rapport, est égal à 6+2, et celui du second est égal à 2+3, d'où il résulte que la somme des extrêmes 8+3=6+2+3, et celle des moyens 6+5=6+2+3. Ces deux sommes sont donc évidemment égales, puisqu'elles sont composées des mêmes nombres.

9. D'où il suit que, si l'on connaît trois termes d'une équidifférence ou d'une proportion par différence, il est facile de calculer le quatrième ; pour cela, si l'inconnu est extrême, il faut additionner les moyens et en soustraire l'extrême connu, le reste égale l'extrême inconnu ; si c'est un moyen qui soit inconnu, il faut soustraire le moyen connu de la somme des extrêmes, et le reste égale le moyen inconnu.

Exemple pour le premier cas.

Soit à trouver le quatrième terme de l'équidifférence suivante :

$$7 . 10 : 12 . x$$

Solution : 10+12=22—7= R. 15.

Exemple pour le deuxième cas.

$$8\ .\ 12\ :\ x\ .\ 22$$

Solution : $8+22=30-12=$R. 18.

10. Lorsque les deux moyens d'une proportion par différence sont égaux, comme dans $8\ .\ 11\ :\ 11\ .\ 14$, elle prend le nom de proportion ou équidifférence continue; on a alors $8+14=11+11$.

11. Pour trouver le terme moyen d'une proportion continue, on divise par 2 la somme des extrêmes; ainsi on trouverait le terme moyen de l'équidifférence suivante : $8\ .\ x\ :\ x\ .\ 14$.

Par cette solution $2\,x=8+14$

donc $x=\dfrac{8+14}{2}=$ R. 11.

C'est ce qu'on appelle une moyenne arithmétique ; il ne faut pas la confondre avec la moyenne proportionnelle, dont nous parlerons aux progressions géométriques.

Propriété des proportions par quotient.

* 12. Les principales propriétés des proportions par quotient sont les suivantes :

1° *Le produit des moyens est égal à celui des extrêmes.*

Soit la proportion $2 : 4 :: 3 : 6$. En exprimant chaque rapport par une fraction, nous avons $\frac{2}{4}$ et $\frac{3}{6}$, et ces deux fractions, réduites au même dénominateur (n° 98, 1re partie), seront $\frac{12}{24}$ $\frac{12}{24}$. Or, par cette opération, nous n'avons pas troublé la proportion (n° 88, 1re partie) ; en la rétablissant, nous avons $12 : 24 :: 12 : 24$; mais les facteurs des moyens sont les mêmes que ceux des extrêmes ; donc, etc.

Il résulte de là qu'on peut changer l'ordre des termes d'une proportion sans la troubler, pourvu que dans celui dans lequel on l'a établie, le produit des moyens soit toujours égal à celui des extrêmes. Ainsi la proportion ci-après peut avoir toutes les formes suivantes :

12 : 3 :: 20 : 5		5 : 20 :: 3 : 12	
12 : 20 :: 3 : 5		5 : 3 :: 20 : 12	
3 : 12 :: 5 : 20		20 : 12 :: 5 : 3	
3 : 5 :: 12 : 20		20 : 5 :: 12 : 3	

En effet, dans tous ces arrangements, le produit des extrêmes et celui des moyens est toujours l'un des deux produits 12×5, 3×20.

Donc, pour avoir un extrême inconnu, il faut faire le produit des moyens, et le diviser par l'extrême connu : de même, pour avoir un moyen inconnu, il faut faire le produit des extrêmes, et le diviser par le moyen connu, le quotient donnera le terme demandé. Soit à trouver le 4e terme de cette proportion : $15 : 5 :: 21 : x$.

Solution : $$\frac{5 \times 21 = 105}{15} = 7$$

En effet, 15, qui est ici diviseur, est le facteur d'un produit égal à celui de 5 par 21 ; mais en divisant un produit par l'un de ses facteurs, l'autre facteur vient au quotient (n° 73, 1re partie) ; donc, pour avoir un extrême inconnu, etc.

Soit encore cet autre exemple, $18 : 24 :: x : 28$.

Solution : $$\frac{18 \times 28 = 504}{24} = 21$$

En effet, le diviseur 24 est le facteur d'un produit égal à celui de 18 par 28 ; mais en divisant un produit par l'un de ses facteurs, il vient au quotient l'autre facteur (n° 73, 1re partie) ; donc, pour avoir un moyen inconnu, il faut, etc.

* 2° *Si l'on ajoute chaque conséquent à son antécédent, ou si on l'en retranche, la proportion est encore existante.* Soit la proportion $12 : 10 :: 48 : 40$, la différence des deux termes du premier rapport est 2 ($12 - 10 = 2$) ; celle des deux termes du second est 8 ($48 - 40 = 8$) ; donc on a $2 : 10 :: 8 : 40$. Il est évident que ces quatre termes forment encore une proportion. En effet, en retranchant les conséquents des antécédents, on a diminué les deux rapports de chacun une

unité, ils sont donc demeurés égaux. Au contraire, les rapports seraient augmentés d'une unité et seraient encore égaux si l'on ajoutait chaque conséquent à son antécédent.

* 3° *La somme des antécédents est à la somme des conséquents, comme un antécédent est à son conséquent.* Soit la proportion 4 : 2 :: 6 : 3, on peut changer les moyens de place et écrire 4 : 6 :: 2 : 3; on peut ensuite ajouter chaque conséquent à son antécédent, et on aura 4 + 6 : 2 + 3 :: 6 : 3.

S'il y avait un plus grand nombre de rapports égaux, on le démontrerait de même.

* 4° *Si l'on multiplie ou si l'on divise l'un des rapports ou tous les deux par un même nombre, la raison entre les termes de chaque rapport sera toujours la même, et par conséquent on n'aura rien changé à la proportion.* Soit les deux rapports 6 : 2 et 9 : 3 formant la proportion 6 : 2 :: 9 : 3. Remarquons d'abord que, dans chacun de ces rapports, la raison peut être exprimée par une fraction, par exemple : 6 : 2 par $\frac{6}{2}$ et 9 : 3 par $\frac{9}{3}$. Mais on a vu (n° 88) que lorsqu'on multiplie les deux termes d'une fraction par un même nombre, on ne trouble pas le rapport qui existe entre eux : donc si l'on multiplie, etc.

Par une suite nécessaire, si l'on divise les deux termes d'un rapport par un même nombre, la raison ne sera pas changée.

* 5° *Si l'on multiplie ou si l'on divise les deux antécédents ou les deux conséquents par un même nombre, la proportion ne sera pas troublée.* Ceci est évident : dans la proportion suivante, par exemple, 4 : 2 :: 6 : 3, si nous multiplions 4 qui contient 2 fois 2, par 3, par exemple, nous aurons pour produit 12 qui contiendra 2 fois 2 autant de fois que le nombre 3 contient d'unités, c'est-à-dire 6 fois ($\frac{12}{2} = 6$); mais en multipliant par 3 le nombre 6 qui contient 3 deux fois, nous aurons aussi un produit qui contiendra 2 fois 3 autant de fois qu'il y a d'unités dans 3, c'est-à-dire 6 fois ($\frac{18}{3} = 6$). On le démontrerait d'une manière analogue pour les conséquents.

Par une suite nécessaire, si l'on divise au lieu de multiplier, la même propriété aura lieu.

* 6. *Quand on multiplie terme à terme deux proportions, les produits résultant de ces opérations forment encore une proportion.* Par exemple, soit les deux proportions

$$\begin{array}{cccccccc} 3 & : & 6 & :: & 4 & : & 8 \\ 5 & : & 7 & :: & 15 & : & 21 \\ \hline 15 & & 42 & & 60 & & 168 \end{array}$$

Les quatre produits forment la proportion 15 : 42 :: 60 : 168. En effet, les deux proportions 3 : 6 :: 4 : 8 et 5 : 7 :: 15 : 21 donnent les égalités

$$\frac{3}{6}=\frac{4}{8} \text{ et } \frac{5}{7}=\frac{15}{21}$$

et en multipliant terme à terme ces deux égalités on aura

$$\frac{3 \times 5}{9 \times 7}=\frac{4 \times 15}{8 \times 21} \text{ ou } \frac{15}{42}=\frac{60}{168}\text{; donc, etc.}$$

Questions sur les Proportions.

Qu'est-ce qu'une proportion? 1.—Qu'est-ce qu'un rapport? 2.—Combien distingue-t-on de sortes de rapports? 3.—En quoi consiste le rapport par différence? 4.—En quoi consistent les rapports par quotient? 5.—Combien y a-t-il de sortes de proportions, et faites-nous voir leur différence? 6.—Comment désigne-t-on les quatre termes qui entrent dans une proportion? 7. — Quelle est la propriété principale des proportions par différence? 8.— Quelle conséquence tirez-vous de cette propriété? 9. — Comment nomme-t-on la proportion par différence lorsque les deux moyens sont égaux, comme dans 4 : 6 : : 6 : 9? 10. —Comment trouve-t-on le terme moyen dans ce cas? 11. — Quelles sont les propriétés des proportions par quotient? 12.

EXERCICES.

Trouvez le terme inconnu de chacune des Proportions suivantes.

P. 1. 1° 12 : 18 :: 16 : x

2° 18 : 24 :: x : 40

3° $25 : x :: 35 : 42$

4° $x : 72 :: 36 : 48$

5° $340 : x :: 720 : 72$

6° $87,50 : x :: 175 : 174$

P. 2. 1° $12 : 16 :: 18 : x$

2° $18 : x :: 24 : 40$

3° $25 : 35 :: x : 42$

4° $x : 36 :: 72 : 48$

5° $360 : 720 :: x : 72$

6° $87,50 : 175 :: x : 174$

P. 3. 1° $\frac{2}{3} : \frac{3}{4} :: \frac{5}{7} : x$

2° $\frac{12}{15} : \frac{8}{12} :: \frac{7}{17} : x$

3° $\frac{27}{35} : \frac{14}{18} :: x : \frac{32}{45}$

4° $\frac{17}{23} : x :: \frac{19}{28} : \frac{24}{31}$

P. 4. 1° $\frac{3}{4} : x :: \frac{2}{3} : \frac{5}{7}$

2° $\frac{8}{12} : x :: \frac{12}{15} : \frac{7}{17}$

3° $\frac{14}{18} : \frac{32}{45} :: \frac{27}{35} : x$

4° $x : \frac{24}{31} :: \frac{17}{23} : \frac{19}{28}$

P. 5. 1° $20 \times 6 : 160 :: 35 \times 7 : x$

2° $12 \times 30 : 7 \times 8 :: 18 \times x : 14 \times 4$

3° $25 + 7 : 48 :: 32 + 8 : x$

4° $30 + 25 : 36 :: 35 + x : 56 + 6$

RÈGLE DE TROIS.

* 13. La Règle de Trois est une opération à laquelle donne lieu l'énoncé d'un problème qui renferme quatre termes d'une proportion, dont trois étant connus servent à découvrir le quatrième.

Par exemple, le problème suivant : 6 hommes ayant fait 42 mètres d'ouvrage, combien 10 hommes en feront-ils durant le même temps, renferme une règle de trois.

* 14. Quoique l'on distingue ordinairement cinq sortes de règles de trois, savoir : 1° la directe simple; 2° l'inverse simple; 3° la directe double; 4° l'inverse double; 5° la composée, c'est-à-dire en partie directe et en partie inverse, nous n'en reconnaîtrons ici que de deux sortes : celles dont chaque terme n'est composé que d'un seul nombre, et que nous appellerons pour ce sujet *règles de trois simples*, tel est l'exemple précédent; et celles dont deux termes, quelquefois les quatre, sont composés de plusieurs nombres; nous les nommerons *règles de trois composées*, et elles renfermeront les quatre dernières espèces nommées ci-dessus.

L'exemple suivant renferme une règle de trois composée.

Combien faudra-t-il de jours à 8 hommes qui travaillent 10 heures par jour, pour faire un ouvrage de 25 mètres de longueur et de 2 de largeur, sachant que 6 hommes ont fait en 15 jours, travaillant 12 heures par jour, 30 mètres d'un autre ouvrage qui a 3 mètres de largeur ?

RÈGLE DE TROIS SIMPLE.

En général, les règles de trois peuvent être résolues en faisant usage des propriétés des proportions ou sans employer ces propriétés.

Résolutions des Règles de Trois simples, sans faire usage des propriétés des proportions.

* 15. Pour opérer sans employer les proportions un problème qui renferme une règle de trois, on divise la quantité qui est seule de son espèce par celle qui l'a produite ou qu'elle produit elle-même, et on multiplie le quotient par le troisième terme. Cette méthode est justifiée par le raisonnement suivant :

Soit à résoudre le premier problème ci-dessus : si je connaissais l'ouvrage que chaque homme a fait, je le multiplierais par 10, nombre d'hommes qui doivent être employés pour faire l'ouvrage demandé, ce qui donnerait la réponse; mais je connais l'ouvrage que 6 hommes ont fait, et je cherche celui d'un seul; cette première question demande donc une division (n° 67, 1re partie), et le quotient donnera l'ouvrage d'un seul homme; pour avoir celui de dix, il suffit de répéter dix fois cette quantité, ce qui exige une multiplication.

2e *Exemple.* Onze mesures de blé coûtent 68 francs; combien coûteront 15 mesures du même blé? Je divise 68 par 11, et j'ai 6 francs $\frac{2}{11}$ pour le prix de la mesure; je multiplie ce nombre par 15, et j'ai $\frac{928}{11}$ pour réponse.

C'est ainsi qu'on peut opérer toutes les règles de trois directes; mais comme cette méthode présente quelques difficultés à cause des fractions qui peuvent résulter de la division, on peut, pour les éviter, commencer par la multiplication. Ainsi, dans le premier exemple, je multiplie 42 par 10 et j'ai 420; mais 420 est l'ouvrage de 6 hommes, j'ai donc un produit 6 fois trop fort; pour le réduire à sa juste valeur, il faut donc le diviser par 6. En appliquant le même raisonnement au second exemple, on aurait

$$\frac{15 \times 68}{11} = 92\frac{8}{11}$$

(Autres exemples, à la page 367.)

Résolutions des Règles de Trois par les propriétés des proportions.

* 16. Pour résoudre les règles de trois en faisant usage des proportions, il faut considérer d'abord que tout problème de ce genre renferme deux rapports. Soit, par exemple, le problème précédent : 11 mesures de blé coûtent 68 fr., combien coûteront 15 mesures du même blé. En divisant 68 par 11, j'aurai le prix de la mesure de blé; mais si je connaissais le prix des 15 mesures, en le divisant par 15, j'aurais également le prix d'une mesure, lequel doit être égal dans les deux cas; or, le quotient de chacune de ces divisions exprime le rapport qui règne entre les deux termes, et comme il est le même, j'en conclus que ces 4 termes forment une proportion (n° 6) que l'on peut écrire ainsi : $11 : 68 :: 15 : x$.

Le produit des moyens divisé par l'extrême connu donnera la réponse (n° 12).

* 17. Pour placer convenablement les nombres qui composent les règles de trois, quand on veut les résoudre par les proportions, il faut avoir soin d'écrire les deux rapports dans le même ordre, c'est-à-dire qu'ils doivent commencer tous deux par les antécédents ou par les conséquents : on remplace le terme inconnu par x.

Exemple.

Lorsque 140 fr. sont le prix de 14 mètres de drap, combien faudra-t-il payer pour 20 mètres du même drap ? *Solution.* 140 fr. : 14 mètres :: x fr. : 20 mèt.

Je compose le premier rapport des francs et des mètres qu'ils ont donnés, le second doit être composé de la même manière; mais, ne connaissant pas les francs de ce second rapport, je les remplace par l'x; l'inconnu se trouvant aux moyens, je fais le produit des extrêmes 140 et 20, il est de 2800 que je divise par 14, et j'ai pour réponse 200.

Autres exemples.

Combien faut-il payer pour 280 mètres de toile lorsque pour 850 fr. on en reçoit 170 mètres ?
Solution. x : 280 :: 850 : 170. R. 1400 fr.

Le premier terme du problème étant inconnu, je le remplace par l'x, et je mets son antécédent au deuxième terme. Je compose le deuxième rapport comme le premier, commençant par les francs. Comme l'x est un extrême, je fais le produit des moyens 280 et 850, il est de 238000 que je divise par 170; la réponse est 1400.

36 mètres de drap coûtent 216 fr. : combien 40 coûteront-ils ? *Solution.* 36 : 216 :: 40 : x R. 240.

Combien faut-il payer pour 16 mesures de blé lorsqu'on paie 48 fr. pour 4 mesures ? *Solution.* x : 16 :: 48 : 4. R. 192.

Pour 800 fr. on a 160 mèt. de drap. combien coûteront 200 mèt. ? *Solution.* 800 : 160 :: x : 200. R. 1000.

Que coûteront 46 pièces de vin si l'on paie 1800 fr. pour 12 pièces du même vin ? *Solution.* x : 46 :: 1800 : 12. R. 8900 fr.

En 15 jours on fait 120 mètres d'ouvrage ; combien en fera-t-on en 20 jours ? *Solution.* 15 : 120 :: 20 : x. R. 160.

Avec 64 mètres de drap on fait 16 habits : combien en fera-t-on avec 40 mètres? *Solution.* 64 : 16 :: 40 : x. R. 10.

Combien 140 mètres de toile coûteront-ils, lorsque pour 170 fr. on en a 85 mètres? *Solution.* 140 : x :: 85 : 170 R. 280.

* 18. On fait la preuve de la règle de trois par une autre règle de trois dans laquelle on change de place l'inconnu ; s'il était au 4e terme dans la règle, on le met au 2e dans la preuve ; s'il était au 3e terme, on le met au 1er, et réciproquement. Pour faire la preuve de l'avant-dernier exemple, je mettrai donc : 64 : x :: 40 : 10, l'opération doit donner 16 pour réponse ; et pour la preuve du dernier exemple, je mettrai : 140 : 280 :: 85 : x, et l'on doit trouver 170 pour réponse.

Questions sur la Règle de Trois.

Qu'est-ce que la règle de trois? 13. — Combien y a-t-il de sortes de règles de trois? 14. Comment peut-on résoudre une question renfermant une règle de trois sans employer les proportions? 15. — Comment peut-on résoudre les règles de trois en se servant des proportions? 16. — Que faut-il observer pour placer convenablement les nombres qui composent les règles de trois, quand on veut les [illegible] par les proportions? 17. — Comment fait-on la preuve de la rè[illegible]is? 18.

Exercices sur la Règle de Trois simple.

P. 6. La douzaine de pommes coûte 0 fr. 15 cent. : combien coûteront 624 pommes? Solution. : 12 : 0,15 : : 624 : x.

P. 7. Lorsque la douzaine d'œufs coûte 0 fr. 50, combien paiera-t-on pour 2 paniers qui en contiennent chacun 612? Solution. 612 × 2=1224 : x : : 12 : 0,50.

P. 8. Quel est le prix de 42 canifs à 15 fr. la douzaine? Solution. x : 42 : : 15 : 12.

P. 9. Lorsque 15 personnes dépensent 75 fr., combien 20 dépenseront-elles?

P. 10. Pour 3 fr. on a 200 plumes, combien en aura-t-on pour 16 fr. 50 c.?

P. 11. Lorsqu 6 chevaux coûtent 3000 fr., combien 16 coûteront-ils?

P. 12. S'il faut 60 mètres de toile pour en payer 15 de

drap, combien aura-t-on de mètres de toile pour 75 mètres de drap?

P. 13. En 12 jours un ouvrier gagne 36 fr. 60 c. : combien gagnera-t-il en 30 jours?

P. 14. En 30 jours un ouvrier gagne 180 fr. : combien lui faudra-t-il de jours pour gagner 210 fr.?

P. 15. Pendant 20 jours un ouvrier a gagné 140 fr. : combien aurait-il gagné s'il avait travaillé 6 jours de plus?

P. 16. Une botte de soie pesant 20 hectogr. coûte 240 fr., combien coûterait-elle si elle pesait 90 hectogr.?

P. 17. Combien faut-il de kilogram. de pain pour nourrir 150 hommes, sachant qu'avec 130 kilogram. on en nourrit 65?

P. 18. Avec 3840 kilog. de pain on nourrit 1920 hommes: combien 1500 hommes en consommeront-ils durant le même temps?

P. 19. Lorsque 140 mètres de drap coûtent 540 francs, combien coûteront 200 mètres au même prix?

P. 20. Si l'on donne 40 fr. à un voyageur pour faire 75 kilom., combien faudra-t-il lui donner pour en faire 375?

P. 21. Lorsqu'on paie 354 fr. pour le port de 3678 kilog., que faudra-t-il payer pour 10712 kilog. de la même marchandise et pour la même distance?

P. 22. Pour faire transporter 340 kilog. de marchandises l'espace de 4 myria[illegible]s, on paie 68 fr. : combien faudra-t-il payer pour le tra[illegible]e 3740 kilog. au même lieu?

P. 23. Pour 3[illegible] fait transporter 200 kilog. l'espace de 39 myriamètr[illegible]mbien les ferait-on transporter pour la somme de 136 fr.?

P. 24. Lorsque le cent de grenades coûte 12 fr., à combien revient la douzaine?

P. 25. Lorsque 1 fr. 92 cent. sont le prix de 24 œufs, à combien revient le cent?

P. 26. S'il faut 41 hommes pour faire 287 mètres d'ouvrage, combien 31 en feront-ils, travaillant également?

P. 27. Si 33 hommes font 165 mètres d'ouvrage, combien 198 hommes en feront-ils, travaillant également?

P. 28. Un homme gagne 126 fr. en 9 jours de travail, combien gagnerait-il en 40?

P. 29. Si l'on tire deux mètres cubes d'eau en 12 minutes, combien faudra-t-il d'heures pour vider une citerne de 4 mèt. de longueur sur 3 de largeur, et 2 mèt. 50 c. de profondeur?

P. 30. Deux pièces de toile de même qualité coûtent, la première 335 fr., et la deuxième 390 fr. : on demande quelle est la longueur de l'une et de l'autre, sachant que la seconde a 11 mètres de plus que la première.

P. 31. Ayant vendu 463 kilogram. de laine pour 1620 fr. 50 c., combien recevrai-je pour 1399 kilogram. de la même laine ?

P. 32. Combien coûteront 146 litres d'huile, si l'on paie 154 fr. pour 220 livres?

P. 33. Un voyageur a fait 26 myria[illegible] en 5 jours : combien sera-t-il de jours pour faire 208 myriamètres?

P. 34. Un négociant, voulant faire une bonne œuvre, se propose d'y employer 4 fr. toutes les fois qu'il en gagnera 38 : à combien se montera son bénéfice s'il peut disposer de 8000 fr.?

P. 35. Un chapelier a vendu 78 chapeaux pour 936 fr., l'acheteur n'ayant que 840 fr., combien en recevra-t-il?

[illegible]vrier a reçu 264 fr. pour 44 jours de travail, [illegible]-il reçu s'il avait travaillé 14 jours de plus?

P. 37. Quelle est la hauteur d'une tour qui donne 110 mèt. d'ombre, lorsque, en même temps, 2 mèt. de hauteur en donnent 5 d'ombre?

P. 38. Lorsque le cent de fagots coûte 25 fr., à combien reviennent 36 fagots?

P. 39. J'ai acheté 4950 bûches, à condition d'en avoir 6 pour cent en sus : combien en recevrai-je?

P. 40. Combien gagne-t-on pour cent, lorsqu'on vend 4 fr. 50 c. une marchandise qui ne coûtait que 4 fr.?

P. 41. Ayant acheté pour 8500 fr. de blé, j'ai gagné 4 pour cent en le revendant : combien ai-je reçu?

P. 42. En revendant des marchandises la somme de 5600 fr., je perds 4 fr. 50 c. par cent : combien avais-je déboursé ?

P. 43. Ayant acheté du drap à 15 fr. le mètre, je désire gagner 5 pour cent, combien dois-je le vendre?

P. 44. Ayant acheté de la toile pour 8000 fr., je l'ai revendue 8500 fr. : combien ai-je gagné pour cent?

P. 45. Lorsqu'on donne 3500 pommes pour 87 fr. 50 c., à combien est-ce le mille?

P. 46. Lorsque le mille d'oranges se vend 150 fr., combien en aura-t-on pour 715 fr. 25 c.?

P. 47. Le demi-kilog. de sucre coûte 1 fr. 10 c. : combien faudrait-il le revendre pour gagner 50 fr. par mille fr.?

P. 48. Combien faut-il vendre de mètres de drap pour avoir un bénéfice de 850 francs, lorsqu'on gagne 50 fr. par mille?

P. 49. Combien faudra-t-il payer pour la commission de 130 balles de marchandises, à 16 fr. pour 4 balles?

P. 50. Un courtier a vendu 145 hectol. 60 litres de vin : s'il a 0 fr. 025 m. par litre, quel sera son gain?

P. 51. A quelle somme se monte la commission de 18580 fr., à 1 fr. 15 c. pour cent de bénéfice?

P. 52. Un négociant de Paris a fait assurer sur un navire de Marseille pour 9500 fr. de marchandises, à raison de 6 pour cent : combien doit-il payer d'assurance?

P. 53. J'ai acheté [illegible] pièces de vin de chacune 240 litres, à 0 fr. 35 c. le litre [illegible] je paie l'assurance à 10 pour cent, à combien me reviendra le litre?

P. 54. Un particulier reçoit 750 fr. pour l'assurance de marchandises à 8 pour cent : quelle en était la valeur?

P. 55. On demande à combien se monte la grosse aventure, c'est-à-dire le gain fait sur 124750 fr. exposés aux dangers de la mer, si l'on donne 16 fr. 75 ce[illegible]

P. 56. Quelqu'un a donné à grosse aventu[illegible] vin de chacune 240 litres, à 0 fr. 25 cent. le [illegible] recevra-t-il de profit, s'il n'arrive pas d'accident, et qu'on lui donne 12 pour 100?

P. 57. Au retour d'un vaisseau, je reçois 8500 fr. pour grosse aventure d'un capital exposé aux dangers de la navigation : quel est ce capital, sachant que l'on me donne 10 pour 100?

P. 58. Un négociant était intéressé pour 1800 fr. sur la cargaison d'un vaisseau : le mauvais temps ayant avarié les marchandises, on ne retire que 60 pour 100 : combien ledit négociant recevra-t-il?

P. 59. On a acheté pour 14500 fr. de marchandises : combien recevra-t-on, si, en les revendant, on gagne 6 fr. pour 100?

P. 60. Un particulier a du drap qu'il vend 12 fr.; en troc, il en veut 15 fr., et il veut l'échanger pour de la toile qu'on vendrait en détail 3 fr. : à quel prix doit-on la mettre en troc à proportion du drap?

P. 61. Ne trouvant pas le débit de 4560 litres d'eau-de-vie du prix de 2 fr. 50 c., je veux l'échanger pour du vin que l'on vend 0 fr. 35 c. : combien en recevrai-je de litres?

P. 62. Combien paiera-t-on pour 3 caisses de marchandises pesant ensemble 3400 kilog., si l'on diminue 5 kilog. de tare et 2 de bon poids par 100, et que l'on paie 1 fr. 75 le kilog. net?

P. 63. Si pour le port de Paris à Nantes on paie 8 fr. pour 100 kilog., combien paiera-t-on pour 5 caisses pesant ensemble 4250 kilog.?

P. 64. Je trouve un banquier qui veut bien me faire une

lettre de change pour faire recevoir à Lyon la somme de 15000 fr. : combien dois-je lui compter, s'il prend 0 fr. 75 c. pour 100?

P. 65. Deux pièces de drap ont l'une 41 mètres, l'autre 36; la première coûte 45 fr. plus que la seconde : quel est le prix de chacune?

P. 66. Lorsque le millier de plumes coûte 25 francs, combien devrai-je payer pour 95190 plumes?

P. 67. Lorsqu'on paie 150 fr. 57 cent. pour le port de 717 kilogrammes de marchandises, combien devra-t-on payer à proportion pour 9150 kilog. 27 décagrammes?

P. 68. Combien recevra-t-on pour 175 hectol. de grain, si l'on reçoit 2960 fr. 60 cent. pour 92 hectolitres 8 décalitres?

P. 69. Si l'on donne 95 francs à un voyageur pour faire 8[illegible] kilomètres de chemin, combien lui donnera-t-on pour 116 myriamètres 10 hectomètres?

P. 70. Lorsqu'on paie 16 francs 25 cent. pour 44 kilogrammes de viande, combien devra-t-on payer pour 90 hectogrammes?

P. 71. S'il faut 145 sacs pour contenir 174 hectolitres 25 de grain, combien en faudra-t-il à proportion pour en contenir 697 hectolitres?

P. 72. Combien faut-il payer pour 859 mètres 75, lorsque 102 fr. 35 c. sont le prix de 23 mètres 50?

P. 73. S'il a fallu 136 bouteilles pour contenir 272 litres de vin, combien en faudra-t-il de même grandeur pour soutirer quatre pièces de vin, qui contiennent chacune 2 hectolitres 5 décalitres?

P. 74. Lorsqu'on met 348 kilog. 50 de poudre dans 10 barils, combien pourra-t-on en mettre à proportion dans 12 barils qui sont de la même grandeur que les premiers?

P. 75. Un particulier a reçu 1758 francs 75 cent. pour la vente de 418 ares 95 centiares de terre : combien recevra-t-il à proportion pour 15 hectares, en les vendant au même prix?

P. 76. Un particulier devant [illegible]00 francs, son créancier lui accorde 0 fr. 15 c. par cent d'escompte ou de rabais : combien celui-ci recevra-t-il?

P. 77. Pour attirer la réussite sur mon négoce, je me propose de donner 5 fr. aux pauvres toutes les fois que je gagnerai 150 fr. : combien aurai-je gagné lorsque je ferai une aumône de 100 fr.?

P. 78. Une garnison de 1800 hommes a des vivres pour

9000 fr. : de combien faudra-t-il augmenter la valeur es vivres lorsqu'on recevra 750 hommes de plus ?

P. 79. Si je donne 8 fr. pour 100 de gain, combien aurai-je donné au bout de 8 ans, si chaque année je fais un bénéfice de 1200 fr. ?

P. 80. Un rentier possède un reveuu annuel de 2190 francs; il veut régler sa [illegible]se de manière à économiser, pour de bonnes œuvres, [illegible] sur 30 de revenu : quelle sera sa dépense journalière ?

P. 81. Un père gagne 6 fr. 50 c. par jour, son fils 3 fr. [illegible]5 c. : en combien de temps auront-ils économisé 31 fr. 50 c., s'ils ne dépensent que 5 fr. par jour ?

P. 82. Une somme est composée de deux parties, qui sont entre elles comme 6 : 30 ; la plus petite est 1200 fr. : quelle est la plus grande ?

P. 83. Le riz valant 0 fr. 80 cent. le kilog., et le vermicelle 0 fr. 90 cent., combien aura-t-on de kilog. de ces deux marchandises pour 595 fr., si l'on en prend autant de l'une que de l'autre ?

P. 84. En 25 jours un menuisier a fait 30 mètres d'ouvrage : combien en fera-t-il en 125 jours?

P. 85. Une pièce de vin contenant 250 litres coûte 75 fr., une autre de 320 litres coûte 96 fr. : quelle est la plus chère ?

P. 86. On a acheté deux pièces de toile : la première coûte 405 fr., et la deuxième 369 francs : quelle est la longueur de l'une et de l'autre, si la première a 4 mètres de plus que la deuxième ?

P. 87. Six pièces de velours ont coûté ensemble 1800 fr. : on demande combien elles contiennent de mètres chacune, si 78 fr. sont le prix de 13 mètres.

P. 88. Si j'avais mis 9500 fr. dans le commerce, j'aurais gagné 1520 francs ; mais n'ayant fait que pour 304 francs de profit, je demande ce que j'avais mis.

P. 89. Deux ateliers comp[illegible] l'un de 20 hommes et l'autre de 30, ont fait 1500 mètres d'ouvrage en 25 jours : combien en auraient-ils fait, si l'on avait mis 15 hommes de plus ?

P. 90. Le père gagne 6 fr. 20 c., la mère 4 fr. 30 c., et trois enfants chacun 2 fr. 75 c. par jour; à combien se montera leur économie par semaine, si la dépense journalière est de 10 fr. 75 ?

RÈGLE DE TROIS COMPOSÉE.

19. La règle de trois composée, comme nous l'avons dit n° 14, est celle dans laquelle plusieurs quantités concourent à former un même antécédent ou un même conséquent.

Exemple.

6 hommes en 24 jours, travaillant 8 heures par jour, ont fait 456 mèt. d'ouvrage; on demande combien en feront 5 hommes en 20 jours, travaillant 10 heures par jour?

Dans ce problème, 6 hommes, en 24 jours, feront 144 journées, lesquelles, à raison de 8 heures, font 1152 heures. C'est donc en 1152 heures qu'on a fait 456 mètres d'ouvrage. Dans le second rapport, 5 hommes, pendant 20 jours, feront 100 journées à raison de 10 heures $=$ 1000 heures : ce qui revient à cette solution : $6 \times 24 \times 8 : 456 :: 5 \times 20 \times 10 : x$, ou $1152 : 456 :: 1000 : x$; par où l'on voit que les hommes, les jours et les heures dans chaque rapport ont concouru à former l'antécédent.

20. Après avoir rappelé à trois termes les règles de trois composées, on les opèrera comme les simples par la division et la multiplication, et réciproquement (n°s 15 et 16), ou par les proportions, écrivant pour premier rapport celui des deux que l'on veut, et de la manière que l'on veut, ayant soin de mettre dans un même terme toutes les quantités qui concourent à produire le même antécédent et le même conséquent, etc., et de désigner les multiplications par le signe $\times$: on écrit le second rapport de la même manière et dans le même ordre que le premier, et l'on met l'x à la place que doit occuper dans la proportion le terme inconnu; si l'x se trouve dans les moyens, on fait le produit de tous les nombres qui composent les extrêmes, et on le divise par celui de tous les moyens connu; s'il est dans les extrêmes, on fait le produit des moyens, et on

le divise par celui des extrêmes connu; le quotient donne la réponse.

Exemples.

1er *Ex.* Douze hommes ayant entrepris un ouvrage, en ont fait la moitié en 14 jours, après quoi 4 d'entre eux sont tombés malades : combien faudra-t-il de temps aux 8 autres pour l'achever ?

Solution. 12 h. × 14 j. : 1 ouv. :: 8 × x : 1.

Multipliez 12 par 14, et divisez par 8. R. 21.

2e *Ex.* Cent vingt-deux mètres ont été faits par 8 hommes en 6 jours : combien 20 hommes en 12 jours en feront-ils ? Solution. 122 : 8 × 6 :: x : 20 × 12 jours.

Dans la solution ci-dessus l'x étant aux moyens, je fais le produit des extrêmes, et je le divise par celui des moyens connu : le quotient donne pour réponse 610 mètres.

3e *Ex.* Un maître maçon s'est engagé à faire les murs d'un bâtiment en 30 jours; pendant les 18 premiers jours, 12 ouvriers, travaillant 10 heures par jour, en ont fait la moitié, c'est-à-dire 150 mètres : combien faudra-t-il employer d'ouvriers qui travailleront 11 heures par jour, pour finir l'ouvrage dans les 12 jours qui restent ? Solution. 12 ouv. × 18 j. × 10 h. : 150 mètres :: x × 12 × 11 : 150.

Le 2e et le 4e terme étant les mêmes, on les remplace par l'unité; on supprime aussi le nombre 12 qui se trouve dans le 1er et le 3e terme, et l'opération se réduit à multiplier 18 par 10, et diviser ce produit par 11. La réponse est 16 ouvriers, plus un dix-septième qui ne fera que les $\frac{4}{11}$ de l'un des 16 premiers.

4e *Ex.* J'ai fait transporter 200 kilogr. de marchandises à 600 kilom., pour 450 fr.; combien en ferait-on transporter, pour 227 fr. 20 c., à 900 kilomètres ?

Solution. 200 × 600 : 450 : : x × 900 : 227,20; l'x étant aux moyens, je fais le produit de tous les extrêmes, et je le divise par celui de tous les moyens connu.

Le 1er des quatre exemples ci-dessus renferme une

règle de trois inverse simple, ainsi que le problème 91 et les suivants, jusqu'à 100.

Le 2e exemple renferme une règle de trois directe double, ainsi que le problème 101 et les suivants, jusqu'à 111.

Le 3e exemple renferme une règle de trois inverse double, ainsi que le problème 112 et les suivants jusqu'à 128.

Le 4e exemple renferme une règle de trois composée. Nous enseignons à opérer toutes ces règles par une seule méthode, et nous croyons rendre en cela un vrai service aux élèves, et leur aplanir bien des difficultés.

Questions sur la Règle de Trois composée.

Qu'est-ce que la règle de trois composée? 19. — *Comment opère-t-on ces sortes de règles?* 20.

Exercices sur la règle de Trois composée.

P. 91. On sait que 15 hommes ont fait un certain ouvrage en 18 jours : combien faudrait-il de jours à 10 hommes pour faire le même ouvrage?

P. 92. Dans une place il y a 1500 hommes pourvus de vivres pour 6 mois : combien faudra-t-il faire sortir d'hommes, si l'on veut faire durer les vivres 2 mois de plus et donner la même ration?

P. 93. Pour transporter 450 kilog. l'espace de 450 kilom., on a pris 180 fr. : à combien de kilom. fera-t-on transporter 2250 kilog. pour la même somme?

P. 94. En 4 jours 18 ouvriers ont élevé un mur de 8 mètres de long, 6 de hauteur, et 0 mèt. 75 cent. d'épaisseur : combien auraient-ils mis de jours s'ils n'avaient été que 6 hommes?

P. 95. Avec 144000 fr. on peut entretenir 500 hommes pendant 6 mois, en donnant à chacun 1 fr. 60 cent. par jour : à combien faudrait-il réduire la paie si l'on voulait faire durer les fonds 2 mois de plus?

P. 96. On a employé 75 mètres de drap de 0 mèt. 80 c. de large pour faire un certain nombre d'habits : combien en aurait-il fallu si le drap n'avait eu que 0 mèt. 75 cent. de large?

P. 97. Vingt-quatre hommes ont fait 1575 mèt. d'ouvrage

en 15 jours, combien auraient-ils mis de jours s'ils n'avaient été que 8 hommes?

P. 98. Combien faut-il vendre de mètres de damas à raison de 64 fr. le mètre, pour recevoir la même somme qu'en vendant 10 mètres de drap à 38 fr. 40 c. le mètre?

P. 99. Combien faudra-t-il d'hommes pour faire autant d'ouvrage en 18 jours que 36 hommes en font en 20 jours?

P. 100. Vingt-cinq hommes devaient faire un ouvrage en 24 jours; mais on voudrait qu'il fût fini en 15 : combien faudra-t-il employer d'hommes?

P. 101. On a employé vingt hommes qui, en 15 jours, ont fait 450 mètres d'ouvrage : combien 24 hommes, travaillant pendant 25 jours, en feront-ils?

P. 102. Cent trente-six mètres de drap ont été faits par 6 hommes en 12 jours, travaillant 12 heures par jour : combien 9 hommes qui travaillent pendant 10 jours, et 15 heures par jour, en feront-ils?

P. 103. On sait qu'un maître menuisier a 6 ouvriers qu'il a employés pendant 36 jours, et 15 heures par jour, pour faire 450 mètres d'ouvrage : combien 18 ouvriers, employés pendant 12 jours, et 18 heures par jour, en feront-ils?

P. 104. Huit ouvriers en 10 jours, travaillant 10 heures par jour, ont fait 50 mètres d'ouvrage : on demande combien 12 de leurs compagnons en feront en 15 jours, s'ils travaillent 12 heures par jour.

P. 105. Pendant 18 jours, et 8 heures par jour, 14 ouvriers ont été employés à faire un ouvrage ayant 136 mètres de longueur et 9 de hauteur : combien 36 ouvriers, travaillant 7 heures par jour pendant 14 jours, feront-ils de mètres du même ouvrage?

P. 106. Un entrepreneur a 20 ouvriers qui, en 12 jours, et travaillant 12 heures par jour, ont fait 200 mètres d'ouvrage : combien 30 ouvriers en 9 jours, travaillant le même nombre d'heures, en feront-ils?

P. 107. En supposant que 15 hommes gagnent 1200 fr. en 20 jours, combien 105 hommes gagneraient-ils en 140 jours?

P. 108. Avec 15000 fr. on a gagné 12000 fr. en 2 ans : combien gagnera-t-on en 6 ans avec 5000 fr.?

P. 109. Un voyageur en 20 jours, marchant 15 heures par jour, a fait 1500 kilom. : combien en ferait-il s'il marchait avec la même vitesse pendant 30 jours et 12 heures par jour?

P. 110. Pour solder 20 ouvriers qui ont travaillé pendant 30 jours et 12 heures par jour, on a vendu 200 mètres de drap à 22 fr. 50 c. le mètre : combien paiera-t-on à 8 ouvriers qui ont travaillé pendant 30 jours et 10 heures par jour?

P. 111. Dans un atelier, 25 ouvriers font 350 mètres d'une certaine étoffe en 20 jours, travaillant 15 heures par jour : combien 20 hommes travailleront-ils de jours à 12 heures par jour, pour faire le même ouvrage ?

P. 112. Vingt-deux hommes ont employé 14 jours pour creuser une citerne : combien faudrait-il d'hommes pour faire un pareil ouvrage en 77 jours?

P. 113. Pour creuser un puits ayant 2 mètres 30 cent. de diamètre et 18 de profondeur, 10 hommes y ont travaillé pendant 80 jours et 15 heures par jour : combien faudrait-il de jours à 5 hommes pour faire un pareil ouvrage, s'ils travaillaient 12 heures par jour?

P. 114. Une place forte est gardée par 13500 hommes qui ont des vivres pour 8 mois; le commandant reçoit l'ordre de faire sortir un nombre d'hommes tel que les vivres puissent durer 4 mois de plus en faisant la même ration : combien doit-il faire sortir d'hommes?

P. 115. En travaillant 12 heures par jour, 12 ouvriers ont fait un certain ouvrage en 24 jours : combien auraient-ils employé de jours pour faire cet ouvrage, s'ils n'avaient travaillé que 9 heures par jour?

P. 116. Pour faire 12 habits complets, on a employé 140 mètres d'une étoffe de 0 mètre 90 centimètres de largeur : combien en aurait-il fallu si l'étoffe n'avait eu que 0 mètre 80 cent. de largeur?

P. 117. Pour terminer un certain ouvrage, on a employé 24 ouvriers pendant 28 jours et 10 heures par jour : combien aurait-il fallu de jours à 6 ouvriers travaillant aussi 10 heures par jour, pour faire ce même ouvrage?

P. 118. Un écrivain a fait 100 pièces d'écriture en 15 jours, travaillant 12 heures par jour : on demande combien il lui aurait fallu de jours de plus pour faire le même nombre de pièces, s'il n'avait travaillé que 9 heures par jour.

P. 119. On a employé 4 mètres 30 cent. de drap, ayant 1 mètre 20 cent. de large, pour faire un habit : on demande combien il faudrait de mètres de serge pour le doubler entièrement, si elle n'a que 0 mètre 60 c. de largeur.

P. 120. Il a fallu 3 jours à 4 ouvriers pour faire 460 mèt. : combien auraient-ils mis de jours, si, au lieu de travailler pendant 15 heures par jour, comme ils faisaient, ils n'en avaient employé que 12?

P. 121. Six chevaux, dont la force de chacun est représentée par 150 kilog., conduisent une voiture pesant 5400 kilog. :

combien en faudra-t-il pour conduire la même voiture si leur force n'est représentée que par 100 kilog. ?

P. 122. Pour faire 450 mètres d'ouvrage, 24 ouvriers ont travaillé pendant 12 jours et 15 heures par jour : combien faudrait-il de jours, à 8 ouvriers, pour faire 150 mètres du même ouvrage, s'ils travaillaient seulement 10 heures par jour ?

P. 123. On demande combien il faudrait d'hommes pour faire 900 mètres d'ouvrage en 18 jours, travaillant 10 heures par jour, sachant qu'il a fallu 12 jours à 36 ouvriers, lesquels travaillaient 15 heures par jour, pour faire 3600 mètres du même ouvrage.

P. 124. S'il faut 4 jours à 7 ouvriers pour faire 50 mètres de drap ayant 1 mèt. 75 cent. de large, combien faudra-t-il de jours à 28 ouvriers pour faire 200 mètres du même drap ?

P. 125. Combien faudrait-il d'hommes pour faire 200 mètres d'étoffe en 4 jours, travaillant 12 heures par jour, sachant qu'il a fallu 14 ouvriers qui travaillèrent 6 heures par jour pendant 8 jours, pour faire 100 mèt. de la même étoffe?

P. 126. 960 mètres de calicot ont été faits par 11 ouvriers en 15 jours, travaillant 12 heures par jour : combien faudrait-il de jours à 15 ouvriers travaillant 11 heures par jour, pour faire 240 mètres du même ouvrage?

P. 127. Pour faire 150 mètres d'un ouvrage, on a employé 5 hommes pendant 12 jours, lesquels travaillaient 12 heures par jour : combien faudra-t-il que 30 hommes travaillent d'heures par jour, pendant 20 jours, pour faire 500 mètres du même ouvrage ?

P. 128. Sachant que 500 fr. ont produit 10 fr. en 3 mois, combien faudra-t-il placer pour recevoir 200 fr. en un an?

P. 129. Trois voyageurs ayant dépensé 40 fr. en 4 jours, rencontrèrent deux amis avec lesquels ils continuèrent leur voyage, et dépensèrent 460 fr., faisant la même dépense par jour : combien de jours furent-ils ensemble ?

P. 130. Seize caisses de marchandises pesant chacune 250 kilog. ont coûté 8480 fr. : quel doit être le poids de 48 caisses contenant des marchandises de même valeur, et qui ont coûté chacune 530 fr. ?

P. 131. Quatre maçons ont fait un mur en 27 jours, travaillant 10 heures par jour : on demande combien il faudrait de journées de 12 heures à 15 autres pour faire un second mur de mêmes dimensions.

P. 132. Un pensionnat, composé de 100 élèves, a coûté 1250 fr. d'entretien pendant 15 jours : à combien se montera la dépense de 45 jours si on augmente le pensionnat de 20 élèves ?

P. 133. Lorsque 50 ouvriers gagnent 1800 francs en 8 jours, travaillant 15 heures par jour, combien faudra-t-il que 34 ouvriers travaillent d'heures par jour, pendant 18 jours, pour gagner 2937 fr. 60 c. ?

P. 134. Pour le transport de 30 pièces de vin l'espace de 300 kilom., on a payé 360 fr. : combien fera-t-on transporter de pièces de même grandeur l'espace de 200 kilom. pour 600 fr. ?

P. 135. Deux ateliers, l'un de 73 hommes, l'autre de 15, ont fait 15 pièces de toile de chacune 70 mètres en 30 jours ; les premiers travaillaient 6 heures par jour et les autres 10 : on demande quelle sera la longueur de 20 pièces de la même toile, si on emploie 28 hommes pendant 40 jours, sachant qu'ils travaillent ensemble pendant 15 heures chaque jour.

P. 136. Un mur de 40 mètres de longueur, 5 de hauteur, et 0 mètre 75 centim. d'épaisseur, a été fait en 12 jours par 15 hommes qui travaillaient 12 heures par jour : on demande quelle sera la hauteur d'un autre mur qui doit être fait en 25 jours par 18 hommes qui travailleront 11 heures par jour, ce mur devant avoir 103 mètres 125 millim. de longueur et 1 d'épaisseur.

P. 137. Combien faudra-t-il de jours de 8 heures à 49 hommes, pour faire autant d'ouvrage que 7 hommes en 28 journées de 10 heures ?

P. 138. On sait qu'en 12 jours 22 ouvriers, travaillant 10 heures et demie par jour, ont fait 304 mètres 92 centimètres : comme il restait encore 188 mètres 10 centimètres, 8 ouvriers les ont faits en 15 jours, travaillant 14 heures et un quart par jour : quels ont été les plus habiles ?

P. 139. Deux ouvriers travaillant ensemble ont gagné 528 fr. ; le premier, qui a travaillé pendant 30 jours, et 12 heures par jour, a reçu 198 fr. : combien le deuxième a-t-il dû employer de journées de 15 heures pour recevoir 330 fr. ?

P. 140. Deux marchands s'étant associés, le premier a mis 8000 fr. qu'il a laissés pendant 6 mois, et a reçu 1200 fr. de profit : quelle est la mise du second, sachant qu'il a reçu 3375 fr. pour 9 mois ?

RÈGLE D'INTÉRÈT.

* 21. La Règle d'Intérêt est une opération par laquelle on trouve le profit d'une somme placée à un denier quelconque, ou à tant pour cent, par an.

* 22. Placer au denier, c'est exiger 1 fr. pour 20, ou 24, ou 25, etc., francs qu'on a placés.

* 23. Placer à 4, ou à 5, etc., pour cent, c'est exiger 4 fr., 5 fr., etc., par chaque cent francs que l'on place.

Le *capital* est l'argent placé, le *denier* est le profit exigé pour 20, pour 24, etc., francs, et la *rente* est le profit total.

Le denier 20 répond à 5 pour cent.
Le denier 25 répond à 4 pour cent.

INTÉRÊT PAR LE DENIER.

* 24. Les règles s'opèrent comme les règles de trois, par la division et la multiplication, et réciproquement, ou par les proportions.

1er Exemple.

Quelle sera la rente annuelle de 5000 fr. placés au denier 25 fr. ?

$$\frac{5000}{25} = 200 \times 1 = \text{Rép. } 200 \text{ fr.}$$

Comme on exige 1 fr. pour 25, on aura autant de francs de rente qu'il y a de fois 25 dans 5000 ; or, 5000 divisés par 25 donne 200, multiplie par 1 an = 200.

2e Exemple.

8000 fr. ont été placés pendant 5 ans au denier 20, quelle rente doit-on en retirer ?

$$\frac{8000}{20} \times 5 = \text{Rép. } 2000 \text{ fr.}$$

Placer au denier 20, c'est exiger 1 fr. pour 20 au bout d'un an, 5 après 5 ans, c'est-à-dire que chaque 20 francs rapporte une somme égale au nombre d'années ; la somme 8,000 fr. donnera donc pendant ce même temps autant de fois 5 fr. qu'elle contient de fois 20 fr. ; la solution s'exprimera donc ainsi : $\frac{8000}{20} \times 5 = x$; ce qui revient à cette proportion $20 : 5 :: 8000 : x$, ou $D : T :: C : R$., qu'on lit *le* DENIER *est au* TEMPS *comme le* CAPITAL *est à la rente.*

* 25. Si une somme n'était placée que pour quelques mois, ou pour quelques jours, il faudrait considérer les mois comme des douzaines de l'unité et les jours comme des trois-cent-soixantièmes. Ainsi, pour trouver l'intérêt de 500 francs placés au denier 20 pendant 7 mois,

On dirait	$20 : \frac{7}{12} :: 500 : x$
Pendant 25 jours, on dirait	$20 : \frac{25}{360} :: 500 : x$
Pendant 5 mois 20 jours,	$20 : \frac{170}{360} :: 500 : x$

Dans le calcul relatif au commerce, le mois se compte pour 30 jours et l'année pour 360.

Autres exemples. Quel capital faut-il placer au denier 25 pour recevoir 32 fr. en 2 ans ?

Solution. $D : T :: C : R$, c'est-à-dire $25 : 2 :: x : 32$. L'x se trouvant aux moyens, il faut multiplier les extrêmes 25 et 32 l'un par l'autre, et diviser le produit 800 par le moyen connu 2, on aura pour réponse 400.

Un jeune homme s'est fait une petite rente de 320 fr. avec un capital de 8000 fr. : à quel denier l'a-t-il placé ?

Solution. $x : 1 :: 8000 : 320$. R. 25. L'x étant aux extrêmes et l'unité étant un des moyens, il ne s'agit que de diviser 8000 par 320.

Quelle rente aura-t-on pour 4000 fr. placés au denier 25 ?

Solution. $25 : 1 :: 4000 : x$. R. 160 fr.

On a placé 8000 fr. au denier 25 : en combien de temps recevra-t-on 320 fr. ?

Solution. $25 : x :: 8000 : 320$. R. Un an.

Exercices sur la Règle d'Intérêt par le denier.

P. 141. Un officier a placé 24200 fr. au denier 24 ; il s'est absenté pendant 6 ans, combien doit-il recevoir pour les rentes échues ?

P. 142. Un particulier ayant mis 9000 fr. à intérêts s'est embarqué pour les îles ; au bout de 8 ans il est revenu, et a reçu 3600 fr. pour les arrérages : on demande à quel denier il avait placé son argent.

P. 143. Le capital 2046 fr. a produit en 11 ans 1023 fr. : quel est le denier ?

P. 144. On veut faire le rachat ou le remboursement d'une rente de 1974 fr. au denier 20 : combien doit-on débourser ?

P. 145. Trois jeunes gens se proposant de voyager ont prêté, avant leur départ, 44800 fr. à un négociant, qui a promis de leur en payer les intérêts au denier 25 ; au bout de 6 ans ils sont revenus : combien le capital leur a-t-il procuré de bénéfice ?

P. 146. On demande l'intérêt de 45240 fr. pour 3 ans, au denier 20.

P. 147. Un capitaine de vaisseau ayant fait un voyage de long cours, resta trois ans et demi absent; à son retour il retira 15834 fr. d'arrérages d'un capital de 90480 fr. : à quel denier l'avait-il placé ?

P. 148. Quatre particuliers se proposant de passer aux Indes, placèrent avant leur départ la somme de 613275 fr. ; au retour de leur voyage, qui dura 9 ans, ils reçurent, pour les rentes échues, 220779 fr. : à quel denier avaient-ils placé leur argent ?

P. 149. Un officier partant pour une expédition, emprunta 18000 fr. au denier 25 ; à son retour, il paya 6480 fr. d'intérêts : combien de temps fut-il absent ?

P. 150. Un jeune homme, partant pour faire ses études à Paris, plaça un capital de 12900 fr. au denier 20 : quelle rente recevra-t-il à son retour, s'il est absent pendant 5 ans 6 mois ?

P. 151. Une personne, satisfaite des bénéfices qu'elle a faits pendant les 20 années qu'elle a servi, se retire avec un capital de 48480 fr. qu'elle place au denier 24 : quelle sera sa rente annuelle ?

P. 152. Un prince ayant été vaincu dans une bataille, ne peut racheter les pertes qu'il a faites que dans 5 ans : quelle rente paiera-t-il si on lui demande un dédommagement de 32240000 fr., étant convenu de la payer sur le pied du denier 20 ?

P. 153. Cinq hommes partant pour la Chine, placent au denier 24 une somme qu'on ne connaît pas; on sait seulement qu'après 7 ans d'absence ils reçurent pour les arrérages 21175 fr. : quel capital avaient-ils placé ?

P. 154. Un négociant a placé 19800 fr. au denier 22; au bout d'un temps qu'on ne sait pas, on lui a remboursé cette somme avec 7800 fr. d'intérêts : savoir combien de temps cette somme a été placée.

P. 155. Un capitaine de vaisseau a placé 290400 fr. à intérêts au denier 24 : le désir d'augmenter sa fortune lui fit entreprendre le voyage d'Asie; à son retour il a touché 84700 fr. pour les intérêts : savoir le temps qu'il a été absent ?

P. 156. Un négociant a du drap qui lui a coûté 30 fr. le mètre; il veut le revendre de manière qu'il gagne autant sur chaque mètre que s'il plaçait son argent au denier 20 : combien doit-il le vendre ?

P. 157. Un marchand veut se procurer une rente de 2632 fr. : quel capital doit-il employer s'il le place au denier 20 ?

P. 158. Un épicier a prêté à un boulanger la somme de 33760 fr. au denier 20 : on demande en combien de temps le boulanger devra 8440 fr. de rente.

P. 159. Un père de famille reçoit tous les ans 2858 fr. 37 c. de rente d'un principal placé au denier 25 : quel est ce principal ?

P. 160. Trois négociants ont reçu 17820 fr. d'intérêts d'un principal de 35640 fr. placé au denier 20 : pendant combien de temps ce principal est-il resté à intérêts ?

P. 161. Un officier, de retour dans sa patrie après 4 ans 6 mois d'absence, y reçoit un intérêt de 4220 fr. 10 c. : on demande quel capital il avait placé au denier 20.

P. 162. Un petit négociant, content de sa fortune, place au denier 25 un capital qu'on ne dit pas; mais on sait que ce capital lui procure une rente annuelle de 1907 fr. 58 c. : quel est-il ?

P. 163. Un riche bourgeois a constitué 740000 fr. au denier 25 : on demande quelle rente annuelle il retirera de ce capital pour sa part personnelle, s'il paie, tant pour ses domestiques que pour l'entretien de sa maison, 18500 fr., et s'il consacre annuellement 3580 fr. en bonnes œuvres.

P. 164. Deux jeunes hommes se proposent de passer en Amérique; mais avant de s'embarquer, ils prêtent à un marchand la somme de 124000 francs; le marchand leur promet d'en payer la rente au denier 20 : combien doivent-ils recevoir après une absence de 8 ans 6 mois ?

P. 165. On demande ce qu'il restera à un particulier qui dépense 1075 fr. 80 c., s'il place 43738 fr. 20 c. au denier 20.

P. 166. Une personne riche et charitable a placé à intérêts au denier 26 un capital de 320970 fr. : on demande quelle est la rente et ce qui lui reste pour sa dépense, si elle en emploie le tiers en bonnes œuvres.

P. 167. Un jeune homme ayant passé 14 années dans le commerce, se retire avec une fortune de 211690 fr. qu'il plaça à intérêts au denier 25; ensuite il entreprit le voyage de l'Asie et de la Terre-Sainte; de retour en Europe, il a reçu pour les rentes échues 42338 francs : combien a duré son voyage ?

P. 168. Une personne charitable veut faire une fondation qui exige une rente annuelle de 2400 fr. : combien doit-elle léguer, si elle place le capital au denier 25, et que les frais d'établissement se montent à 50000 francs ?

P. 169. Quel capital faut-il placer au denier 20 pour recevoir 400 fr. tous les 3 mois ?

P. 170. Une personne veut se former une rente, de manière qu'elle ait 8 fr. 75 c. à dépenser par jour pour son entretien, et 2 fr. 25 c. pour différentes aumônes : quel capital doit-elle placer au denier 20 ?

P. 171. Un négociant, ayant placé au denier 20 un capital qu'on ne connaît pas, reçut au bout de 5 ans, tant pour le capital que pour la rente, 12880 fr. : quel est ce capital ?

Pour résoudre ce problème, il faut se rappeler que la somme des antécédents est à la somme des conséquents comme un antécédent est à son conséquent : or, pour la solution des intérêts par le denier, on a la formule générale D : T : : C : R, ou 20 : 5 : : C : R.

Mais comme on peut changer les termes d'une proportion sans en troubler les rapports, on peut donc dire : le D : C : : T : R, et de cette dernière conclure la solution suivante : 20 + 5 : 12880 contenant la rente et le capital : : 20 : x, qui sera le capital.

INTÉRÊT PAR CENT.

* 26. Les règles d'intérêt par cent s'opèrent en suivant cette formule générale : *Cent est à tant pour cent multiplié par le temps, comme le capital est à la rente.*

Exemple.

A combien s'élèvera, au bout de 3 ans, la rente de 8500 fr. placés à 5 pour cent ?

Solution. $100 : 5 \times 3 :: 8500 : x$.

100 fr. donnant 5 fr. d'intérêt par an, ils en produiront trois fois autant en trois ans, c'est-à-dire 15 francs; et 8500 fr. produiront autant de fois 15 francs que cette somme renferme de fois 100 francs, c'est-à-dire 85 fois 15 ou 1275 fr. Il faut donc multiplier le taux par le temps du paiement, et le produit par le quotient du capital divisé par cent. On aurait pu également multiplier par 5 × 3 et diviser ensuite par 100, ce qui revient à la formule précédente.

Comme la division par cent se fait en séparant deux chiffres à droite par une virgule, l'opération se réduit à multiplier le capital par le temps et le tant pour cent, et à séparer par une virgule deux chiffres au produit.

Exemple. Un commis voyageur place à intérêts, avant un voyage de 5 ans, une somme de 3850 francs à 5 pour cent, on demande à combien s'élèvera l'intérêt de cette somme à son retour.

3850 × 5 × 5 = 96250, et en séparant deux chiffres, on a pour réponse 962 fr. 50 c.

* 27. Pour connaître à quelle somme s'élève l'intérêt d'un capital placé pour un certain nombre de mois ou de jours, on considère les mois comme des douzièmes de l'année, et les jours comme des trois-cent-soixantièmes. Ainsi, pour trouver l'intérêt de 500 francs à 5 pour 100 pendant 9 mois, on dirait $100 : 5 \times \frac{9}{12} :: 500 : x$, etc.

Questions sur la Règle d'Intérêt.

. . . .

Qu'est-ce que la règle d'intérêt? 21. — *Qu'est-ce que placer au denier?* 22. — *Qu'est-ce que placer à 4, ou 5, etc. pour cent?* 23. — *Comment opère-t-on la règle d'intérêt par le denier?* 24. — *Comment opère-t-on les règles d'intérêt par cent?* 26. — *Que faut-il faire pour connaître à quelle somme s'élève l'intérêt d'un capital placé pour un certain nombre de mois ou de jours?* 25 *et* 27.

Exercices sur la Règle d'Intérêt par cent.

P. 172. Un jeune homme, qui avait quelques épargnes, s'est engagé; il voulait se faire une rente annuelle de 650 fr.; quel capital lui faut-il, s'il le place à cinq pour cent?

P. 173. Une personne a placé une certaine somme à 4 pour cent, qui lui a produit, en 3 ans, 8550 fr. : quelle est cette somme ?

P. 174. Quel est l'intérêt de 9000 fr. pour 5 ans, à 10 pour cent par an ?

P. 175. La somme de 8680 fr. placée à intérêts, a rapporté 1171 fr. 80 c. en 3 ans : à quel taux était-elle placée ?

P. 176. On a donné 1910 fr. à intérêts sur le pied de 6 pour cent : on demande dans combien de temps l'emprunteur devra 2826 fr. 80 c. en tout.

P. 177. On a placé 25000 fr. à intérêts ; au bout de 8 ans on reçoit 37000 fr. tant pour capital que pour intérêts : quel était le taux du cent ?

P. 178. On a placé une somme à raison de 4 et demi pour cent, et, en 10 ans, elle a donné 4500 fr. d'intérêts : quelle était cette somme?

P. 179. Un garçon de boutique ayant fait quelques épargnes, veut se faire une rente annuelle de 350 fr. : quel principal lui faut-il, s'il le place à 5 pour cent ?

P. 180. Un élève, avant d'entrer au collége, place un capital de 3600 fr. à 4 pour cent chez un de ses amis : on demande quelle somme il doit toucher après ses études, s'il y emploie 12 ans et demi.

P. 181. Un marchand a placé 18000 fr. à 5 pour cent, il demande pendant combien de temps il doit laisser ce capital pour recevoir un intérêt de 2240 fr.

P. 182. Un marchand de bois étant sur le point de faire une bonne emplette, emprunte d'un fermier la somme de 72000 fr. à 5 pour cent ; s'il ne paie les intérêts de cette somme qu'au bout de 4 ans, combien le fermier recevra-t-il en tout?

P. 183. Un officier désirant se faire une rente annuelle de 34000 fr. 20 c., demande quel capital il doit placer à 5 pour 100.

P. 184. Un négociant dit que le gain qu'il a fait pendant les neuf années de son négoce égale le prix de 459 mètres de drap estimé à 80 fr. 40 c. le mètre : on demande quelle rente annuelle il s'est procurée, sachant qu'il a placé son capital à 5 pour 100.

P. 185. Un commis voyageur ayant gagné pendant les 15 années de sa profession 36682 fr. 50 c., les a placés à 5 pour 100 : combien attendra-t-il de temps pour recevoir 5502 fr. 375 m. ?

P. 186. Une personne charitable ayant placé 18341 fr. 24 c. à 5 pour 100, veut employer la moitié de la rente au soulagement des pauvres, et le reste pour sa dépense personnelle : combien leur donnera-t-elle annuellement, et que lui restera-t-il si elle est trois ans sans toucher les intérêts qu'elle se réserve ?

P. 187. Un riche particulier a 110047 fr. 50 c. qu'il place à intérêts, et veut en retirer une rente annuelle de 5502 fr. 375 m. : à combien pour 100 faut-il qu'il place son principal ?

P. 188. J'ai prêté 11680 fr. à 5 pour 100 : combien dois-je recevoir au bout de 55 jours?

P. 189. Quatre jeunes gens ont mis dans le commerce la somme de 24677 fr. 50 c. ; ils ont été 5 ans absents : on demande ce qu'ils recevront chacun en particulier pour les arrérages, sachant qu'ils ont placé leur capital à 4 pour 100.

P. 190. Deux maîtres maçons, après 25 ans d'exercice, veulent se faire une rente annuelle de 3290 fr. 32 c. chacun : quel capital doivent-ils placer à constitution à 4 pour 100?

P. 191. Un particulier assure que s'il plaçait à intérêts un capital équivalent à 254 mètres 40 cent. de drap estimé à 60 francs 50 c., il se procurerait un revenu annuel de 769 francs 56 c. : à combien pour 100 faudrait-il qu'il plaçât son capital ?

P. 192. Un capitaine de vaisseau dit qu'après 5 ans de navigation il s'est procuré, par ses épargnes, un bénéfice annuel de 3819 fr. 28 c. : quel gain a-t-il fait pendant les 5 années de sa navigation, en supposant qu'il l'ait placé à 5 pour 100 ?

P. 193. Quatre négociants disent qu'ayant placé un capital de 305534 fr. 40 c. à 5 pour 100, il leur a procuré une somme de 45830 fr. 16 c. : combien leur capital a-t-il dû rester de temps à intérêts?

P. 194. Deux marchands de drap en ont acheté 258 mètres 45 centimètres, il leur revient à 68 fr. 50 c. le mètre ; ils veulent le revendre de manière qu'ils gagnent autant sur chaque mètre que s'ils plaçaient leur argent à 5 pour 100 : combien faut-il qu'ils le revendent le mètre?

P. 195. Trois particuliers, ayant commercé pendant 5 ans en Europe, se décidèrent de passer aux Indes ; avant leur départ, ils placèrent un principal de 52457 fr. 50 c. à 6 pour 100 ; à leur retour, ils reçurent pour les arrérages 31474 fr. 50 c. : combien de temps ont-ils été absents ?

P. 196. Après 10 ans de négoce, dit un marchand, je me retirai à la campagne avec un revenu annuel de 11573 fr. 71 c. : quel a été mon gain total, sachant que je l'ai placé à 6 pour 100 ?

P. 197. Un marchand ayant épargné, pendant les 6 années de son emploi, un capital de 14825 francs 50 cent., désire savoir en combien de temps il recevra 4447 fr. 65 c., en supposant qu'il ait placé son capital à 5 pour 100.

P. 198. Ayant placé un capital de 2405 fr. 80 c. à 5 pour 100 à un de mes amis, je m'absentai pendant 3 ans, au bout desquels il me remboursa mon capital avec les intérêts : combien ai-je reçu ?

P. 199. Quels sont les intérêts d'une somme de 60000 fr. 45 c. placée à 4 $\frac{1}{4}$ pour % pendant 25 ans $\frac{1}{4}$?

P. 200. Un rentier a reçu, tant pour intérêts d'un an que pour capital placé à 4 pour 100, la somme de 4438 fr. 20 c. : quel est ce capital ?

La solution générale étant : cent est au tant pour cent multiplié par le temps, comme le capital est à la rente, on aura $100 : 4 \times 1 :: C : R$.

De cette proportion on peut conclure la suivante : $100 : C :: 4 \times 1 : R$.

Et de celle-ci, $100 + 4 \times 1$, somme des antécédents : 4438 francs 20 c., capital et rente ou somme des conséquents :: 100, premier antécédent : x qui sera le capital.

RÈGLE D'ESCOMPTE.

* 28. La Règle d'Escompte est une opération qui a pour but de déterminer la remise que fait un créancier, ou la perte à laquelle il se soumet, en faveur du paiement qu'on lui fait d'une somme avant l'échéance du terme.

Par exemple, un particulier me demande de l'argent comptant pour un billet de 205 francs, qui ne devrait être soldé que dans six mois ; il est clair que je ne dois lui donner que 205 francs, moins les intérêts de cette somme pour six mois ; car c'est comme si je lui prêtais la somme de 205 francs pour ce temps ; c'est cet intérêt qu'on appelle escompte. L'escompte se prend à 4, à 5, à 6, etc., pour 100 par an.

ESCOMPTE EN DEDANS.

* 29. Il y a deux sortes d'escomptes : l'escompte dit en dedans, qui consiste à déterminer quelle serait la somme qui, placée à intérêt au moment du paiement, deviendrait, à l'échéance du terme porté sur le billet, égale à la somme à escompter. La différence de cette somme à celle du billet est ce qu'on appelle l'escompte en dedans de cette somme.

Par exemple, soit à escompter en dedans un billet de

1500 fr. payable dans 4 ans, à 5 fr. 5 pour $\frac{0}{0}$. On demande quelle somme doit toucher le possesseur du billet.

Puisque 100 fr. rapportent 5,5 × 4 ou 22 fr. en 4 ans, il est clair que 100 fr. payés aujourd'hui deviendront 122 fr. à l'échéance du terme; donc 122 fr. à payer dans 4 ans ne valent aujourd'hui que 100 fr., et pour savoir ce que vaut aujourd'hui le billet de 1500 fr. payable dans 4 ans, je pose la proportion :

100 + (5, 5 × 4) : 100 :: 1500 : $x =$ 1229 fr. 509.

S'il s'agissait de déterminer l'escompte ou la retenue faite sur le montant du billet, on poserait la proportion suivante : 122 : 22 :: 1500 : $x =$ 270 fr. 491. puisque la retenue faite sur 122 fr. est de 22 fr.

* 30. Généralisant les deux proportions, on voit 1° que, pour déterminer la valeur actuelle d'un billet escompté en dedans, il faut suivre la formule : *Cent, plus l'escompte pour cent multiplié par le temps, est à cent comme la somme à escompter est à* x, *ou la valeur actuelle de cette somme.*

Si l'on demandait la somme escomptée pour un certain nombre de mois ou de jours, on suivrait la formule suivante : *Cent, plus l'escompte pour cent multiplié par le nombre de mois et de jours exprimés en fractions d'année, est à cent comme la somme à escompter est à la somme escomptée.*

2° Pour déterminer l'escompte ou la retenue, on suit la formule suivante : *Cent, plus l'escompte pour cent multiplié par le temps, est à l'escompte pour cent multiplié par le temps, comme la somme à escompter est à l'escompte de cette somme.*

Exercice sur la Règle d'Escompte en dedans.

P. 201. Quelle doit être la diminution sur 1805 fr. 75 cent. payés onze mois avant le terme convenu ; si l'on obtient 6 pour cent d'escompte par an ?

P. 202. La somme de 975 fr. 50 cent. est payable dans treize mois : quelle sera la diminution si l'on obtient 4 pour cent d'escompte en payant comptant ?

P. 203. Lorsque pour un achat de drap, à vingt-un mois de crédit, on est débité de 2860 fr. 64 cent., combien faudrait-il payer comptant, si l'on obtenait $\frac{2}{3}$ pour cent d'escompte par mois ?

P. 204. J'ai acheté pour 218568 fr. de drap à 15 mois de crédit, mais si je paie avant le temps, je dois obtenir 5 pour cent d'escompte par an : à quelle époque dois-je payer pour ne débourser que 208260 fr. ?

P. 205. Louis a achete pour 1640 fr. 52 cent. à 20 mois de crédit : à quelle époque a-t-il payé, sachant qu'il a obtenu $\frac{2}{3}$ d'escompte par mois et qu'il n'a déboursé que 1519 fr. ?

P. 206. Quelle quantité de marchandise faudrait-il acheter à raison de 5 fr. le kilog. et à vingt-deux mois de crédit, afin que, diminution faite de 7 pour cent d'escompte par an, on payât comptant 1019 fr. 85 cent. ?

P. 207. Un épicier achète 122 kilogram. de poivre à raison de 240 fr. le quintal et à neuf mois de crédit ; mais s'il anticipe le paiement, il obtiendra 5 pour cent par an : combien déboursera-t-il s'il paie comptant, sachant qu'on lui accorde 6 pour cent de tare ?

P. 208. Sur la somme de 1197 fr. je n'ai payé que 1140 fr., de combien pour cent était l'escompte ?

P. 209. Je dois 1500 fr. payables dans un an ; mais, pouvant payer comptant, j'obtiens 5 pour cent d'escompte : combien paierai-je ?

P. 210. Je paie 1850 fr. pour une somme que je devais : quelle était cette somme, sachant qu'on m'a accordé 5 et demi pour 100 d'escompte ?

P. 211. J'ai acheté 136 mètres de drap à raison de 15 fr. 50 cent. le mètre : combien paierai-je si j'obtiens 4 pour cent d'escompte ?

P. 212. J'ai payé 475 fr. pour 50 mètres de drap : à combien me revenait le mètre, sachant que j'ai obtenu l'escompte de 5 pour 100 ?

ESCOMPTE EN DEHORS.

* 31. L'escompte en dehors consiste à déterminer les intérêts que rapporterait la somme de l'époque du paiement à l'échéance du terme. Cet escompte se calcule comme l'intérêt pour cent ; ainsi, toutes les questions qui y auront rapport se résoudront en suivant l'une des deux formules générales ci-dessous, suivant que l'on demande la valeur actuelle du billet, ou simplement la retenue ou escompte.

1° *Cent est à cent, moins l'escompte pour cent*

multiplié par le temps, comme la somme à escompter est à la valeur actuelle de cette somme.

2° *Cent est à l'escompte pour cent multiplié par le temps, comme la somme à escompter est à* x, *ou l'escompte.*

Soit à traiter par l'escompte en dehors le problème ci-dessus de l'escompte en dedans.

D'après les principes de la règle d'intérêt pour avoir la valeur actuelle du billet, je pose la proportion :

$$100 : 100 - (5,5 \times 4) :: 1500 : x = 1425.$$

Et pour déterminer l'escompte ou la retenue :

$$100 : 5,5 \times 4 :: 1500 : x = 330.$$

Généralisant, on voit que dans l'escompte en dehors, pour déterminer la valeur actuelle du billet, il faut suivre la formule : *Cent est à cent, moins l'escompte pour cent multiplié par le temps, comme la somme à escompter est à la valeur actuelle de cette somme.*

Et pour déterminer l'escompte : *Cent est à l'escompte ou l'intérêt pour cent multiplié par le temps, comme la somme à escompter est à* x, *ou l'escompte de cette somme.*

REMARQUES.

1° Dans l'escompte en dedans, on retire moins que les intérêts simples de la somme portée sur le billet, mais assez cependant pour que les intérêts, grossis de ceux qu'ils sont censés rapporter depuis l'époque du paiement jusqu'à l'échéance du terme, deviennent à cette dernière époque égaux aux intérêts simples de la somme à escompter.

2° Dans l'escompte en dehors, comme on retire les intérêts simples, il est évident que, par suite des intérêts rapportés par la retenue, on se trouve, à l'échéance du terme, possesseur d'une somme égale aux intérêts composés de la somme à escompter.

Ce que l'on peut vérifier dans les deux cas en traitant les retenues comme des capitaux placés au taux de l'escompte depuis l'époque du paiement jusqu'à l'échéance du terme.

On reconnaîtra aussi sans peine que, par l'escompte en dedans, le créancier et le débiteur se trouvent, à l'échéance du terme, possesseurs de la somme qui leur est légitimement due, puisqu'alors le créancier possède tout entière la somme portée sur le billet, et le débiteur les intérêts simples que cette même somme lui aurait rapportés si l'époque du paiement n'avait été avancée Dans l'escompte en dehors, au contraire, le créancier se trouve possesseur d'une somme qui diffère de celle qui est portée sur le billet des intérêts des intérêts de cette dernière somme, tandis que le débiteur se trouve les avoir en surplus sur les intérêts simples qui lui étaient dus : ainsi, par cette espèce d'escompte, il y a toujours pour le créancier perte des intérêts de la somme portée sur le billet, et pour le débiteur, gain de ces mêmes intérêts des intérêts. Toutefois, à cause de la simplicité du calcul, où l'on a 100 pour diviseur, et qui fait de ces règles d'escompte de véritables règles d'intérêts, en France, on escompte généralement en dehors.

Questions sur la Règle d'Escompte.

Qu'est-ce que la règle d'escompte? 28. — *Combien y a-t-il de sortes d'escomptes?* 29. — *Comment opère-t-on l'escompte en dedans?* 30. — *Comment se calcule l'escompte en dehors?* 31.

Exercices sur la Règle d'escompte en dehors.

P. 213. Je dois la somme de 2571 fr. 10 c., savoir : 1041 fr. 60 c. payables dans dix mois, plus 616 fr. dans dix-huit mois, et le reste dans vingt-deux mois; si j'obtiens de payer comptant avec escompte de 4 pour cent par an, combien paierai-je ?

P. 214. Paul a acheté des fonds de commerce pour 28830 fr. payables à 3 ans; il a la liberté de faire des avances de paiement à raison de $\frac{3}{4}$ pour cent d'escompte par mois; ainsi, au bout de quinze mois il a donné 14322 fr. 50 : dans quel temps a-t-il dû solder le reste, sachant qu'il n'a déboursé que 10647 fr. ?

P. 215. 8600 fr. sont payables dans un an, 54500 fr. le sont dans dix-huit mois, mais en payant comptant on peut obtenir 5 pour cent par an pour la première somme, et 4 $\frac{1}{2}$ pour la seconde : quelle est la diminution ?

P. 216. Si j'avais acheté pour 17500 fr. de marchandises, j'aurais gagné 2400 fr. par les escomptes qu'on m'aurait accordés : mais comme je n'ai acheté de marchandises que pour 12400 francs, les escomptes ne se montent qu'à 1960 fr. : je demande si j'ai obtenu plus de diminution à proportion de mes achats, et à combien pour cent ce surplus s'élève ?

P. 217. Quel sera l'escompte de 1786 francs 88 à 6 pour cent pour 9 ans ?

P. 218. On demande l'escompte pendant 6 mois de 40000 fr. 75 à 3 pour cent.

P. 219. Une facture se monte à 6007 fr., et on accorde 2 $\frac{1}{2}$ pour $\frac{0}{0}$ d'escompte au comptant : à quelle somme se réduit le montant de cette facture ?

P. 220. Une personne doit 45000 fr. 40, payables dans 6 mois : si elle paie comptant avec 2 pour cent d'escompte, combien paiera-t-elle ?

RÈGLE DE RÉPARTITION PROPORTIONNELLE SIMPLE.

* 32. La Règle de Répartition proportionnelle est une opération par laquelle on partage un nombre proposé, en parties proportionnelles à d'autres nombres donnés : tel est le cas du problème suivant.

On propose de partager 1890 en 3 parties proportionnelles aux nombres 2, 3 et 4.

* 33. Pour effectuer ces sortes d'opérations on fait autant de règles de trois simples qu'il doit y avoir de parts. Le 1er terme de chaque règle est la somme des nombres donnés, comme conditions des rapports ; le 2e est le nombre à partager, et le 3e l'un des nombres qui servent à former le 1er terme.

Ainsi la solution du problème ci-dessus sera :

$$\begin{array}{r} 2 \\ +\ 3 \\ +\ 4 \\ \hline =9 \end{array} : 1890 :: \left\{\begin{array}{c} 2 \\ 3 \\ 4 \end{array}\right\} : x = \left\{\begin{array}{l} 1^{\circ}\ 420 \\ 2^{\circ}\ 630 \\ 3^{\circ}\ 840 \end{array}\right.$$

* 34. La manière d'opérer les règles de répartitions proportionnelles est fondée sur ce principe que, *dans toute proportion par quotient, la somme des antécédents est à la somme des conséquents, comme un antécédent est à son conséquent.*

Or, dans l'exemple ci-dessus, 9 est la somme des antécédents 2, 3 et 4 ; le nombre 1890 est la somme des conséquents ; puisqu'il renferme toutes les parts ; ces nombres sont donc entre eux comme chaque antécédent 2, 3 et 4 est à son conséquent.

* 35. On fait la preuve de cette règle en additionnant les résultats de toutes les opérations ; si elles sont bien faites, la somme égalera le nombre qui était à partager.

Ainsi, dans l'exemple ci-dessus, 420 + 630 + 840 = 1890, ce qui prouve que l'opération a été bien faite.

Autre exemple.

Soit à diviser 4769 fr. en parties qui soient entre elles comme les nombres 3, 5 et 6.

Opération.

$$\begin{array}{r} 3 \\ +\ 5 \\ +\ 6 \\ \hline 14 \end{array} : 4769 :: \left\{\begin{array}{c} 3 \\ 5 \\ 6 \end{array}\right\} : x = \left\{\begin{array}{ll} 1^{\circ} & 1021{,}92\frac{12}{14} \\ 2^{\circ} & 1703{,}21\frac{6}{14} \\ 3^{\circ} & 2043{,}85\frac{10}{14} \end{array}\right.$$

Preuve 4769,00

Exercices sur les Règles de Répartition proportionnelle simple.

P. 221. On veut partager 924 fr. en parties proportionnelles à 4, 6, 8 et 10 : à combien se montera chaque part ?

P. 222. Partager 800 fr. en parties proportionnelles à 3, 6 et 9.

P. 223. Trois jardiniers s'étant réunis pour cultiver un jardin, ont gagné 260 fr. ; le premier y a travaillé pendant 15 jours, le deuxième 12, et le troisième 25 : on demande combien chacun doit recevoir du gain, à proportion du temps qu'il a employé.

P. 224. Deux particuliers se partagent la somme de 1200 fr. qu'ils ont gagnée, de manière que quand le premier aura 4 fr., le second n'aura que 3 francs : quelle sera la part de chacun ?

P. 225. Trois jeunes gens ont à se partager 15600 fr., de manière que, quand le premier en aura 6, le second n'en ait que 4, et le troisième 2 : combien en auront-ils chacun ?

P. 226. Deux ouvriers travaillant ensemble, ont fait 118 mètres d'ouvrage, et ont gagné 59 fr. ; le premier a fait 53 mètres, et le second, le reste : on demande quelle part chacun doit avoir au gain.

P. 227. On a destiné 150 fr. pour faire bâtir un mur auquel deux maçons ont été employés ; le premier a travaillé pendant 13 jours, et le second pendant 18 : on demande combien chacun doit recevoir, à proportion du temps qu'il a travaillé.

P. 228. Trois frères veulent se partager une succession de 22000 fr., de manière que l'aîné ait 4 parts, le cadet 3, et le dernier 2; on demande combien chacun doit avoir de cette succession.

P. 229. Cinq individus veulent se partager la somme de 3500 fr. en parties proportionnelles à 4, à 5, à 7, à 9, et à 11 : combien chacun doit-il avoir ?

P. 230. Un père en mourant laisse à ses enfants, au nombre de quatre, la somme de 10000 fr., outre son mobilier évalué 1200 fr. et 156 ares 76 de terre, évalués ensemble 2600 fr. aux conditions suivantes, savoir : que l'aîné aura 6 parts, le cadet 5, le troisième 4, et le quatrième 3. On demande quelle doit être la part de chacun.

P. 231. Trois maîtres maçons ont entrepris la construction d'une église dont le devis pour la maçonnerie se monte à 300000 fr. : le premier y a dépensé 80000 fr., tant pour les matériaux que pour le paiement des ouvriers et autres dépenses, le second 65000 fr., et le troisième 55000 francs : on demande combien chacun doit recevoir à proportion de sa dépense.

P. 232. Une administration a voté 150000 fr. pour la construction d'un bâtiment, le maçon y dépense 45000 fr., le charpentier 25000 fr., le menuisier 20000 fr., le serrurier 15000 fr., le plombier 5000 fr., le peintre 7500 fr., et le vitrier 3500 fr. : on demande quelle part chacun doit avoir sur la somme allouée, à proportion de sa dépense.

P. 233. Un riche particulier voulant soulager trois pauvres familles, y destine la somme de 2400 fr. : on demande quelle somme chacune recevra à proportion du nombre de ses membres, sachant que la première est composée de 5 personnes, la deuxième de 7, et la troisième de 9.

P. 234. Un seigneur charitable voulant faire l'établissement de trois pauvres enfants, leur destine la somme de 40000 fr., et veut que chaque enfant ait de cette somme à proportion de son âge : on demande quelle part chacun doit avoir, sachant que l'aîné a 20 ans, le cadet 18, et le dernier 15.

P. 235. Un prince voulant gratifier 4 vieux officiers, leur destine annuellement 8000 fr. : combien auront-ils chacun, sachant qu'ils doivent recevoir à proportion de leur âge, le premier ayant 65 ans, le deuxième 70, et le troisième 75 ?

P. 236. Trois ouvriers ayant entrepris un ouvrage pour la

somme de 1200 fr., le premier y a employé 15 jours, le deuxième 20, et le troisième 25; combien chacun recevra-t-il?

P. 237. Un homme qui doit à 5 créanciers la somme de 15000 francs, au premier 5000 fr., au deuxième 3500 fr., au troisième 2900 fr., au quatrième 2250 fr., et au cinquième le reste, venant à mourir, ne laisse que 10400 fr. : on demande combien chacun doit perdre à proportion de sa créance.

P. 238. Deux ouvriers ayant travaillé ensemble pendant 380 jours, ont gagné, le premier 1850 fr., et le deuxième 1950 fr. : combien chacun a-t-il employé de jours?

P. 239. Trois négociants ont frété un navire pour Cayenne; le premier y a chargé 150 pièces de vin; le deuxième 280, et le troisième 300 : si le fret a coûté 8030 fr., combien chacun doit-il payer?

P. 240. Partagez 156 en trois parts, de manière que la première soit à la deuxième : : 5 : 4, et la première à la troisième : : 7 : 3.

La première part étant représentée par 5 dans le premier rapport et par 7 dans le second, il faut les amener à être exprimées par un même nombre, ce qui se fait en multipliant les deux termes du rapport 5 et 4 par le premier terme du second rapport, et les deux du second rapport 7 et 3 par le premier terme du premier rapport, ce qui donne 35 : 28 et 35 : 15; alors la question se réduit à partager 156 en parties proportionnelles à 35, 28 et 15.

P. 241. Un père laisse à ses trois enfants une succession de 960400 fr.; son testament porte que la part de l'aîné sera à l'égard de celle du cadet comme 8 est à 5; et celle du cadet à celle du plus jeune, comme 6 est à 4 : quelle sera la part de chacun?

Pour résoudre ce problème, il faut réduire la part du cadet à être exprimée par un même nombre dans les deux rapports, c'est-à-dire multiplier les deux termes du premier rapport par 6, et les deux du second par 5.

P. 242. Une personne donne 12 francs à 5 pauvres en disant : le premier en aura $\frac{1}{2}$, le second $\frac{1}{3}$, le troisième $\frac{1}{4}$, le quatrième $\frac{1}{5}$, et le cinquième $\frac{1}{6}$: comment faut-il faire ce partage pour remplir les intentions de la donatrice?

P. 243. Partagez 24 fr. en parties proportionnelles aux fractions suivantes : $\frac{1}{3}$, $\frac{5}{4}$, $\frac{4}{5}$ et $\frac{1}{6}$.

RÈGLE DE RÉPARTITION PROPORTIONNELLE COMPOSÉE.

* 36. Cette règle diffère de la précédente en ce que les antécédents sont formés de plusieurs nombres qui concourent à déterminer les rapports.

Exemple.

Trois ouvriers qui ont été employés dans un atelier ont gagné 124 fr. : le 1er a travaillé pendant 10 jours et 8 heures par jour ; le 2e pendant 9 jours et 12 heures par jour, et le 3e pendant 6 jours et 10 heures par jour ; quelle sera la part de chacun à proportion de son travail ?

Solution.

$$10 \times 8 = 80$$
$$9 \times 12 = 108$$
$$6 \times 10 = 60$$

$$248 : 124 :: \left\{ \begin{matrix} 80 \\ 108 \\ 60 \end{matrix} \right\} : x = \left\{ \begin{matrix} 40 \\ 54 \\ 30 \end{matrix} \right.$$

Preuve 124 fr.

Remarquez que, pour obtenir les antécédents partiels, on a multiplié les jours par les heures, et que le premier terme de la règle est formé de leur somme.

Le premier ouvrier, en travaillant 10 jours et 8 heures par jour, a travaillé pendant 80 heures ($10 \times 8 = 80$); le 2e en travaillant 9 jours et 12 heures par jour a travaillé pendant 108 heures ($9 \times 12 = 108$), et le 3e en travaillant 6 jours et 10 heures par jour, a travaillé pendant 60 heures ($6 \times 10 = 60$); comme le partage doit se faire proportionnellement au travail de chacun, les nombres 80, 108, 60 sont donc les antécédents du second rapport, et leur somme le premier terme de la règle.

Questions sur la Règle de Répartition proportionnelle.

Qu'est-ce que la règle de répartition proportionnelle? 32. — *Que faut-il faire pour effectuer ces sortes d'opérations?* 33. — *Sur quel principe fondez-vous la manière d'opérer les règles de répartitions proportionnelles?* 34. — *Comment fait-on la preuve de cette règle?* 35. — *En quoi la règle de répartition proportionnelle composée diffère-t-elle de la précédente?* 36.

Exercices sur la Règle de Répartition proportionnelle composée.

P. 244. Deux menuisiers ont loué une remise pour la somme de 225 fr. 70 c.; le premier y a laissé 1600 planches pendant 15 mois, et le second 1257 pendant 2 ans : on demande combien chacun doit payer du loyer.

P. 245. Trois marchands de chevaux ont loué une écurie ; le premier y a logé 35 chevaux pendant 6 mois, le second 45 pendant 10 mois, et le troisième 60 pendant un an : le loyer montant à la somme de 325 fr., combien chacun doit-il en payer ?

P. 246. On a employé 4 ouvriers pour faire un certain ouvrage ; le premier y a travaillé pendant 15 jours et 8 heures par jour, le second 12 jours et 10 heures par jour, le troisième 18 jours et 9 heures par jour, et le quatrième 20 jours et 8 heures et demie par jour : la somme destinée à cet ouvrage étant de 600 fr., combien chacun doit-il en avoir ?

P. 247. Deux menuisiers ont entrepris la boiserie d'un appartement ; le premier y a employé 8 ouvriers pendant 15 jours, et le second 10 pendant 14 jours : on demande quelle part chacun doit avoir à proportion de sa dépense, sur 6000 francs qu'on destine à cet ouvrage.

P. 248. Deux ouvriers veulent se partager la somme de 600 fr. qu'ils ont gagnée : on demande la part de chacun, sachant que le premier a travaillé 12 heures par jour pendant 15 jours, et le second 11 heures par jour pendant 20 jours.

P. 249. Un riche bourgeois voulant soulager trois pauvres familles, y destine la somme de 3000 fr., à condition que lorsque chaque individu de la première aura 4 fr., ceux de la seconde auront chacun 5 fr., et ceux de la troisième 7 : on demande quelle somme chaque famille doit recevoir, sachant que la première est composée de 5 personnes, la seconde de 8, et la troisième de 10.

P. 250. Deux rouliers ont entrepris le transport du bagage d'une armée; le premier y a employé 58 chevaux pendant 10 jours, et le second 120 pendant 4 jours : combien chacun doit-il avoir si on leur donne 2650 fr. ?

P. 251. Deux marchands de bœufs louèrent une prairie la somme de 650 fr. ; le premier y mit 150 bœufs pendant 180 jours et 10 heures par jour, et le second 80 pendant 260 jours et 8 heures par jour : combien chacun doit-il payer ?

P. 252. Trois compagnies d'ouvriers ont été employées à creuser un canal, dont la dépense se montait à 229500 fr. : on demande combien chaque compagnie doit recevoir, sachant que la première était composée de 50 hommes qui ont travaillé pendant 25 semaines et 12 heures par jour, la seconde de 60 hommes qui ont travaillé pendant 40 semaines et 10 heures par jour, et la troisième de 80, qui ont travaillé pendant 50 semaines et 8 heures et demie par jour.

P. 253. Un bourgeois, content des services de deux de ses domestiques, leur fait une rente annuelle de 3500 francs : on demande quelle doit être la rente de chacun à proportion du nombre de ses enfants, sachant que la famille du premier est composée de 4 enfants et celle du second de 6, et que les enfants du premier doivent recevoir 4 francs, lorsque ceux du second en auront 3.

RÈGLE DE SOCIÉTÉ.

* 37. La Règle de Société est une opération qui sert à partager entre plusieurs associés le profit ou la perte qui résulte de leur commerce.

Cette règle n'est autre chose que la règle de répartition proportionnelle appliquée à un cas particulier.

1er *Exemple.*

Trois marchands ont à se partager la somme de 1800 fr. Combien auront-ils chacun, la mise du premier étant de 2000 fr., celle du second de 4000, et celle du troisième de 6000 ?

* 38. Pour effectuer ce problème et les autres du même genre, on partage le profit ou la perte en parties proportionnelles aux mises des associés, et au temps que leur argent est resté dans la société ; ce qui se fait par plusieurs règles de trois directes simples.

Le premier terme est la somme des mises, le second la somme que l'on veut partager; les troisièmes termes sont les mises particulières, et les quatrièmes termes donnent la part de chaque associé.

Solution du problème précédent.

Mises des associés.

Du 1er 2000
Du 2e 4000
Du 3e 6000

$$12000 : 1800 :: \left\{\begin{matrix}2000\\4000\\6000\end{matrix}\right\} : x = \left\{\begin{matrix}1^{er} = 300 \text{ fr.}\\2^{e} = 600\\3^{e} = 900\end{matrix}\right.$$

* 39. Pour faire la preuve de la règle de société, il faut, comme pour la règle de répartition proportionnelle, additionner les pertes ou les profits particuliers; si l'opération est bien faite, le total sera égal à la somme que l'on a partagée; s'il y avait un reste il faudrait l'ajouter.

Ainsi, pour la preuve de l'opération ci-dessus, il faut donc faire le total des sommes 300 + 600 + 900. Le total 1800, égal à la somme à partager, prouve que l'opération est bien faite.

2e Exemple.

Trois marchands ont acheté une petite coupe de bois; le premier y a contribué pour 275 fr., le second pour 475 fr., le troisième pour 500 fr.; à ce marché ils ont gagné 150 fr.: on demande quel sera le gain de chacun à proportion de sa mise.

Solution.

1re 275
2e 475
3e 500

Total des mises 1250

$$1250 : 150 :: \left\{\begin{matrix}275\\475\\500\end{matrix}\right\} : x = \left\{\begin{matrix}33 \text{ fr. gain du } 1^{er}.\\57 \text{ fr. gain du } 2^{e}.\\60 \text{ fr. gain du } 3^{e}.\end{matrix}\right.$$

Total. . . 150 fr. égal à la somme à partager; ce qui prouve que l'opération est bien faite.

3e *Exemple.*

Trois personnes se sont associées : la première a mis 36 fr., la seconde 24 fr., et la troisième 18 fr. ; elles ont gagné 30 fr. : on demande combien il revient à chacune, à proportion de sa mise.

Solution.

```
  36
+ 24
+ 18
 ———
  78 : 30 :: { 36 } : x = { 13 fr. 85
             { 24 }       {  9 fr. 23
             { 18 }       {  6 fr. 92
                          ——————————
              Preuve.       30 fr. 00
```

4e *Exemple.*

Quatre négociants ont fait un armement dans lequel le premier a mis 8500 fr., le second 6400 fr., le troisième 4860 fr., et le quatrième 9440 fr. ; ils ont gagné, tous frais faits, 12600 fr. : combien reviendra-t-il de bénéfice à chaque armateur ?

Solution.

Le premier a mis	8500 fr.
Le second a mis	6400
Le troisième a mis	4860
Le quatrième a mis	9440
Total...	29200 fr.

```
29200 : 12600 :: 8500 : R. = 3667 fr. 80 c.
              :: 6400 : R. = 2761     64
              :: 4860 : R. = 2097     12
              :: 9440 : R. = 4073     42
Produit des restes . . . . . . . .     2
           ——————————————————————————————
Preuve.                 12600 fr. 00 c.
```

5ᵉ *Exemple.*

Un homme en mourant est débiteur de 7500 fr. à trois créanciers : au premier de 3000 fr., au second de 2625 fr., et au troisième de 1875 fr. ; il laisse seulement en argent et en effets 4500 fr. : on voudrait savoir combien chaque créancier doit avoir de cette somme à proportion de sa créance.

Puisque 7500 fr. se réduisent à 4500 fr., il s'agit de trouver à quoi se réduira chaque somme des créanciers.

Solution.

7500 : 4500	::	3000	:	R. =	1800 fr.	pour le 1ᵉʳ.
	::	2625	:	R. =	1575	pour le 2ᵉ.
	::	1875	:	R. =	1125	pour le 3ᵉ.
				Preuve.	4500 fr.	

6ᵉ *Exemple.*

Quatre marchands se sont associés et ont fait un fonds de 45000 fr., auquel ils ont contribué inégalement : à la fin de la société, ce fonds se trouve augmenté de 26877 fr. Or, le premier doit avoir 13 parts, le second 11, le troisième 8, et le quatrième 7 : on demande quelle sera la part de chaque associé.

Le premier.	13 parts.
Le second	11
Le troisième	8
Le quatrième	7
	39

Addition du fonds et du gain.

```
                 45000
                 26877
               ---------
                 71877
39 : 71877 :: 13 : R. = 23959 fr. part du 1er.
           :: 11 : R. = 20273          du 2e.
           ::  8 : R. = 14744          du 3e.
           ::  7 : R. = 12901          du 4e.
                        ------------
               Preuve.   71877 fr.
```

MÉTHODE DU MARC LE FRANC.

40. On peut résoudre les règles de répartition proportionnelle et les règles de société par la méthode dite du *marc le franc.*

Pour résoudre par cette méthode une règle de répartition proportionnelle ou une règle de société, il faut diviser le deuxième terme de la proportion par le premier, et multiplier ensuite chacun des troisièmes termes par le quotient. Soit le premier problème de la règle de société ci-dessus.

Je divise 1800 par 12000, et j'ai 0,15.
Je multiplie chaque mise par 0, 15.

Et j'ai pour le 1er	300	
pour le 2e	600	1800 fr.
pour le 3e	900	

On concevra facilement la raison de cette opération si l'on fait attention que, si avec 12000 fr. on a gagné 1800 fr., on gagnera la douze millième partie de 1800 fr. avec un franc, c'est-à-dire 0 fr. 15. Chaque associé aura donc autant de fois 0,15 centimes qu'il a mis de francs dans le commerce; donc il faut multiplier chaque mise par le quotient du gain divisé par la somme des mises.

Soit encore l'exemple suivant : Une commune qui a payé, l'année dernière, pour 40000 fr. de contributions foncières, doit en payer 1000 fr. de plus cette année : quelle sera l'augmentation des contributions d'une personne qui en payait 700 fr. l'année dernière ?

Solution : 1000 ⋗ 40000 = 0,025 augmentation par franc, et 0,025 × 700 = R. 17 fr. 50.

Si l'augmentation était de 40000, elle serait de $\frac{40000}{40000}$ ou d'un franc par franc, mais elle n'est que de $\frac{1000}{40000}$. Or, en effectuant la division j'obtiens 0 fr. 025 d'augmentation par franc.

Questions sur la Règle de Société.

Qu'est-ce que la règle de société? 37. — *Comment se fait ce partage?* 38. — *Quels sont les termes de ces règles?* 38. — *Comment fait-on la preuve de la règle de société?* 39. — *Ne peut-on pas résoudre les règles de répartition et les règles de société d'une manière plus abrégée?* 40. — *En quoi la règle de société composée diffère-t-elle de la simple?* 41.

Exercices sur la Règle de Société.

P. 254. Avec 800 fr. deux hommes ont gagné 200 fr. : le premier avait mis 500 fr., et le second 300 fr. : combien chacun doit-il avoir en proportion de sa mise ?

Solution. 800 : 200 : : $\begin{Bmatrix} 500 \\ 300 \end{Bmatrix}$: la part de chacun.

Il y a deux règles de trois à faire, ayant chacune 800 et 200 pour les deux premiers termes, la première 500 pour troisième, et la seconde 300 : le quatrième terme donnera la part de chaque associé.

P. 255. Trois particuliers s'étant associés, ont gagné 360 fr. ; le premier avait mis 500 fr., le second 600, et le troisième 700 : combien chacun doit-il avoir de profit ?

Solution. Il faut additionner les trois mises, et dire : la somme des mises se montant à 1800 fr. est au gain comme la mise de chaque associé est à sa part du gain.

P. 256. Trois hommes s'étant associés, ont gagné 1150 fr. ; le premier avait mis 400 mètres de toile à 4 fr. le mètre, le second 350 mètres de drap à 8 fr., et le troisième 450 mètres de casimir à 3 fr. : combien chacun doit-il avoir sur le gain ?

Solution. Il faut multiplier les mètres par leur prix, le produit sera la mise de chaque associé, ensuite opérer comme ci-dessus.

P. 257. Trois hommes ont gagné la somme de 2025 fr.: le premier a mis en société 1200 fr., le second 1500 fr.; la mise du troisième est égale à la moitié de la mise totale des deux autres, combien chacun aura-t-il sur le gain?

Il est aisé de voir que, pour connaître la mise du troisième associé, il faut additionner celle des deux premiers et prendre la moitié de la somme.

P. 258. Quatre personnes ayant fait un traité d'association, conviennent que la première mettra 5000 fr., la seconde un quart de plus que la première, la troisième autant que les deux autres ensemble, et la quatrième son industrie pendant l'année, qu'elle estime 8000 fr.: combien chacune aura-t-elle sur le profit, s'il s'élève à 6100 fr.?

P. 259. Louis, Pierre et André s'étant associés, ont perdu 600 fr.; Louis avait mis 600 fr., Pierre 800, et André 1000; combien chacun doit-il supporter de cette perte?

Que les associés aient perdu ou gagné, l'opération se fait de la même manière; on regarde toujours le gain ou la perte comme une somme qu'il s'agit de partager en parties proportionnelles aux mises.

P. 260. Quatre marchands ayant fait un fonds de 15000 fr., retirent 24000 fr. à la fin de la société: combien chacun doit-il avoir sur le profit, sachant que le premier avait mis 2800 fr., le second 2900 fr., le troisième 3000 fr., et le quatrième le reste?

Remarquez qu'il ne s'agit pas de partager 24000 fr., mais le surplus de cette somme sur celle qui avait été mise en société, et dont chacun doit retirer sa part avant le partage du gain. Quant à la part du quatrième, on la trouvera en retranchant de la mise totale le montant de celle des trois premiers.

P. 261. Quatre associés ont gagné 1500 fr.; le premier doit avoir 3 parts, le second 4, le troisième 5, et le quatrième 6: combien chacun aura-t-il?

Les parts que chacun doit avoir représentent les mises.

P. 262. On veut partager 600 fr. entre trois personnes, proportionnellement à la part qu'elles ont mise en société; celle de la première se monte à 1200 fr., celle de la seconde à 1500 fr., et celle de la troisième à 1800 fr.; quel est le bénéfice de chacune?

P. 263. Quatre marchands s'étant associés, ont fait un

fonds de 4500 fr.; le premier a mis 1500 fr., le second 1100 fr., le troisième 1000 fr., et le quatrième le reste; leur gain consiste en 36 mètres 25 centimètres de drap estimé 12 fr. le mètre : à combien se monte le bénéfice de chacun?

P. 264. Quatre hommes ont fait un fonds de 20000 fr.; le premier a reçu pour son gain la somme de 800 fr., le second 700, le troisième 600, et le quatrième 500 fr. : combien chacun avait-il mis?

P. 265. Cinq hommes s'étant associés, le premier a mis 800 fr., le second 400 de plus que le premier, le troisième 400 de plus que le second, et ainsi des autres, toujours en augmentant de 400 fr.; le gain a été de 1800 fr.: quelle doit être la part de chacun?

P. 266. Trois hommes se sont associés pour faire un ouvrage; ils ont gagné 1000 fr.: combien chacun doit-il avoir, le premier estimant sa journée 6 fr., le second 4 fr. 50 c., et le troisième se contentant de gagner 2 fr. par jour?

P. 267. Trois particuliers se sont associés; le premier a mis 350 fr., le second 405 fr., et le troisième 500 fr.; ils ont gagné 301 fr.: savoir ce que chacun doit avoir à proportion de sa mise, après qu'ils ont prélevé du gain total 50 fr. qu'ils destinent aux pauvres.

P. 268. Trois marchands ont fait un fonds de 4928 fr., qui leur a rapporté 616 fr.; le premier a eu 150 fr., le deuxième 206 fr., et le troisième 260 fr.: quelle était la mise de chacun?

P. 269. Quatre marchands ont fait un capital avec lequel ils ont gagné 191 fr.; le premier avait mis 260 fr., le deuxième 250 fr., le troisième 230 fr., et le quatrième 215 fr.: quelle part chacun doit-il avoir sur le gain?

P. 270. Deux hommes voulant faire le commerce des toiles, ont fait un fonds de 6800 fr.; le premier y a contribué pour 3500 fr.: combien chacun doit-il avoir sur le gain, montant à 1500 fr.?

P. 271. Trois entrepreneurs ont fait un fonds de 16941 fr., avec lesquels ils ont gagné 5647 fr.; le premier a eu 2000 fr., le second 1954 fr., et le troisième le reste: pour combien chacun avait-il contribué au fonds?

P. 272. Quatre hommes ayant fait un fonds commun, ont gagné 1200 fr.; le premier a reçu 400 fr. pour son gain, le second 300 fr., le troisième 295 fr., et le quatrième, qui avait placé 820 fr., a reçu le reste du gain : on demande la mise de chacun.

P. 273. Deux maîtres maçons ont entrepris la construction d'un mur; le premier y a dépensé 1158 fr., et le second 942 fr.: on demande quelle somme chacun doit recevoir du gain, montant à 1200 fr.

P. 274. Quatre personnes ont acheté un pré: la première a contribué à cet achat pour 1255 fr., la seconde pour 855 fr., la troisième pour 740 fr., et la quatrième pour 600 fr.: si l'on y récolte 23060 bottes de foin, combien chaque personne en aura-t-elle?

P. 275. Trois épiciers firent un fonds de 26385 fr.; l'ayant fait valoir, ils gagnèrent 8795 francs; le premier eut 3540 fr.; le second 2979 fr., et le troisième le reste: on demande pour combien chacun avait contribué au fonds.

P. 276. Trois actionnaires ayant acheté une maison, y ont fait pour 65000 fr. de réparations, et l'ont ensuite revendue de manière qu'ils ont gagné 10000 fr.: on demande à combien se montait la dépense de chacun, sachant que le premier a reçu du gain 4000 fr., le second 3420 fr., et le troisième le reste.

P. 277. Trois marchands ont acheté pour 26000 fr. de marchandises; en les revendant, ils ont gagné 6500 fr.: le premier a eu 3200 fr., le second 2500 fr., et le troisième le reste: savoir combien chacun avait dépensé.

P. 278. Deux négociants embarquèrent 6000 tonneaux de blé pour l'île Bourbon; dans le trajet, un ouragan obligea à en jeter 650 à la mer, et il s'en trouva 250 de gâtés: on demande combien chaque négociant en a perdu, sachant que le premier avait embarqué 3500 tonneaux.

P. 279. Quatre propriétaires ont acheté trois pièces de terre, la première coûte 750 francs, la seconde 900 fr., et la troisième 1050 fr.; en les revendant, ils ont reçu 3375 fr.: combien chacun doit-il avoir sur le profit, le premier ayant mis 800 fr. pour l'achat, le second 790 fr., le troisième 600 fr., et le quatrième le reste?

P. 280. Six ouvriers se sont associés pour faire un fossé de 305 mètres cubes; le premier a travaillé pendant 8 jours, le second 9, le troisième 7, le quatrième 10, le cinquième 12, et le sixième 15: combien recevront-ils chacun, si on leur donne 2 fr. du mètre cube?

P. 281. Trois négociants font un voyage de long cours, et dépensent 32000 fr. pour leur entretien et autres frais; on demande pour combien chacun est entré dans cette dépense, sachant que le premier a eu 30000 fr. sur le bénéfice, le deuxième 19000 fr., et le troisième 15000 fr.

P. 282. Quatre jeunes gens, partant pour l'armée, employèrent une partie de ce qu'ils avaient pour former un capital de 2520 fr. qu'ils placèrent à intérêts; au bout d'un certain temps, se trouvant réunis, ils retirèrent leur capital avec les intérêts montant à 7040 fr.: on demande combien chacun avait placé, sachant que le premier eut 1130 fr. de profit, le deuxième 1180 fr., le troisième 1250 fr., et le quatrième le reste.

RÈGLE DE SOCIÉTÉ COMPOSÉE.

* 41. Pour opérer ces sortes de règles, il faut multiplier la mise de chaque associé par le temps qu'il l'a laissée dans la société, la somme de toutes les mises ainsi multipliées représentera le fonds de la société, et le reste s'opère comme la règle de société simple.

1er Exemple.

Trois négociants ont à se partager le gain qu'ils ont fait dans le commerce, qui est de 6000 fr. Le premier a mis 3000 fr. pour 12 mois, le second 750 fr. pour 10 mois, et le troisième 500 fr. pour 6 mois : combien revient-il à chacun, à proportion de sa mise et du temps qu'elle est restée dans le commerce ?

Solution.

3000 × 12 mois = 36000
750 × 10 mois = 7500
500 × 6 mois = 3000

Somme des mises. 46500 multipl. par le temps.

46500 : 6000 :: 36000 : x = 4645,16
:: 7500 : x = 967,74
:: 3000 : x = 387,10

Preuve. 6000,00

Pour comprendre la raison de cette opération, il faut remarquer que la mise de 3000 fr. pour 12 mois répond à 12 fois 3000 fr. pour 1 mois, ou à 36000 fr.; que la mise de 750 fr. pour 10 mois répond à 10 fois 750 f. pour 1 mois, c'est-à-dire à 7500 fr., et que la 3e, 500 pour

6 mois, répond à 6 fois 500 fr. pour 1 mois ou à 3000. On conclura donc que 600 fr. est le gain de 36000 + 7500 + 3000 ou 46500 fr. pour 1 mois. Nous avons donc, par ces multiplications, ramené la question à une règle de société simple, que nous devons par conséquent opérer de la même manière.

2e *Exemple.*

Deux personnes se sont associées dans le commerce; la première a mis d'abord 100 fr. pour 3 ans, puis 250 fr. pour 2 ans, et enfin 125 fr. pour un an; la seconde a mis 350 fr. pour 4 ans, et 400 fr. pour 3 ans. Le gain total est de 4500 fr. : combien chacune doit-elle avoir, à proportion de ses mises et du temps que l'argent est resté dans la société ?

Solution.

100 × 3 ans = 300 fr.	
250 × 2 ans = 500	350 × 4 ans = 1400 fr.
125 × 1 an = 125	400 × 3 ans = 1200
Mise de la 1re 925	Mise de la 2e 2600
Mise de la 2e 2600	

Somme des mises. 3525 : 4500 :: 925 : x = 1180,85
:: 2600 : x = 3319,15

Preuve. 4500,00

Exercices sur la Règle de Société composée.

P. 283. Quatre personnes s'étant associées dans le commerce, ont gagné 4800 fr.; la première a mis 1000 fr. pour 15 mois, la seconde 1200 fr. pour 8 mois, la troisième 950 fr. pour 11 mois, et la quatrième 1550 fr. pour 13 mois; on demande combien chacune doit avoir du gain à proportion de sa mise et du temps qu'elle est restée dans la société.

P. 284. Trois négociants ont fait un fonds de 13300 fr.; le premier a mis 3800 fr. pour 8 mois, le second 4500 fr. pour 15 mois, le troisième 4000 fr. pour 6 mois, et le reste pour

12 mois : on demande quelle part chacun doit avoir au gain montant à 1500 fr.

P. 285. Deux personnes ont contribué inégalement à faire un fonds; la première a mis 2300 fr. pour 2 ans, et la seconde 1500 francs pour 18 mois : dites quelle part chacune doit avoir au gain montant à la somme de 1400 fr.

P. 286. Deux marchands de toile ont à se partager le gain qu'ils ont fait dans le commerce, qui est de 8544 fr.: on demande combien chacun doit avoir de ce gain, sachant que le premier a mis 1500 fr. pour 18 mois dans la société, et le second 1800 fr. pour 2 ans.

P. 287. Trois individus ont fait un fonds avec lequel ils ont gagné 4550 fr.; le premier a mis 800 fr. pour 2 ans et demi, le second 500 fr. pour 25 mois, et le troisième 995 fr. pour 35 mois : on demande quelle somme chacun doit avoir sur le gain.

P. 288. Trois marchands ont gagné 1508 fr.; le premier avait mis 1200 fr. pour 18 mois, le second 1800 fr. pour 15 mois, et le troisième 200 fr. pour 14 mois : combien chacun doit-il avoir du gain ?

P. 289. Un garçon de boutique s'étant associé avec un colporteur, ils firent un fonds de 16000 fr.; au bout de 2 ans ils se partagèrent le gain, et le colporteur qui avait mis 9000 fr. reçut 1800 fr.: dites ce que reçut son compagnon, sachant qu'il ne laissa ses fonds en société que pendant 20 mois.

P. 290. Quatre personnes firent société pour 3 ans ; la première mit au commencement 350 fr., et 5 mois après 2400 fr.; la seconde mit d'abord 8000 fr., et au bout de 20 mois elle en retira la moitié, et 5 mois après 2400 fr.; la troisième mit 1500 fr. au commencement et 5000 fr. au bout de 2 ans; la quatrième mit d'abord 600 fr., et tous les six mois elle augmentait sa mise d'une pareille somme : dites ce que chacune doit avoir du gain, montant à 80000 fr.

P. 291. Trois particuliers voulant faire le commerce de toiles, firent un fonds commun ; le premier qui eut 400 francs pour bénéfice avait mis 1200 francs pour 8 mois, le second avait mis 1200 francs pour 10 mois, et le troisième 1800 francs pour 5 mois : on demande quel fut le gain total de la société, et celui des deux derniers associés.

P. 292. Trois marchands se sont associés, et ont mis, le 1er 4006 fr. 40 pour dix mois ; le 2e, 7006 fr. 50 pour 15 mois $\frac{1}{2}$, et le 3e, 8000 fr. 75 pour 17 mois 20 jours : dites la part que chacun doit avoir au gain, s'il est de 1400 fr. 60.

RÈGLE DU TEMPS POUR LES PAIEMENTS.

* 42. La règle du Temps pour les paiements est une opération qui sert à découvrir les temps où les paiements doivent être faits, selon les conventions des créanciers et des débiteurs.

43. On peut proposer sur cette règle deux cas différents.

PREMIER CAS.

* 44. Dans le premier cas, on cherche à quelle époque on devra faire un seul paiement pour en remplacer plusieurs qui devraient avoir lieu à des époques différentes, afin qu'il y ait compensation dans les intérêts réciproques, comme dans l'exemple suivant :

Un ouvrier doit 24 francs, payables comme il suit, savoir : 4 fr. dans deux mois, 8 fr. dans cinq mois, et 12 francs dans huit mois. Il convient avec son créancier de ne faire qu'un seul paiement : en quel temps doit-il le faire pour qu'il y ait compensation ?

* Pour résoudre ce problème, il faut multiplier chaque somme par le temps de son crédit, faire le total des produits, et le diviser par celui de la dette : le quotient donnera le temps du paiement.

Opération.

4 fr.	× 2 mois	=	8 fr.	
8	× 5	=	40	
12	× 8	=	96	24
24			144	6 mois.
			00	

La raison de cette opération, c'est que l'on suppose que l'argent profite entre les mains du possesseur proportionnellement au temps qu'il l'a à sa disposition.

Or, on gagne autant, par exemple, avec 2 francs en 3 mois, qu'avec 6 en 1 mois.

Ainsi, dans cet exemple, je multiplie 4 par 2, et j'ai 8 fr. qui, par la même raison, produiront pendant un mois autant que 4 pendant 2. Je multiplie également les autres sommes par leur temps, et j'ai pour le total des produits 144, qui produiraient autant pendant un mois que les sommes particulières durant le temps exprimé dans le problème : * or, comme la somme des produits est formée de la multiplication de toutes les sommes par les temps divers, il est évident qu'en la divisant par la somme payable, il doit venir le temps moyen du paiement.

A la suite de l'astérisque, le raisonnement pourrait ainsi continuer :

Donc le débiteur, en devançant le paiement de sa dette totale, se fait réellement tort des intérêts que lui auraient rapportés les différentes parties de cette dette pendant le temps qu'il les aurait eues à sa disposition. Or, nous venons de voir que ces intérêts sont égaux à ceux que rapporteraient 144 fr. pendant un mois; donc, puisque le débiteur convient de ne faire qu'un seul paiement, il doit retenir 24 fr. un temps tel que les intérêts de 24 fr. soient égaux à ceux de 144 fr. pendant un mois, et comme le quotient de 144 par 24 fait connaître que 24 est 6 fois plus petit que 144, il est évident que les intérêts en question seront rapportés par 24 fr. au bout de 6 mois. Donc le quotient exprime le nombre de mois demandé.

On pourrait aussi résoudre les règles de ce genre par les proportions, car la somme des intérêts des différentes parties portées sur le billet devant égaler les intérêts de la dette totale jusqu'à l'époque du paiement, il est évident que le problème ci-dessus pourrait être ainsi traduit :

Dans combien de mois les intérêts de 24 fr. seront-ils égaux à la somme des intérêts de 4 fr. pendant 2 mois, plus de 8 fr. pendant 5 mois, plus 12 fr. pendant 8 mois, et alors, d'après les principes des règles de trois composées, on poserait la proportion

$$(4 \times 2) + (8 \times 5) + (12 \times 8) : 1 :: 24 \times x : 1$$

$$\text{d'où } x = \frac{(4\times2) + (8\times5) + (12\times8)}{24} = \frac{144}{24} = 6 \text{ mois.}$$

* 45. Dans le deuxième cas de la règle du temps pour les paiements, on cherche combien de temps on doit différer un paiement pour compenser les avances qu'on a faites.

* 46. Pour découvrir l'époque cherchée, il faut multiplier la somme due par le temps de son crédit; multiplier pareillement les sommes avancées par le temps qu'on les a gardées; faire la somme des produits, et la retrancher de la somme due multipliée par son temps; diviser le restant par ce qui reste à payer; le quotient donnera le temps du paiement du reste de la dette.

Exemple.

J'ai acheté pour 180 fr. de marchandises à 8 mois de crédit ; au bout de quatre mois, je paie 30 fr., et 2 mois après 40 fr. : combien de temps dois-je garder le reste pour compenser les avances que j'ai faites ? R. Dans 9 mois $\frac{9}{11}$.

Opération.

Sommes dues.			Sommes avancées.
180 × 8 = 1440			30 × 4 = 120
70 360			40 × 6 = 240
110 1080	110		70 360
90	$9\frac{9}{11}$		

Démonstration.

180 fr. en 8 mois rapporteront au débiteur autant que 1440 fr. en 1 mois, et puisqu'il garde 30 fr. pendant 4 mois et 40 fr. pendant 6 mois, il a dû percevoir de ces deux sommes des intérêts égaux à ceux que 360 fr. lui rapporteraient en 1 mois. Or, le débiteur doit conserver les différentes parties 30, 40, 110 de sa dette 180 fr., de manière que la somme des intérêts divers soit égale à ce que 1440 fr. rapporteraient en 1 mois.

Et puisque les deux premières parties 30 et 40 fr. lui procurent pendant qu'il les a à sa disposition autant que 360 fr. en 1 mois, c'est donc avec la partie non payée 110 fr. qu'il doit percevoir les intérêts restants, lesquels sont évidemment égaux à ce que 1080 fr., différence de 1440 à 360, rapporteraient en un mois. Et comme le quotient de la division de 1080 par 110 est 9, $\frac{9}{11}$, il est clair que ce ne sera qu'au bout de 9 mois + $\frac{9}{11}$ de mois que les intérêts de 110 fr. seront égaux à ceux de 1080 fr. en 1 mois, donc le débiteur doit retenir 110 fr. pendant 9 mois $\frac{9}{11}$ de mois, et ne faire, par conséquent, ce 3e paiement que 3 mois $\frac{9}{11}$ de mois après le 2e.

On peut aussi résoudre ces espèces de problèmes par les proportions ; car, en raisonnant comme dans l'exemple ci-dessus, on aurait, si l'on représente par 1 les intérêts égaux de part et d'autre et par x l'époque cherchée, ou autrement dit le nombre de mois que le débiteur doit garder 110 fr.

$$180 \times 8 : 1 :: (30 \times 4) + (40 \times 6) + (110 \times x) : 1$$

$$\text{ou } 180 \times 8 : 1 :: 360 + (110 \times x) : 1$$

Or, dans toute proportion le produit des extrêmes est égal au produit des moyens ; on aurait donc ;

$$180 \times 8 \times 1 = 1 \times (30 \times 4) + (40 \times 6) + (110 \times x)$$

$$\text{ou } 1440 = 360 + (110 \times x)$$

Ainsi, le produit de 110 par x doit être augmenté de 360 pour devenir égal à 1440 ; donc ce produit $= 1440 - 360 = 1000$, et pour avoir le facteur x je divise 1080 par 110, ce qui donne $9\frac{9}{11}$, et par conséquent 9 mois $+\frac{9}{11}$ de mois pour l'époque cherchée.

47. On fait la preuve de cette opération en examinant si le profit qu'on fait en retardant le paiement de certaines sommes, balance la perte qu'on éprouve en avançant le paiement des autres.

Questions sur la Règle du Temps pour les paiements.

Qu'est-ce que la règle du temps pour les paiements? 42. — *Combien peut-on proposer de cas différents sur ces sortes de règles?* 43. — *Quel est le premier cas?* 44. — *Quel est le deuxième cas de la règle du temps pour les paiements?* 45. — *Que faut-il faire pour l'opérer dans ce cas?* 46. — *Comment fait-on la preuve de cette règle?* 47.

Exercices sur la Règle du Temps pour les paiements.

P. 293. Un marchand a acheté du drap pour 95000 fr.: il doit en payer [illegible] chaque mois : de combien sera chaque paiement?

P. 294. Un particulier doit 15960 francs payables, $\frac{1}{4}$ comptant, $\frac{1}{3}$ dans 6 mois, et le reste au bout de 1 an : de combien sera chaque paiement?

P. 295. J'ai acheté 340 mètres de toile à 2 francs 60 cent. le mètre, 250 mètres de drap à 15 fr. 20 c., 175 mètres de calicot à 1 fr. 75 c., et 801 mètres 95 centimètres d'indienne à 5 fr.: on m'accorde 4 mois de crédit, à condition qu'à commencer de cette époque je paierai 1500 fr. chaque mois : dans combien de temps aurai-je acquitté cette dette?

P. 296. Je dois 16848 fr. payables comme il suit: la $\frac{1}{7}$ comptant, le $\frac{1}{4}$ du reste dans 6 mois, les [illegible] de ce qui restera à payer, dans 8 mois, et solder le reste de la dette au bout de 1 an : quel sera le montant de chaque paiement?

P. 297. J'ai acheté pour une certaine somme de marchandises que je dois acquitter par huitièmes, de mois en mois : dites quelle est cette somme, et de combien sera chaque paiement, sachant que 340 fr. que j'ai donnés à compte, sont à la somme totale : : 5 : 350.

P. 298. J'ai acquitté une dette en quatre paiements : le premier a été de 1800 fr.; pour le second j'ai donné deux fois un tiers plus que pour le premier; pour le troisième j'ai donné autant que pour les deux premiers, moins 1359 fr. 75 c., et pour le quatrième, la moitié du second et les trois quarts du troisième; combien devais-je, et quel est le montant de chaque paiement?

P. 299. Louis a fait le remboursement de 5850 fr. en trois fois ; le premier paiement a été du cinquième de la dette, plus 25 fr.; le second égalait le premier, plus le tiers de la dette; le troisième était le reste : on demande la valeur de chaque paiement.

P. 300. En trois paiements on acquitte une dette; le premier est quatre fois plus grand que le second, et le second trois fois moindre que le troisième, qui est de 10131 fr.: quelle était cette dette ?

P. 301. La somme de 8560 fr. doit être payée en deux fois, la moitié dans 6 mois, et le reste dans 10 : si l'on ne voulait faire qu'un seul paiement, quand devrait-on le faire ?

P. 302. Vingt-cinq pièces de vin ont coûté 2250 fr. payables à deux termes, savoir : 1050 fr. dans 6 mois, et le reste 3 mois après; l'acheteur ne pouvant faire le premier paiement désire n'en faire qu'un seul; le vendeur y consent, à condition de ne rien perdre : quand devra se faire cet unique paiement?

P. 303. Un marchand a acheté du drap pour 3600 fr. à 15 mois de crédit; mais ayant payé une partie de la somme, il garde 1200 fr. pendant 3 ans 9 mois pour compenser l'avance qu'il avait faite: on demande à quelle époque il avait donné les 240 fr.

P. 304. Un négociant doit les sommes suivantes : 17420 fr. payables comptant, 2300 francs dans 8 mois, 2630 fr. dans 10 mois : comme il ne peut effectuer le premier paiement, il propose à son créancier de n'en faire qu'un seul pour toutes ces sommes : quand doit-il le faire pour qu'ils ne perdent ni l'un ni l'autre?

P. 305. Un marchand fait un achat de drap pour 8000 fr. dont il devrait payer $\frac{1}{5}$ dans 6 mois, $\frac{1}{5}$ dans 8, et le reste dans 10; mais il désire ne faire qu'un seul paiement : quand doit-il le faire ?

P. 306. Dans combien de temps faudrait-il payer 1560 fr. pour ne perdre ni ne gagner, sachant que d'après les premières conventions on aurait dû payer $\frac{1}{3}$ à 8 mois, $\frac{1}{4}$ à 10, et le reste au bout de l'an ?

P. 307. On doit payer 9476 francs pour 2369 décalitres d'eau-de-vie à 12 mois de crédit, mais on a payé 633 décalitres au bout de 10 mois : on désire savoir dans quel temps il faudra payer le reste.

P. 308. Un entrepreneur a fait une maison pour 96560 fr. payables dans 15 mois; mais ayant besoin de fonds, le propriétaire veut bien lui avancer de 8 mois 45560 fr. : combien de temps doit-il garder le reste pour compenser l'avance qu'il a faite ?

P. 309. Étienne ayant vendu pour 8400 francs de drap à 12 mois de crédit, n'a reçu le $\frac{1}{3}$ de cette somme qu'au bout de 15 mois : à quelle époque avait-il reçu les $\frac{2}{3}$ de cette somme?

P. 310. Je devais 600 fr. à 13 mois de crédit ; j'en ai payé les $\frac{2}{3}$ avant l'échéance, de manière que je puis garder le reste 2 ans sans faire tort à mon créancier : quand avais-je payé les $\frac{2}{3}$?

P. 311. J'ai acheté pour 6800 fr. de marchandises payables dans 9 mois, à condition que si j'avançais 3000 fr., je pourrais garder le reste 12 mois : à quelle époque devrais-je faire cette avance?

P. 312. Un négociant devait 3000 francs payables dans 6 mois, 4500 francs dans 8 mois, et 9500 fr. dans 10 mois. Or, il paie 12000 fr. au bout de 5 mois, combien de temps peut-il garder le reste?

RÈGLE DE MÉLANGE (1).

* 48. La Règle de Mélange est une opération par laquelle on cherche le prix moyen de plusieurs objets différents qui ont été mélangés, par la connaissance du nombre et de la valeur respective des objets avant le mélange.

C'est aussi une opération par laquelle on découvre combien on doit prendre de parties de différentes espèces de marchandises dont on connaît la valeur, pour former un mélange à un prix moyen déterminé par l'énoncé de la question.

PREMIER CAS.

* 49. Pour opérer les règles de mélange dans le premier cas, il faut suivre la marche suivante :

1° Si les quantités des marchandises à mélanger sont exprimées par l'unité, il faut additionner les différents prix et les diviser par le total des mesures.

Exemple.

Un marchand a du vin à 5 fr., à 9 fr. et à 10 fr.

(1) Quelques auteurs nomment cette règle *Règle d'alliage*, mais il est à remarquer que ce mot *alliage* ne s'emploie que pour exprimer l'union des métaux.

le décalitre : s'il les mélangeait, à combien reviendrait le décalitre du mélange? R. 8 fr.

Opération.

1 décal. à	5 fr.	
1 à	9	
1 à	10	
3	24	3
	0	8

* 2° S'il y a plusieurs mesures de chaque marchandise, il faut les multiplier par le prix d'une seule, faire le total des divers produits, et le diviser par la totalité des mesures qui doivent entrer dans le mélange.

Exemple.

Un marchand a dans ses greniers 6 décalitres de grain à 4 fr., 8 à 5 fr., 12 à 7 fr., et 14 à 9 fr. : s'il les mélangeait, à combien lui reviendrait le décalitre du mélange?

R. 6 fr. 85 c.

Opération.

$6 \times 4 = 24$
$8 \times 5 = 40$
$12 \times 7 = 84$
$14 \times 9 = 126$

40	274	40
	340	6 fr. 85 c.
	200	
	0	

3° Enfin, si l'on voulait faire entrer dans le mélange une qualité en raison double, triple, etc., il faudrait prendre deux, trois fois le prix et les unités dudit objet.

Exemple.

On a mélangé quatre sortes de vins, savoir : à 3 fr., à 5 fr., à 6 fr. et à 8 fr. le décalitre : à combien revient le décalitre du mélange, sachant qu'on en a mis deux fois autant de la première et de la dernière sorte que de chacune des autres ?

Opération.

```
2 décal. à 3 fr. = 6
1        à 5     = 5
1        à 6     = 6
2        à 8     =16
—                ——
6                33 | 6
                 30 | 5 fr. 50 c.
                  00
```

* 50. On fait la preuve de cette règle en multipliant le nombre des mesures qui entrent dans le mélange par le prix d'une mesure du mélange, et l'on doit avoir le même produit que si on les multipliait chacune par son prix particulier.

Ainsi, pour faire la preuve de la règle précédente, je multiplie 6 par 5,50, et j'ai 33 francs, produit égal au total des prix particuliers des objets qui entrent dans le mélange.

Exercices sur la Règle de Mélange.—PREMIER CAS.

P. 313. Un marchand a deux pièces de vin, l'une de 0 fr. 35 c. le litre, et l'autre de 0 fr. 45 c. : s'il les mêlait, quel serait le prix du mélange ?

P. 314. Un fondeur doit faire une cloche de 9 mille kilog., il y met deux fois autant de cuivre que d'étain : à combien reviendra cette cloche, sachant que le cuivre vaut 2 fr. 80 c. le kilog., et l'étain 2 fr. 15 c. ?

P. 315. Un marchand a 80 hectolitres de blé du prix de 47 fr. l'hectolitre ; mais comme il n'en trouve pas le débit, il se propose de le mélanger avec 40 hectolitres de 41 fr. : à combien pourra-t-il céder l'hectolitre du mélange ?

P. 316. Un autre marchand a 60 hectolitres de grain à 8 fr., 70 à 9 fr., 80 à 10 fr., et 90 à 11 fr. ; il veut mêler ces différentes qualités et gagner 160 fr. sur le tout : combien doit-il vendre l'hectolitre ?

P. 317. Un aubergiste a 140 litres de vin à 30 cent., et 250 à 40 cent., il voudrait mêler ces vins et gagner 5 cent. par litre : combien doit-il le vendre ?

P. 318. Quelqu'un a 3 pièces de vin ; la première contient 230 litres à 0 fr. 35 c. le litre, la seconde 280 litres, et coûte

96 fr.; et la troisième 195 litres à 0 fr. 45 c. le litre : si l'on mélangeait ces vins, et qu'on y mît 45 litres d'eau, à combien reviendrait le litre du mélange ?

P. 319. Ayant tiré les $\frac{3}{4}$ d'une pièce contenant 240 litres, on l'a remplie avec du vin à 0 fr. 35 c. : à combien revient le litre du mélange, sachant que le premier vin était de 0 fr. 60 c. le litre ?

P. 320. Un maître emploie 5 ouvriers pour faire 202 mètres d'ouvrage ; le premier en fait 9 $\frac{2}{3}$ par jour ; le second 8 $\frac{4}{5}$; le troisième 7 $\frac{3}{4}$; le quatrième 5 $\frac{1}{3}$; et le cinquième 5 $\frac{1}{12}$: combien seront-ils de jours pour faire cet ouvrage, le jour étant de 12 heures ?

P. 321. On me devait 404 francs ; si l'on me paie avec des pièces, les unes de 1 fr. 50 et les autres de 0 fr. 50, combien m'en donnera-t-on de chaque valeur en part égale ?

DEUXIÈME CAS.

* 51. Pour découvrir quelle quantité de marchandises il faut faire entrer dans un mélange afin qu'il y ait compensation entre leurs prix respectifs, les uns étant supérieurs et les autres inférieurs à celui qu'on veut affecter audit mélange, il faut d'abord remarquer qu'on perd sur les marchandises dont le prix surpasse celui du mélange, et qu'on gagne sur celles dont le prix est inférieur, et l'opération consiste à égaliser le gain à la perte.

Par exemple, on veut, avec du vin à 40 cent. et à 60 cent. le litre, composer un mélange qu'on puisse donner à 45 cent. Il est évident que si l'on met une égale quantité de chaque prix, on perdra ; car sur le vin à 40 c. on ne gagne que 5 cent., tandis qu'on perd 15 cent. sur celui à 60 cent.

* 52. Pour opérer ce problème et les autres du même genre, il faut écrire les uns sous les autres, par ordre de grandeur, les prix des objets à mélanger, ainsi que celui du mélange, ayant soin de le séparer pour le distinguer des autres ; puis écrire devant chaque prix leur différence au prix moyen : la somme des différences des prix inférieurs au prix moyen représentera la quantité qu'il faudra prendre de chaque unité des prix supérieurs, et réciproquement, et le total des deux sommes représentera les unités du mélange.

1er Exemple.

Un aubergiste a du vin à 0 franc 55 cent. et à 80 cent. le litre ; il trouve que ces deux sortes de vin feraient un bon mélange : combien en doit-il prendre de chaque qualité pour qu'il puisse donner le litre à 0 fr. 70 cent. ?

Opération.

55	70	15
80		10
		25

Après avoir écrit les prix des objets du mélange sur une colonne verticale, et le prix moyen un peu de côté entre le prix supérieur et l'inférieur, je dis : la différence de 55 à 70 est 15, que j'écris vis-à-vis de 55 ; puis la différence de 80 à 70 est 10, que j'écris vis-à-vis de 80, et j'ai pour réponse qu'il faut mettre dans ce mélange 10 litres à 55 cent. et 15 à 80 cent., et la somme 25 indique qu'il entrera 25 litres dans ce mélange.

Le raisonnement suivant fera comprendre l'exactitude de cette méthode. En vendant 70 cent. un litre qui ne coûte que 55 cent. on gagne 15 cent., sur 10 litres on gagne dix fois plus ou 150 cent. ; en vendant 70 cent. un litre qui coûte 80 cent. on perd 10 cent., et sur 15 litres, on perd 15 fois plus ou 150 cent. Ainsi le gain est égal à la perte. On peut donc former le mélange demandé en prenant 10 mesures à 55 cent. et 15 mesures à 80 cent. Mais il faut remarquer que le problème est susceptible d'une infinité de solutions, et que les deux différences obtenues 15 et 10 ne sont une réponse générale qu'en fixant dans quel rapport doivent être les nombres des mesures qui entrent dans le mélange. Dans tous les cas le nombre des mesures à 55 cent. : au nombre des mesures à 80 cent. :: 10 : 15 ou simplifiant :: 2 : 3.

2e Exemple,

Avec du vin à 35 cent., à 55 cent., à 70 cent. et à 80 cent. le litre, on veut faire un mélange qu'on puisse donner à 0 fr. 65 cent. le litre, dites ce qu'il en faudra mettre de chaque prix.

Opération.

35	30	40, total de gain sur deux litres.
55	10	
65		
70	5	20, total de perte sur deux litres.
80	15	

60 litres.

Pour faire cette opération, je dis : la différence de 35 à 65 est 30, que j'écris vis-à-vis 35 ; la différence de 55 à 65 est 10, que j'écris vis-à-vis 55. Ensuite la différence de 70 à 65 est 5, que j'écris vis-à-vis 70 ; et la différence de 80 à 65 est 15, que j'écris vis-à-vis 80. Enfin, 30 + 10 = 40, gain que l'on ferait sur 2 litres, un de chacune des deux premières qualités ; et 5 + 15 = 20, perte que l'on éprouverait aussi sur 2 litres, un de chacune des deux dernières qualités.

La perte 20 indique ce qu'il faut mettre de vin tant à 35 cent. qu'à 55 cent. ; et le gain 40, combien il faut en mettre tant à 70 cent. qu'à 80 cent. En effet, 20 litres × (30 cent. + 10 cent. ou 40 cent. de gain) = 800 cent. total du gain ; et 40 litres × (5 cent. + 15 cent. ou 20 cent. de perte) = aussi 800 cent. de perte : il y a donc compensation. Les nombres 30, 10, 5 et 15 indiquent en outre ce qu'il faut mettre de litres de chaque prix, et il est indifférent d'en mettre 30 à 70 avec 10 à 80, et 5 à 35 avec 15 à 55, ou 30 à 80 avec 10 à 70, et 15 à 35 avec 5 à 55.

Car, sur 30 litres à 70 cent. on perdra 20 fois 5 ou 150 }
sur 10 litres à 80 cent. on perdra 10 fois 15 ou 150 } = 300

sur 5 litres à 35 cent. on gagnera 5 fois 30 ou 150 }
et sur 15 litres à 55 cent. on gagnera 15 fois 10 ou 150 } = 300

sur 30 litres à 80 cent. on perdra 30 fois 15 ou 450 }
sur 10 litres à 70 cent. on perdra 10 fois 5 ou 50 } = 500

sur 15 litres à 35 cent. on gagnera
15 fois 30 ou 450
sur 5 litres à 55 cent. on gagnera
5 fois 10 ou 50 } = 500

On pourrait aussi mettre dans le mélange 40 litres à 70 cent. et 40 litres à 80 cent.; 20 litres à 35 cent. et 20 litres à 55 cent.

En effet, sur 40 litres à 70 on perdrait 40
fois 5 = 200
sur 40 litres à 80 on perdrait 40
fois 15 = 600 } = 800
sur 20 litres à 35 on gagnerait 20
fois 30 = 600
sur 20 litres à 55 on gagnerait 20
fois 10 = 200 } = 800

3e *Exemple.*

Un épicier a du café à 3 fr. 60 et à 2 fr. 80; il veut en faire un mélange de 96 kilogrammes, qu'il puisse donner sans perte ni gain, à 3 fr. le kilog.: combien faut-il qu'il en mette de chaque espèce?

Opération.

Nous mettrons les prix en centimes, pour simplifier le raisonnement.

360		60
	300	
280		20
		80

Après avoir opéré comme à l'ordinaire, j'ai trouvé que sur 80 kil., il en faut 20 à 360 cent. et 60 à 280 cent. Pour savoir maintenant combien il en faudra mettre de chaque espèce pour 96 kilog., je dis: si 80 kilog. demandent 60 kilog. à 280 cent., un kilog. demandera la 80e partie de 60 ou $\frac{60}{80}$, et par conséquent 96 kilog. demanderont $96 \times \frac{60}{80} = 72$ kilog. à 280 cent.

Ensuite, si 80 kilog. demandent 20 kilog. à 360 cent., un kilog. demandera la 80e partie de 20 ou $\frac{20}{80}$, et par conséquent 96 kilog. demanderont $96 \times \frac{20}{80} = 24$ kilog. à 360 centimes.

4ᵉ Exemple.

Un épicier a du sucre à 2 fr. 40, à 2 fr. 70, à 3 fr. 40 et à 3 fr. 50 le kilog. ; il se propose de faire un mélange de 396 kilog. qu'il puisse donner à 2 fr. 90 le kilog. : combien doit-il en mettre de chaque espèce ?

Opération.

240		50	70 différence en moins.
270		20	
	290		
340		50	110 différence en plus.
350		60	
		180	

Après avoir fait l'opération comme à l'ordinaire, j'ai trouvé que sur 180 kilog. de mélange, il en faut 70 tant à 340 cent. qu'à 350 ; et 110, tant à 240 cent. qu'à 270.

Ensuite, si sur 180 kilog. il en faut 70, tant à 340 c. qu'à 350, pour 1 kilog. il en faudra $\frac{70}{180}$, et pour 396 kilog. il en faudra $396 \times \frac{70}{180} = 154$. Puis, si sur 180 kilog. il en faut 110, tant à 240 cent. qu'à 270, pour un kilog. il en faudra $\frac{110}{180}$, et pour 396 kilog. $396 \times \frac{110}{180} = 242$.

On pourrait aussi obtenir les derniers résultat. par ces proportions : 180 : 70 :: 396 : x, et 180 : 110 :: 396 : x.

L'inspection seule des opérations prouve d'une manière évidente que ces deux méthodes doivent amener les mêmes résultats, puisque les éléments sont les mêmes dans l'un et dans l'autre cas. En effet, par la 1ʳᵉ méthode comme par la seconde on a 1°

$$\frac{396 \times 70}{180} \text{ et } 2^{\circ} \frac{396 \times 110}{180}$$

c'est-à-dire la somme de toutes les différences *est* à la différence en plus ou en moins *comme* la quantité du mélange *est* à x.

53. Si l'on déterminait la quantité qu'on veut mettre de l'une des parties du mélange, comme, par exemple, dans ce problème :

On veut faire un mélange de 600 mesures d'une certaine marchandise qu'on puisse donner à 11 fr. la mesure, avec 5 sortes de marchandises que l'on vend séparément, suivant leurs qualités, 5 fr., 6 fr., 8 fr., 13 fr. et 15 francs; mais on veut qu'il entre dans ce mélange 150 mesures à 5 francs.

Il faudrait mélanger cette marchandise, qui est d'un prix inférieur au prix moyen, avec celle du prix supérieur, dont la différence est la plus rapprochée de 5 à 11 (c'est 15); composer ce mélange de manière qu'il en entrât 150 mesures à 5; soustraire le total du nombre qu'on veut avoir d'unités (ici c'est 600). Opérer sur le reste avec les prix dont la quantité à prendre n'a pas été déterminée, comme pour le problème précédent.

1re *Opération.*

5   6
     11   15 $\times \frac{6}{4} = 225$
15   4 $+ 150$
          10   375 ôtés de 600 = 225.

Sur 10 mesures il en faudra 4 à 5 francs et 6 à 15; c'est-à-dire qu'avec 4 mesures à 5 fr. il faut en mettre 6 à 15; avec une mesure à 5 fr. il en faudra donc $\frac{6}{4}$, à 15, et avec 150 mesures, $150 \times \frac{6}{4} = 225$ à 15 fr.

2e *Opération.*

6   5 }
8   3 } $8 \times 2 = 16$
    11
13   2 } $6 \times 2 = 12$
15   4 }   28

On a multiplié 8 et 6 par 2, parce qu'on veut mettre autant de mesures à 6 qu'à 8, et autant à 13 qu'à 15.
$\frac{8}{28} \times 225 =$ R. $64 \frac{8}{28}$ à 13 fr. et à 15.
$\frac{6}{28} \times 225 =$ R. $48 \frac{6}{28}$ à 6 et à 8.

Preuve.

                    $64 \frac{8}{28}$ . . . . à 13 fr.
$225 + 64 \frac{8}{28} = 289 \frac{8}{28}$ . . . . à 15
                    $48 \frac{6}{28}$ . . . . à 8
                    $48 \frac{6}{28}$ . . . . à 6
                   150. . . . . . à 5
                   600 mesures.

Questions sur la Règle de Mélange.

Qu'est-ce que la règle de mélange? 48. — Comment opère-t-on le mélange dans le premier cas? 49. — Comment fait-on la preuve de cette règle? 50. — A quoi sert la deuxième espèce de mélange? 51. — Que faut-il faire pour trouver la quantité de marchandises qui doivent entrer dans un mélange dont le prix est déterminé? 52. — Que faudrait-il faire si l'on déterminait la quantité qu'on veut mettre de l'une des parties du mélange? 53.

Exercices sur la Règle de Mélange.—2ᵉ CAS.

P. 322. Un marchand a du blé à 6 fr., à 8 fr., à 12 fr., à 15 fr. et à 18 fr.; il veut faire un mélange de 650 mesures, mais de manière qu'en le vendant 10 fr. il ne perde ni ne gagne : combien doit-il en mettre de chaque espèce?

P. 323. Un épicier a de l'huile à 0 fr. 95, 0 fr. 85, 0 fr. 75, 0 fr. 65 c. le litre; il voudrait les mélanger de manière à pouvoir vendre le litre 0 fr. 70 c. : combien doit-il en mettre de chaque sorte pour remplir une pièce contenant 240 litres?

P. 324. Un détaillant demande quelle quantité d'eau il doit mettre dans un litre de vin de 0 fr. 75 c., pour qu'il ne lui revienne qu'à 0 fr. 60 c.

P. 325. On veut mêler du café à 2 fr. 40 c. le kilog., à 2 fr. 50 c. et à 3 fr. : combien en faut-il mettre de chaque prix pour en avoir 850 kilog. à 2 fr. 90 c. le kilog.?

P. 326. Dans quelle proportion faut-il mêler un liquide à 25 fr. et à 19 fr. l'hectol. pour avoir un mélange à 21 fr. l'hect.?

P. 327. Quelqu'un voudrait emplir une pièce de 450 litres avec du vin à 0 fr. 75 c. le litre : combien doit-il y mettre d'eau et de vin pour que le mélange ne lui revienne qu'à 0 fr. 60 c.?

P. 328. On a 150 hectol. de blé à 30 fr. et 140 à 45 fr. : combien faut-il en mettre de chacun pour en faire 250 hectol. de 42 fr.?

P. 329. J'ai acheté 2 pièces de vin qui coûtent ensemble 228 fr.; la première coûte 36 fr. de plus que la seconde, elles contiennent chacune 240 litres, je trouve à en vendre 350 litres à raison de 0 fr. 45 : combien dois-je en mettre de chaque pièce?

P. 330. J'ai acheté 2 pièces d'eau-de-vie contenant l'une 250 litres et l'autre 450 : la première coûte 625 fr. et la seconde 630 ; trouvant l'occasion d'en vendre 450 litres à raison de 2 fr. 40 c., je désire savoir combien il faut livrer de litres de chaque prix.

P. 331. On a 150 litres de vin qu'on vend 0 fr. 90 c. : combien faut-il y mettre de litres d'eau pour qu'on puisse livrer le litre du mélange à 0 fr. 75 c., et quelle sera la quantité du mélange?

P. 332. Un aubergiste a acheté 450 litres de vin qu'il a payés à raison de 0 fr. 75 c. le lit.; il ne peut le vendre que 0 fr. 70 c.: dites combien il y mettra d'eau pour ne rien perdre, sachant qu'il a dépensé 16 fr. pour le port, etc.

P. 333. On a un mélange de 48 litres de vin qui revient à 0 fr. 60 c. le litre; on sait qu'il y est entré 30 litres à 0 fr. 75 c.: on demande quel était le prix des autres litres.

P. 334. On veut faire un mélange de 646 litres avec quatre sortes de vin ; le premier se vend 0 fr. 65 c. ; le second 1 fr. 15 c. ; le troisième 1 fr. 25 c. ; le quatrième 1 fr. 45 c. : combien faut-il en mettre de chaque sorte si le litre du mélange doit valoir 0 fr. 95?

P. 335. On veut emplir avec différentes sortes de vin un fût qui en peut contenir 350 litres; la première vaut 0 fr. 25 c. le litre ; la seconde 0 fr. 35 c. ; la troisième 0 fr. 45 c., et la quatrième 0 fr. 65 c. : combien faudra-t-il en mettre de chaque prix si le litre du mélange doit être vendu 0 fr. 40 c., et qu'on en veuille mettre autant de litres de la première sorte que de la dernière?

P. 336. Un aubergiste a 450 litres de vin à 0 fr. 40 c. : combien doit-il en ajouter de 0 fr. 70 c. pour que le mélange vaille 0 fr. 65 c. ?

P. 337. On a 50 décalitres de blé estimé 5 fr. 50 c. le décal.: combien faudrait-il y ajouter d'hectol. à 35 fr., à 30 fr. et à 25 fr. pour en faire à 4 fr. le décal. ?

P. 338. On a 560 litres d'eau-de-vie de 2 fr. 50 c. le litre : combien faut-il en mettre à 1 fr. 90 c. pour que le mélange revienne à 2 fr. 10 c. le litre?

P. 339. Quelqu'un a vendu 0 fr. 80 c. le litre d'un mélange provenant de plusieurs prix, savoir 0 fr. 55, 0 fr. 60 c. et 85 c. : combien en est-il entré de chaque sorte sur 6 pièces de chacune 130 litres?

P. 340. Combien faut-il mélanger de litres de vin à 0 fr. 50 avec 200 litres à 0 fr. 65, si l'on veut revendre le mélange 0 fr. 55 cent?

RÈGLE DES MOYENNES.

* 54. La Règle des Moyennes est une opération par laquelle on cherche un nombre moyen entre plusieurs autres nombres donnés.

Par exemple, un ouvrier qui a travaillé pendant 4 jours a gagné le 1er jour, 3 fr. ; le 2e, 3 fr. 75 ; le 3e, 4 fr. 25 ; et le 4e, 5 fr. : combien a-t-il gagné par jour, terme moyen?

Pour résoudre ce problème il faut faire le total de tous les gains, et le diviser par 4, nombre des jours de travail.

Solution: 3 + 3, 75 + 4, 25 + 5 = 16, et 16 divisé par 4 = Rép. 4 francs.

Exercices sur la Règle des Moyennes.

P. 341. Un régiment a marché pendant six jours comme il suit : le 1er jour il a parcouru 24 kilom. ; le 2e 29 ; le 3e 26 ; le 4e 30 ; le 5e 22 ; le 6e 25 : quelle est la moyenne de sa marche journalière?

P. 342. On a tiré 25 coups pour essayer une pièce d'artillerie ; les 10 premiers ont porté à 560 mètres, 5 à 590 mètres, 6 à 600 mètres, et 4 à 550 mètres : on demande quelle est sa portée moyenne.

P. 343. Cinq ouvriers ont 560 mètres d'ouvrage à faire ; le premier en a fait 8 mètres par jour ; le second 9 ; le troisième 10 ; le quatrième 11, et le cinquième 12 : en combien de jours les auront-ils faits s'ils travaillent ensemble?

P. 344. Huit ouvriers pendant 5 mois ont fait trois différents ouvrages ; le premier avait 40 mètres, le second 50, et le troisième 80 ; ils ont reçu pour le premier 240 fr., pour le second 200 fr., et pour le troisième 240 fr. ; ils ont 350 mètres d'un autre ouvrage à faire au prix moyen des trois autres : quel sera le prix de ces 350 mètres, et la part de chacun?

P. 345. On a fait défricher 4 hectares de terrain ; l'ouvrage n'étant pas partout également difficile, le prix a été différent ; pour le premier on donnait 250 fr. ; pour le second 175 fr. ; pour le troisième 163 fr. 75 c., et pour le quatrième 158 fr. 25 c. : quel est le prix moyen, et combien a-t-on dépensé?

P. 346. J'ai acheté 850 mètres de drap à 15 fr. 95 c., j'en ai vendu 530 à 17 fr. 80 c., 220 à 18 fr. 50 c., et le reste à 19 fr. : combien ai-je gagné par mètre, l'un portant l'autre?

P. 347. Un entrepreneur a employé 6 ouvriers pour faire

4 pièces de drap de chacune 77 mètres; le premier ouvrier faisait 8 mètres par jour: le second 7 mètres 70 centimètres; le troisième 7 mètres 50 cent.; le quatrième 7 mètres 40 centimètres; le cinquième 6 mètres 95 cent., et le sixième 6 mètres 45 centim.: combien ont-ils mis de jours pour faire cet ouvrage?

P. 348. Un commis reçoit 682 fr. par semaine pour solder 18 ouvriers dont il a la surveillance: combien aura-t-il de reste s'il en paie 5 à 8 francs par jour, 4 à 6 fr., 6 à 3 fr., et 3 à 2 fr., et s'il recevait le reste pour ses honoraires, quel serait son traitement annuel?

RACINE CARRÉE.

* 55. On appelle Carré d'un Nombre le produit qui résulte de la multiplication de ce nombre par lui-même.

Ainsi les carrés de 1, 2, 3, 4, 5, 6, 7, 8, 9,
sont: 1, 4, 9, 16, 25, 36, 49, 64, 81;
car 1 fois 1 est 1, 2 fois 2 font 4, 3 fois 3 font 9, etc.

Il résulte de là que, pour carrer un nombre, il faut le multiplier par lui-même.

* 56. Le carré d'un nombre est composé: 1° du carré des dizaines; 2° du produit du double des dizaines par les unités; 3° du carré des unités.

Soit, par exemple, le nombre 12 à élever à son carré: ce nombre est composé d'une dizaine et de 2 unités.

Disposons le calcul comme il suit:

$$\begin{array}{rl} 10+2 & \\ \times\ 10+2 & \\ \hline 100 & \text{carré des dizaines.} \\ 20 & \text{prod. des diz. par les unités.} \\ 20 & \textit{id.} \\ 4 & \text{carré des unités.} \\ \hline 144 & \end{array}$$

Commençons la multiplication par les dizaines, ce qui est indifférent, et disons: 10 fois 10=100, carré des dizaines; 10 fois 2=20, produit des dizaines par les unités; puis deux fois 10=20, encore une fois les dizaines par les unités; enfin 2 fois 2=4, carré des unités; total 144 : donc le carré d'un nombre est composé du carré des dizaines, etc.

* 57. On appelle racine carrée d'un nombre, le nombre qui, étant multiplié par lui-même, reproduit ce même nombre.

Ainsi, les nombres : 1, 4, 9, 16, 25, 36, 49, 64, 81, ont pour racine carrée 1, 2, 3, 4, 5, 6, 7, 8, 9.

58. Pour extraire la racine carrée d'un nombre, il faut d'abord le partager en tranches de deux chiffres chacune, en allant de droite à gauche ; la dernière à gauche pourra n'en contenir qu'un ; on examinera ensuite quel est le plus grand carré contenu dans cette tranche à gauche, dont on posera la racine à droite ; puis, ayant soustrait son carré de cette même tranche, on mettra le reste dessous : à côté de ce reste, on descendra la tranche suivante, et, de ce nombre, on séparera par un point la figure à droite.

* 59. Pour avoir le second diviseur, on double la racine trouvée, ce qui est le double des dizaines ; on cherche combien ce double est contenu de fois dans les chiffres qui précèdent celui de la droite ; on écrit le quotient à droite de la racine ; on écrit aussi ce même quotient à côté du double des dizaines ; on multiplie chaque chiffre de ce diviseur par le quotient, et le produit se soustrait du membre dont on a pris la racine, de la manière qu'on le fait dans la division : on fait autant d'opérations semblables qu'il y a de tranches dans le nombre dont on veut avoir la racine.

* 60. Il doit y avoir à la racine autant de chiffres qu'il y a de tranches dans le nombre donné.

Soit à extraire la racine carrée de 4096.

Opération.

40.96	64
49.6	124
000	

Il est évident que le carré des dizaines ne peut se

trouver que dans les centaines; car 10 × 10 = 100; c'est pourquoi on a séparé 40 de 96 pour extraire la racine carrée de 40 qui est 6. Je carre 6 et j'ai 36 que je retranche de 40; il reste 4 à côté duquel j'écris l'autre tranche 96, et j'ai 496; or, ce reste contient deux fois les dizaines multipliées par les unités, plus le carré des unités (n° 56); mais le double des dizaines multiplié par les unités, ne peut donner moins que des dizaines (n° 58, 1re Partie); ce produit est donc contenu dans 49; on en sépare la dernière figure 6 par un point. Maintenant donc, pour avoir les unités, il ne s'agit plus que de diviser 49 par le double des dizaines, lequel égale 12; le quotient égale 4. Si ce nombre égale effectivement les unités, il faut qu'on puisse retrancher le produit du double des dizaines par 4, plus le carré de 4, de 496. Comme cette opération s'effectue exactement, on en conclut que 64 est la racine carrée exacte de 4096.

Si le nombre dont on veut avoir la racine avait trois tranches, le carré des dizaines se trouverait évidemment dans les centaines. Pour avoir la racine carrée de ces centaines, on calcule comme dans un nombre de deux tranches, et pour avoir les unités on raisonnerait comme dans l'exemple précédent.

Exemple.

On demande la racine carrée de 459643.
R. 677, et il reste 1314.

Opération.

45.96.43	677 racine.
99.6	127 1er diviseur.
10 74.3	1347 2e diviseur.
1 31 4	

Pour faire cette opération, après avoir séparé les chiffres par tranches, je cherche quel est le plus grand carré contenu dans la première tranche à gauche: c'est 36, dont la racine est 6, que j'écris à droite du nombre, en le séparant par un trait; j'ôte 36 de 45, reste 9, à côté duquel je descends la tranche suivante, et j'ai 996, dont je sépare 6 par un point.

Pour avoir le diviseur, je double la racine trouvée, il vient 12; je dis donc : en 99 combien de fois 12; je vois qu'il ne peut y être que 7, que j'écris à la racine, à droite du 6; je mets aussi ce 7 à côté du diviseur 12, et j'ai 127, que je multiplie par 7; ôtant le produit de 996, il ne reste que 107; je descends la tranche 43, et j'ai pour troisième membre 10743, dont je sépare la figure à droite; je forme le second diviseur en doublant la racine 67, et j'ai 134, par lequel je divise les quatre chiffres 1074; il vient 7 pour quotient; j'écris 7 à la racine, et à la suite du diviseur 134, ce qui donne 1347. Multipliant par 7, je retranche le produit de 10743; il reste 1314; de sorte que la racine carrée de 459643 est 677, avec 1314 de reste, parce que le nombre donné n'est pas un carré parfait.

Si, après avoir fait la division, il restait un nombre qui égalât deux fois plus 1 celui qui est à la racine, ce serait une preuve que le dernier chiffre qu'on y a mis est trop faible.

* 61. La preuve de cette règle se fait en multipliant la racine trouvée par elle-même et ajoutant le reste au produit. Le total doit égaler le nombre dont on a extrait la racine.

Ainsi, pour l'exemple précédent, en multipliant 677 par lui-même et ajoutant le reste 1314 au résultat, on reproduit le nombre 459643.

* 62. Si du reste on voulait tirer des décimales, il faudrait ajouter à ce reste autant de fois deux zéros qu'on voudrait avoir de chiffres décimaux à la racine.

En effet, le nombre dont on extrait la racine peut être considéré comme le produit d'un nombre décimal d'autant de chiffres qu'on en veut avoir à la racine; or, lorsque les deux facteurs d'un produit contiennent chacun deux chiffres décimaux, il y en a 4 au produit (n° 61, 1re Partie); donc, etc.

Questions sur la Racine carrée.

Qu'appelle-t-on carré d'un nombre? 55. — *De quoi est composé le carré d'un nombre?* 56. — *Qu'appelle-t-on racine carrée d'un nombre?* 57. — *Que faut-il faire pour extraire la racine carrée d'un nombre?* 58. — *Que faut-il faire pour trouver le second diviseur?* 59. — *Combien doit-il y avoir de chiffres à la racine carrée d'un nombre?* 60. — *Comment fait-on la preuve de cette règle?* 61. — *Si du reste d'une opération sur la racine carrée on voulait tirer des décimales, que faudrait-il faire?* 62.

Exercices sur la Racine carrée.

P. 349. Soit proposé de trouver la racine carrée de 1368, à moins d'un centième près, c'est-à-dire avec deux décimales.

P. 350. On veut entourer de murs un terrain carré qui contient 3600 mètres de superficie : on demande quelle sera la longueur des murs.

P. 351. Un jardinier a 3969 choux qu'il veut planter en carré, de manière qu'ils forment des lignes droites et parallèles en long et en large : on demande combien il y aura de choux dans chaque rangée, sur les quatre faces.

P. 352. Un terrain de forme carrée est planté d'arbustes à 1 mètre de distance : combien y en a-t-il sur chaque face, sachant que le terrain en contient 94864?

P. 353. Combien faut-il placer d'arbres sur chaque côté d'un terrain carré qui doit en contenir 15129 en totalité?

P. 354. On veut rendre carré un terrain qui a 625 mètres de longueur sur 400 de largeur : on demande de combien on doit diminuer la longueur et augmenter la largeur pour que le terrain ait la même superficie.

P. 355. On demande la racine carrée de 87567 à moins d'un millième près.

P. 356. Un terrain de forme circulaire, ayant 119025 mètr. de superficie, doit être réduit en carré : quelles en seront les dimensions?

P. 357. Un jardin qui a 90 mètres de long et 40 de large, doit être échangé avec une autre forme carrée : quelles sont les dimensions de ce dernier?

P. 358. Combien faut-il payer pour faire récrépir les quatre murs d'un jardin de 8100 mètres de superficie, à 1 fr. 75 c. le mètre, les murs ayant 2 mètres 30 centimètres de hauteur?

P. 359. On veut former un parterre de 961 mètres carrés de superficie : quelle sera la longueur de ses côtés?

P. 360. On a deux nombres, le plus grand est 40, et le total de leurs carrés est 1625 : quel est le plus petit?

RACINE CUBIQUE.

* 63. On appelle cube d'un nombre le produit du carré de ce nombre multiplié par le nombre lui-même ; ainsi les cubes des nombres suivants

1, 2, 3, 4, 5, 6, 7, 8, 9, sont :
1, 8, 27, 64, 125, 216, 343, 512, 729,

qui leur correspondent.

* 64. Le cube d'un nombre est composé : 1° du cube des dizaines ; 2° du produit de trois fois le carré des dizaines par les unités ; 3° de trois fois les dizaines par le carré des unités ; 4° du cube des unités.

En effet, soit à cuber le nombre 24, par exemple ; et supposons-le décomposé en 20+4, nous aurons d'abord par la première multiplication

$$\begin{array}{r} 20+4 \\ \times 20+4 \\ \hline (20\times 20)+(20\times 4)+(20\times 4)+(4\times 4) \\ +20+4 \end{array}$$

par la 2e

$$(20\times 20\times 20)+(20\times 20\times 4)\times(20\times 20\times 4)+(20\times 4\times 4)\times(20\times 20\times 4)\times(20\times 4\times 4)+(20\times 4\times 4)+(4\times 4\times 4)$$

en réduisant $(20\times 20\times 20)+3\,(20\times 20\times 4)+3\,(20\times 4\times 4)+(4\times 4\times 4)$

où l'on voit séparément : 1° le cube des dizaines ; 2° trois fois le carré des dizaines par les unités ; 3° trois fois les dizaines multipliées par le carré des unités ; 4° le cube des unités. Donc, le cube d'un nombre est composé, etc.

* 65. On appelle racine cubique d'un nombre le nombre qui, étant multiplié deux fois par lui-même, reproduit

celui dont il est la racine. Ainsi, les racines des nombres

1, 8, 27, 64, 125, 216, 343, 512, 729, sont
1, 2, 3, 4, 5, 6, 7, 8, 9,

qui leur correspondent, car tous ces nombres, étant multipliés deux fois par eux-mêmes, les reproduisent.

Pour extraire la racine cubique d'un nombre quelconque, il faut suivre la méthode suivante :

Si le nombre proposé n'a pas plus de trois chiffres, sa racine se trouve dans les unités ; car 10, qui est le plus petit nombre de deux chiffres, en a 4 à son cube ($10 \times 10 \times 10 = 1000$). Si le nombre en contient plus de trois, on le partage en tranches de trois chiffres en allant de droite à gauche : la dernière peut en avoir moins de trois. On cherche ensuite la racine cubique de la dernière tranche, on l'écrit au-dessus du trait horizontal, et on retranche le cube de cette racine du nombre sur lequel on opère ; à côté du reste on écrit la tranche suivante ; on en sépare deux chiffres par un point, puis on divise cette tranche par le triple carré des dizaines : on écrit le quotient à la racine, après quoi on soustrait de la tranche que l'on vient de diviser la somme du produit du triple carré des dizaines multiplié par ce dernier chiffre, + celui du triplé des dizaines multiplié par le carré des unités, + le cube des unités.

On pourrait aussi, ce qui est plus expéditif, cuber les chiffres qui sont à la racine et retrancher ce cube de toutes les tranches déjà employées. On renouvelle les mêmes opérations toutes les fois qu'on écrit une nouvelle tranche à côté du reste. Le nombre qui se trouve à la racine exprime alors la racine cubique du nombre proposé.

* 66. Soit proposé de trouver la racine cubique de 12167.

Opération.

12. 167	23
41. 67	12
00 00	

Je dis que ce nombre est composé de quatre parties dont la plus grande est le cube des dizaines (nº 64); or, le cube des dizaines ne peut être que dans les mille (10 × 10 × 10 = 1000); j'en sépare donc trois chiffres et je cherche la plus grande racine contenue dans 12; je trouve que c'est 2, je l'écris au-dessus du trait horizontal; je cube cette racine, je la retranche du nombre sur lequel j'opère, je descends à côté du reste l'autre tranche, et j'ai 4167. Ce nombre contient encore trois parties dont la plus grande est le produit de trois fois le carré des dizaines par les unités: mais ce produit ne peut être que dans les centaines (10 × 10 × 3 × 1 = 300): c'est pour cela que j'en sépare deux chiffres à droite par un point, et je dis: puisque 41 contient le produit de trois fois le carré des dizaines par les unités, si je le divise par trois fois le carré des dizaines, il viendra les unités au quotient. Je carre donc 2, puis je triple ce carré, et j'ai pour diviseur 12; je divise 41 par ce nombre, et il vient 3 que j'écris à la racine. Pour m'assurer que 3 égale les unités, j'essaie si je puis retrancher de 4167 les trois nombres qui y sont contenus, c'est-à-dire trois fois le carré des dizaines × les unités, + trois fois les dizaines × le carré des unités, + le cube des unités; et comme je vois qu'il ne reste rien, j'en conclus que 23 est la racine cubique de 12167.

Si le nombre dont on veut avoir la racine avait trois tranches, sa racine serait composée de dizaines et d'unités; or, le cube de ces dizaines se trouverait dans les mille; on en séparerait donc les mille, qui forment deux tranches, pour en extraire la racine cubique; puis on opèrerait sur ces deux tranches comme on a fait pour extraire la racine du nombre précédent qui n'en avait que deux. On aurait les unités en raisonnant et en opérant comme on a fait pour les avoir dans l'exemple précédent.

Si, après l'extraction de la racine de la dernière tranche, il restait un nombre qui contînt trois fois le carré de celui qui est à la racine, + trois fois ce nombre, + l'unité, ce serait une marque que le dernier chiffre écrit à la racine serait trop faible.

* 67. Pour approcher de la véritable racine au moyen des décimales, il faut ajouter, à ce qui reste après l'extraction, autant de fois trois zéros qu'on veut avoir de chiffres décimaux à la racine, et on opère ensuite comme à l'ordinaire, ayant soin de séparer à la racine autant de chiffres qu'on a ajouté de fois trois zéros au reste.

Ceci est évident, si la racine doit avoir un certain

nombre de chiffres décimaux, le cube en aura trois fois plus (n° 61, 1re Partie).

S'il s'agissait d'un nombre accompagné déjà de chiffres décimaux, on les compterait avec les zéros qu'on ajoute.

Exemple.

Soit à extraire la racine cubique du nombre 36,20, à moins d'un millième près.

```
36,200000000 |3,308
             |-----
  9,200      |27
   263000000   3267
     1005888    326700
```

Comme il y a deux chiffres décimaux au nombre dont on demande la racine; je n'en ajoute que 7 pour avoir les 3 tranches qui doivent donner les trois chiffres décimaux à la racine, après quoi j'opère comme à l'ordinaire.

Questions sur la Racine cubique.

Qu'appelle-t-on cube d'un nombre? 63. — *De quoi est composé le cube d'un nombre?* 64. — *Qu'appelle-t-on racine cubique d'un nombre?* 65. — *Que faut-il faire pour extraire la racine cubique d'un nombre quelconque?* 66. *Que faut-il faire pour approcher de la véritable racine au moyen des décimales?* 67.

Exercices sur la Racine cubique.

P. 361. Quelle est la racine cubique de 35937 ?

P. 362. On désire savoir quelle est la racine cubique de 123456789.

P. 363. Quelle doit être la hauteur d'un bloc de marbre formant un cube parfait, sachant qu'il égale un autre bloc de 1 mètre 35 de longueur, 1 mètre 15 de largeur, et 1 mètre d'épaisseur ?

P. 364. Une citerne de forme cubique doit contenir 2744 mèt. cubes d'eau, quelles en seront les dimensions ?

DES PROGRESSIONS.

* 68. On appelle Progression, 1° une suite plus cu moins nombreuse de termes dont la différence du premier au deuxième est la même que celle du deuxième au troisième, que celle du troisième au quatrième, etc.

Telles sont les suivantes :

÷ 2. 4. 6. 8. 10. 12.
÷ 15. 12. 9. 6. 3.

Dans le premier exemple, la progression est croissante, et dans le deuxième elle est décroissante. La différence, qui est la même entre tous les termes consécutifs, est appelée raison de la progression.

2° C'est aussi une suite de termes dont le rapport par quotient est le même entre tous les termes consécutifs. ∺ 3 : 6 : 12 : 24 : 48 : 96 est une progression par quotient croissante; ∺ 128 : 64 : 32 : 16 : 8 : 4 est une progression par quotient décroissante. Le quotient d'un terme quelconque divisé par celui qui le précède est appelé raison de la progression.

Dans le premier de ces exemples, la raison est 2; car $\frac{6}{3} = 2$ et $\frac{12}{6} = 2$, etc., et dans la deuxième, la raison est $\frac{1}{2}$; car $\frac{64}{128} = \frac{1}{2}$ et $\frac{32}{64} = \frac{1}{2}$, etc.

* 69. Les progressions par différence se nomment progressions arithmétiques : on les fait précéder d'un trait horizontal placé entre deux points (÷), et on place un point entre chaque terme de la progression; les progressions par quotient se nomment progressions géométriques : on les fait précéder d'un trait horizontal placé entre 4 points (∺), et on sépare par deux points chaque terme de cette espèce de progression.

Des Progressions arithmétiques.

* 70. Chaque terme d'une progression arithmétique est composé du premier plus autant de fois la raison

qu'il y a de termes avant lui, si la progression est croissante ; et moins autant de fois la raison, si la progression est décroissante. Ainsi, dans la progression croissante ÷ 2. 4. 6. 8. 10. 12. 14. 16, le deuxième terme 4 est composé du premier terme, + la raison qui est 2 ; le troisième 6 est composé du premier terme 2, + 2 fois la raison, parce qu'il y a deux termes avant lui. En effet, 2 + 2 + 2 = 6 ; le 8e terme 16 est composé du premier terme 2, + 7 fois la raison : 2 + (7 × 2) = 3.

De même dans la progression décroissante

÷ 15. 12. 9. 6. 3.

le 2e terme est composé du 1er — la raison, qui est 3. En effet, 15 — 3 = 12 ; le troisième est composé du 1er — 2 fois la raison : 15 — (3 + 3) = 9 ; le 5e terme est composé du 1er — 4 fois la raison : 15 — (3 × 4) = 3.

* 71. De ce qui précède on doit conclure :

1° Que pour avoir un terme quelconque d'une progression arithmétique dont on connaît le premier terme, il faut multiplier la raison par un nombre égal à celui des termes qui doivent précéder celui qu'on cherche, et ajouter le produit au premier terme de la progression si elle est croissante, et, au contraire, l'en retrancher si elle est décroissante.

Ainsi soit proposé le problème suivant :

Un escalier a 24 marches : la première a 12 centimètres de hauteur, et les autres 17 centimètres chacune : quelle est l'élévation de la dernière au-dessus du sol ?

Solution. La dernière marche est élevée au-dessus du sol de 23 fois 17 centimètres + 12 centimètres, ou de 23 fois la raison de la progression qui est 17 centim. + le premier terme qui égale 12 centimètres. En opérant, nous avons (23 × 17) + 12 = R. 4 mèt. 03.

Exemple pour une progression décroissante :

Un escalier a 24 marches de chacune 17 centimètres,

la dernière est à 4 mètres 03 au-dessus du sol; on demande quelle est l'élévation de la première marche.

Solution. La 24e marche est élevée au-dessus du sol de 23 fois 17 centimètres, raison de la progression, + la hauteur de la première marche; donc, en retranchant 23 fois 17 centimètres de 4 mètres 03, le reste égalera l'élévation de la première marche.

Opération. 4,03—(17 × 23) = R. 12 centimètres.

* 2° Que pour avoir le premier terme d'une progression dont on connaît le dernier terme et la raison, si la progression est croissante, il faut soustraire de ce dernier terme le produit de la raison par le nombre de termes qui précèdent le dernier, le reste égalera le premier: si la progression est décroissante, il faudra ajouter le produit au dernier terme.

* 3° Que pour avoir la raison d'une progression il faut soustraire le plus petit des deux termes connus de l'autre, et diviser le reste par le nombre de termes compris entre ces deux termes connus, + 1.

* 72. L'une des propriétés principales des progressions arithmétiques est que la somme du premier et du dernier terme est égale à celle du deuxième avec l'avant-dernier, etc. En effet, soit la progression suivante de ces termes:

$$\div 3.\ 6.\ 9.\ 12.\ 15.\ 18.$$

Le dernier terme 18 se compose du premier terme 3 et de 5 fois la raison qui est aussi 3, c'est-à-dire de 3 + 5 fois 3; mais le deuxième terme est composé du premier terme 3 et d'une fois la raison, c'est-à-dire de 3 + 3, et le cinquième, du premier + 4 fois la raison, c'est-à-dire de 3 + 4 fois 3. En rapprochant ces termes nous aurons pour la somme du premier et du dernier 3 + 3 + 5 fois 3 = (5 × 3) + 6 = 21; et pour celle du deuxième avec l'avant-dernier 3 + 3 + 3 + 3 fois 4 ou 3 + 3 + 5 fois 3 ou 6 + (5 × 3) = 21: donc, etc.

Exercices sur les Progressions arithmétiques.

P. 365. On demande le 18e terme d'une progression arithmétique dont le 1er est 4 et la raison 5.

P. 366. Connaissant que le 18e terme d'une progression arithmétique est 89 et que la raison est 5, on demande le premier terme.

P. 367. Un escalier a 18 marches; la première n'a que 12 centimètres d'élévation, et toutes les autres sont de 15 centimèt.: quelle est la hauteur totale de l'escalier?

P. 368. Un débiteur a 18 créanciers, il doit 89 fr. au dernier, la somme qu'il doit aux autres va en diminuant de 5 fr.: on demande combien il doit au premier.

P. 369. Pour arriver à la principale porte d'un édifice, on doit poser un escalier de 18 marches; tout l'escalier doit s'avancer de 8 mèt. 90 en avant du bâtiment; le bord de la première marche du haut n'aura que 40 centim. en avant du mur: de combien chacune des autres doit-elle avancer?

P. 370. Un particulier a acquitté une dette en plusieurs paiements; le premier a été de 4 fr., et le dernier de 89 fr.; chaque paiement augmentait de 5 fr.: on demande combien il a fait de paiements.

P. 371. Une dame charitable a donné tous les jours de l'année l'aumône à un pauvre : le premier jour elle lui donna 10 cent., le second 25; en augmentant ainsi de 15 cent., combien lui donna-t-elle le dernier jour?

P. 372. Un particulier, voulant favoriser un jeune homme, lui donna le premier jour de l'an 10 cent.; on ne dit pas combien il lui donna les autres jours, mais on sait que le don du dernier jour montait à 54 fr. 70 cent : combien le jeune homme a-t-il reçu en tout?

Des Progressions géométriques.

* 73. Un terme quelconque d'une progression géométrique est composé du premier terme multiplié par la raison, élevée à une puissance marquée par le nombre de termes qui doit précéder celui qu'on cherche.

Par exemple, soit la progression $\div\!\div$ 3 : 6 : 12 : 24 : 48 : 96, dont la raison est 2; le deuxième terme est composé du premier $3 \times 2 = 6$; le troisième est composé de deux fois 3 multiplié par la raison 2; donc de $3 \times 2 \times 2 = 12$, c'est-à-dire du premier terme 3 multiplié par le carré (2×2) ou la deuxième puissance de la raison; le quatrième est composé du troisième ($3 \times 2 \times 2$) multiplié aussi par la raison 2 ; donc de $3 \times 2 \times 2 \times 2$, c'est-à-dire du premier terme 3 multiplié par le cube ou la troisième puissance de la raison ; on le démontrerait de même pour les autres termes ; donc, etc.

* 74. De ce qui vient d'être dit on doit conclure :

1° Que pour avoir un terme quelconque d'une progression géométrique dont on connaît le premier terme et la raison, il faut multiplier ce premier terme par la raison élevée à une puissance marquée par le nombre des termes qui précèdent celui qu'on cherche.

Par exemple, soit à trouver le quatrième terme d'une progression géométrique dont le premier est 3 et la raison 2. Comme le quatrième est composé du premier multiplié par la raison élevée à la troisième puissance, je multiplie 3 par le cube de 2 qui est 8, et j'ai $3 \times 8 = 24$ pour le terme demandé.

2° Que pour avoir le premier terme d'une progression géométrique dont on connaît un terme quelconque et la raison, il faut diviser ce terme par la raison élevée à une puissance marquée par le nombre de termes qui précèdent celui qu'on connaît.

Ainsi, pour avoir le premier terme d'une progression dont la raison est 2 et le quatrième terme 24, je divise 24 par le cube de 2 qui est 8, et j'ai $\frac{24}{8}$ ou 3 entiers.

3° Que pour avoir la raison d'une progression géométrique dont on connaît deux termes quelconques, il faut diviser le plus grand par le plus petit, et extraire du quotient une racine d'un degré indiqué par le nombre de termes compris entre les deux termes connus, plus l'unité.

Par exemple, on demande quelle est la raison d'une progression géométrique dont le troisième terme est 12 et le sixième 96 ; comme ce terme est composé du 3e multiplié par le cube de la raison, je divise 96 par 12, $\frac{96}{12} = 8$; j'extrais la racine cubique de 8, et j'ai 2 pour la raison de la progression proposée.

75. Pour avoir la somme de tous les termes d'une progression géométrique, il faut multiplier le dernier terme

par la raison, soustraire le premier terme du produit, et diviser le reste par la raison diminuée de l'unité; le quotient sera la réponse.

Soit la progression suivante dont la raison est 2 :

$$\div 3 : 6 : 12 : 24 : 48 : 96.$$

Chaque terme est composé de celui qui le précède, répété autant de fois que la raison contient d'unités.

Le 2e terme. $6 = 3 \times 2$
Le 3e $12 = 6 \times 2$
Le 4e $24 = 12 \times 2$
Le 5e $48 = 24 \times 2$
Le 6e $96 = 48 \times 2$

La somme des termes primitifs $6 + 12 + 24 + 48 + 96$ égale $(3 + 6 + 12 + 24 + 48) \times 2$.

On voit que le premier membre de l'équation contient la somme de tous les termes, excepté le premier; et que le second contient la somme de tous les termes, excepté le dernier, multiplié par la raison.

Si nous représentons donc la somme par S, le premier terme par P, le dernier par D et la raison par R, on aura cette formule : $S - P = (S - D) \times R$, ou $S - P = SR - DR$, ou $S - SR = P - DR$, ou $SR - S = DR - P$, ou $(R - 1) \times S = DR - P$, et enfin $S = \dfrac{DR - P}{R - 1}$ donc, etc.

(Autre méthode plus simple, voir page 368.)

Questions sur les Progressions.

Qu'appelle-t-on progression? 68. — *Comment nomme-t-on les deux espèces de progressions?* 69. — *De quoi est composee une progression arithmétique?* 70. — *Que concluez-vous de là?* 71. — *Quelle est une des propriétés principales des progressions arithmétiques?* 72. — *De quoi est composé un terme quelconque d'une progression géométrique?* 73. — *Quelles conséquences tirez-vous de là?* 74. — *Que faut-il faire pour avoir la somme de tous les termes d'une progression géométrique?* 75.

Exercices sur les Progressions géométriques.

P. 373. Quel est le 8e terme d'une progression géométrique dont le premier terme est 4 et la raison 3 ?

P. 374. On demande quel est le premier terme d'une progression géométrique dont la raison est 3 et le 5e et dernier terme 324.

P. 375. Le dernier terme d'une progression géométrique est 324, le premier est 4, et le nombre de termes est 5 : quelle est la raison?

P. 376. Le premier terme d'une progression géométrique est 4, la raison 3, et le dernier terme 324 : quelle est la somme de tous les termes?

P. 377. Un particulier a commencé sa fortune avec 4 fr.; la dixième année elle est de 78732 fr.: dans quel rapport géométrique a-t-elle augmenté chaque année?

P. 378. Un joueur ayant perdu 4 fr. dans une première partie, voulut encore en faire quatre autres, qu'il perdit aussi en triplant le jeu à chaque partie : on demande combien il a perdu à la 5e.

P. 379. Un particulier assure que si l'on triplait successivement 4 fois son argent, il aurait 324 fr.: combien a-t-il?

P. 380. Pendant 5 jours un capitaine a distribué une somme à ses soldats; le premier jour il ne leur a donné que 4 francs, et les jours suivants la somme a été multipliée par un nombre qu'on voudrait connaître, sachant que le cinquième jour ils ont reçu 324 fr.

RÈGLE DE L'INTÉRÊT DES INTÉRÊTS.

* 76. La Règle de l'Intérêt des Intérêts est une opération qui a pour but de trouver l'intérêt d'une somme prêtée pour un certain nombre d'années avec celui des intérêts de cette même somme.

* 77. Le moyen le plus simple qu'on puisse employer pour opérer ces sortes de règles, c'est de chercher par la méthode du numéro 26, 3e Partie, d'abord l'intérêt d'un an, et l'ajouter avec le capital pour en chercher l'intérêt de la deuxième année ; ajouter ensuite l'intérêt de cette deuxième année au capital pour trouver celui de la troisième, etc.

1er *Exemple.*

Un mineur qui s'est fait émanciper exige que son tuteur lui fasse le remboursement de 6000 fr. de capital, avec les intérêts des intérêts au denier 20 pour 3 ans : combien recevra-t-il ? R. 6945 fr. 75 c.

Opérations.

20 : 1 :: 6000 : x = R. 300 fr. pour la 1re année.
+ 300

20 : 1 :: 6300 : x = R. 315 fr. pour la 2e année.
315

20 : 1 :: 6615 : x = R. 330 fr. 75 pour la 3e année.
330,75

Total, 6945,75

2e *Exemple.*

Une personne place 3000 fr. pour 2 ans à raison de 4 pour % par an, à condition qu'on lui paiera les intérêts des intérêts : combien recevra-t-elle après ce temps ? R. 3244 fr. 80.

Opérations.

100 : 4 :: 3000 : x R. 120 fr. pour la 1re année.
120

100 : 4 :: 3120 : x R. 124 fr. 80 pour la 2e année.
124 fr. 80 c.

Total, 3244 fr. 80 c.

Si l'on voulait avoir le capital et l'intérêt réunis pour chaque année, on suivrait cette formule :

D : D + T :: C : C + R, c'est-à-dire *le denier* : *denier* + *le temps* (1 an) :: *le capital* : *capital* + *la rente*, si c'est l'intérêt par denier ; si c'était l'intérêt par %, on suivrait celle-ci : *cent est à cent* + *le tant pour cent* :: *le capital est au capital* + *l'intérêt.*

Solution du premier Exemple.

20 : 20+1 :: 6000 : x=R. 6300, cap. et int. de la 1re ann.
20 : 20+1 :: 6300 : x=R. 6615, cap. et int. de la 2e ann.
20 : 20+1 :: 6615 : x=R. 6945,75, cap. et int de la 3 an.

Solution du deuxième Exemple.

100 : 100+4 :: 3000 : x=R. 3120, cap. et int. de la 1re an.
100 : 100+4 :: 3120 : x=R. 3244,80, cap. et int. de la 2e an.

* 78. On trouve l'intérêt des intérêts, plus le capital, par une seule proportion, en suivant l'une des deux formules suivantes, selon qu'on chercherait l'intérêt des intérêts par le denier, ou pour $\frac{0}{0}$. *Le denier multiplié autant de fois par lui-même qu'il y a d'années — 1 : denier + 1 multiplié autant de fois par lui-même qu'il y a d'années — 1 :: le capital : au capital + la rente ; ou 100 multiplié autant de fois par lui-même qu'il y a d'années — 1 : 100 + le tant pour cent multiplié autant de fois par lui-même qu'il y a d'années — 1 :: le capital est au capital + la rente ou l'intérêt.*

Solution pour le 1er Exemple.

20 × 20 × 20 : 21 × 21 × 21 :: 6000 : x = R. 6945,75.

Solution du 2e Exemple.

100×100 : 100+4×100+4 :: 3000 : x=R. 3244 fr. 80.

* 79. Dans la pratique, on cherche ordinairement le capital et l'intérêt composé de 1 franc, et on le multiplie par le capital donné. Pour avoir le capital et l'intérêt composé de 1 franc pour un certain nombre d'années, il faut élever 1 plus l'intérêt d'un franc après un an à une puissance marquée par le nombre d'années ; cette puissance égalera le capital et l'intérêt composé d'un franc pendant ce temps.

L'analyse de l'exemple suivant va nous démontrer l'exactitude de cette méthode.

On demande ce que doit produire, tant en capital

qu'en intérêts composés, une somme de 4000 francs placés à 5 0/0 pendant 4 ans.

Solution. Nous aurons le capital de l'intérêt composé pendant la première année par la proportion suivante :

	100 : 105 :: 1 : x=1,05
pendant la 2e par celle-ci	1 : 1,05 :: 1,05 : x=$1,05^2$
pendant la 3e par celle-ci	1 : 1,05 :: $1,05^2$: x=$1,05^3$
pendant la 4e par celle-ci	1 : 1,05 :: $1,05^3$: x=$1,05^4$

On voit que le capital et l'intérêt composé de 1 franc après 4 ans égale l'unité plus l'intérêt d'un an élevé à la 4e puissance ; le capital et l'intérêt de 4000 francs pendant le même temps égalera donc $1,05^4 \times 4000$ francs = 4862 fr. 025 ; on justifierait d'une manière analogue l'exactitude des méthodes données par les formules du n° 78.

Questions sur la Règle de l'Intérêt des Intérêts.

Qu'est-ce que la règle de l'intérêt des intérêts? 76. — *Quelle est la méthode la plus simple pour opérer ces sortes de règles?* 77. — *Comment pourrait-on trouver l'intérêt des intérêts plus le capital par une seule proportion?* 78. — *Que fait-on ordinairement dans la pratique pour opérer ces sortes de règles?* 79.

RÈGLE DE FAUSSE POSITION SIMPLE.

* 80. La Règle de Fausse Position simple est une opération par laquelle on prépare la solution d'un problème en opérant sur un nombre supposé.

Exemple.

Une personne a vendu le $\frac{1}{3}$ + le $\frac{1}{4}$ + le $\frac{1}{6}$ d'une pièce de drap dont il lui reste encore 6 mètres : on demande quelle était la longueur de cette pièce de drap.

Opération.

Nombre supposé, 12

Le $\frac{1}{3} = 4$
Le $\frac{1}{4} = 3$
Le $\frac{1}{6} = 2$

$9 \ldots 12 - 9 = 3 . 3 : 12 :: 6 : x = \text{R.} 24.$

Pour résoudre ce problème, je suppose le nombre 12, sur lequel je puis faire les opérations exigées; je trouve 3 de reste au lieu de 6; mais comme il doit y avoir un même rapport entre le reste 3 et le nombre supposé 12 qu'entre le reste de la question et le nombre vrai, j'en conclus la proportion qui me donne 24 pour le nombre cherché. En effet, en retranchant de 24 le $\frac{1}{3}$, le $\frac{1}{4}$ et le $\frac{1}{6}$, il reste 6.

On pourrait aussi résoudre ce problème sans fausse position, en additionnant les fractions $\frac{1}{3}$, $\frac{1}{4}$ et $\frac{1}{6}$, après les avoir réduites au même dénominateur ; et ce qui leur manquerait pour former une unité représenterait le reste 6 indiqué dans le problème, et servirait à découvrir la longueur de la pièce au moyen d'une règle de trois.

Opération.

$$\left.\begin{array}{l} \frac{1}{3} = \frac{24}{72} \\ \frac{1}{4} = \frac{18}{72} \\ \frac{1}{6} = \frac{12}{72} \end{array}\right\} = \frac{54}{72}$$, il manque $\frac{18}{72}$ pour faire une unité, donc

$\frac{18}{72}$: 6 m. :: $\frac{72}{72}$: x, ou, en supprimant les dénominateurs, $18 : 6 :: 72 : x = \text{R.} 24.$

Ou bien le $\frac{1}{3}$ + le $\frac{1}{4}$ + le $\frac{1}{6}$ égalent en tout les $\frac{3}{4}$ de la marchandise; les 6 mètres qui restent égalent donc l'autre quart; donc $1 : 6 :: 4 : x = \text{R.} 24.$

Ou bien encore : puisque 6 mètres = le $\frac{1}{4}$ d'un nombre, ce nombre = donc 6×4 ou 24.

Tous les problèmes suivants seront résolus avec fausse position et sans fausse position.

Quel est le nombre dont la $\frac{1}{2}$, le $\frac{1}{3}$, le $\frac{1}{6}$ et les $\frac{2}{7}$ égalent 468 ?

Nombre supposé, 42

La $\frac{1}{2} = 21$
Le $\frac{1}{3} = 14$
Le $\frac{1}{6} = \ \ 7$
Les $\frac{6}{7} = 36$

$78 : 42 :: 468 : x =$ R. 252.

Sans fausse position.

$\frac{1}{2} + \frac{1}{3} + \frac{1}{6} + \frac{6}{7} = \frac{13}{7}$, $13 : 7 :: 468 : x$ R. 252.

Un seigneur étant interrogé sur le nombre de louis qu'il avait dans sa cassette, répondit : Si on ajoutait au nombre qu'elle contient le $\frac{1}{5}$, le $\frac{1}{7}$ et les $\frac{3}{4}$ de ce même nombre, il y en aurait 879.

Nombre supposé, 140

Le $\frac{1}{5} = \ \ 28$
Le $\frac{1}{7} = \ \ 20$
Les $\frac{3}{4} = 105$

$153 + 140 = 293.$
$293 : 140 :: 879 : x =$ R. 420.

Sans fausse position.

$\frac{1}{5} + \frac{1}{7} + \frac{3}{4} = \frac{153}{140} + \frac{140}{140} = \frac{293}{140}$,
$293 : 140 :: 879 : x =$ R. 420.

Cinq joueurs ayant eu dispute se sont jetés sur l'argent du jeu ; le premier en a pris $\frac{1}{5}$, le deuxième $\frac{1}{6}$, le troisième $\frac{1}{10}$, le quatrième $\frac{5}{12}$, et le dernier a eu le reste qui égalait 3 fr. 50 c. : combien y avait-il d'argent sur le jeu ?

Nombre supposé, 60

Le $\frac{1}{5} = 12$
Le $\frac{1}{6} = 10$
Le $\frac{1}{10} = \ \ 6$
Les $\frac{5}{12} = 25$

53 ôtés de 60, reste 7.
$7 : 3{,}50 :: 60 : x =$ R. 30.

Sans fausse position.

$\frac{1}{5} + \frac{1}{6} + \frac{1}{10} + \frac{5}{12} = \frac{106}{120}$, $120 - 106 = 14$

$14 : 3{,}50 :: 120 : x =$ R. 30.

Quel est le nombre dont les $\frac{3}{4}$ + les $\frac{5}{6}$ + les $\frac{7}{9}$ égalent $56\frac{2}{3}$?

Nombre supposé, 36

Les $\frac{3}{4} = 27$
Les $\frac{5}{6} = 30$
Les $\frac{7}{9} = 28$

$85 : 36 :: 56\frac{2}{3} : x =$ R. 24.

Sans fausse position.

$\frac{3}{4} + \frac{5}{6} + \frac{7}{9} = \frac{85}{36}$, $85 : 36 :: 56\frac{2}{3} : x =$ R. 24.

Un homme, qui ne connaît pas les mathématiques, étant à l'article de la mort, ordonne par son testament que le $\frac{1}{4}$ de son bien, qui, en tout, a été évalué 18753 fr., sera pour ses héritiers, les $\frac{2}{3}$ pour l'église, la moitié pour les pauvres, et le $\frac{1}{6}$ pour la rédemption des captifs : comment doit-on faire le partage pour suivre l'intention du testateur, car il a donné plus qu'il n'avait?

Nombre supposé, 12

Le $\frac{1}{4} = 3$
Les $\frac{2}{3} = 8$
La $\frac{1}{2} \Rightarrow 6$
Le $\frac{1}{6} = 2$

$19 : 12 :: 18753 : x =$ R. 11844.

11844

Le $\frac{1}{4}$ =	2961 fr.	pour les héritiers.
Les $\frac{2}{3}$ =	7896	pour l'église.
La $\frac{1}{2}$ =	5922	pour les pauvres.
Le $\frac{1}{6}$ =	1974	pour les captifs.
	18753	succession totale.

Sans fausse position.

$\frac{1}{4}+\frac{2}{3}+\frac{1}{2}+\frac{1}{6}=\frac{38}{24}$, 38 : 24 :: 18753 : x = R. 11844.

Le $\frac{1}{4}$	=	2961
Les $\frac{2}{3}$	=	7896
La $\frac{1}{2}$	=	5922
Le $\frac{1}{6}$	=	1974
		18753

J'ai donné aux pauvres le $\frac{1}{3}$ + les $\frac{2}{9}$ + le $\frac{1}{7}$ + les $\frac{3}{11}$ de mon argent, et il me reste encore 60 fr. : combien en avais-je d'abord ?

Nombre supposé, 693

Le $\frac{1}{3}$	=	231
Les $\frac{2}{9}$	=	154
Le $\frac{1}{7}$	=	99
Les $\frac{3}{11}$	=	189

673 ôtés de 693, reste 20.

20 : 60 :: 693 : x = R. 2079.

Sans fausse position.

$\frac{1}{3}+\frac{2}{9}+\frac{1}{7}+\frac{3}{11}=\frac{673}{693}$, 693 — 673 = 20

20 : 60 :: 693 : x = R. 2079 fr.

On propose de partager 350 fr. entre trois personnes, de manière que la seconde ait trois fois autant que la première — 7, et la troisième autant que les deux autres + 3.

Nombre supposé	pour la 1re	1
	pour la 2e	3 — 7
	pour la 3e	4 — 7 + 3
		8 — 14 + 3

358 + 7 + 7 — 3 = 361

$$8 : 361 :: \left\{\begin{matrix}1\\3\\4\end{matrix}\right\} : x = \text{R.} \left\{\begin{matrix}1^{re}\ 45\frac{1}{8}. \ . \ . \ . \ 45\frac{1}{8}.\\ 2^{e}\ 135\frac{3}{8}.—7=128\frac{3}{8}.\\ 3^{e}\ 180\frac{4}{8}.—4=176\frac{4}{8}.\end{matrix}\right.$$

350

Exercices sur la Règle de fausse position simple.

P. 381. On veut partager 720 en trois parties, de manière que la plus grande surpasse la moyenne de 80, et la moyenne surpasse la plus petite de 40 : quelles sont ces parties?

P. 382. On propose de partager 14250 en 3 parties qui soient entre elles comme les nombres 3, 5 et 11, c'est-à-dire que la première soit à la seconde : : 3 : 5, et la première à la troisième : : 3 : 11 : quelles sont ces parties?

P. 383. Un berger interrogé sur le nombre de moutons qu'il gardait, répondit : si j'en avais encore un $\frac{1}{3}$ et 12 de plus, j'en aurais 132 : devinez combien j'en ai?

P. 384. Un lapidaire interrogé sur le nombre de ses diamants, répond que s'il en avait $\frac{1}{4}$ et 7 de plus, cela ferait 132 : combien en a-t-il?

P. 385. Un voyageur dit que, s'il avait dépensé $\frac{1}{6}$ et 18 fr. de plus, il aurait dépensé 60 fr.: quelle est sa dépense?

P. 386. On dit que le nombre d'élèves d'une école est tel que, s'il y en avait $\frac{2}{3}$ et 15 de plus, il égalerait 165 : quel est ce nombre?

P. 387. Quel est le nombre qui, augmenté de sa $\frac{1}{2}$ et de son $\frac{1}{4}$ plus 1, fasse 100?

P. 388. Quel est le nombre qui, ajouté à son $\frac{1}{8}$, à son $\frac{1}{4}$ et augmenté de 5, fasse 24?

P. 389. Une armée ayant été défaite, on a reconnu que le $\frac{1}{4}$ des soldats était mort, que les $\frac{2}{5}$ avaient été faits prisonniers et que 14000 hommes qui formaient le reste de l'armée avaient pris la fuite : combien y avait-il de soldats?

P. 390. Pierre, Jacques et Jean ont ensemble 156 pièces d'or; Pierre en a 18 de plus que Jacques, et celui-ci en a 5 de plus que Jean : combien en ont-ils chacun?

P. 391. Quatre marchandes d'œufs en ont acheté 30 douzaines : la première en a acheté 3 douzaines de plus que la seconde; celle-ci 3 douzaines de plus que la troisième, et la troisième 3 douzaines de plus que la quatrième : combien chacune en a-t-elle acheté?

P. 392. Un joueur ayant perdu la $\frac{1}{2}$ de son argent se remit à jouer et perdit la $\frac{1}{2}$ de ce qui lui restait ; il fit la même chose une troisième et quatrième fois, après quoi il ne lui resta plus que 6 fr.: combien avait-il d'argent avant de commencer à jouer?

P. 393. Un père conduisant ses trois fils au collége leur donna 300 fr. pour leurs menus plaisirs; l'aîné a reçu 40 fr.

plus que le second, et celui-ci 20 fr. plus que le plus jeune : quelle fut la part de chacun?

P. 394. Trois oncles s'étant réunis pour favoriser une pauvre nièce, le premier lui donna une somme qu'on ne dit pas; le deuxième le triple, et le troisième autant que les deux premiers : quel fut le don de chacun, sachant que la jeune personne reçut 14400 fr?

P. 395. Trois hommes ont fait une certaine dépense; celle du premier plus 73 fr. égale celle du second : celle du second plus 73 égale celle du troisième : quelles sont les dépenses partielles, sachant que le total est de 1000 fr?

P. 396. Un homme veut vendre une maison, un jardin et une petite terre, le tout 100000 fr.; le jardin vaut quatre fois plus que la terre, et la maison cinq fois plus que le jardin : quel est le prix de chaque objet?

P. 397. La somme de deux nombres est de 499, leur différence est 89 : quels sont ces deux nombres?

P. 398. Trois personnes ont ensemble 150 ans, la troisième a le double de l'âge de la seconde, et la seconde le triple de l'âge de la première : quel est l'âge de chacune?

RÈGLE DE FAUSSE POSITION DOUBLE.

* 81. La Règle de Fausse Position double est une opération par laquelle on parvient à découvrir un nombre que l'on cherche, en remplissant les conditions du problème sur deux nombres supposés.

* 82. Pour opérer ces sortes de règles on emploie la méthode suivante :

1° On suppose d'abord un nombre sur lequel on suit toutes les conditions du problème; si le résultat amène celui qui est demandé, l'opération se termine là, parce que le nombre supposé se trouve être le véritable; si au contraire ce résultat est différent de celui qui est demandé, on cherche quelle en est la différence, soit en plus, soit en moins.

2° On fait ensuite les mêmes opérations sur un second nombre supposé; puis on fait cette proportion :

La différence des différences est à la différence des nombres supposés, comme la première ou la seconde différence est à la différence du premier ou du second nombre supposé au nombre vrai. On aura donc le nombre vrai en retranchant cette différence du nombre supposé, ou en l'y ajoutant, suivant que ce nombre devra être plus petit ou plus grand que le nombre supposé.

83. Pour connaître s'il faut retrancher ou ajouter la différence du nombre supposé au nombre vrai pour avoir ce dernier, il faut observer, 1° que quand les deux différences ont des signes contraires, cela vient de ce que les nombres supposés sont, l'un en excès et l'autre en défaut, et par conséquent, quand on aura la différence du plus petit nombre supposé au nombre vrai, il faudra ajouter cette différence; et si l'on avait la différence du plus grand, on la retrancherait; 2° que quand les différences ont les mêmes signes, c'est que les nombres supposés sont tous deux en défaut, ou tous deux en excès: or, ils seront tous deux en défaut, si le plus grand nombre supposé donne la plus petite différence; au contraire, ils seront tous deux en excès, si le plus grand nombre donne la plus grande différence. Dans le premier cas, il faudra ajouter la différence; et, dans le second cas, la soustraire.

Probl. Un maître de mathématiques veut distribuer à quelques-uns de ses écoliers un certain nombre d'oranges, à condition qu'ils trouveront eux-mêmes combien il en veut récompenser ainsi, et quel est le nombre des oranges qu'il leur destine. Il leur dit que s'il leur en donne à chacun sept, il lui en restera 9, et que s'il en veut donner à chacun 10, il lui en manquera 6. R. 5 écoliers et 44 oranges.

1re *Supposition.* Si 8 était le nombre d'élèves, le produit de 8 par 7, augmenté de 9, serait celui des oranges; et le produit de 8 par 10, diminué de 6, devrait aussi donner la réponse.

$8 \times 7 = 56 + 9 = 65$	2ᵉ Supp.	$11 \times 7 = 17 + 9 = 86$
$8 \times 10 = 80 - 6 = 74$		$11 \times 10 = 110 - 6 = 104$
1ʳᵉ différence —9		2ᵉ différence —18
	18 9	11 8

Différence des différ. = 9 Diff. des nomb. supp. = 3

$9 : 3 :: 9 : x = 3$, différence du premier nombre supposé au nombre cherché, laquelle étant retranchée de ce premier nombre, donne 5 pour le nombre vrai.

Preuve.

$$\begin{cases} 5 \times 7 = 35 + 9 = 44 \text{ oranges.} \\ 5 \times 10 = 50 - 6 = 44 \end{cases}$$

Il est évident que chaque nombre supposé produit une différence d'autant plus grande que ce nombre lui-même diffère plus du nombre vrai. Il est encore évident que la différence qu'il y a entre les deux différences ne provient que de la différence des deux nombres supposés, et que cette différence des différences est d'autant plus grande, que les nombres supposés diffèrent plus entre eux : il y a donc même rapport entre la différence des différences, et la différence des deux nombres supposés, qu'entre la différence qu'un des nombres a produite, et la différence de ce même nombre au nombre vrai : donc *la différence des différences est à la différence des deux nombres supposés, comme la première ou la seconde différence est à la différence du premier ou du second nombre supposé au nombre vrai.*

Probl. Un capitaine voulant récompenser quelques-uns de ses soldats qui s'étaient distingués dans une action, leur destina un certain nombre de pièces de 5 fr.; de sorte qu'au partage, lorsqu'ils en prenaient chacun 8, il en restait 45, et lorsqu'ils en prenaient chacun 11, il en manquait 27 : on demande quel était le nombre de soldats, et combien il y avait de pièces? R. 24 soldats, 237 pièces.

1re Supposit. 7 sold.	2e Supposit. 25 soldats.
$7 \times 8 = 56 + 45 = 101$	$25 \times 8 = 200 + 45 = 245$
$7 \times 11 = 77 - 27 = 50$	$25 \times 11 = 275 - 27 = 248$
1re différence + 51	2e différence — 3
1er nomb. supp. 7	1re différence + 51
2e nomb. supp. 25	2e différence — 3
Diff. des nomb. sup. = 18	Différ. des différ. = 54

Donc $54 : 18 :: 51 : x = 17$, diff. du 1er nomb. au nomb. vrai.

$54 : 18 :: 3 : x = 1$, diff. du 2e nomb. au nomb. vrai.

1er nomb. supp. $7 + 17 = 24$ nomb. vrai.

2e nomb. supp. $25 - 1 = 24$

Preuve.

$24 \times 8 = 192 + 45 = 237$ nomb. d'écus.

$24 \times 11 = 264 - 27 = 237$

*84. Les questions de ce genre peuvent se résoudre d'une manière fort simple; il suffit d'ajouter ce qui reste d'une part avec ce qui manque de l'autre, $45 + 27 = 72$, puis diviser cette somme par la différence de ce que prennent les partageants, $11 - 8 = 3$; le quotient 24 indiquera le nombre des partageants.

Probl. Un particulier s'est arrangé avec un ouvrier de manière qu'il lui paierait 12 décimes pour chaque jour qu'il travaillerait, à condition que celui-ci lui en donnerait 15 chaque jour qu'il ne travaillerait pas, à cause du dommage qu'il lui causerait: il se trouve qu'au bout de 63 jours l'ouvrier n'a rien à recevoir, et qu'il ne doit rien non plus: on demande combien il a travaillé de jours? R. 35 jours: il a donc été 28 jours à ne rien faire.

1re Supposition.	2e Supposition.
23 j. à 12 déc. = 276 déc.	39 j. à 12 déc. = 468 d.
40 à 15 = 600	24 à 15 = 360
1re différence — 324	2e différence + 108

39 — 324
23 + 108

16 diff. des nomb. supp. 432 diff. des différences.

432 : 16 :: 324 : x = 12. 23 + 12 = 35 jours de travail.

Preuve.

35 jours à 12 décimes = 420 décimes.
28 à 15 = 420

Questions sur la Règle de fausse position simple et double.

Qu'est-ce que la règle de fausse position simple? 80. — *Qu'est-ce que la règle de fausse position double?* 81. — *Quelle est la méthode générale pour résoudre les problèmes dont la solution demande deux fausses positions?* 82.

Exercices sur la Règle de fausse position double.

P. 399. Louis et André ont chacun un certain nombre de pièces; Louis dit à André : Si je te donnais 5 de mes pièces, tu en aurais autant que moi, et si tu m'en donnais 5 des tiennes, j'en aurais le triple de ce qui t'en resterait : combien en ont-ils chacun?

P. 400. Pierre et Jean ont chacun un certain nombre de francs; on dit que si Pierre en donnait 20 des siens à Jean, ce dernier en aurait autant que le premier; mais que si Jean en donnait 20 des siens à Pierre, ce dernier en aurait 8 fois autant que Jean : combien en ont-ils chacun?

P. 401. On a une tabatière dont le double du prix, ôté de 18 francs, donne un reste égal au triple de ce même prix : on demande quelle est la valeur de la tabatière.

P. 402. On a deux vases et un couvercle : le couvercle, du prix de 30 fr., mis sur le premier vase, le fait valoir autant que le deuxième; mais, mis sur le second, il le fait valoir le triple du premier : on demande le prix de chaque vase.

P. 403. Une fruitière dit qu'elle a vendu la moitié d'une caisse d'oranges, plus 8 oranges, et que ce qui lui reste égale les $\frac{3}{7}$ de la caisse plus 7 oranges : combien en contenait-elle ?

P. 404. Pierre et Jean ont ensemble 108 fr. Pierre a dépensé le $\frac{1}{3}$ de sa part, et Jean le $\frac{1}{4}$ de la sienne : on demande la part de chacun et ce que chacun a dépensé, la dépense totale étant de 32 fr.

P. 405. Une personne charitable veut faire l'aumône à un certain nombre de pauvres; ayant compté son argent, elle trouve qu'en donnant 20 centimes à chaque pauvre, il lui manque 1 décime; elle donne 0, 15 centimes à chacun, et a 0, 25 centimes de reste : combien a-t-elle assisté de pauvres?

P. 406. Un père partageant son bien entre ses enfants, donne 1000 fr. au premier, plus le $\frac{1}{9}$ du reste; 2000 francs au deuxième, plus le $\frac{1}{9}$ du reste; 3000 francs au troisième, plus le $\frac{1}{9}$ du reste, et ainsi de suite jusqu'au dernier, qui a le reste : on demande combien il y avait d'enfants, ce que chacun a reçu, et le total de l'héritage, sachant que toutes les parts ont été égales.

PROBLÈMES DIVERS.

Sur les Monnaies.

P. 407. Quel sera le poids d'une pièce de 40 fr. en or et celui d'une autre de 20 fr., sachant qu'à poids égal l'or vaut 15 fois $\frac{1}{2}$ plus que l'argent?

P. 408. Sachant que la loi tolère l'erreur de 3 millièmes du poids, soit en plus, soit en moins, pour les pièces de 5 fr., on demande quel peut être le poids le plus fort et le poids le plus faible que cette pièce peut avoir.

P. 409. La loi tolérant, soit en plus, soit en moins, les 5 millièmes du poids pour les pièces de 2 fr. et de 1 fr., quel peut être le poids le plus fort et le plus faible de chacune de ces deux pièces?

P. 410. L'erreur tolérée, soit en plus, soit en moins, des pièces de 0 fr. 50 étant de 7 millièmes, on demande quel peut être le poids le plus fort et le plus faible d'une pièce de cette valeur.

P. 411. Un centième pouvant être toléré pour les pièces de 0 fr. 25, quel peut être le poids le plus fort et le plus faible d'une pièce de cette valeur ?

P. 412. L'erreur, soit en plus, soit en moins, des pièces en or de 40 ou de 20 fr. peut être de deux millièmes, quel peut être le poids le plus fort et le plus faible de ces pièces ?

P. 413. Une pièce de 5 fr. ne pèse que 24 gr. 545 ; on demande si elle perd, et combien.

P. 414. Une pièce en or de 20 fr. ne pèse que 6 gr. 334, combien perd-elle ?

P. 415. Quelle est la valeur du $\frac{1}{7}$ kilogramme d'or monnayé ?

Sur les Titres.

P. 416. Le titre des monnaies légales d'or et d'argent étant de 0,900, et la loi tolérant les 3 millièmes d'erreur pour l'argent et 2 pour l'or, on demande quel peut être le titre le plus bas ou le plus élevé d'une pièce d'or, et celui d'une pièce d'argent.

Sur les Valeurs de l'or et de l'argent dans les objets d'orfévrerie.

P. 417. Les titres de l'argent étant, le 1er de 0,950 et le 2e de 0,800, et la loi tolérant 5 millièmes d'erreur, on demande le poids net de 4 kilogrammes 912 d'argent au 1er titre, et de 22 kilogr. 60 au 2e titre. Quel titre obtiendrait-on si l'on mêlait de l'argent en parties égales du premier et du second titre ?

P. 418. Les titres de l'or étant, le 1er de 0,920, le 2e de 0,840 et le 3e de 0,750, et la loi tolérant 3 millièmes d'erreur, on demande combien il y a d'or pur dans 96 grammes d'or au 1er titre, dans 60 grammes 25 au second, et dans 7 gram. 34 au troisième.

P. 419. Dans quelle proportion faudrait-il allier de l'or au 1er titre et au 3e pour obtenir le 2e ?

Monnaies étrangères.

P. 420. La guinée (or) d'*Angleterre*, de 21 schellings, étant de 26 fr. 47 c.; le souverain (or), de 20 schellings, de 25 fr. 21; le crown ou couronne (argent), de 5 fr. 80; le schelling (argent), de 1 fr. 16 : on demande : 1° combien 450 fr. font de guinées, de souverains, de couronnes et de schellings; 2° combien 4 guinées, 8 souverains, 6 couronnes et 15 schellings font de francs en tout.

P. 421. Le ducat d'*Autriche* (or) étant de 11 fr. 86 c., l'écu (argent) ou rixdale de 5 fr. 20 c. et le creutzer 0 fr. 0433, on demande : 1° combien 800 fr. font de ducats, de rixdales et de creutzers; 2° combien 15 ducats, 8 rixdales, 35 creutzers, font de francs en tout.

P. 422. Le florin de *Bade* (or) étant de 10 fr. 52 c. et celui d'argent de 2 fr. 09, on demande combien 150 fr. font de florins d'or et de florins d'argent; 2° combien 36 florins d'or et 40 d'argent font de francs en tout.

P. 423. Le ducat de *Prusse* (or) étant de 11 fr. 77 c., le rixdale ou thaler (argent) de 3 fr. 71 c., et le silbergros de 0 fr. 12 c., on demande : 1° combien 425 fr. font de ducats, de rixdales et de silbergros; 2° combien 25 ducats, 48 rixdales et 150 silbergros font de francs en tout.

P. 424. Le rouble impérial de *Russie* étant de 40 fr. 60, le grif de 4 fr. 06, le copeck de 0,406, le moscosque de 0,203, on demande : 1° combien 950 fr. font de roubles, de grifs, de copecks et de moscosques; 2° combien 12 roubles, 30 grifs, 20 copecks et 32 moscosques font de francs en tout.

P. 425. Le ducat de *Naples* étant de 4 fr. 33 c., le carlin de 0 fr. 425, et le grain de 0 fr. 0425, on demande : 1° combien 450 fr. font de ducats, de carlins et de grains; 2° combien 55 ducats, 45 carlins et 30 grains font de francs en tout.

P. 426. Le carlin de *Piémont* (or) étant de 150 fr., la pistole (or) de 20 fr., le sequin 11 fr. 95, l'écu vieux 7 fr. 07, et le neuf 5 fr., on demande : 1° combien 980 fr. font de carlins, de pistoles, de sequins, d'écus neufs et d'écus vieux; 2° combien 14 carlins, 30 pistoles, 25 sequins, 17 écus vieux et 25 neufs font de francs en tout.

P. 427. Le sequin *romain* (or) étant de 11 fr. 80, l'écu (argent) de 5 fr. 385, le paul de 0 fr. 5385, et le baloque de

0 fr. 05385, on demande : 1° combien 890 fr. font de sequins, d'écus, de pauls et de baïoques ; 2° combien 25 sequins, 30 écus, 25 pauls et 9 baïoques font de francs en tout.

P. 428. Le ducat (or) de *Hollande* étant de 11 fr. 93, le florin (argent) de 2 fr. 1362, on demande : 1° combien 200 fr. font de ducats (or) et de florins (argent) ; 2° combien 150 ducats (or) et 320 florins (argent) font de francs en tout.

Les valeurs *belges* sont les mêmes qu'en France depuis 1830.

P. 429. La pistole (or) d'*Espagne* étant de 81 fr. 51 c., l'écu de 10 fr. 19, la piastre (argent) de 5 fr. 43 c., la piécette de 1,08, et le réal de 0 fr. 54, on demande : 1° combien 490 fr. font de pistoles, d'écus, de piastres, de piécettes et de réaux ; 2° combien 100 pistoles, 30 écus, 25 piastres, 15 piécettes et 18 réaux font de francs.

P. 430. Le fondouk de *Turquie* étant de 3 fr. 51 c., et la piastre de 1 fr. 17 c., réduire 47 fondouks et 55 piastres en francs.

P. 431. L'aigle des *Etats-Unis* d'Amérique étant de 27 fr. 61 c., le dollar de 5 fr. 32 c., réduire 26 aigles et 30 dollars en francs.

Sur l'Astronomie.

P. 432. En supposant le diamètre de la Terre égal à 1, celui de la Lune sera 0,27 ; celui de Mercure, 0,39 ; celui de Mars, 0,56 ; celui de Vénus, 0,97 ; celui d'Uranus, 4,26 ; celui de Saturne, 9,61 ; celui de Jupiter, 11,56 ; et celui du Soleil, 109,93 ; d'après cela, et en supposant le volume de la Terre égal à 1, on demande le volume relatif des autres planètes, et celui du Soleil ; et sachant que le diamètre moyen de la Terre est de 6367492,88, on demande son volume réel, celui des autres planètes et celui du Soleil.

P. 433. Le diamètre terrestre à l'équateur étant de 12758983 m. 52, on demande quel est celui du Soleil.

P. 434. Le rayon terrestre à l'équateur étant de 6379491 m. 76, quelle est la distance moyenne de la Lune à la Terre, si l'on compte 60 rayons $\frac{1}{4}$?

Sur la Géographie.

P. 435. On sait que le rayon de l'équateur est de 6379491 m. 76, et celui des pôles 6355492 mètres : de combien la Terre est-elle aplatie vers chaque pôle ?

P. 436. Sachant que le degré est de 111 kilomètres 111, on demande combien il y a de myriam. et de mètres en 20 degrés.

MESURE DES SURFACES ET DES CORPS (1).

1° DÉFINITION DES SURFACES.

85. Il y a trois sortes d'étendues :
1° L'étendue en longueur seulement;
2° L'étendue en longueur et largeur;
3° L'étendue en longueur, largeur et épaisseur.

86. Mesurer une étendue en longueur, c'est chercher combien de fois elle contient une longueur connue.

87. L'étendue en longueur et largeur se nomme surface ou superficie.

88. Toutes les surfaces à quatre côtés formées par des lignes droites parallèles deux à deux, portent le nom général de parallélogramme.

89. Mesurer une surface, c'est chercher combien de fois elle contient une surface connue.

90. La mesure de toutes les surfaces se réduit à celles du carré, du rectangle, du triangle, du trapèze, du losange, du cercle et de la sphère.

91. Un carré est une surface renfermée par quatre lignes droites de même longueur, formant quatre angles droits, ABCD. Fig. 1.

92. Un angle est l'espace contenu entre deux lignes qui se rencontrent en un point; ce point se nomme le sommet de l'angle. Fig. 2.

93. Un rectangle est un parallélogramme dont les quatre angles sont droits.

94. Un triangle est une surface renfermée par trois lignes droites. Fig. 4.

95. Un trapèze est une surface renfermée par quatre lignes, dont deux seulement sont parallèles. Fig. 5.

96. On appelle lignes parallèles deux lignes qui sont partout également éloignées l'une de l'autre, ou bien

(1) Pour plus de développements, voir notre *Abrégé de Géométrie*.

deux lignes qui ne peuvent jamais se rencontrer à quelque distance qu'on les imagine prolongées. Fig. 6.

97. Un losange est une surface renfermée par quatre lignes égales formant quatre angles, deux aigus et deux obtus, dont chacun est égal à celui qui lui est opposé. Fig. 7.

98. Un cercle est la surface renfermée par une ligne courbe appelée circonférence, dont tous les points sont également éloignés d'un point intérieur qu'on appelle centre. Fig. 8.

99. La circonférence du cercle se divise en 360 parties qu'on nomme degrés.

100. Les principales lignes considérées dans le cercle sont le rayon et le diamètre.

101. Le rayon du cercle est la ligne qui mesure la distance du centre à la circonférence. C D. Fig. 8.

102. Le diamètre du cercle est la ligne qui, passant par le centre, se termine de part et d'autre à la circonférence, A B, fig. 8. Chaque diamètre égale donc deux rayons, et partage le cercle en deux parties égales.

103. Pour mesurer les étendues, on se sert du mètre, qui se divise : 1° en mètre linéaire, pour les longueurs, 2° en mètre carré, pour les surfaces; 3° en mètre cube, pour les solides.

2° *De la mesure des Surfaces.*

104. On obtient la superficie d'un carré en multipliant la longueur d'un côté par elle-même.

105. On obtient la surface du rectangle en multipliant la longueur de l'un des deux grands côtés par celle de l'un des deux petits.

106. On obtient la surface d'un triangle en multipliant sa hauteur par sa base, et prenant la moitié du produit.

107. La hauteur d'un triangle est une ligne qu'on imagine partir de son sommet, c'est-à-dire de l'un de ses angles, et tomber perpendiculairement sur le côté opposé, qui, pour lors, est considéré comme la base de ce triangle; telle est AB. Fig. 4.

108. Pour obtenir la surface du trapèze, il faut additionner la longueur des deux côtés parallèles AB, CD, fig. 5, en prendre la moitié, et la multiplier par la hauteur EF, c'est-à-dire par la longueur de la perpendiculaire qui mesure la distance des deux côtés parallèles.

109. Pour obtenir la surface du losange, il faut multiplier la base CD par la hauteur AB, fig. 7, c'est-à-dire par la ligne qui, partant de l'un des côtés pris pour base, s'élève perpendiculairement vers le côté opposé.

110. Pour obtenir la surface d'un cercle, il faut multiplier la longueur de la circonférence par la moitié du rayon, ou le quart du diamètre.

111. On obtient la longueur de la circonférence par cette proportion, 7 : 22 comme le diamètre donné est à la circonférence du cercle auquel il appartient.

112. Si l'on ne connaissait que la circonférence d'un cercle, on trouverait son diamètre par cette autre proportion, 22 : 7 :: la circonférence donnée est à son diamètre.

113. Pour obtenir la surface de la couronne ABC, fig. 9, il faut retrancher la surface du petit cercle de celle du grand, considéré comme contenant la superficie totale.

114. Pour obtenir la superficie de la sphère, il faut multiplier la longueur de sa circonférence par son diamètre.

115. Pour évaluer la surface des autres polygones, réguliers ou irréguliers, tels que la fig. 10, il faut les diviser en triangles par des diagonales, les évaluer séparément, et ensuite additionner les produits.

116. Pour obtenir la surface du cône, fig. 13, il faut multiplier la longueur de la circonférence ABC, par la moitié de la distance du sommet à cette circonférence.

117. Pour obtenir la surface du cylindre, appelé vulgairement rouleau, fig. 12, il faut multiplier la longueur de sa circonférence par la longueur totale du cylindre.

Si les circonférences des extrémités n'étaient pas égales, on les additionnerait, et l'on multiplierait la moitié de la somme par la longueur du cylindre.

Les surfaces des cubes et des prismes formant des carrés et des rectangles, et celles des pyramides formant des triangles, il est aisé d'en avoir la superficie.

118. Les surfaces des figures semblables sont entre elles comme les carrés de leurs lignes homologues.

Questions sur la mesure des Surfaces.

Combien y a-t-il de sortes d'étendues? 85. — *Qu'est-ce que mesurer l'étendue en longueur?* 86. — *Qu'est-ce qu'une surface ou superficie?* 87. — *Qu'est-ce qu'un parallélogramme?* 88. — *Qu'est-ce que mesurer une surface ou superficie?* 89. — *A quoi se réduit la mesure de toutes les surfaces?* 90. — *Qu'est-ce qu'un carré?* 91. — *Qu'est-ce qu'un angle?* 92. — *Qu'est-ce qu'un rectangle?* 93. *Qu'est-ce qu'un triangle?* 94. — *Qu'est-ce qu'un trapèze?* 95. — *Qu'entendez-vous par lignes parallèles?* 96. — *Qu'est-ce qu'un losange?* 97. — *Qu'est-ce qu'un cercle?* 98. — *En combien de parties se divise la circonférence?* 99. — *Quelles sont les principales lignes considérées dans le cercle?* 100. — *Qu'est-ce que le rayon?* 101. — *Qu'est-ce que le diamètre?* 102. — *De quelle mesure se sert-on ordinairement pour comparer les étendues?* 103. — *Comment se trouve la superficie d'un carré?* 104. — *Que faut-il faire pour obtenir la surface du rectangle?* 105. — *Que faut-il faire pour obtenir la surface d'un triangle?* 106. — *Qu'est-ce que la hauteur d'un triangle?* 107. — *Que faut-il faire pour obtenir la surface du trapèze?* 108. — *Que faut-il faire pour obtenir la surface du losange?* 109. — *Que faut-il faire pour obtenir la surface du cercle?* 110. — *Comment trouve-t-on la longueur de la circonférence?* 111. — *Et si l'on ne connaissait que la circonférence, comment trouverait-on le diamètre?* 112. — *Que faut-il faire pour avoir la surface de la couronne* A B C, *fig.* 9? 113. — *Que faut-il faire pour obtenir la superficie de la sphère?* 114. — *Que faut-il faire pour évaluer la surface des autres polygones, réguliers ou irréguliers, fig.* 10? 115. *Que faut-il faire pour obtenir la surface du cône, fig.* 13? 116. — *Que faut-il faire pour obtenir la surface du cylindre, fig.* 12? 117. — *Quel est le rapport des surfaces des figures semblables?* 118.

Exercices sur les Surfaces.

P. 437. Quelle est la superficie d'un terrain de forme carrée ayant 20 mètres de côté?

P. 438. Quelle est la superficie d'un jardin formant un rectangle de 40 mètres de long sur 30 de large?

P. 439. Quelle est la surface d'un pré formant un triangle de 60 mètres 20 centimètres de base, sur une hauteur de 48 mètres 30 centimètres?

P. 440. Quelle est la surface d'une cour formant un trapèze, dont un côté a 34 mètres, l'autre 56, et dont la hauteur est de 25 mètres?

P. 441. Quelle est la surface d'un jardin en forme de losange, ayant 44 mètres 70 centimètres de base, sur 38 mètres 40 centimètres de hauteur?

P. 442. Combien faut-il de pierres de 0 mètre 60 centimètres de long pour entourer un étang de 1020 mètres de circuit?

P. 443. Quel est le diamètre d'un cercle de 44 mètres de circonférence?

P. 444. Quel est le rayon d'un cercle de 350 mètres de circonférence?

P. 445. Quelle est la circonférence d'un cercle de 15 mètres de rayon?

P. 446. Quelle est la circonférence d'un cercle de 20 mètres de diamètre?

P. 447. Quelle est la surface d'un cercle de 24 mètres de diamètre?

P. 448. Quelle est la surface d'un parterre de forme circulaire ayant 28 mètres de diamètre?

P. 449. Quelle est la surface d'un étang de forme circulaire ayant 50 mètres de circonférence?

P. 450. Une salle de 12 mètres de long sur 9 de large doit être mise en couleur : que faut-il payer au peintre, à raison de 1 fr. 40 c. du mètre pour les côtés, et de 2 fr. 30 c. pour le plafond, sachant qu'elle a 4 mètres de hauteur?

P. 451. Quelle est la superficie d'une colonne de 17 mètres de hauteur sur 7 de circonférence?

P. 452. La circonférence d'un cône a 12 mètres, et la distance du sommet à la circonférence 6 m. ; combien faudra-t-il payer pour le faire peindre, à raison de 3 fr. 50 c. le mètre carré?

P. 453. Quelle est la superficie d'un terrain régulier ayant 490 mètres de longueur sur 320 de largeur?

P. 454. On donne 0 fr. 10 c. par mètre pour cultiver une terre de 30 ares : que faut-il payer pour ce travail?

P. 455. Combien faut-il de carreaux de 0 mètre 15 centimètres de largeur et 0 mètre 25 centimètres de longueur pour carreler une salle de 12 mètres de long sur 10 mètres 75 centimètres de large?

P. 456. On a des planches de 4 mètres 20 centimètres de longueur sur 0 mètre 30 centimètres de largeur : combien en faudra-t-il pour planchéier une salle de 15 mètres 20 centim. de longueur sur 5 de largeur ?

P. 457. On a payé 402 fr. pour la peinture d'une surface triangulaire ayant 15 mètres de base sur 10 de hauteur : à combien revient le mètre ?

P. 458. On a fait peindre une porte de 2 mètres de haut sur un mètre 50 c. de large, à 3 fr. le mètre pour le dehors, et à 1 fr. 75 c. pour le dedans : combien faut-il payer ?

P. 459. Que faut-il payer pour faire crépir une pyramide quadrangulaire, dont chaque triangle a six mètres de base et 20 de hauteur, à 3 fr. 80 c. le mètre ?

P. 460. Combien faudra-t-il d'ardoises de 0 mètre 25 centimètres de longueur et 0 mètre 20 centimètres de largeur pour couvrir un toit de 40 mètres de longueur sur 30 de largeur, sachant qu'un quart de chaque ardoise est perdu par le recouvrement ?

P. 461. Un puits ayant 15 mètres de profondeur et 4 mètres de circonférence a été cimenté pour 180 fr. : à combien revient le mètre ?

P. 462. Les quatre côtés d'une citerne ont été cimentés pour 192 fr. : quelle en est la hauteur, sachant que les quatre côtés, parfaitement égaux, ont 3 mètres de large, et qu'on a payé 2 fr. du mètre carré ?

P. 463. Les quatre côtés d'une salle de 36 mètres de superficie doivent être peints à raison de 1 fr. 25 c. le mètre : combien paiera-t-on, sachant qu'elle a 3 mètres de hauteur ?

P. 464. Quelle est la base d'un triangle qui a 60 mètres de hauteur, et dont la surface est égale à celle d'un carré ayant 36 mètres de côté ?

P. 465. Quelles sont les dimensions d'un carré égal en surface à un triangle de 60 mètres de hauteur et 120 de base ?

P. 466. Un terrain de forme triangulaire qui a 80 mètres de base sur 40 de hauteur, doit être changé pour un autre parfaitement carré : quelle sera la longueur de ses côtés ?

P. 467. Quelle est la hauteur d'un triangle qui a 80 mètres de base, et dont la surface est triple de celle d'un carré de 40 mètres de côté ?

P. 468. Quelle est la surface d'un terrain pentagonal divisé en triangles, l'un desquels aurait 13 mètres 25 centimètres de base sur 8 mètres 40 centimètres de hauteur ; l'autre 12 mètr. 20 centimètres de base et 18 mètres 35 centim. de hauteur ; et le troisième 16 mètres 10 centimètres de base, et 14 mètres 46 centimètres de hauteur?

P. 469. Combien faut-il de cadettes de 0 mètre 30 centim. de longueur sur 0 mètre 20 centim. de largeur, pour paver une cour qui forme deux triangles, dont les bases sont de 4 mètres 15 centim. et de 5 mètres, et les hauteurs 4 mètres 16 centim. et 3 mètres 95 centim.; un rectangle de 15 mètres 15 centimètres sur 10 mètres 70 centimètres, et enfin un trapèze dont les deux longueurs sont 15 mètres 30 centimètres et 14 mètres, et la hauteur 6 mètres 90 centimètres?

P. 470. Combien faut-il de planches de 4 mètres 50 centim. de longueur et 0 mètre 20 centimètres de largeur pour boiser une chambre de 10 mètres de longueur et 8 de largeur, si la boiserie doit monter à 2 mètres?

P. 471. Un particulier a une propriété de forme circulaire ayant 40 mètres de rayon, au milieu de laquelle est un étang formant un cercle de 15 mètres de rayon; on demande : 1° la superficie totale; 2° celle de l'étang; et 3° celle du terrain à cultiver.

P. 472. On a fait blanchir la nef d'une église; le profil du cintre de la voûte est de 20 mètres, sa longueur est de 60 mètres; il y a six colonnes de 3 mètres de circonférence et 18 de hauteur; le reste forme 2 rectangles et 6 trapèzes, les rectangles ont chacun 60 mètres de long et 6 de hauteur; les trapèzes ont un côté de 10 mètres, l'autre de 6, et la hauteur est de 3 mètres : combien faut-il payer au badigeonneur, à raison de 1 fr. 25 c. le mètre carré, y compris les frais d'échafaudage?

P. 473. Quelle est la superficie en ares d'un jardin de 460 mètres de long sur 250 mètres de large?

P. 474. Que faut-il payer à un menuisier qui a fait un lambris haut de 2 mètres 06 centimètres sur 50 mètres 50 centimètres de longueur, à raison de 4 francs 50 c. le mètre carré?

P. 475. Dites ce que coûte la couverture double d'un bâtiment, longue de 60 mètres et large de 16 mètres 80 centimètres, à 9 fr. 45 c. le mètre carré.

P. 476. On demande ce qu'il faut payer à un peintre pour avoir mis en couleur le lambris d'une salle longue de 14 mètres, large de 11 mètres et haute de 4 mètres, à 2 fr. 50 c. le mètre carré.

P. 477. Un peintre a mis en couleur les quatre murs d'un appartement qui a 14 mètres de long sur 12 mètres 50 centimètres de large et 4 mètres de haut; dans cet appartement, il y a 6 croisées, chacune de 2 mètres de haut sur 1 mètre 40 centimètres de large : dites ce qu'il a peint de mètres carrés, la superficie des croisées étant ôtée.

P. 478. Un peintre a mis en couleur un cône, un cylindre et une pyramide ; le cône a 8 mètres de circonférence, et la distance du sommet à la circonférence est de 10 mètres; chaque cercle du cylindre a 9 mètres de circonférence, la hauteur est de 12 mètres; la pyramide a pour base un polygone régulier de 5 côtés ; et chaque triangle que forme la pyramide a 13 mètres de hauteur et 6 de base : combien faut-il payer, sachant que tout a été peint à raison de 3 fr. 75 c. le mètre carré, excepté la base du cône, celle de la pyramide et un cercle du cylindre, qui sont invisibles?

P. 479. Combien y a-t-il de mètres carrés dans la superficie des deux faces d'un mur long de 26 mètres et haut de 6 mètres 20 centimètres, sans y comprendre deux croisées qui ont chacune 2 mètres de haut sur 1 mètre 60 centimètres de large ?

P. 480. Combien y a-t-il de mètres carrés dans les quatre murs d'une salle longue de 12 mètres, large de 11 mètres 40 centimètres, et haute de 3 mètres 45 centimètres ?

P. 481. Quelle est la superficie intérieure des quatre murs d'un appartement long de 15 mètres, large de 10 mètres, et haut de 4 mètres 40 centimètres ; la superficie de deux portes qui ont chacune 3 mètres de haut sur 1 mètre de large, et celle de 6 croisées de 2 mètres 60 centimètres de haut sur 2 mètres 50 centimètres de large étant soustraite ?

P. 482. Que doit-on à un peintre pour avoir mis en couleur la boiserie d'un appartement dans lequel il y a 6 croisées et deux portes dont la superficie totale est de 30 mètres; ledit appartement ayant 15 mètres de long sur 14 mètres 60 centimètres de large, et 4 mètres 50 centimètres de hauteur, supposé que l'on paie le mètre carré 2 fr. 90 centimes?

P. 483. Un propriétaire a fait couvrir un pavillon dont la couverture forme 4 trapèzes et 4 triangles : dites le prix de cette couverture, à raison de 2 fr. 30 cent. le mètre carré; chaque triangle a 8 mètres de base sur 4 mètres 50 centim. de perpendiculaire; et chaque trapèze a pour base, ou grand côté, 12 mètres 60 centimètres, le petit côté ayant 8 mètres, et la perpendiculaire 6 mètres 50 centimètres.

P. 484. Combien contient d'hectares, d'ares et centiares une pièce de terre qui a 652 mètres 20 centimètres de long sur 80 mètres 20 centimètres de large à une extrémité, et 326 mètres à l'autre ?

P. 485. Combien faut-il payer pour un terrain formant un trapèze de 30 mètres de hauteur, les côtés étant l'un de 46 mètres et l'autre de 50, si on l'achète à raison de 250 fr. l'are ?

P. 486. Un bassin a 136 mètres de diamètre : quelle est sa superficie ?

3° DÉFINITIONS DES SOLIDES.

119. L'étendue en longueur, largeur et épaisseur se nomme volume, corps ou solide.

120. Pour évaluer la solidité des corps, on cherche le nombre de mètres cubes qu'ils contiennent.

121. Les solides que l'on a le plus ordinairement à mesurer sont le cube, le cylindre, le cône, la pyramide, la sphère et le prisme.

122. Le cube est un solide dont les six faces sont des carrés égaux. Fig. 11.

123. Un cylindre, vulgairement appelé rouleau, est un solide dont les bases sont deux cercles égaux et parallèles. Fig. 12.

124. Un cône, dont la forme est celle d'un pain de sucre, est un solide qui a un cercle pour base, et dont les lignes élevées au-dessus aboutissent toutes à un point qu'on nomme sommet. Fig. 13.

125. Une pyramide est un solide qui a pour base un polygone quelconque, et pour côtés des triangles dont les sommets se réunissent tous en un point commun, nommé le sommet de la pyramide. Fig. 14.

126. La sphère est un solide renfermé par une surface dont tous les points sont également éloignés d'un point intérieur qu'on nomme centre. Fig. 15.

127. Un prisme est un solide dont 2 faces opposées, appelées bases, sont parallèles, et les autres sont des parallélogrammes. Fig. 16.

4° *De la mesure des Solides.*

128. Pour obtenir la solidité du cube, fig. 11, il faut multiplier la surface de sa base par sa hauteur.

129. Pour obtenir la solidité du cylindre, il faut multiplier la surface de la base par la hauteur de ce solide.

130. Pour obtenir la solidité d'une pyramide, il faut multiplier la surface de la base par le tiers de la hauteur de la pyramide.

131. Pour obtenir la solidité du cône, il faut multiplier la surface de sa base par le tiers de la perpendiculaire abaissée du sommet sur le centre du cercle qui lui sert de base.

132. Si le cône était coupé en DE, fig. 13, il faudrait en chercher la hauteur par cette proportion: AC—DE : IB :: DE : la hauteur de la partie retranchée. Ayant ensuite calculé la solidité de cette partie retranchée, on la soustrairait de la solidité totale du cône, considéré comme entier. Il en serait de même de la pyramide tronquée parallèlement à sa base.

133. Pour obtenir la solidité de la sphère, il faut multiplier sa surface par le tiers du rayon.

134. Pour obtenir la solidité d'un prisme, il faut multiplier la surface de sa base par sa hauteur.

135. Si les bases ou extrémités du prisme n'étaient pas égales, on les décomposerait en prismes et en pyramides, suivant la forme de l'objet; et les ayant calculés séparément, on joindrait tous les produits partiels.

136. Pour obtenir la solidité des corps irréguliers, on les décompose par tranches représentant des prismes ou autres corps réguliers faciles à évaluer.

137. Les solides semblables sont entre eux comme le cube de leurs lignes homologues.

Questions sur les Solides.

Comment nomme-t-on l'étendue en longueur, largeur et épaisseur? 119. — *En quoi consiste la mesure des corps ou solides?* 120. — *Quels sont les solides que l'on a le plus ordinairement à mesurer?* 121. — *Qu'est-ce qu'un cube?* 122.— *Qu'est-ce qu'un cylindre vulgairement appelé rouleau?* 123. — *Qu'est-ce qu'un cône?* 124. — *Qu'est-ce qu'une pyramide?* 125. *Qu'est-ce que la sphère?* 126. — *Qu'est-ce qu'un prisme?* 127. — *Que faut-il faire pour obtenir la solidité du cube?* 128. — *Que faut-il faire pour obtenir la solidité du cylindre?* 129. — *Que faut-il faire pour obtenir la solidité d'une pyramide?* 130. — *Que faut-il faire pour obtenir la solidité du cône?* 131. — *Si le cône était tronqué en* D E, *fig.* 13, *que faudrait-il faire?* 132. — *Que faut-il faire pour avoir la solidité de la sphère?* 133. — *Que faut-il faire pour avoir la solidité d'un prisme?* 134. — *Si les bases ou extrémités n'étaient pas égales, comment obtiendrait-on la solidité de ce prisme ou parallélipipède?* 135. — *Comment obtiendrait-on la solidité des corps irréguliers?* 136. *Quel est le rapport des solides semblables?* 137

Exercices sur la Solidité des corps.

P. 487. Quelle est la solidité d'un cube dont chaque surface a 16 mètres carrés?

P. 488. Quelle est la solidité d'un cube ayant 6 mètres de côté?

P. 489. Quelle est la solidité d'un cylindre de 8 mètres de hauteur, et dont chaque cercle est de 20 mètres carrés?

P. 490. Quelle est la solidité d'un cylindre ayant 2 mètres de rayon et 12 de hauteur?

P. 491. Quelle est la solidité d'un cône ayant 15 mètres de hauteur, et dont le cercle qui lui sert de base a 25 mètres de superficie?

P. 492. Quelle est la solidité d'un cône tronqué, dont le petit diamètre est de 12 mètres, le grand de 20, et la hauteur de 10?

P. 493. Quelle est la solidité d'une pyramide ayant 14 mètres de hauteur et 24 mètres carrés de base?

P. 494. Quelle est la solidité d'une pyramide de 12 mètres de hauteur, et dont la base est un triangle ayant 6 mètres de base sur 4 de hauteur?

P. 495. Quelle est la solidité d'une boule ayant 2 mètres de diamètre?

P. 496. Quelle est la solidité d'une sphère de 36 mètres de circonférence?

P. 497. Quelle est la solidité d'un bloc de marbre de 9 mètres de longueur, 8 de hauteur et 7 de largeur?

P. 498. Quel est le cube d'une pièce de bois de 15 mètres de longueur sur 59 centimètres de largeur, et 50 centimètres d'épaisseur?

P. 499. On désire connaître la solidité d'un objet ayant 36 mètres 15 centimètres de longueur sur 56 centimètres de largeur, et 50 centimètres d'épaisseur.

P. 500. On demande le cube d'une planche de 5 mètres de longueur sur 160 millimètres de largeur et 50 millimètres d'épaisseur.

P. 501. Une cuve dont un diamètre est de 6 mètres 60 centimètres, l'autre de 5 mètres 35 centimètres, et la hauteur de 2 mètres, est pleine d'eau ; combien en contient-elle d'hectolitres?

P. 502. Un vase triangulaire, dont chaque surface est de 3 mètres et la hauteur de 4, est plein d'eau : combien en contient-il de mètres cubes?

P. 503. Une pile de bois, rangée en forme de parallélipipède, a 16 mètres 6 centimètres de largeur, 14 mètres 8 centimètres de hauteur, 17 mètres 5 décimètres de longueur : combien contient-elle de stères ou mètres cubes?

P. 504. Combien faudra-t-il de briques de 35 centimètres de longueur, 0 mètre 11 centimètres de largeur et 0 mètre 6 centimètres d'épaisseur, pour construire un mur de 15 mètres de longueur, 9 de hauteur, et 0 mètre 90 centimètres d'épaisseur ? Les joints sont compris dans les dimensions des briques.

P. 505. On demande quelle quantité de matériaux il entre dans la maçonnerie d'un puits de 36 mètres de profondeur et 1 m. 35 c. de diamètre, si le mur a 0 m. 50 c. d'épaisseur, et combien il contiendra de mètres cubes d'eau, si elle monte à 6 mètres de hauteur.

P. 506. L'eau contenue dans un puits de 3 mètres 50 centimètres de diamètre, et à la hauteur de 6 mètres, doit être mise dans un bassin de 4 mètres de long sur 3 de large : à quelle hauteur s'élèvera-t-elle ?

P. 507. Quelle est la capacité d'un vase triangulaire ayant 0 mètre 9 décimètres de profondeur et 2 mètres 99 décimètres de surface?

P. 508. Deux vases, l'un, cylindrique, ayant 10 mètres de surface et 6 de hauteur, l'autre, de forme cubique, ayant 4 mètres de côté, sont pleins d'eau : quel est celui qui en contient le plus ?

P. 509. Deux hommes ont à cultiver un champ formant un trapèze de 50 mètres de hauteur ; les côtés parallèles ont l'un 45 mètres, l'autre 51 ; ils en doivent faire chacun la moitié ; le premier fait 8 centiares par jour, le second 6 : combien celui-ci doit-il commencer de jours avant l'autre pour finir en même temps ?

P. 510. Quelle quantité d'eau contient un fossé long de 40 mètres, et dont le haut a 2 mètres 20 centimètres de largeur, et le bas 1 mètre 90 centimètres, la profondeur étant de 2 mètres?

P. 511. On a payé 720 fr. pour un bloc de pierre qui a 4 m. de hauteur, 2 de largeur et 3 de longueur : à combien revient le mètre cube?

P. 512. Quel est le poids d'un cylindre de 4 mètres 15 centimètres de hauteur et de 11 de circonférence, si le mètre cube pèse 214 kilogr.?

P. 513. Une citerne de 4 mètres de hauteur, de 5 de longueur et de 3 de largeur, est pleine d'eau : combien en contient-elle de mètres cubes?

P. 514. Combien faut-il de briques de 0 mètre 10 cent. d'épaisseur sur 0 mètre 15 centim. de largeur, et 0 mètre 20 cent. de longueur, pour faire un mur de 20 mètres de longueur, 15 de hauteur, et 1 d'épaisseur, s'il y entre $\frac{1}{8}$ de mortier?

P. 515. Un puits de 3 mètres de circonférence contient 4 m. cubes d'eau : à quelle hauteur est-elle?

P. 516. Un bassin de forme circulaire ayant 4 mètres de hauteur et 44 de circonférence est plein d'eau : combien en contient-il de mètres cubes?

CALCUL DES NOMBRES COMPLEXES.

MESURE DU TEMPS.

*138. L'année civile se divise en 365 jours ;
Le jour, en 24 heures;
L'heure, en 60 minutes;
La minute, en 60 secondes;
La seconde, en 60 tierces.

Quelquefois, et surtout dans les opérations commerciales, on considère l'année composée de 12 mois, et le mois de 30 jours.

Opérations.

Réduction des mesures principales en mesures plus petites, et réciproquement.

1er EXEMPLE.

Combien y a-t-il de secondes en 18 années de chacune 365 jrs?

Opération.

18 ans
× 365 jours.

90
108
54

= 6570 jours
× 24 heures.

26280
13140

= 157680 heures
× 60 minutes.

= 9460800 minutes.
× 60 secondes.

Rép. 567648000 secondes.

2e EXEMPLE.

Réduisez 84 ans 19 jrs 21 h. 16 minutes, en minutes.

Opération.

84
× 12

168
84

= 1008 mois
× 30 jours.

= 30240
+ 19

= 30259 jours
× 24 heures.

121036
60518
+ 21

= 726237 heures
× 60 minutes.

43574220
+ 16

Rép. 43574236 minutes.

La manière d'opérer dans le premier exemple est assez indiquée par l'opération même. Pour effectuer la 2e opération, je multiplie 84 ans par 12 pour avoir des mois, et j'obtiens 1008 mois; je multiplie ensuite ce nombre de mois par 30 jours; au produit j'ajoute les 19 jours du problème et j'obtiens 30259 jours: je multiplie le dernier nombre par 24, j'ajoute les 21 heures du problème et j'obtiens 726237 heures, lesquelles, étant multipliées par

60, donnent le nombre 43574220, qui, étant augmenté de 16 minutes énoncées dans le problème, donne pour résultat définitif 43574236 minutes.

3ᵉ EXEMPLE.

Combien y a-t-il d'années, de mois, de jours, d'heures et de minutes dans 646783235 minutes?

Opération.

```
646783235 min.|60 min.
 467          |10779720 h.|24 h.
  478         |  117      |449155 j.|30 j.
   583        |   219     |149      |14971 mois|12 m.
    432       |   037     | 291     |  29      |1247 ans.
     123      |   132     | 215     |  57
Reste  35 min.    120       055        91
                    0  reste 25 j. reste 7 mois.
```

Pour effectuer cette opération, je divise d'abord le nombre de minutes par 60, j'obtiens 10779720 heures, et il reste 35 minutes : je divise ensuite ce nombre par 24, j'obtiens 449155 jours et il reste zéro : ce nombre de jours étant divisé par 30 donne 14971 mois, et il reste 25 jours ; enfin ce dernier nombre étant divisé par 12, donne 1247 ans, et il reste 7 mois.

ADDITION.

1ᵉʳ EXEMPLE.

On demande le total des nombres ci-après : 4 ans 8 mois 15 jours 16 heures 45 minutes 50 secondes ; 13 ans 6 mois 8 jours 14 heures, et 25 ans 3 mois 21 jours 22 heures 35 minutes 42 secondes.

Opération.

	4 ans	8 mois	15 j.	16 h.	45 m.	50 sec.
	13	6	8	14	00	00
	25	3	21	22	35	42
Rép.	43 ans	6 mois	16 j.	5 h.	21 m.	32 sec.

Pour effectuer cette opération, je fais le total des secondes, il est de 92, 1 minute 32 secondes; j'écris 32 au rang des secondes et je retiens 1 minute; ayant trouvé 81 minutes, j'en écris 21 et je retiens 1 heure; ayant trouvé 53 heures, j'en écris 5 et je retiens 2 jours; ayant trouvé 45 jours, j'en écris 16 et je retiens 5 mois; ayant trouvé 18 mois, j'en écris 6 et je retiens 1 an, etc.

2e EXEMPLE.

Un marin a fait 3 voyages de long cours comme il suit : le 1er a duré 4 ans 262 jours 12 heures; le 2e 7 ans 136 jours 15 heures, et le 3e 5 ans 19 jours 23 heures : combien ont duré ces 3 voyages ?

Opération.

	4 ans	262 jours	12 heures.
	7	136	15
	5	19	23
Rép.	17 ans	54 jours	2 heures.

SOUSTRACTION.

1er EXEMPLE.

On demande la différence entre 14 ans 6 mois 22 jours 3 heures 43 minutes 57 secondes 12 tierces, et 3 ans 7 mois 25 jours 13 heures 45 minutes 58 secondes 25 tierces.

Opération.

	14 ans	6 m.	22 j.	3 h.	43 mi.	57 s.	12 t.
	3	7	25	13	45	58	25
Rép.	10 ans	10 m.	26 j.	13 h.	57 mi.	58 s.	47 t.
Preuve	14	6	22	3	43	57	12

Pour effectuer cette opération, je dis : 25 tierces ôtées de 12 ne se peut, j'emprunte 1 seconde qui vaut 60 tierces, et 12 font 72;

25 ôtés de 72, reste 47. Ensuite 58 ôtés de 56 ne se peut, j'emprunte 1 minute qui vaut 60 secondes, et 56, font 116; 58 ôtés de 116 reste 58: ainsi du reste, en se rappelant que l'heure vaut 60 minutes; le jour, 24 heures; le mois, 30 jours, et l'année, 12 mois. Si l'on ne pouvait effectuer mentalement les soustractions partielles, on ferait les opérations séparément, et on porterait ensuite les résultats à la place qu'ils doivent occuper.

2e EXEMPLE.

Combien s'est-il écoulé de temps depuis le 4 mars 1816, à 10 heures 4 minutes du matin, jusqu'au 27 février 1820, à 9 heures 25 minutes du soir?

Opération.

	1819 ans	1 m.	26 j.	21 h.	25 mi.
	1815	2	3	10	4
Rép.	3 ans	11 m.	23 j.	11 h.	21 mi.

3e EXEMPLE.

Une personne née le 8 juillet 1801 à 7 heures du matin est décédée le 13 septembre 1839 à 10 heures du soir: quel âge avait-elle?

Opération.

	1838 ans	8 m.	12 j.	22 heures.
	1800	6	7	7
Réponse	38 ans	2 m.	5 j.	15 heures.

Pour préparer l'opération du 2e exemple, je n'ai écrit que 1819 ans 1 mois et 26 jours, parce que la dernière année, le 2e mois et le 27e jour ne sont pas terminés: j'ai suivi la même méthode pour écrire le nombre inférieur et pour préparer l'opération du 3e exemple. Cette méthode est généralement adoptée; néanmoins on obtiendrait le même résultat si l'on écrivait les nombres comme ils sont énoncés dans le problème, parce que la même marche, étant suivie pour les deux nombres, établirait la compensation.

MULTIPLICATION.

EXEMPLE.

On demande le produit de la multiplication de 4 ans 6 mois 20 jours 7 heures 40 minutes par 25 unités.

Opération.

4 ans 6 mois 20 jours 7 heures 40 min.
× 25

113 ans 10 mois 27 jours 23 heures 40 min.

Pour effectuer cette opération, je dis : 25 fois 40 = 1000 minutes (16 heures 40 minutes), j'écris 40 minutes et je retiens 16 heures. Ensuite 25 fois 7 = 175 + 16 de retenue = 191 heures (7 jours 23 heures), j'écris 23 heures, et je retiens 7 jours, ainsi du reste.

On obtiendrait le même résultat en réduisant d'abord le multiplicande en minutes : alors le résultat de la multiplication donnerait des minutes, que l'on convertirait ensuite en heures, en jours, en mois et en années.

Opération.

Multiplicande préparé. 2362060 m.
× 25

11810300
4724120

= 59051500 m.	60			
505	984191 h.	24 h.		
251	24	41007 j.	30 j.	
115	0191	110	1366 m.	12 m.
550	23 h.	200	16	113 ans.
100		207	46	
1er reste 40 m.		27 j.	10 m.	

Le résultat est donc comme ci-dessus, 113 ans 10 mois 27 jours 23 h. 40 minutes.

DIVISION.

EXEMPLE.

Quel est le quotient de 12 ans 8 mois 16 jours 20 heures 36 minutes par 7 unités?

Opération.

```
12 ans 8 m. 16 j. 20 h. 36 m. | 7
 5                            |-----------------------------
× 12                          | 1 an 9 m. 23 j. 20 h. 5 m.
-----
 68 m.
  5
× 30
-----
 166 j.
  26
   5
× 24
-----
 140
  00
  36
reste 1 minute.
```

La réponse est donc 1 an 9 mois 23 jours 20 heures 5 minutes, et il reste 1 minute.

Pour effectuer cette opération, je divise d'abord 12 ans par 7, il vient un an, et il reste 5 jours : je multiplie ce reste par 12 pour le réduire en mois, j'en obtiens 60 auxquels j'ajoute les 8 du dividende, et j'ai 68 mois à diviser par 7, ce qui donne 9 mois, et 5 mois de reste : ce 2ᵉ reste multiplié par 30 donne 150 jours, plus les 16 du dividende égalent 166 jours à diviser par 7, le quotient est 23 et le reste 5 : ce 3ᵉ reste multiplié par 24 donne 120 heures, plus les 20 du dividende égalent 140 à diviser par 7, le quotient est 20 ; enfin je divise les 36 minutes par 7, et j'en obtiens 5 au quotient.

On pourrait aussi réduire d'abord le dividende en minutes ; le résultat de la division serait des minutes, qu'il faudrait convertir en années, mois, jours, heures et minutes.

Opération.

Dividende préparé. 6590676 m.	7				
29	941525 m.	60			
10	341	15692 h.	24		
36	415	129	653 j.	30	
17	552	92	53	21 h.	12
36	125	20 h.	23 j.	9m.	1 an.
Reste 1 m.	reste 05				

Le résultat est donc comme ci-dessus 1 an 9 m. 23 j. 20 h. 5 mi. et 1 minute de reste.

PROBLÈMES SUR LES MESURES DU TEMPS.

(Dans tous ces problèmes l'année est comptée 365 jours.)

P. 517. Combien y a-t-il d'heures en 11 ans 20 jours?

P. 518. Combien y a-t-il de minutes en 15 ans 25 jours 20 heures?

P. 519. Supposant qu'un homme respire 20 fois par minute, combien a respiré de fois celui qui meurt à 90 ans?

P. 520. Supposant que la population du globe soit de 996.290.130, et que la génération se renouvelle tous les 33 ans, combien meurt-il d'individus par jour?

P. 521. Quelle somme faudrait-il pour entretenir 34 malades pendant un an, à raison de 0 fr. 002 mill. par minute pour chacun, l'année étant comptée de 365 jours?

P. 522. Combien faut-il de jours à un écrivain pour copier un livre de 720 pages, s'il en fait 3 par heure, et qu'il travaille 12 heures par jour?

P. 523. Un ouvrier qui avait 360 mètres d'ouvrage à faire en 15 jours, demande combien il en doit faire par jour et par heure, s'il travaille 12 heures par jour.

P. 524. Combien nourrira-t-on d'hommes pendant six mois avec 2691090 kilog. de pain, en leur donnant 75 décag. à chacun par jour?

P. 525. Un ouvrier a reçu 67 fr. 50 c. pour un ouvrage qu'il a fait en 15 jours, travaillant 15 heures par jour : combien a-t-il gagné par heure?

P. 526. Un propriétaire reçoit annuellement de ses fermes la somme de 26280 francs : combien a-t-il à dépenser par minute?

P. 527. J'ai acheté 34000 bouteilles pour la somme de

7480 fr.; je les revends 25 fr. le cent : quel sera mon bénéfice net, ayant dépensé 135 fr. pour le port et 75 fr. de commission?

P. 528. Combien s'est-il écoulé de minutes depuis la création du monde jusqu'au 31 décembre 1829, comptant les années de 365 jours?

P. 529. Combien s'est-il écoulé de minutes environ depuis la naissance de J.-C. jusqu'au 26 août 1840 à midi?

P. 530. Un père de famille gagne 8 fr. 55 c. par jour, et dépense 6 fr. 30 c. : combien aura-t-il de profit au bout d'un an, sachant qu'il s'est abstenu du travail les 52 dimanches et 8 fêtes de l'année?

P. 531. Dans un atelier il y a 33 ouvriers, dont 11 gagnent chacun 6 f. 30 c. par jour, 12 gagnent 7 fr. 60 c., et les autres 8 fr. 75 c.: quelle somme faudra-t-il pour solder leur compte d'une année, sachant qu'ils n'ont pas travaillé les dimanches ni 8 fêtes?

P. 532. Le testament d'un bon chrétien porte que ses héritiers partageront sa succession en la manière suivante : ils donneront tous les jours 1 fr. 50 cent. à 36 pauvres pendant 24 ans; ils emploieront chaque mois 119 francs en bonnes œuvres pendant le même temps, et ils donneront 1500 francs par an à l'église; quel est le montant de la succession, sachant qu'elle suffit, sans être mise à intérêt, pour subvenir à tous ces frais, et que les héritiers, au nombre de 12, ont prélevé 25000 fr. chacun?

P. 533. Dans un atelier composé de 40 ouvriers, 15 sont payés à 5 fr. 25 c. par jour, 18 à 6 fr., et les autres à 8 fr., quel sera le profit annuel de l'entrepreneur, s'il reçoit 88300 fr., et qu'il dépense 2340 fr. en frais de loyer et d'entretien?

P. 534. Quatre cent cinquante hommes ont travaillé à la construction d'une église pendant 4 ans, excepté les 52 dimanches et 8 fêtes chaque année; ils gagnaient 2 fr. 75 c. l'un portant l'autre; combien a-t-elle coûté si les journées des ouvriers ne sont que le cinquième des autres dépenses?

P. 535. Quarante hommes ont entrepris la construction d'un bâtiment dont les devis se montent à 114680 fr.; ils gagnent chacun 4 fr. 70 c. par jour: combien cette construction durera-t-elle de temps, sachant que les ouvriers ne travaillent pas les 52 dimanches et les 8 principales fêtes de l'année?

MESURES A L'USAGE DES ASTRONOMES, DES GÉOMÈTRES, etc.

139. Pour évaluer la mesure des angles, les astronomes, les géomètres, etc., se servent ordinairement d'un quart de cercle divisé en 90 degrés, ce qui fait 360 pour le cercle entier.

Pour mettre cette espèce de mesure en harmonie avec le nouveau système, on a voulu la soumettre à la division décimale, et alors on divise le cercle en 400 degrés; mais les grandes difficultés qu'elle a présentées dans l'usage universel ont obligé d'y renoncer pour la plupart des instruments de mathématiques.

* 140. Nous considérerons donc le cercle divisé en 360 degrés,
le degré, en 60 minutes;
la minute, en 60 secondes;
la seconde, en 60 tierces, etc.

Ces mesures s'indiquent en abrégé comme il suit:

Degré °
Minute '
Seconde "
Tierce '''

Opérations.

Réduction des mesures principales en mesures plus petites, et réciproquement.

1er EXEMPLE.

Réduisez 125 degrés en secondes.

Opération.

125
× 60
= 7500
× 60

Rép. 450000 secondes.

2e EXEMPLE.

Combien y a-t-il de tierces en 35 minutes 18 secondes ?

Opération.

35
× 60 secondes.
= 2100
+ 18
= 2118 secondes.
× 60

Rép. 127080 tierces.

Pour opérer le premier problème, je multiplie 125 degrés par 60, valeur d'un degré en minutes, et le produit 7500 aussi par 60, valeur d'une minute en secondes; le produit 450000 est la réponse.

L'opération du 2e exemple se fait d'une manière analogue; après avoir réduit les minutes en secondes, j'ajoute 18 au produit, puis je multiplie la somme 2118 par 60, nombre des tierces comprises dans une seconde, et le produit 127080 répond à la question.

3e EXEMPLE.

Combien y a-t-il de degrés et de parties de degré en 90935 secondes?

90935	60	
309	1515	60
93	315	25
335	15	
35		

Réponse. 25 degrés 15 minutes 35 secondes.

Je divise d'abord le nombre 90935 par 60, valeur d'une minute en secondes, il reste 35, et le quotient 1515, qui exprime par conséquent des minutes aussi par 60, valeur du degré en minutes, il reste 15; le quotient 25 exprime des degrés. Le reste de la 2e division exprime des minutes, et celui de la première exprime des secondes.

ADDITION.

Les trois angles d'un triangle ont les valeurs suivantes : le premier 25 degrés 18 minutes 35 secondes; le deuxième, 85 degrés 35 minutes 25 secondes, et le troisième 69 degrés 6 minutes : dites-en le total.

Opération.

25 degrés	18 minutes	35 secondes.
85	35	25
69	06	00

Rép. 180 degrés 00 minutes 00 secondes, qu'on doit lire 180 degrés.

Pour opérer ce problème, je dis : 5 secondes et 5 font 10; j'écris 0 et je retiens 1; puis 1 et 3 font 4, et 2 font 6 dizaines de secondes, ce qui égale 1 minute; j'écris 0 et je retiens 1; ensuite 1 de retenue et 8 font 9, et 5 font 14 et 6 font 20; j'écris 0 et je retiens 2; puis 2 et 1 font 3 et 3 font 6 dizaines de minutes, ce qui égale 1 degré que j'additionne avec les degrés; le reste comme à l'ordinaire.

SOUSTRACTION.

EXEMPLE.

De 295 degrés 19 minutes 25 secondes, retranchez 164 degrés 28 minutes 35 secondes, et dites le reste.

Opération.

	295 degrés	19 minutes	25 secondes.
	164	28	35
Rép.	130 degrés	50 minutes	50 secondes.

Pour opérer ce problème, je dis : 35 ôtés de 25 ne se peut, j'emprunte 1 minute qui vaut 60 secondes et 25 font 85 ; 35 ôtés de 85 reste 50. Ensuite 28 ôtés de 18 ne se peut, j'emprunte 1 degré qui vaut 60 minutes et 18 font 78 ; 28 ôtés de 78 il reste 50, que j'écris ; le reste comme à l'ordinaire.

MULTIPLICATION.

EXEMPLE.

Quel est le produit de 25 degrés 15 minutes 30 secondes par 35 unités?

Opération.

	25 degrés	15 minutes	30 secondes.
	× 35		
	134	02	30
	75		
Rép.	884 degrés	02 minutes	30 secondes.

Pour opérer ce problème, je multiplie d'abord les secondes en disant : 35 fois 30 secondes font 1050, ce qui égale 17 minutes, que je retiens, et 30 secondes que j'écris : puis 35 fois 15 minutes font 525, plus 17 de retenue font 542, ce qui égale 9 degrés que je retiens, plus 2 minutes que j'écris ; ensuite je dis : 5 fois 5 font 25 et 9 de retenue égalent 340 ; le reste comme à l'ordinaire.

On pourrait encore opérer le second exemple en réduisant tout en secondes, puis on multiplierait le total par 35, et on diviserait le produit par 60, le quotient donnerait des minutes ; celui-ci divisé par 60 donnerait des degrés, les restes des divisions indiqueraient les minutes et les secondes du produit.

EXEMPLE.

```
   25
 × 60  valeur du deg. en minut.
 -----
 1500
 + 15
 -----
= 1515
 × 60  valeur de la min. en sec.
 -----
 90900
 + 30
 -----
=90930
 × 35  multiplicateur.
 -----
 454650
272790
 -------
3182550
```

Suite de l'Opération.

```
3182550 | 60
 182    |-------
  0255  | 53042 | 60
   150  |  504  |-------
        |  242  | 884 d.
   30 sec.  02m.
```

Rép. 884 deg. 02 min. 30 secondes.

DIVISION.

Dites le quotient de 923 degrés 57 minutes 48 secondes par 26.

Opération.

```
923 deg. 57 min. 38 sec. | 26
                         |-----------------------
143                      | 35 deg. 32 min. 13 sec.
 13
× 60
-----
 780
+ 57
-----
 837
 .57
  .5
× 60
-----
 300
+ 38
-----
 338
 .78
  .0
```

La réponse doit être lue 35 degrés 32 minutes 13 secondes.

PROBLÈMES SUR LES MESURES ASTRONOMIQUES ET GÉOMÉTRIQUES.

P. 536. Un voyageur a parcouru 26° 40' 25" de longitude, et la ville d'où il est parti est à 12° 30' 12" du méridien de Paris : on demande à quelle distance il est de ce méridien, en supposant qu'il s'en soit toujours éloigné.

P. 537. Quelle est la latitude de Paris, sachant que celle de Marseille est à 43° 27', et que Paris est 5° 23' plus au nord?

P. 538. Sachant que la somme des trois angles d'un triangle égale 180°, on demande quelle est la valeur du troisième angle d'un triangle dont la somme des deux autres égale 95° 45' 25".

P. 539. La somme des quatre angles d'un quadrilatère étant toujours 360°, quelle est la valeur de l'un des angles d'un trapèze si la somme des trois autres est 280° 15' 25"?

P. 540. La latitude de Paris est de 48° 50', et celle de Marseille 43° 17' : on demande la différence de latitude entre ces deux villes.

P. 541. Quatre angles au centre d'un cercle ont chacun 67° 42' 53" : quelle est la grandeur de l'angle qui reste?

P. 542. Quel est le nombre des degrés de 7 angles formés autour d'un point, s'ils ont chacun 27° 15' 18"?

P. 543. La somme de 12 angles égaux est 295° 4' 18": quel est le nombre des degrés de chaque angle?

P. 544. Si 14 angles égaux ont ensemble 867° 17' 45", quelle est la grandeur d'un seul?

P. 545. La somme de 5 angles formés autour d'un point est de 360°; 4 de ces angles ont chacun 56° 6' 21"; quelle est la grandeur du 5e?

PROBLÈMES DE RÉCAPITULATION GÉNÉRALE.

P. 1. Trois personnes se sont partagé une certaine somme: la première ayant eue 4368 fr., la deuxième autant que la première, et 540 fr. de plus; la troisième autant que les deux premières, et 54 fr. de plus, il restait encore 27 fr.: on demande quelle a été la part de chaque personne et le total de la somme partagée.

P. 2. Un marchand a reçu six caisses contenant chacune 217 kilogr. 75 grammes de marchandises; deux autres caisses en contenaient chacune 18 myriagrammes 7 hectogrammes, et il en attend encore trois caisses, qui doivent contenir chacune 205 kilogrammes 25 grammes: combien aura-t-il de marchandises en tout?

P. 3. Un propriétaire a quatre fermes : il a récolté dans la première 1251 hectolitres 8 décalitres de grain; dans la deuxième, 917 hectolitres 96 litres, et dans chacune des deux autres 9101 décalitres 5 litres: combien a-t-il récolté en tout?

P. 4. Un particulier a quatre propriétés; la première contient 15 hectares 9 ares, la deuxième 10 hectares 19 ares, la troisième 9 hectares, et la quatrième 909 ares 45 centiares: combien a-t-il de terrain en tout?

P. 5. Un voyageur a fait en 32 jours 215 myriamètres 5 hectomètres de chemin; en 19 jours, il a fait 125 myriamètres 75 hectomètres; il a encore 3709 kilomètres à parcourir en 150 jours: combien aura-t-il fait de myriamètres de chemin par jour, terme moyen?

P. 6. Un cultivateur, ayant cinq fermes, récolte dans la première 50 kilolitres de froment, dans la seconde 76 hectolitres de plus que dans la première, dans la troisième autant que dans les deux premières, la quatrième produit autant que la première et la troisième: quel est le montant d'hectolitres de sa récolte, sachant que la cinquième a produit autant que les trois premières, plus 69 décalitres?

P. 7. Quatre personnes veulent se partager une somme qu'on ne connaît pas; on sait seulement que la première doit, avoir 1200 fr., la seconde autant que la première et la troisième, la troisième autant que la première et la quatrième, enfin, la quatrième 800 fr.; quelle est la part de chacune et le montant de la somme?

P. 8. Quatre associés ont gagné 21175 fr. : le premier doit avoir 4250 fr. de plus que le second; le second 1700 fr. de plus que le troisième, le troisième 1175 fr. de plus que le quatrième : quelle somme chacun recevra-t-il ?

P. 9. Supposé que la population de l'Espagne soit de 11 millions d'habitants; que celle de la Prusse la surpasse de 400 mille; que l'Italie en ait 7 millions 600 mille de plus que la Prusse; que celle de l'Autriche surpasse celle de l'Italie de 9 millions 500 mille; enfin, que la France en ait 13 millions 345 mille 428 de plus que l'Autriche : on demande la population générale de ces cinq États, et celle de chacun.

P. 10. La construction d'un bâtiment a coûté 82536 fr. 75 c.; on a payé au maçon 24561 fr.; au charpentier 3454 fr.; au couvreur 6735 fr.; au plombier 5335 fr.; au menuisier 9345 fr.; au serrurier 10000 fr.; au peintre 6789 fr.; au vitrier 844 fr.: combien restera-t-il pour l'ameublement, si l'on paie 367 fr. pour les petits frais imprévus?

P. 11. Quatre particuliers ont 16999 fr. 50 c. à se partager: on demande quelle sera la part de chacun, sachant que le premier doit avoir 1157 fr. de plus que le second, le second 1239 fr. de plus que le troisième, et le quatrième 325 fr. de plus que le troisième.

P. 12. Un père avait 20 ans à la naissance de son fils aîné, et 34 lorsque le cadet naquit: quel sera l'âge de chacun des enfants lorsque le père aura 99 ans?

P. 13. La somme de deux nombres est 5330, leur différence est 1999 : quels sont les deux nombres?

P. 14. Une personne, née le 1er octobre 1792 à 6 heures du matin, demande quel était son âge le 21 septembre 1820, à 4 heures et demie du soir.

P. 15. Un marchand de vin a reçu 1105 hectolitres 50 litres en trois différentes fois, pour la somme de 33850 fr. 90 c.; la première fourniture était de 370 hectolitres, et était estimée 11139 fr. 55 c.; la seconde était de 4053 décalitres pour 12950 fr. 65 c.: dites le montant de la troisième et sa valeur.

P. 16. Supposé que l'Europe ait 416000000 d'habitants de moins que l'Asie; l'Afrique 30000000 de moins que l'Europe; l'Amérique 90000000 de moins que l'Afrique; l'Océanie 50000000 de moins que l'Amérique : on demande quelle est la population de chacune des cinq parties du globe , et la population totale, sachant que l'Asie en a 596000000.

P. 17. J'ai acheté 164 myriagrammes de marchandises, on en a livré le lundi 394 kilogrammes 35 décagrammes, le mardi 75559 décagrammes, et le mercredi 356749 grammes: combien m'en doit-on encore, sachant qu'il y en a 3 myriagrammes d'avariées?

P. 18. Un enclos de 35 ares contient un jardin de 9 ares, un parterre de 8 ares, un boulingrin de 2 ares, un bosquet de 225 centiares, un bassin de 45 centiares; le château et la cour occupent 3 ares; le reste est en verger : quelle en est la grandeur?

P. 19. Un particulier a donné 2308 fr. en espèces, et un billet de 1000 pour acquitter une dette, on lui a rendu 699 fr. 95 : dites quelle somme il devait.

P. 20. Quel nombre faut-il joindre à 1567 pour avoir 9000?

P. 21. Deux marchands ont fait un fonds de 18000 fr. ; le premier a mis 7500 fr. : combien doit-il ajouter à sa mise pour qu'elle égale celle du second?

P. 22. La longueur d'une église étant de 180 mèt., la traverse qui forme la croix de 136 mèt., et la hauteur de la voûte de 48, quelle est la hauteur du dôme, sachant qu'il est l'excédant des trois dimensions ci-dessus sur 219 mètres?

P. 23. Un marchand de drap en a acheté 80 mètres et en a ensuite vendu 140; après ces deux opérations il lui reste encore la moitié de la quantité qu'il avait en magasin avant son dernier achat : dites quelle était alors cette quantité.

P. 24. Un jeune homme qui doit à un de ses amis la somme 1050 fr., a cinq billets à recevoir de lui; le premier se monte à 320 fr., le second à 430 fr., le troisième à 520 fr., le quatrième à 630 fr., et le cinquième à 150 fr.; d'après leur accord, il laisse ces billets, et en reçoit un de 500 fr., et le reste en argent : quel est ce reste?

P. 25. Si j'avais vendu 20 fr. de plus une marchandise qui me coûtait 350 fr., j'aurais gagné 30 fr.: combien l'ai-je vendue?

P. 26. Si l'on me donnait 450 fr., je pourrais payer 800 fr. que je dois, et avoir 25 fr. de reste : combien ai-je d'argent?

P. 27. J'ai acheté 3 caisses de marchandises: la première en contient 134 kilogrammes 35 centigrammes, la seconde 3 myriagrammes 455 grammes, et la troisième 351 kilogram. : on ne m'en a livré que 28 myriagrammes, combien dois-je en recevoir encore?

P. 28. J'ai acheté 345 stères de bois pour 6228 fr.; on m'en a livré d'abord 126 doubles-stères, ensuite 72 stères: combien m'en doit-on encore?

P. 29. Un général partant pour une expédition avec 13000 hommes, en laissa 600 pour garder une petite place; en même temps il reçut un renfort de 800 hommes; 450 furent obligés de rester aux hôpitaux; il en demanda 3500, mais il n'en reçut que 2730, et en laissa 1750 en divers postes : avec combien d'hommes arriva-t-il à sa destination?

P. 30. Un particulier ayant une certaine somme, emprunta 660 fr. pour l'acquit d'une dette de 949 fr.; il toucha 569 fr. qui lui étaient dus, et rentra chez lui avec 483 fr. après avoir dépensé 8 fr. 75 c. : combien avait-il en partant?

P. 31. Une maison qui a été revendue 71800 fr., aurait donné un bénéfice de 4200 fr. si le propriétaire l'eût achetée 1500 fr. meilleur marché : on demande le prix d'achat de cette maison.

P. 32. Un particulier a acheté 78 mille plumes, dont la moitié à 17 fr. 75 c. le mille, et le reste à 1 fr. 75 c. le cent; il se propose de les vendre à 0 fr. 020 milli. la plume : quel sera son bénéfice, supposé qu'il en ait donné 265 aux pauvres?

P. 33. Un commis voyageur a parcouru 785 myriamètres 9 kilometres de chemin : combien a-t-il déboursé pour son voyage, qui a duré 4 mois et 12 jours, sachant qu'il dépensait 6 fr. 55 par jour, et qu'il payait 1 fr. 75 c. par myriamètre pour la voiture?

P. 34. Pour monter les bateaux de la Seine sur le canal, ainsi que pour les descendre, il faut une éclusée d'eau qui a 46 mètres 50 centimètres de long sur 7 mètres 90 centimètres de large, et 2 mètres 60 centim. de profondeur : on demande combien ce canal jette de mètres cubes d'eau dans la Seine par an, supposant que l'on monte 40 bateaux par jour, et qu'on en descende 10, es 52 dimanches et 8 fêtes exceptés.

P. 35. Un jardin de 44 mètres de long sur 36 de large, est entouré d'une grille en fer composée de 480 barreaux ayant chacun 0 mètre 04 centimètres d'équarrissage sur 3 mètres de hauteur, avec 3 traverses de même grosseur : on demande quel est le prix de cette grille, si le décimètre cube de fer pèse 7 kilog. et qu'on l'estime 1 fr. 50 cent. le kilog.

P. 36. Un jeune homme ayant reçu 20 fr. de ses parents, assista 14 pauvres, en donnant 2 fr. 50 c. à chacun : après cette bonne œuvre il lui resta 17 fr. : combien avait-il d'abord?

P. 37. Si un particulier avait un revenu d'autant de centimes qu'il y a d'habitants à Paris, il aurait 25 fr. à dépenser par jour, et 875 fr. à consacrer en bonnes œuvres : quel est le nombre d'habitants de cette cité (en 1830), et combien de kilogrammes de pain faut-il annuellement pour leur entretien, s'ils en consomment 75 décagrammes par jour l'un portant l'autre?

P. 38. Un entrepreneur a 45 ouvriers qui lui gagnent chacun 0 fr. 75 cent. par jour : combien leur faudra-t-il de temps pour lui gagner ensemble 810 fr., et quelle somme faudra-t-il au maître pour les payer pendant ce temps, s'il les paie à raison de 3 fr. par jour?

P. 39. Combien faut-il de kilog. de fer pour ferrer 540 chevaux pendant un an, si chaque fer de cheval pèse 20 décag., et qu'il faille les renouveler tous les mois?

P. 40. Quel est le nombre qui, étant augmenté de 85 et divisé par 9, donne 25 au quotient?

P. 41. Douze personnes ont à se partager une somme qu'on ne connaît pas ; on sait seulement qu'après avoir donné chacune 3 fr. aux pauvres et 5 fr. à l'église, elles ont eu 450 francs chacune : quelle était cette somme?

P. 42. Deux courriers partant, l'un de Paris, l'autre de Rome, le premier fait 45 kilomètres par jour, l'autre 40 : on demande quelle est la distance de ces deux villes, sachant que ces courriers se rencontrèrent au bout de 20 jours.

P. 43. Quel est le dividende d'une division dont le quotient est 1111, le diviseur 1111, et le reste 1110?

P. 44. On demande combien il y a d'écoliers dans une classe, sachant que, s'il y en avait 11 de plus, le nombre serait augmenté d'un dixième.

P. 45. Une poutre a 8 mètres de long sur 4 décimètres d'équarrissage : combien a-t-elle de mètres cubes?

P. 46. Une planche de 5 mètres de long sur 35 centimètres de large et 27 millimèt. d'épaisseur, doit être payée à raison de 4 fr. le mètre carré : combien coûtera-t-elle?

P. 47. Il faut 16 jours pour transporter 5600 myriagrammes l'espace de 20 myriamètres; on dépense 35 fr. par jour pour l'équipage, et l'on fait pour 330 fr. d'autres frais par voyage : quel sera le profit de 25 voyages, si l'on demande 0 fr. 35 c. par myriagramme?

P. 48. L'Asie ayant 596 millions d'habitants, l'Afrique 150, l'Europe 180, l'Amérique 60, et l'Océanie 10, on demande combien il faut de kilogrammes de pain par an pour la population générale, supposant que chaque individu en consomme 5 hectogrammes par jour, et à quelle somme s'élève la dépense annuelle, si le pain coûte 0 fr. 025 milli. l'hectogramme, et que les autres dépenses soient de 0 fr.75 c. par jour pour chaque individu.

P. 49. Un marchand de vin en a acheté 5 pièces pour 371 fr. 45 cent., à raison de 36 fr. l'hectolitre; la première contient 202 litres 5 décilitres; la seconde 204 litres; la troisième 207 litres 27 centilitres; la quatrième 208 : combien la cinquième en contient-elle?

P. 50. Combien faut-il employer d'écrivains pour transcrire autant de pages que quatre imprimeurs en impriment par jour, supposant qu'ils tirent ensemble 5000 feuilles de 24 pages, et que les écrivains en copient chacun 7 et demie?

P. 51. La somme de 6675 fr. est composée en égal nombre de pièces de 40 fr., de 20 fr., de 5 fr., de 1 fr., de 0 fr. 50, et 0 fr. 25 : combien y en a-t-il de chaque valeur?

P. 52. Trois militaires ont 459 myriamètres à faire pour se rendre à leur destination; le premier fait 34 kilomètres par jour, le second 30, et le troisième 27 : on demande à combien de jours de distance ils doivent partir pour pouvoir arriver ensemble?

P. 53. Quelle est la hauteur de la flèche d'un clocher, sachant que du pavé de l'église au sommet de la tour il y a 375 marches de 16 centimètres chacune, et que le nombre des centimèt. de la flèche égale le produit de 175 multiplié par 44?

P. 54. Le troisième Livre des Rois rapporte que Salomon, voulant bâtir un temple au Seigneur, choisit 30000 hommes pour les envoyer au Liban préparer les bois nécessaires; 80000 pour tailler les pierres, 70000 pour porter les fardeaux, et 3300 pour surveiller les ouvriers; on suppose, 1° que les ouvriers destinés à employer les matériaux étaient au nombre de 1500; 2° qu'on payait tous ces hommes, l'un portant l'autre, à raison de 1 fr. 75 c. de notre monnaie par jour, et 3° que la main-d'œuvre ne fût que le tiers de la dépense : on demande combien ce magnifique édifice coûta, si l'on fut 7 ans à le construire, sachant que les ouvriers ne travaillaient pas les jours de Sabbat, au nombre de 52 par an.

P. 55. Soixante-dix actionnaires ont fait construire un pont pour la somme de 1000000 fr. : on demande quel sera le gain de chaque associé au bout de 22 ans, supposé qu'il passe 6400 personnes par jour, et que le péage soit de 0 fr. 05. cent. chacune, sachant qu'il faut prélever annuellement 25 fr. de dépense pour chaque actionnaire.

P. 56. La longueur moyenne des murs d'un fort est de 495 mètres, leur hauteur est de 8 mèt. 30, et leur épaisseur de 2,75; on demande en combien d'années il a été fait, sachant qu'on a payé 16 fr. le mètre cube, et qu'on ne dépensait que 20086 fr. tous les ans.

P. 57. Un marchand de vin en a acheté 4 pièces pour 630 fr., il en a vendu 55 litres pour 36 fr. 30 c.; on sait qu'il gagne 0 fr. 3 c. par litre : combien chaque pièce en contient-elle?

P. 58. On veut employer 23935 fr. 72 cent. à la construction d'un mur qui doit avoir 4 mètres 50 cent. de hauteur et 0 mètre 90 centim. d'épaisseur : quelle en est la longueur, sachant que l'on donne 2 fr. 75 c. par mètre cube?

P. 59. Vingt-cinq ouvriers doivent travailler pendant 24 jours et 12 heures par jour pour acquitter une avance de 1500 fr.; mais ayant perdu chacun une heure par jour, 5 d'entre eux se chargent d'y satisfaire en travaillant pendant 12 jours : combien ceux-ci emploieront-ils d'heures par jour?

P. 60. J'ai acheté 50 pièces de drap d'égale longueur à raison de 12 fr. le mètre; en le revendant 14 fr., je gagne 2000 fr.: dites quelle est la longueur de chaque pièce.

P. 61. Cinq pièces de toile de même longueur ont été vendues à raison de 2 fr. 05 c. le mètre : quelle est la longueur de chacune, sachant que le mètre coûtait 1 fr. 90 c., et que le bénéfice total est de 45 fr.?

P. 62. Trois jeunes gens devant voyager pendant un an, se munirent, pour subvenir aux frais de leur voyage, le premier de la somme de 2926 fr., le second de 1643 fr. 55 c., et le troisième de celle de 1423 fr. 55 cent. : on demande combien ils eurent de reste, sachant qu'ils dépensaient par jour, le premier 8 fr., le second 4 fr., et le troisième 3 fr.

P. 63. Un marchand a acheté, d'une part, 5 pièces de vin qui contiennent entre elles 10 hectolitres 8 décalitres : elles lui ont coûté 432 fr.; et, d'une autre part, 7 pièces, dont chacune contient 2 hectolitres 9 litres 8 décilitres, pour la somme de 587 fr. 44. c. : on demande quel est le plus cher, et à combien revient le litre de chaque qualité.

P. 64. En donnant 21 bottes de foin par semaines pour 9 chevaux, un pré, dont chaque hectare en fournit 135 bottes, nourrirait 2400 chevaux pendant 36 jours : on demande combien ce pré contient d'hectares?

P. 65. Un marchand de bois de chauffage en a vendu 56 stères à raison de 19 fr. à un drapier pour être payé en marchandises pour une égale valeur. Celui-ci offre à son créancier de la toile à 2 fr. 10, du drap à 14 fr., et du calicot à 2 fr. 90 le mètre : combien devra-t-il donner de mètres de chaque étoffe?

P. 66. J'ai payé le montant de 5 factures? la première était de 864 fr., la seconde de 784 fr., la troisième de 901 fr., la quatrième de 1030 fr., et la cinquième de 1800 fr. : ces factures acquittées, il ne me reste que le quart de l'argent que j'avais d'abord : combien avais-je?

P. 67. Pour paver une route l'espace de 17500 mètres sur 4 mètres de largeur, le gouvernement a payé aux entrepreneurs 310304 fr. 40 c. : on demande à combien revient chaque pavé qui a 16 centimètres de côté.

P. 68. Une place forte ayant 11300 mètres de circuit doit être entourée d'un mur qui sera de 6 mètres 25 centim. de hauteur et 3 mètres 75 centim. d'épaisseur : combien mettra-t-on de temps à le finir, si l'on paie le mètre cube 25 francs, et qu'on emploie annuellement 741562 francs 50 centimes à cet ouvrage?

P. 69. Sachant que 378 fr. sont le prix d'achat de 36 mètres de drap, combien faudrait-il revendre le mètre pour gagner 6 fr. sur 40 fr.?

P. 70. Un propriétaire voulant clore les deux côtés de sa cour par un mur, y destine 2436 fr. 984 milli. : quelle sera l'épaisseur de ces murs, qui doivent avoir ensemble 37 m. 4 de longueur sur 3 mètres 20 centim. de hauteur, étant convenu du prix à raison de 35 fr. 25 c. le mètre cube?

P. 71. Un prince voulant entourer d'un fossé un de ses domaines, y destine une somme de 81627 fr.: on demande quel en est le contour, sachant que ce fossé aura 1 mèt. 35 de profondeur sur 1 mètre 30 de largeur, et que l'entrepreneur est convenu de la creuser à raison de 1 fr. 20 c. le mètre cube.

P. 72. L'Asie ayant 596 millions d'habitants, l'Afrique 150, l'Europe 180, l'Amérique 60 et l'Océanie 10, on suppose que le pain nécessaire pendant un an pour la population totale est de 1817700000000 hectogrammes, que l'on paie 0 fr. 025 milli. l'hectog., et que la dépense générale est de 318097500000 fr.: on demande ce que chaque individu en consomme par jour, et quel est le montant de sa dépense journalière pour les autres besoins de la vie.

P. 73. Supposant que la population du globe terrestre soit de 995976960 habitants, et qu'elle se renouvelle tous les 32 ans, combien meurt-il d'hommes par an, par jour et par heures?

P. 74. On demande quelle somme on a payée avec 5 pièces de 20 fr., 3 pièces de 40 fr., 7 pièces de 5 fr., 3 pièces de 2 fr. et 3 pièces de 25 centimes.

P. 75. Un particulier a vendu 348 mèt. 09 de toile pour du drap estime 8 fr. 25 c. le mètre: on demande combien il en a reçu de mètres, et combien il a vendu le mètre de toile, sachant que le prix du mètre de drap équivaut à celui de 2 mètres 75 de toile.

P. 76. Un boucher a donné 49 kilog. de viande à son boulanger, à 80 cent. le kilog., pour acquitter son mémoire de pain: on demande combien le boulanger lui avait fourni de kilog. de pain, sachant qu'un kilog. de viande vaut 2 kilog. 5 hectog. de pain.

P. 77. Si 4 kilog. de farine font 6 kilog. de pain, quel sera le bénéfice d'un boulanger qui a acheté 56 sacs de farine pesant chacun 310 kilog., à raison de 45 fr. 75 c. le sac, sachant qu'il vend le pain de 2 kilog. 0 fr. 67 c.?

P. 78. Un rentier, interrogé sur son revenu annuel, répondit: après avoir prélevé 0 fr. 18 c. par franc pour les pauvres, il me reste encore 15042 fr. 90 c.: dites quelle en est la valeur.

P. 79. Deux personnes ont mis en société chacune une

somme : celle de la première est à celle de la seconde comme 11 est à 15; la première a mis 1359 fr. : quelle est la mise de l'autre?

P. 80. Si 55 kilog. de savon coûtent 82 fr. 50 c., combien faut-il vendre 130 kilog. pour gagner le prix d'achat de 12 kilog.?

P. 81. Deux pièces de toile sont de même qualité et de même largeur; l'une, plus longue que l'autre de 6 mètres, coûte 125 fr., et l'autre 110 fr. : on demande la longueur de chaque pièce.

P. 82. Deux marchands se sont associés; l'un a mis 2400 francs, et l'autre 1600 fr.: en supposant que le premier ait 25 fr. de profit de plus que l'autre, combien ont-ils gagné en tout?

P. 83. Pour le lambris d'une salle de 12 mètres 50 cent. de long sur 9 mètres de large, on a payé 2807 fr. : quelle somme faudrait-il pour lambrisser une autre salle de même hauteur qui a 1 mètre de plus sur la longueur et 0 mèt. 50 cent. de plus sur la largeur?

P. 84. Quelle est la hauteur d'un mur qui a 14 mèt. 50 c. de longueur sur 0 mèt. 70 cent. d'épaisseur, et qui coûte 2030 fr., sachant que le mètre cube a été payé à raison de 50 fr.?

P. 85. La force de 2 ouvriers est dans le rapport de 7 à 12 : combien le second fera-t-il de mètres d'ouvrage si le premier en fait 175 mètres?

P. 86. On vient de clore un jardin par un mur qui a coûté 2524 fr. 95 c.; il a 3 mèt. 20 cent. de hauteur et 0 mètre 90 cent. d'épaisseur : le mètre cube ayant été payé 45 fr. 25 c., dites quelle en est la longueur.

P. 87. En 12 jours, 12 ouvriers, travaillant 12 heures par jour, ont fait 12 pièces de drap de 75 mèt. chacune : on demande combien ils auraient fait de pièces de 25 mètres de la même étoffe, s'ils avaient été 7 ouvriers de plus.

P. 88. Un ouvrier gagne 18 fr. 90 c. en travaillant 12 jours sur 14 ; pendant ces 14 jours, il dépense 1 fr. par jour pour son entretien et donne 0 fr. 05 c. aux pauvres : le dimanche il triple son aumône : on demande combien il lui faudra de temps pour qu'avec son petit bénéfice il puisse payer son loyer, qui est de 60 fr., et acquitter une petite dette de 12 fr.

P. 89. Combien faudra-t-il de temps pour recevoir 80 fr.

de rente avec un capital de 400 fr., sachant qu'avec 600 fr. placés au même taux, on reçoit tous les 3 ans 90 fr.?

P. 90. Pour transporter 150 myriagr. de marchandises l'espace de 30 myriam., un marchand paie 24 fr. : on demande combien, à proportion, il en ferait transporter de kilog. avec 22 fr. 40 c. l'espace de 20 myriam.

P. 91. En gagnant 3 pour 100 tous les 9 mois, quel capital faudrait-il pour gagner 800 fr. tous les 2 ans?

P. 92. Un ouvrier doit faire deux ouvrages; la difficulté du premier est à celle du second comme 11 est à 15 : on demande combien il fera de mètres du second en 940 heures, sachant qu'il a fait 500 mèt. du premier en 20 journées de 12 heures.

P. 93. Pour vider un tonneau de 250 litres, on ouvre trois robinets; le premier donne 2 litres $\frac{2}{3}$ par minute, le second 2 litres $\frac{1}{4}$ et le troisième 1 litre $\frac{3}{4}$: en combien de minutes sera-t-il vide?

P. 94. Un négociant donne 12 fr. aux pauvres toutes les fois qu'il gagne 141 francs : combien aurait-il donné aux pauvres s'il avait gagné 58656 fr.?

P. 95. Lorsqu'on obtient 18 kilogram. 8 décag. de diminution pour la tare d'une caisse à raison de 4 kilog. pour 100, dites quel en était le poids brut.

P. 96. En déduisant d'une somme la prime d'assurance à 3 pour 100, il reste 11985 fr.: quelle était cette somme?

P. 97. Un commis a $\frac{1}{15}$ de franc pour 100 de commission : on demande quel a été son profit, sachant qu'il a compté 47580 fr. à son patron.

P. 98. J'ai acheté des marchandises pour 17200 fr. à un an de crédit; j'en ai acheté d'une autre part pour 10950 fr. à 18 mois de crédit; si je paie comptant, on m'accorde 5 pour cent la première emplette et 4 $\frac{1}{2}$ pour la seconde : quelle diminution obtiendrai-je?

P. 99. J'ai employé pendant 22 jours et demi 13 hommes dont chacun des 8 derniers ne faisait que les $\frac{3}{4}$ d'ouvrage d'un des 5 premiers; ils ont fait 270 mètres de drap : combien 20 ouvriers, dont chacun des 9 derniers ne ferait que les $\frac{3}{5}$ des 11 premiers, en feraient-ils pendant le même temps?

P. 100. Avec 1944 ardoises de 38 centimètres de long sur 28 de large, on a couvert un toit de 30 mètres de long sur 2 mètres 67 centimètres de large : quelle est la longueur de 4000 ardoises de 33 centimètres de largeur employées à couvrir un autre toit de 60 mèt. de long sur 3 mètres 30 centimètres de large.

P. 101. Quand la mesure de blé qui pèse 108 kilog. coûte 20 fr. 06 cent., on a 17 kilog. de pain pour 4 fr. 30 c.; combien la mesure qui pèse 90 kilog. doit-elle coûter pour qu'on puisse avoir 20 kilog. 4 décag. de pain pour 6 fr. 90 cent.?

P. 102. Lorsque le sac de blé coûte 18 fr., le pain de 6 kilog. 50 déca. coûte 1 fr. 20 c., combien doit coûter le sac pour qu'on puisse donner 3 kilog. 50 déca. de pain pour 0 fr. 663 milli.?

P. 103. Je dois les intérêts de 5000 francs pour 6 mois à 5 pour 100, pendant combien de temps dois-je prêter 4600 fr. à 4 pour 100 pour compenser les intérêts que je dois?

P. 104. On a fait construire deux murs de la dimension suivante : le 1er a 75 mèt. de longueur, 6 mèt. 25 de hauteur et 0 mèt. 95 d'épaisseur ; le second a 36 mèt. 25 de longueur, 5 mèt. 85 de haut. et 0 mèt. 90 d'épaisseur; 3 compagnies d'ouvriers se sont partagé les travaux, comme il suit : la 1re comprend 15 hommes occupés pendant 30 jours et 12 heures par jour; la seconde 10 hommes pendant 10 jours et 11 heures par jour; la troisième 18 hommes pendant 15 jours et 8 heures par jour : on demande quelle sera la longueur d'un mur de ville qui doit avoir 7 mèt. de haut. et 2 d'épaisseur, s'il est construit par 136 ouvriers en 50 journées de 12 heures?

P. 105. Un maître menuisier a 6 compagnons et 1 apprenti qui ne fait que les $\frac{2}{3}$ de l'ouvrage d'un compagnon; en 15 jours ils ont fait une boiserie de 16 mètres de long sur 3 de hauteur : combien 15 ouvriers, dont 8 ne font que les $\frac{4}{6}$ d'ouvrage d'un des autres, donneront-ils de longueur à un pareil ouvrage qui aurait 2 mèt. 50 de hauteur, s'ils y travaillent pendant 12 jours?

P. 106. Un négociant a acheté pour 7460 fr. d'épiceries payables comptant; se trouvant gêné pour satisfaire, il offre 4 pour 100 à l'épicier, s'il accepte d'être payé en marchandises : supposé la condition acceptée, pour combien livrera-t-il?

P. 107. On a placé 8112 fr. 50 à 4 pour 100 : combien de temps devra-t-on attendre pour recevoir une rente égale à celle que produirait un capital de 2950 fr., placé à 4 $\frac{1}{2}$ pour % pendant 4 ans?

P. 108. Pour faire 359 mètr. 25 cent. de drap de 1 mètr. 50 cent. de large, 23 ouvriers ont travaillé pendant 27 jours, et 11 heures par jour : combien 46 ouvriers emploieront-ils de journées de 9 heures, pour faire 638 mèt. 33 cent. d'un drap de 1 mèt. 12 de large?

P. 109. Un particulier a acheté une maison et un jardin qui lui ont coûté 45000 fr.; il a donné un à-compte de 12500 fr.: on demande quelle somme il devrait placer au denier 20 pour payer les intérêts de ce qu'il doit encore, le vendeur n'exigeant que 4 pour 100 d'intérêt par an.

P. 110. Un rentier a deux capitaux, l'un de 9000 fr. placé au denier 30, et l'autre de 7000 fr. placé à 3 pour 100 par an : on demande pour combien de temps il faudrait qu'il prêtât le revenu de 5 ans, à 4 pour 100, pour avoir à cette époque une somme de 408 fr.

P. 111. Un capital qui serait placé à 3 pour 100 produirait une rente annuelle de 255 fr.: combien produirait-il au bout de 146 jours, s'il était placé au denier 25?

P. 112. Après 4 mois de placement une personne reçoit, tant pour le capital que pour les intérêts au denier 30 par an, une somme de 25480 fr.: quel est ce capital?

P. 113. Pour le capital et les intérêts simples d'une somme placée à 5 pour 100 par an, on a reçu 56280 fr. au bout de 8 ans : dites quel est ce capital.

P. 114. La somme de 8700 fr., placée au denier 20, est devenue 13050 fr. à l'époque de son remboursement : combien de temps a-t-elle été placée?

P. 115. Un particulier a placé 5800 fr. pour 4 ans; à cette époque il devra recevoir, pour le capital et les intérêts simples, 6728 fr.: à quel taux cet argent est-il placé?

P. 116. Quelqu'un vient d'emprunter 9800 fr. au denier 30, qu'il sera tenu de rembourser dans 5 ans avec les intérêts simples : quelle somme lui faudra-t-il pour acquitter le capital et les intérêts?

P. 117. Une personne avait prêté une certaine somme à 4 pour 100 par an; si le remboursement du capital et des intérêts n'avait été effectué qu'au bout de 3 ans, elle aurait reçu 48384 fr.: on demande quel était ce capital.

P. 118. Un tuteur est tenu de faire le remboursement de 5500 fr. de capital, avec les intérêts composés sur le pied de 5 pour 100 : combien doit-il payer après 5 ans?

P. 119. On a reçu 5 fr. pour $\frac{4}{7}$ de jour de travail : combien est-ce par jour?

P. 120. Lorsqu'on reçoit 130 fr. 40 c. pour 14 pièces $\frac{3}{14}$ de ruban, à combien revient la pièce?

P. 121. Quelle est la valeur des $\frac{3}{7}$ des $\frac{2}{5}$ de 6 fr.?

P. 122. Quels sont les $\frac{4}{5}$ des $\frac{5}{7}$ des $\frac{3}{11}$ de 5 fr. 40 c.?

P. 123. Quel est le tiers $\frac{1}{3}$ de cent?

P. 124. J'ai acheté les $\frac{5}{8}$ d'une pièce de drap pour 136 fr.; j'ai cédé les $\frac{3}{4}$ de ce que j'avais acheté : combien m'en reste-t-il et quelle somme dois-je recevoir?

P. 125. Par quel nombre faut-il multiplier $\frac{14}{24}$ pour que le produit soit $\frac{5}{6}$?

P. 126. J'ai 3 coupons de drap faisant ensemble $\frac{11}{12}$; le premier est double du second, le troisième est $\frac{9}{16}$: quelle est la longueur des deux premiers?

P. 127. Quel est le nombre dont le $\frac{1}{4}$ et le $\frac{1}{5}$ font 100?

P. 128. Une poutre est enfoncée $\frac{1}{3}$ dans la terre, $\frac{1}{4}$ dans l'eau, et il reste 4 mètres au-dessus : quelle en est la longueur?

P. 129. Quel est le nombre dont $\frac{1}{2}$, $\frac{1}{3}$, $\frac{1}{4}$ font 48?

P. 130. Trois francs doivent être donnés à 4 pauvres; le premier doit avoir $\frac{1}{2}$, le deuxième $\frac{1}{3}$, le troisième $\frac{1}{4}$, et le quatrième $\frac{1}{5}$: combien chacun aura-t-il?

P. 131. J'ai acheté une maison, dont j'ai payé les $\frac{2}{5}$ du $\frac{1}{3}$ des $\frac{3}{4}$ du prix, et je dois encore 11250 fr.: combien a-t-elle coûté?

P. 132. Un tailleur a acheté un coupon de drap de 4 mèt., et un autre de 6 mètres; il en cède à un de ses amis 7 mètres à 8 fr. 40 c. le mètre, et vend le reste pour la somme de 30 fr.; on demande, 1° combien il avait acheté de mètres de drap; 2° à combien il a vendu le mètre de ce qui lui restait; 3° combien il a gagné, supposant qu'il eût dépensé 64 fr. 75 c. pour ces deux achats; et 4° enfin, combien il aura de mètres de drap avec son bénéfice, s'il l'achète au même prix que celui qu'il a vendu à son ami.

P. 133. Lorsqu'on paie 176 fr. 50 c. pour 8 doubles-stères

de bois, combien aura-t-on de décastères du même bois pour 45100 fr. ?

P. 134. Si l'on paie 7803 fr. 84 c. pour 508 hectolitres de blé, combien coûteront 6 litres?

P. 135. En 18 jours 14 heures 30 minutes, un courrier a fait 1828 kilomètres : combien sera-t-il de jours pour faire 32 myriamètres 72 mètres?

P. 136. Quelle est la hauteur d'une tour qui donne 75 mètres d'ombre, lorsqu'en même temps cinq mètres en donnent 15 mètres 5?

P. 137. Partager 3820 fr. entre 3 personnes, de manière que la troisième ait autant que les deux premières ensemble, lesquelles doivent avoir une égale part.

P. 138. Trois personnes ont acheté une maison 46010 fr.; la première a donné une certaine somme, la seconde le triple, et la troisième une fois et demie autant que les deux autres ensemble : quelle est la dépense de chacune?

P. 139. Un terrain de deux cent quatre-vingt-deux hectares de terre a été défriché par deux compagnies d'ouvriers; la première était de 25 ouvriers, et la seconde de 22 : on demande combien chaque compagnie a défriché d'hectares, et à combien revenait le défrichement de chaque hectare, sachant que les premiers ouvriers ont reçu 825 fr. de plus que les seconds.

P. 140. La mise de deux associés est de 1600 fr., leur gain s'est élevé à 300 fr. : on demande quel doit être le gain de chacun ainsi que sa mise, sachant que le second a reçu pour gain et pour mise 1140 fr.

P. 141. On veut connaître la mise particulière de deux jeunes gens qui ont gagné 1625 fr. avec un fonds de 5000 fr., sachant que le gain du premier surpasse de 325 fr. celui du second.

P. 142. Avec 4500 fr. deux marchands ont fait un gain qui est à leur fonds : : 1 : 5; la mise du premier est le triple du gain, le second a fourni le reste : on demande : 1° le gain total; 2° la mise et le profit de chacun.

P. 143. Deux associés ont fait un fonds de 15216 fr.; le second a mis 4200 fr. de moins que le premier : combien chacun recevra-t-il pour mise et bénéfice, s'ils font un gain égal au tiers de la mise ?

P. 144. Quatre personnes veulent former un capital de 35400 fr.; la première y veut être pour 0 fr. 40 c. pour franc, la seconde pour 0 fr. 25 c., la troisième pour 0 fr. 20 c., et la quatrième pour 0 fr. 15 c. : combien chacune doit-elle mettre ?

P. 145. La somme de 6324 fr. doit être partagée entre trois associés qui ont mis, le premier 9830 fr., le second 11250 fr.; on ne connaît pas la mise du troisième, mais on sait qu'il a reçu 2108 fr. de bénéfice; on veut connaître sa mise et le gain des deux autres.

P. 146. Deux contre-maîtres, 8 ouvriers, 6 apprentis et 6 manœuvres ont à se partager 2772 fr. de gratification; les contre-maîtres doivent recevoir ensemble $\frac{1}{2}$, les ouvriers $\frac{1}{3}$, les apprentis $\frac{1}{4}$, et les manœuvres $\frac{1}{5}$: combien auront-ils chacun ?

P. 147. Trois associés ont gagné 4800 fr. : la mise du premier est à celle du second : : 3 : 8, et celle du second à celle du troisième : : 2 : 5; combien auront-ils chacun ?

P. 148. Trois associés ont mis ensemble 22320 fr. dans le commerce : on demande la mise de chacun, sachant que le gain du premier est à celui du second : : 1 : 3, et celui du second à celui du troisième : : 4 : 5.

P. 149. Les droits d'entrée étant de 10 fr. pour un bœuf, de 5 pour un veau, et de 2 pour un mouton, on demande combien il en est entré de chaque espèce, sachant que la recette a été de 4140 fr., et que le nombre de bœufs est à celui des veaux : : 1 : 3, et celui des veaux à celui des moutons : : 2 : 5.

P. 150. On veut partager 48 fr. entre 4 personnes; la première voudrait 11 fr., la seconde 17, la troisième 19, et la quatrième 23 : combien devra-t-on donner à chacune ?

P. 151. Pour remplir un réservoir qui a 25 mètres 50 centimètres de longueur, 12 mètres de largeur, et 4 mètres 50 centimètres de profondeur, on a laissé couler 4 robinets, le premier pendant 6 heures 25 minutes, le second pendant 5 heures 40 minutes, le troisième pendant 550 minutes, et le quatrième pendant 3 heures 5 minutes : on demande combien chaque robinet a donné de mètres cubes.

P. 152. Cinq négociants se sont associés pour 4 ans : le premier a mis d'abord 60 fr., 5 mois après 800 fr., et enfin

1500 fr. 4 mois avant la fin de la société; le second a mis 600 fr. au commencement, et 1800 6 mois après; le troisième a mis d'abord 400 fr., et tous les six mois il y ajoutait 500 fr.; le quatrième ne mit ses fonds que 8 mois après le commencement, alors il mit 900 fr., et réitéra cette mise tous les 6 mois; le cinquième fut chargé de faire valoir les fonds, et il fut convenu qu'il estimerait son temps à 6 fr. par jour : combien chacun doit-il avoir sur le bénéfice, qui est de 20000 fr.?

P. 153. Quatre ouvriers travaillent ensemble au même ouvrage, qu'on leur paie 4 fr. 50 c. le mètre : le premier peut en faire 5 mètres en 4 jours, le second 9 mètres en 11 jours, le troisième 10 mètres en 13 jours, et le quatrième 12 mètres en 14 jours : on demande quelle part chacun doit avoir à la recette, sachant qu'ils ont fait ensemble 650 mètres de cet ouvrage.

P. 154. Louis a retiré pour gain d'une association la somme de 540 fr.; André 810 fr.; Paul a reçu 150 fr. de plus que le dernier : on demande le profit et la mise de chacun, sachant que Louis avait mis 2700 fr.

P. 155. Un prince voulant récompenser une province des services qu'il en avait reçus, lui accorda une diminution d'impôts de 137790 francs : à combien revient la diminution par tête, s'il y a 2 villes de 9000 habitants, 6 bourgs de chacun 350, 12 villages de chacun 120, et 19 hameaux de chacun 75?

P. 156. Un boulanger a acheté d'un fermier une partie de blé pour 2946 fr., payables, $\frac{1}{3}$ dans 8 mois, $\frac{1}{2}$ dans 10 mois, et le reste dans un an; mais s'il paie chaque somme 3 mois plus tôt qu'il ne devait, et qu'il obtienne une diminution de 9 pour 100 par an, combien déboursera-t-il chaque fois?

P. 157. Un jeune homme devait les sommes suivantes : 40 fr. payables à 6 mois, 80 fr. à 9 mois, et 480 francs à 15 mois; mais comme il a payé comptant les deux premières sommes, son créancier lui accorde de ne lui payer la troisième que dans deux ans : combien ce jeune homme a-t-il gagné, supposé qu'il ait placé son argent à 5 pour 100?

P. 158. J'ai acheté pour 3600 fr. de marchandises payables dans 15 mois, à condition que, si je faisais une partie du paiement avant ce terme, il me serait accordé du temps au delà de 15 mois pour ce qui resterait à payer; or j'ai fait un premier paiement 5 mois après l'achat, et j'ai soldé mon créancier 11 mois après le terme qu'il m'avait donné d'abord : combien ai-je payé chaque fois ?

P. 159. Je devais 400 fr. à 15 mois de crédit, j'en ai payé les $\frac{3}{4}$ avant l'échéance, de manière que l'intérêt que j'aurais pu me procurer avec ces $\frac{3}{4}$ est compensé par celui que j'ai obtenu sur le $\frac{1}{4}$, en le gardant 3 ans 9 mois après le terme convenu : à quelle époque ai-je payé les $\frac{3}{4}$ de ma dette ?

P. 160. Un boulanger a vendu de trois qualités de pain, et autant de l'une que de l'autre, pour 36 francs : combien en a-t-il vendu de kilogrammes de chaque sorte, les prix étant 15 c., 20 c., et 25 c. ?

P. 161. Avec du vin à 3 fr. et à 2 fr. le litre, on a rempli une pièce qui en contient 225 : combien en a-t-on mis de chaque prix, sachant que la pièce vaut 540 fr. ?

P. 162. On a 30 litres de vin à 45 centimes dans une pièce qui en contient 350 : combien en faudra-t-il mettre à 25 c., 40 c., 55 c., 75 c. et 80 c. pour la remplir, afin que le litre se vende 60 centimes ?

P. 163. On veut faire 800 mesures de blé qu'on puisse vendre 15 fr. la mesure : combien faut-il en mettre de 6 fr., 9 fr., 10 fr., 17 fr. et 18 fr., si l'on veut qu'il y en ait autant de la première qualité que de la dernière ?

P. 164. Un terrain de forme carrée, ayant une superficie de 1197 mètres 16, doit être entouré d'un mur de 4 mètres de haut : quelle sera la longueur des murs ?

P. 165. Un particulier ayant un jardin carré de 2116 mètres de superficie, veut faire crépir le mur qui l'entoure : combien dépensera-t-il s'il paie le mètre carré à raison de 0 fr. 50 c. pour le dedans, et 0 fr. 80 c. pour le dehors, ledit mur ayant 4 m. de hauteur et 0,45 d'épaisseur ?

P. 166. On veut planter 1452 arbres dans un verger de forme rectangulaire qui est 3 fois plus long que large : combien y aura-il d'arbres sur la longueur et combien sur la largeur, sachant qu'ils doivent être également espacés ?

P. 167. On a deux nombres ; le plus grand est 15, et la somme de leur carré est 346 : quel est le plus petit ?

P. 168. Quelle est la largeur d'une chambre de 63 mètres de superficie, sachant que si elle était carrée elle en aurait 81 ?

P. 169. On a payé 600 fr. pour un terrain de 20 mètres de côté : combien, à proportion, paiera-t-on pour un autre de même qualité, ayant 40 mètres de côté ?

P. 170. On a payé 9375 francs pour un terrain ayant 625 m. de superficie ; quel doit être le côté d'un autre terrain carré qui a coûté 2535 fr. ?

P. 171. On a fait faire 23 mètres d'ouvrage pour 23 fr. 725 : on demande combien coûteront 29 mètres au même prix ?

P. 172. On a payé 63 fr. 432 m. pour 35 mètres 875 m. d'ouvrage : à combien revient le mètre ?

P. 173. Une allée de jardin a 158 mètres 95 de superficie sur 3 mètres 40 de largeur : quelle en est la longueur ?

P. 174. On veut percer 12 baies dans la longueur d'un mur de 46 mètres 66 : on demande quelle en sera la largeur commune, sachant que la distance de chaque angle à la première baie et les séparations font ensemble 36 mètres 25.

P. 175. On a acheté du papier à 4 fr. 925 m. la rame, à 5 fr. 7875, à 6 fr. 33 $\frac{1}{3}$, et à 7 fr. 875 m. : on en a eu autant d'une qualité que de l'autre pour 299 fr. 05 c. : combien en a-t-on eu de chaque prix ?

P. 176. Quel serait le diamètre d'un cercle égal en surface à un triangle de 20 mètres de base et de 24 de hauteur ?

P. 177. Quelle est la base d'un triangle de 12 mètres de hauteur, et dont la superficie égale celle d'un cercle de 9 mètres de diamètre ?

P. 178. Quelle différence y a-t-il entre la superficie d'un cylindre de 4 mètres de circonférence et 15 de hauteur, et celle d'un cône de 22 mètres de circonférence et 15 de hauteur ? La superficie des bases ne doit point être comprise dans ce calcul.

P. 179. On a fait faire une porte cochère cintrée ; la partie carrée a 3 mètres 50 centimètres de largeur, et 5 mèt. 40 centimètres de hauteur ; le cintre forme un demi-cercle parfait, ayant la largeur de la porte pour diamètre ; on paie le menuisier à raison de 34 fr. le mètre carré, le peintre à 3 fr. 75 c. le mètre carré pour l'extérieur, qui doit être bronzé, et 2 fr. 25 c. le mètre carré pour l'intérieur : combien coûtera-t-elle, s'il faut payer 75 fr. pour les ferrements ?

P. 180. Quelle est la profondeur d'un bassin de 380 mètres de superficie, pouvant contenir 390 mètres cubes d'eau ?

P. 181. Combien faudra-t-il de pierres de 0 mètre cube 034 pour faire un piédestal dont chaque surface formerait un carré de 4 mètres de côté ?

P. 182. Combien y avait-il de mètres cubes de terre dans un

moule qui a servi à fondre un objet conique de 8 mètres de hauteur, ce moule ayant 8 mètres 7 de hauteur, 3 mètres 60 centim. de diamètre extérieur, et 0 mèt. 05 cent. d'épaisseur?

P. 183. Quel serait le prix d'une pyramide de 12 mètres de hauteur, ayant pour base un triangle de 6 mètres de base et de 5 de hauteur, à 54 fr. le mètre cube ?

P. 184. On demande la profondeur d'un bassin de 28 mètres de superficie, dont le cube égale la solidité d'une pyramide qui a 7 mètres de hauteur, et dont le triangle qui lui sert de base est de 6 mètres de hauteur et de 8 de base.

P. 185. Quel est le cube d'une sphère de 1 mètre 15 centimètres de diamètre ?

P. 186. On a creusé un puits de 1 mètre 15 centimètres de diamètre et 15 mètres 25 centimètres de profondeur : quelle quantité de déblais en a-t-on extraite ?

P. 187. Pour faire creuser un puits de 2 mètres de diamètre et de 20 de profondeur, on paie 4 fr. pour le premier mètre d'extraction, 5 pour le second, et ainsi de suite : combien paiera-t-on pour cet ouvrage?

P. 188. Quelle est la superficie d'un triangle dont les côtés ont 144 mètres, 136 mètres, et 150 mètres ?

P. 189. Les $\frac{2}{3}$ de la fortune d'Antoine égalent les $\frac{4}{5}$ de celle d'Alphonse, qui égale elle-même les $\frac{1}{9}$ de 4680 : quelle est la fortune d'Antoine ?

P. 190. Une sphère a 12 mètres 65 de diamètre : quelle en est la solidité ?

P. 191. Les 360 degrés de longitude passant devant le soleil en 24 heures, on demande combien il passe de degrés par heure et par minute.

P. 192. D'après l'opération ci-dessus, on demande quelle est la longitude d'une ville qui a midi 2 heures $\frac{1}{2}$ avant Paris.

P. 193. Sachant que la longitude de Paris est 0, et celle de Venise de 10 degrés Est, on demande quelle heure il est à Venise lorsqu'il est midi à Paris.

P. 194. On sait que le soleil dépasse chaque côté de l'équateur de 23° 28', on demande quel est alors son éloignement du zénith de Paris, situé à 48° 50' de latitude.

P. 195. La latitude de Paris étant de 48° 50', on demande combien le soleil s'élève au-dessus de l'horizon de cette ville à l'époque des solstices.

PROBLÈMES SUPPLÉMENTAIRES.

(*Voir page* 225.)

QUELQUES PROBLÈMES RÉSOLUS PAR LA MÉTHODE DE L'UNITÉ.

P. 1er. Vingt hommes ont fait un ouvrage en 15 jours; combien faudrait-il de jours à 12 hommes pour faire le même ouvrage ?

Pour faire l'ouvrage

20 hommes travaillent pendant 15 jours,
1 homme travaille pendant 15×20
12 hommes travaillent pendant $\frac{15 \times 20}{12} = \frac{25}{1} =$ 25 jours.

P. 2. Pour faire un mur de 30 mètres de long, sur 5 mèt. de hauteur et 0, 75 cent. d'épaisseur, 4 maçons ont employé 15 jours, en travaillant 12 heures par jour ; combien faudra-t-il de jours à 6 maçons travaillant 10 heures par jour, pour faire un autre mur de 25 mèt. de long sur 7 de hauteur, et 0,80 d'épaisseur.

Pour faire un mur ayant,

30m. de long	sur 5m. de h.	et 0,75 d'ép.	4 maç. tr.	12h. par j.	empl. 15 jours.
1	5	0,75	4	12	$\frac{15}{30}$
1	1	0,75	4	12	$\frac{15}{30 \times 5}$
1	1	1	4	12	$\frac{15}{30 \times 5 \times 0,75}$
1	1	1	1	12	$\frac{15 \times 4}{30 \times 5 \times 0,75}$
1	1	1	1	1	$\frac{15 \times 4 \times 12}{30 \times 5 \times 12}$
1	1	1	1	10	$\frac{15 \times 4 \times 12}{30 \times 5 \times 12 \times 10}$
1	1	1	6	10	$\frac{15 \times 4 \times 12}{30 \times 5 \times 0,75 \times 10 \times 6}$
1	1	0,80	6	10	$\frac{15 \times 4 \times 12 \times 0,80}{30 \times 5 \times 12 \times 10 \times 6}$
1	7	0,80	6	10	$\frac{15 \times 4 \times 12 \times 0,80 \times 7}{30 \times 5 \times 0,75 \times 10 \times 6}$
25	7	0,80	6	10	$= \frac{15 \times 4 \times 12 \times 0,80 \times 7 \times 25}{30 \times 5 \times 0,75 \times 10 \times 6}$

$$= \frac{\overset{1}{15} \times \overset{2}{4} \times \overset{2}{12} \times 0,80 \times 7 \times \overset{5}{25}}{\underset{2}{30} \times 5 \times 0,75 \times \underset{5}{10} \times \underset{1}{6}} = \frac{2 \times 0,80 \times 7}{0,75} =$$ 14 jours 9 heures 20 min.

P. 3. Quelle serait la rente de 8,500 fr. pendant 8 ans, placés au denier 20 ?

20 francs en 1 an rapportent 1 franc de rente,
1 franc en 1 an rapporte $\frac{1}{20}$
1 franc en 8 ans rapporte $\frac{1 \times 8}{20}$.

8500 francs en 8 ans rapportent $\frac{1 \times 8 \times 8500}{20} =$ 3400 francs.

P. 4. Un capital placé à 4 pour cent a rapporté en 5 ans 650 francs ; quel est-il?

4 f. de rente p. 1 an prov. d'un cap. de 100 f.

1 f. de rente p. 1 an prov. d'un cap. de $\frac{100}{4}$

1 f. de rente p. 5 ans prov. d'un cap. de $\frac{100}{4\times5}$

650 f. de rente p. 5 ans prov. d'un cap. de $\frac{100\times650}{4\times5} = 3250$ f.

P. 5. En combien de temps 40000 fr. placés au denier 25 rapporteraient-ils 7400 francs?

25 f. rapp. 1 f. en 1 an,

1 f. rapp. 1 f. en 1×25

1 f. rapp. 7400 f. en $1 \times 25 \times 7400$

40000 f. rapp. 7400 f. en $\frac{1\times25\times7400}{40000} = \frac{185}{40} = 4$ ans 7 m. 15 j.

P. 6. A quel denier faut-il placer 4540 fr. pour que les intérêts, au bout de 4 ans, soient 908 fr.?

908 fr. d'int. pour 4 ans exigent un capital de 4540 fr.

908 fr. d'int. pour 1 an exigent un capital de 4540×4

1 fr. d'int. pour 1 an exige un capital de $\frac{4540\times4}{908} = 20$

Si l'on demandait le taux pour cent, on dirait :

4540 fr. en 4 ans rapportent 908 fr.

1 fr. en 4 ans rapporte $\frac{908}{4540}$

1 fr. en 1 an rapporte $\frac{908}{4540\times4}$

100 fr. en 1 an rapportent $\frac{908\times100}{4540\times4} = 5$ pour cent.

Autre raisonnement sur la somme des termes d'une progression géométrique. (Voir page 302.)

Soit la progression suivante dont la raison est 3 :

$\div\!\div$ 2 : 6 : 18 : 54 : 162.

En multipliant tous les termes de cette progression par 3, nous la rendrons trois fois plus forte, et nous aurons

$\div\!\div$ 6 : 18 : 54 : 162 : 486.

Pour retrancher la première progression de celle-ci, il suffit d'annuler les termes communs 6, 18, 54, 162, et de retrancher ensuite 2 de 486. Le reste 484 est égal à 2 fois la somme des termes de la 1re progression : donc cette somme = la $\frac{1}{2}$ de 484 = 242.

Mais 486 est le produit de 162, dernier terme de la progression proposée par la raison 3 ; 2 qu'on retranche de ce produit en est le premier terme, et 2 qui divise ce reste est la raison diminuée d'une unité : donc, etc., etc.

MODÈLES
DE MÉMOIRES D'OUVRIERS.

MÉMOIRE DE TAILLEUR.

MÉMOIRE des Ouvrages fournis et confectionnés pour M. P.... et pour sa famille, pendant le courant de l'année 185 .

Par F.... C.... Marchand Tailleur à....

SAVOIR :

POUR MONSIEUR (1).

		fr.	c.
Mai, 1er...	3 m. 50, casimir gris à côtes pour pantalon, à 7 fr. 50 le mètre	»	»
	0 m. 75, toile grise pour doublure, à 1 fr. 75,	»	»
	Fourniture et façon	7	50
	0 m. 75, drap de soie brochée, fond violet, pour gilet, à 18 fr	»	»
	1 mèt., coton gris, pour doublure.	2	»
	Fourniture et façon	6	50
	1 mèt. 50, drap d'Elbœuf, bleu foncé, pour redingote, à 32 fr. 50.	»	»
	1 mèt. 80, percaline jaune, pour doublure, à 1 fr. 50 c.	»	»
	Collet en velours	5	»
	Boutons en soie. 2 fr. 50 / Façon. . . . . . 10 » / Garniture. . . . 4 » }	16	50
Juin, 11..	1 mèt. 80, drap de Sédan, pour habit, à 30 fr.	»	»
	1 m. 80, percaline rose, pour doublure, à 1 fr. 60.	»	»
	Boutons. . . . . 1 fr. 50 / Façon. . . . . . 14 » / Garniture. . . . 4 » }	»	»
	Total.	»	»

(1) On a laissé plusieurs nombres en blanc, afin que ces mémoires pussent servir d'exercices sur le calcul.

		fr	c.
	Report. . . .	»	»
	POUR M. ALPHONSE.		
Avril, 3...	Satin laine, pour un pantalon, 1 m. 80, à 30 fr.	»	»
	1 m. 80 de doublure, à 1 fr. 40.	»	»
	Fourniture et façon.	7	50
	0 mèt. 50, satin broché, pour gilet, à 24 fr.	»	»
	0 mèt. 60, percaline, pour doublure, à 1 f. 40	»	»
	Fourniture et façon.	9	»
	POUR M. ISIDORE.		
Juillet, 14.	1 m. 60, cuir de laine (fabrique de Ternaux), pour pantalon, à 25 fr.	»	»
	1 m. 60, de doublure, à 1 fr. 60	»	»
	Fourniture et façon.	6	50
	0 mèt. 60, satin velouté, pour gilet, à 25 fr.	»	»
	0 m. 60, doublure, à 1 fr. 50.	»	»
	Fourniture et façon.	4	»
	POUR M. EDOUARD.		
Juin, 10...	0 mèt. 90, drap bleu de Sédan, pour jaquette, à 26 fr.	»	»
	Garniture de boutons.	4	50
	0 m. 95 de percaline, pour doublure, à 1 f. 50	»	»
	Façon.	6	50
	Asting satiné, pour pantalon, 1 m. 60, à 10 f.	»	»
	1 mèt., percaline pour doublure, à 1 fr. 60.	»	»
	Fourniture et façon.	11	»
	POUR MADAME.		
Sept., 12..	5 m. 40, drap de Louviers, pour manteau, à 23 fr	»	»
	2 m. 40, velours noir, pour garniture et collet, à 24 fr.	»	»
	Agrafes et façon.	15	»
	Total.	»	»

Pour acquit de la somme de cinq cent vingt-neuf francs quatre-vingt-dix-huit centimes, montant réduit du présent mémoire.

A.... le..... 185 .

Signature du Me Tailleur.

MÉMOIRE DE CORDONNIER.

Mémoire des Ouvrages de Chaussures faits et fournis pour le compte de M. R... et de sa famille, pendant le premier semestre de l'année 185 .

Par S.... T.... Cordonnier et Bottier, à M....

SAVOIR :

POUR MONSIEUR.

		fr	
Janvier, 15.	2 paires de bottes à double couture, à 18 fr. la paire.	»	»
Mars, 18. .	2 — — souliers à recouvrement, à 9 fr.	»	»
Mai, 17. .	2 — — escarpins en veau ciré, à 6 f.	»	»
	1 — — socques en cuir.	8	»

POUR MADAME.

Janvier, 21.	1 — — brodequins de satin turc.	7	50
	1 — — chaussons de chèvre. . .	3	»
Mars, 25. .	1 — — socques en cuir.	7	»
Avril, 14. .	1 — — escarpins.	4	50
Juin, 20. .	1 — — chaussons, satin soie. . .	5	»

POUR M. ANSELME.

Avril, 4. .	1 — — souliers de chasse	8	50
Mai, 11. .	1 — — brodequins en veau ciré.	4	»
Juin, 20. .	1 — — souliers lacés à l'anglaise.	6	50

POUR Mlle ELISA.

Avril, 14 .	1 — — chaussons en satin laine.	3	50
Mai, 12. .	1 — — escarpins veau ciré. . . .	4	»
Juin, 17. .	1 — — *Idem* satin soie.	5	50
	Total. . . .	»	»

Pour acquit de la somme de cent-trente-trois francs.

A..... L.... le.... 185 .

(Signature du Fournisseur.)

MÉMOIRE DE MENUISIER.

Mémoire des travaux de Menuiserie faits dans la maisen de M. A.... B.... situé à C.... rue D.... n°.... dans le courant de l'année 185 .

Par L.... Entrepreneur, rue.... n°.... sous la direction de M. G.... Architecte.

SAVOIR :

FAÇADE SUR LE JARDIN.

REZ-DE-CHAUSSÉE.

		fr.	c.
Avril, 12.	Fourni 6 portes vitrées, en chêne, de 0,034 d'épaisseur, à 2 venteaux avec dormants, jets d'eau et panneaux à table saillante : haut. 2 mèt., largeur, 1 m. 20; surface totale, 0 mèt. 00, à 8 fr. 50 le mètre carré.	»	»

1er ÉTAGE.

		fr.	c.
. . . 15. .	Fourni 6 croisées en chêne, de 0 mèt. 027, à 2 venteaux avec dormants, jets d'eau, etc. : hauteur, 1 mèt. 80; largeur, 1 mèt. 20; ensemble. . . 12 m. 96 } 0 m. 0, à 8 f.	»	»

2e ÉTAGE.

		fr.	c.
. . . 18. .	Fourni 6 croisées en chêne, comme ci-dessus : haut., 1 m. 60; largeur, 1 m. 20 : ensemble. . 00 m. 00 }		
	Total.	»	»

		fr.	c.
	Report. . . .	»	»

FAÇADE SUR LA COUR.

REZ-DE-CHAUSSÉE.

Mai, 19 . .	Fourni 6 portes vitrées, en chêne, de 0 m. 037, à 2 venteaux avec doublure à la place des pentures : hauteur, 2 mèt.; largeur, 1 m. 20 : ensemble, 0 m. 00, à 5 fr. 20.	»	»

1er ÉTAGE.

	Fourni 6 paires de volets en chêne, de 0 m. 035, avec les panneaux à champ et à saillie : hauteur, 1 m. 80 ; largeur, 1 m. 20 ; ensemble . . 00 m. 00		
	2e ÉTAGE.		
Juin, 1er .	Fourni 6 paires de volets en chêne, de 0 m. 037 ; ensemble. 11 m 52 } 24 m. 48 à 8 f. 50	»	»

FAÇADE SUR LA RUE.

REZ-DE-CHAUSSÉE.

. . . 10 . .	Fourni une porte cochère en chêne, de 0 m. 056 d'épaisseur avec doublure dans toute la grandeur, soubassements en saillie avec moulures et panneaux à façettes : hauteur, 3 m. 245 ; largeur, 1 m. 30 = 0 m. 00, à 10 fr. 50.	»	»
. . 11 . .	4 croisées en chêne de 0 m. 035 ; hauteur 2 m. 10, largeur 1 m. 20 c. ; ensemble 0 mèt 80, à 5 fr. 20.	»	»
	Total. . .	»	»

		fr.	c.
	Report. . . .	»	»
Juin, 14 .	4 paires de contrevents en chêne, de 0 m. 0,35 d'épaisseur avec doublure aux pentures, haut. 2 m. 10, larg. 1 m. 20; ensemble 10 m. 08 à 5 fr. 20.		

1er ÉTAGE.

			fr.	c.
. . . . 17 .	Fourni 6 croisées en chêne de 0 m. 040, hauteur 1 m. 80, largeur 1 m. 20; ensemble. . . . . 0 m. 00	0m.00,à 8 f.	»	»
	2e ÉTAGE.			
. . . . 19 .	Fourni 6 id. id., ensemble. . . . . 11 m. 52			
	Fourni 6 paires de volets, idem. 12 m. 96	0m.00,à 8 f.	»	»
	Fourni 6 id. id. 11 m. 52			

FAÇADE SUR LA COUR.

REZ-DE-CHAUSSÉE.

		fr.	c.
. . . . 19 .	Fourni 6 portes intérieures en sapin, de 0,035 à un ventail et à deux panneaux, haut. 2 m. 10, larg. 1 m. 05; ensemble, 13 m. 23 à 5 fr. 75 le mètre.	»	»

1er ÉTAGE.

		fr.	c.
Juillet, 10 .	Fourni 4 portes vitrées, en sapin, de même épaisseur que les précédentes, assemblées à petits cadres, avec panneaux d'appui, et petits bois en chêne, assemblés à pointe de diamant, haut. 2 mèt. 165, larg. 0 mèt. 812; ensemble 0 m. 00 à 6 fr. 80.	»	»
	4 portes pleines en sapin, de même épaisseur que les précédentes : hauteur, 2 m. 10, largeur 1 m. 05; ensemble 8 m. 80 à 5 fr. 75.	»	»
	Total. . . .	»	»

		fr.	c.
	Report. . . .	»	»

2e ÉTAGE.

Date	Désignation	fr.	c.
Juillet, 27.	Fourni 3 portes pleines en sapin, même épaisseur que les précédentes, hauteur 2 m. 10, largeur 1 m. 05; ensemble 0 m. 00, à 5 fr. 75.	»	»
. . . . . .29.	— 16 chambranles de portes en chêne de 0 m. 075 avec moulures en sapin, assemblés à onglets, à 9 fr. 50 l'un. . . .	»	»
	— 12 chambranles de cheminées en noyer, de 0 m. 035 avec placage en saillie; hauteur, 1 mèt. 10; largeur, 1 m. 35, à 15 fr. 50 l'un.	»	»
	Fourni pour les cloisons 30 poteaux en chêne corroyé, de 0,095 sur toutes faces, et assemblés, chacun de 3 m. 32 de longueur, ensemble 0 m. 00 à 2 fr.	»	»
	Total.	»	»

Réduit par l'Architecte à la somme de mille-sept cent-quatre-vingt-neuf francs quatre-vingts centimes.

A..... le.... 185 .

(Signature de l'Architecte.)

Pour acquit de la somme de mille-sept cent-quatre-vingt-neuf francs quatre-vingts cent. ci-dessus.

A..... le.... 185 .

(Signature du Menuisier.)

MÉMOIRE DE SERRURIER.

Mémoire des Travaux de Serrurerie faits au bâtiment de M. N..., rue St-Louis, n° 4, dans le courant de l'année 185 .

Par D..... Serrurier, rue.... n°....

SAVOIR :

		fr.	c.
Février, 4.	Fourni 2 boulons en fer, ronds, à tête carrée, garnis de leurs rondelles et de leurs écrous, à 2 fr.	4	»
	Fourni 2 fortes pattes en fer de 0,005 d'épaisseur, sur 0,045 de largeur et 0,02 de longueur, à 0,75 l'une.	»	»
	Façon de 8 plates-bandes de 0,33 de longueur, percées chacune de 4 trous, à 0,50.	»	»
Avril, 15.	Fourni 34 clous de bâtiment, à 0,075	»	»
	Ferré et refaçonné l'œil aux pentures de 2 portes et les avoir percées sur place.	2	»
	Fourni 4 gonds à patte de 0 m. 217 c. de développement; les avoir coudés et les avoir placés, à 1 fr. 50 c.	»	»
	Fourni 2 gâches à pointe et les avoir placées, à 1,25.	»	»
	Fourni et ajusté 2 clefs en chiffre avec leurs garnitures à une serrure de sûreté, réparé et reposé ladite serrure.	7	»
Août, 28.	Fourni et placé un support.	1	25
	Déplacé une serrure, l'avoir réparée, remise en place, et remplacé une clef forée, en chiffre	4	»
	Fourni un mentonnet à patte, un ressort à patte et à boucle, et 4 vis à tête ronde.	1	25
	Total.	»	»

Pour acquit de la somme de 35 fr., valeur réduite du présent mémoire.

A..... le.... 185 .

(Signature du Serrurier.)

MÉMOIRE DE COUVREUR.

Mémoire des Travaux exécutés et des matériaux fournis pour la toiture du bâtiment de M. R... situé à... rue.... n°.... dans le courant de l'année 185 .

Par C.... Maître Couvreur, rue.... n°....

SAVOIR :

		fr.	c.
Mai, 18. . .	Fourni 200 ardoises et leurs clous, à 10 fr. le $\frac{0}{0}$	20	»
	150 tuiles à 15 fr. le $\frac{0}{0}$	»	»
	20 faîtières, à 0, fr. 80.	»	»
	1 m. 88 de tuyau en grès, à 1 fr. 90 le mètre.	»	»
	3 sacs de plâtre, à 0 fr. 75	»	»
	3 journées d'ouvriers, à 4 fr.	»	»
	3 idem de manouvrier, à 3 fr.	»	»
	3 kilogrammes de clous pour utiliser les vieilles ardoises, à 1,10.	»	»
	Vieilles ardoises	11	»
Juillet, 14.	120 lattes et leurs clous, à 0,05. . . .	»	»
	110 tuiles, à 0, fr. 15 c	16	50
	160 ardoises et leurs clous, à 10 fr. le $\frac{0}{0}$	»	»
	14 journées d'ouvrier, à 4 fr.	»	»
	14 idem de manouvrier, à 3 fr. . . .	»	»
	Pour fourniture d'équipages et bénéfice de l'Entrepreneur $\frac{1}{0}$ de la dépense ci-dessus.	»	»
	Total. . . .	»	»

Le présent mémoire réduit, par l'Architecte, à la somme de deux cent cinquante francs.

(Signature de l'Architecte.)

Pour acquit de ladite somme de deux cent cinquante fr.

P. . . . le. . . . 185 .

(Signature du Couvreur.)

VOCABULAIRE

DES POIDS ET MESURES.

Are (*masc.*), du latin *area*, surface (*décamètre carré*, surface de 100 mètres), unité des mesures de l'ETAT pour les évaluations des terrains.

Centi (*fraction décimale*), signifiant centième.

Centiare (*masc.*), fraction décimale de l'*are*, et sa centième partie (*mètre carré*); propre aux plus petites évaluations des terrains.

Centigramme (*masc.*), fraction décimale du *gramme*, et sa centième partie; propre au poids pour la vente de certaines drogues en pharmacie, et les pesées précieuses de l'or et de l'argent.

Centilitre (*masc.*), fraction décimale du *litre*, et sa centième partie; propre seulement au commerce en détail des liquides.

Centime (*masc.*), fraction décimale du *franc*, et sa centième partie.

Centimètre (*masc.*), fraction décimale du *mètre*, et sa centième partie; propre aux petites mesures.

Déca, du grec *déca*, en latin *decem*, mot multiple qui signifie dix.

Décagramme (*masc.*), poids de dix grammes; propre aux pesées de peu de valeur pour toute sorte de commerce.

Décalitre (*masc.*), dix litres; propre au commerce des matières sèches et liquides.

Décamètre (*masc.*), longueur de dix mètres (*racine carrée de* l'are); propre aux mesures de longueur.

Décastère (*masc.*), mesure de dix stères.

Déci (*fraction décimale*), signifiant dixième.

Décigramme (*masc.*), fraction décimale du *gramme*, et sa dixième partie; propre aux pesées précieuses pour les matières d'or et d'argent, et pour la pharmacie.

DÉCILITRE (*masc.*), fraction décimale du *litre*, et sa dixième partie; propre au détail pour le commerce d'huile, de vin, de vinaigre, etc.

DÉCIME (*masc.*), fraction décimale du *franc* et sa dixième partie.

DÉCIMÈTRE (*masc.*), fraction décimale du *mètre*, et sa dixième partie (*racine cubique de la capacité du* LITRE).

DÉCISTÈRE (*masc.*), fraction décimale du *stère*, et sa dixième partie.

FRANC (*masc.*), unité des monnaies de l'ETAT. Le *franc* d'argent est du poids de cinq *grammes*, et il contient un $\frac{1}{10}$ d'alliage.

GRAMME (*masc.*), *poids*, de *gramma*, poids grec appelé *scrupule* par les Romains (*poids d'un centimètre cubique d'eau distillée et pesée dans le vide à son maximum de densité*). Unité des poids de l'ETAT; propre aux petites pesées pour les matières d'or et d'argent, de cuivre, etc., et à la pharmacie.

HECTO, du grec *hekaton*, *centum*, *cent*, par syncope, *hekto*, *cent;* mot multiple qui signifie cent.

HECTARE (*masc.*), cent ares, par syncope (*hectomètre carré*) ; mesure propre à évaluer les terrains.

HECTOGRAMME (*masc.*), poids de cent grammes, poids propre aux pesées pour toute sorte de commerce.

HECTOLITRE (*masc.*), mesure de cent litres; mesure propre aux grandes capacités pour les matières sèches et liquides.

HECTOMÈTRE (*masc.*), longueur de cent mètres (*racine carrée de* l'HECTARE) ; mesure propre aux grandes évaluations de longueur.

KILO, du grec, *chilioi*, *mille*, mot multiple qui signifie mille fois une unité.

KILOGRAMME (*masc.*), poids de mille grammes (poids d'un *décimètre cubique d'eau*); propre aux pesées pour tout genre de commerce.

KILOLITRE (*masc.*), mesure de mille litres (*mètre cube*); propre aux matières sèches seulement, et mesure de compte pour les liquides.

Kilomètre (*masc.*), longueur de mille mètres; mesure itinéraire pour les petites distances et les bornes sur les routes; propre à évaluer les distances des cantons et des communes.

Litre (*masc.*), du grec *litra, mesure,* chez les anciens servait pour les liquides (capacité du *décimètre cube*); unité des mesures de l'ETAT pour les grains et les liquides; propre au commerce en détail.

Mètre (*masc.*), *mesure*, du grec *metron*, *mensura*, *mesure* (prototype, 10.000.000e partie du quart du méridien de la terre), *unité fondamentale* des mesures et poids de l'ETAT, et *unité* des mesures de longueur, ou linéaires; propre à tout ce qui est susceptible d'être mesuré dans la nature.

Milli (*fraction décimale*), signifiant 1.000e.

Il ne se joint qu'aux mesures de longueur et aux poids, comme *millimètre*, *milligramme.*

Milligramme (*masc.*), fraction décimale du *gramme*, et sa 1,000e partie (*poids d'un millimètre cubique d'eau*); sert à la pharmacie.

Millimètre (*masc.*), fraction décimale du *mètre*, et sa 1.000e partie; propre aux plus petites évaluations de longueur.

Myria, du grec *myrioi*, *decem mille*, *dix mille*, mot multiple qui signifie 10.000 fois une unité.

Myriagramme (*masc.*), poids de 10.000 grammes; propre aux grosses pesées pour tout genre de commerce.

Myriamètre (*masc.*), longueur de 10.000 mètres (1.000e partie du quart du méridien de la terre); distance itinéraire géographique et maritime.

Stère (*masc.*), *solide*, du grec *stéréos*, *solide* (*mètre cube*), mesure de l'ETAT pour le commerce des bois de chauffage.

FIN.

TABLE DES MATIÈRES.

Chiffres Romains. Page 1
Explication des Signes, etc. 2

PREMIÈRE PARTIE.

Introduction. 3
Définitions préliminaires. 4
NUMÉRATION. — Numération parlée. 6
Numération écrite. 8
DÉCIMALES. 11
Tableau Synoptique du Système de Numération. 14
Méthode pour apprendre la Numération au moyen de la main. 15
Exercices sur la Numération. 16
Application des principes de la Numération. 20
Exercices sur l'application des propriétés de la Numération. 22
OPÉRATIONS de l'Arithmétique en général. 24
ADDITION. id.
Addition des nombres décimaux. 26
Preuve de l'Addition par l'Addition. id.
Exercices sur la Numération et sur l'Addition. 27
SOUSTRACTION. 32
Soustraction des nombres décimaux. 34
Preuve de la Soustraction. 35
Preuve de l'Addition par la Soustraction id.
Exercices sur la Soustraction. 37
MULTIPLICATION. 40
Preuve de la Multiplication. 45
Multiplication des nombres décimaux. 46
Exercices sur la Multiplication. 49
DIVISION. 51
Preuve de la Division. 55
Division des nombres décimaux. 59
Preuve de la Multiplication par la Division. 60
Exercice sur la Division. 61
FRACTIONS. 63
Réductions de Fractions. 66
Première Réduction. id.
Exercices. 67
Deuxième réduction. id.
Exercices. 68
Troisième Réduction. 69
Théorie du plus grand commun Diviseur. id.
Caractère de la divisibilité des nombres. id.
Exercices sur la 3e Réduction. 71
Quatrième Réduction. 72
Exercices. 75
ADDITION des Fractions. 76
Exercices. 77
SOUSTRACTION des Fractions. id.
Exercices. 78
MULTIPLICATION des Fractions. id.
Exercices. 79

Division des Fractions. 80
Exercices. 81
Fractions de Fractions. 82
Réduction des Fractions ordinaires en décimales. 83
Exercices. id.
Réduction des Fractions décimales en Fractions ordinaires. 84
Exercices. id.
Problèmes divers sur les Fractions. 85
Exercices. id.
Problèmes divers sur les 4 Opérations fondamentales et sur les Fractions. 86

DEUXIÈME PARTIE.

Système métrique. — Introduction et Notions préliminaires. 91
Lois relatives aux Poids et Mesures. 99
Tableau des Mesures légales. 105
Mesures métriques en général. 107
Manière d'enseigner le Système métrique au moyen de la main. 111
Exercices sur les mots multiples et sur les mots sous-multiples. 113
Mesures métriques en particulier. 114
Mesures linéaires ou de longueur. id.
Mesures de longueur proprement dites. id.
Mesures itinéraires. 116
Mesures effectives de longueur. 117
Exercices sur les Mesures de longueur. 118
Mesures de surface ou de superficie. 126
Mesures de superficie proprement dites. id.
Exercices sur les Mesures de superficie proprement dites. 130
Mesures topographiques. 136
Exercices sur les Mesures topographiques. 137
Mesures agraires. 138
Exercices sur les Mesures agraires 141
Mesures de volume ou de solidité. 146
Mesures de solidité proprement dites. id.
Exercices sur les Mesures de solidité proprement dites. 149
Mesures pour les Bois de chauffage. 155
Mesures effectives pour le Bois de chauffage. 156
Exercices sur les Mesures pour le Bois de chauffage. 157
Mesures de capacité. 162
Mesures effectives pour les liquides. 163
Mesures effectives pour les matières sèches. 165
Exercices sur les Mesures de capacité. 167
Mesures de poids. 172
Mesures effectives de poids. 174
De la Balance. 177
Exercices sur les Mesures de poids. 179
Mesures monétaires. 184
Monnaies effectives. 185
Du titre des Pièces de Monnaie. 187
Exercices sur les Mesures monétaires. 188
Exercices sur le titre des pièces de Monnaie. 193
Monnaie d'Or. id.
Monnaie d'Argent. 194
Monnaie de Billon. id.
Relations qui existent en-

TRE LES MESURES MÉTRIQUES. 195
Mesures de superficie entre elles. id.
——— de solidité. id.
——— de capacité. 196
——— monétaires. 197
Poids respectifs des différentes monnaies. id.
EXERCICES SUR LES RELATIONS QUI EXISTENT ENTRE LES MESURES MÉTRIQUES. 198
Mesures de superficie entre elles. id.
Mesures de solidité entre elles. id.
Mesures de solidité avec les mesures de capacité. 199
Relations du volume de l'eau avec son poids. id.
Mesures de capacité avec le poids de l'eau qu'elles peuvent contenir. 200
MESURES MONÉTAIRES AVEC LES MESURES DE POIDS. id.
Monnaie d'Or. 200
Monnaie d'Argent. 201
Monnaie de Billon et de Cuivre. id.
Poids respectifs des différentes monnaies. id.
EXERCICES SUR LES VALEURS RELATIVES DES MESURES. 202
Problèmes à résoudre en y appliquant les principes de la Numération. 203
Mesures de longueur. id.
——— de superficie. 204
——— agraires. id.
——— de solidité. id.
——— pour le Bois de chauffage. 205
——— de capacité. id.
——— de poids. id.
Autres Problèmes sur la Multiplication. 206
Autres Problèmes sur la Division. 207
Tableau synoptique 208

TROISIÈME PARTIE.

PROPORTIONS. 217
Propriété des Proportions par différence. 218
Propriété des Proportions par quotient. 219
RÈGLE DE TROIS. 223
Résolution des Règles de Trois simples. 224
Exercices. 227
Règle de Trois composée. 233
Exercices. 235
Règle d'Intérêt. 240
Intérêt par le denier. id.
Exercices. 242
Intérêt par cent. 244
Exercices. 245
Règles d'Escompte. 248
Manière d'opérer l'escompte en dedans. 249
Exercices. 250
Manière d'opérer l'escompte en dehors. 251
Exercices. 252
Règle de Répartition Proportionnelle simple. 253
Exercices. 254
Règle de Répartition Proportionnelle composée. 257
Exercices. 258
Règle de Société. 259
Méthode du Marc le franc. 263
Exercices. 264
Règle de Société composée. 268
Exercices. 269
Règle du Temps pour les paiements. 271
Exercices. 274
Règle de Mélange 1er cas. 276
Exercices. 278
Deuxième cas. 279

Exercices. 285
Règle des Moyennes. 287
Exercices. id.
Racine carrée. 288
Exercices. 292
Racine cubique. 293
Exercices. 296
Progressions. 297
Progressions arithmétiques. id.
Exercices. 299
Progressions géométriques. 300
Exercices. 303
Règle de l'Intérêt des Intérêts. id.
Règle de Fausse Position simple. 306
Exercices. 311
Règle de Fausse Position double. 312
Exercices. 316
Problèmes divers. 317
Mesures des surfaces et des corps. 321
Exercices sur les Surfaces. 324
Des Solides. 329
Exercices sur la solidité des corps. 331
Calcul des Nombres complexes. 333
Mesures du Temps. id.
Exercices. 340
Mesures à l'usage des Astronomes, des Géomètres, etc. 342
Exercices. 346
Problèmes de Récapitulation générale. 347
Vocabulaire des Poids et Mesures. 377

FIN.

TOURS. — IMPRIMERIE MAME.

Pl. I

Fig. 1
Double Décimètre
A
B
1
2
3
4
5
6
7
8
9
11
15
16
17
18
19
Fig. 2
C
D
K
A
B
Fig. 3
E
F
M
R
O
T
P
C
L
K
H
D
N
I
G
A
B
R

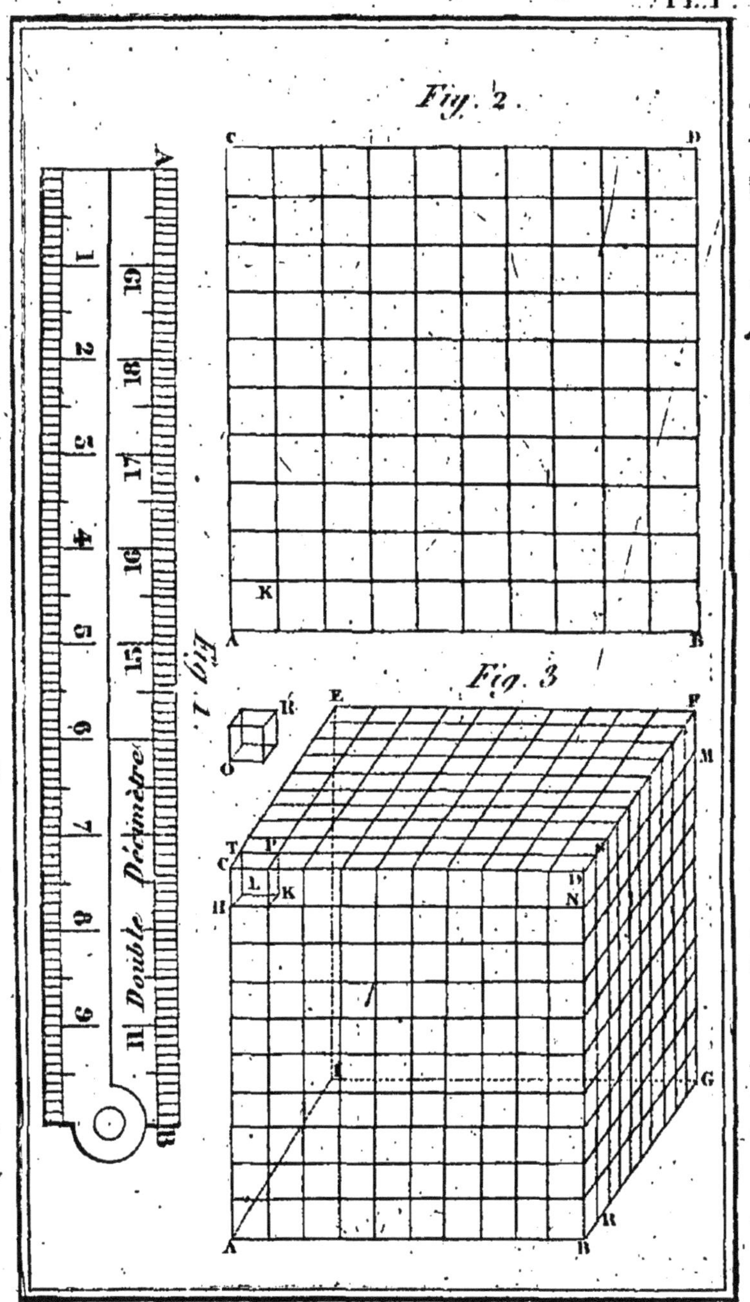

Pl. II.

Fig 3 bis
Pole Nord ou boréal
P
Cercle Polaire
Dunkerque
PARIS
ASIE
AFRIQUE
Tropique du Cancer
EQUATEUR
A
Trop. du Capricorne
Cercle Polaire
Pole Sud ou austral
Fig. 4.
D
C
A
B
Fig. 5.
L
K
G
H
Fig. 6.
A
B
D

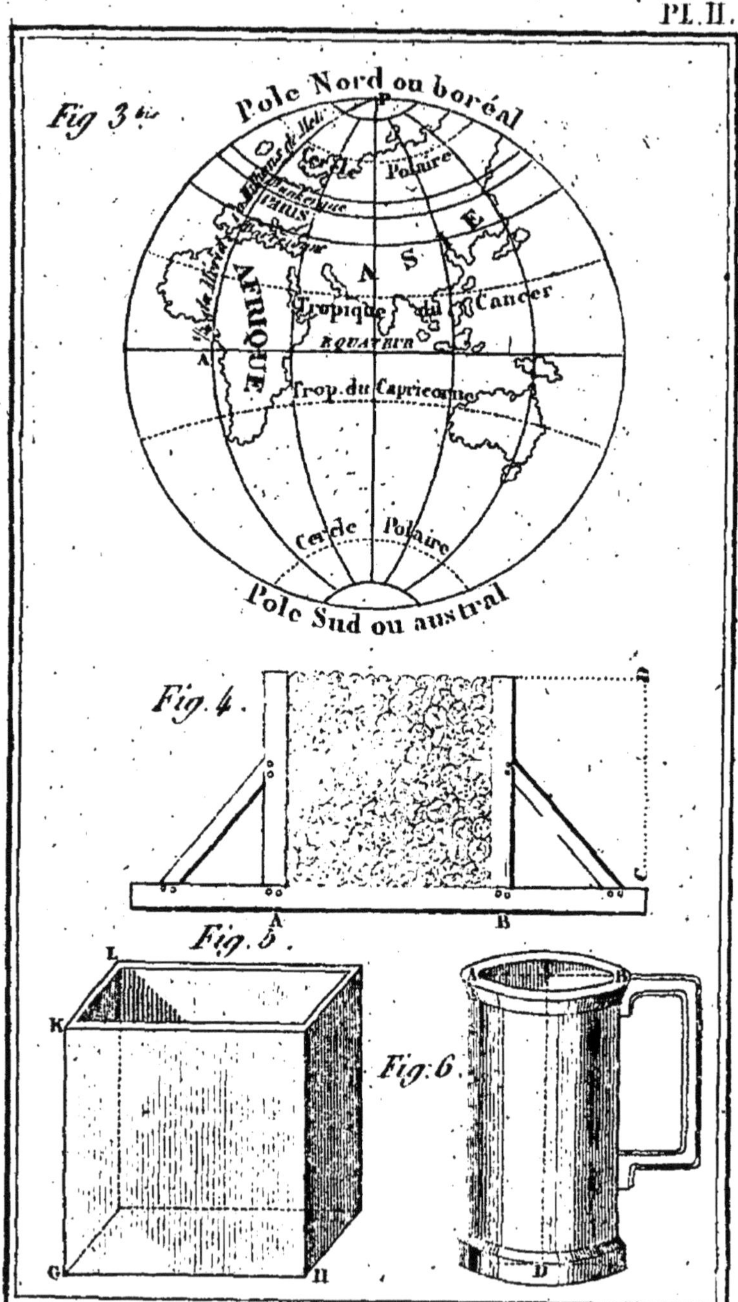

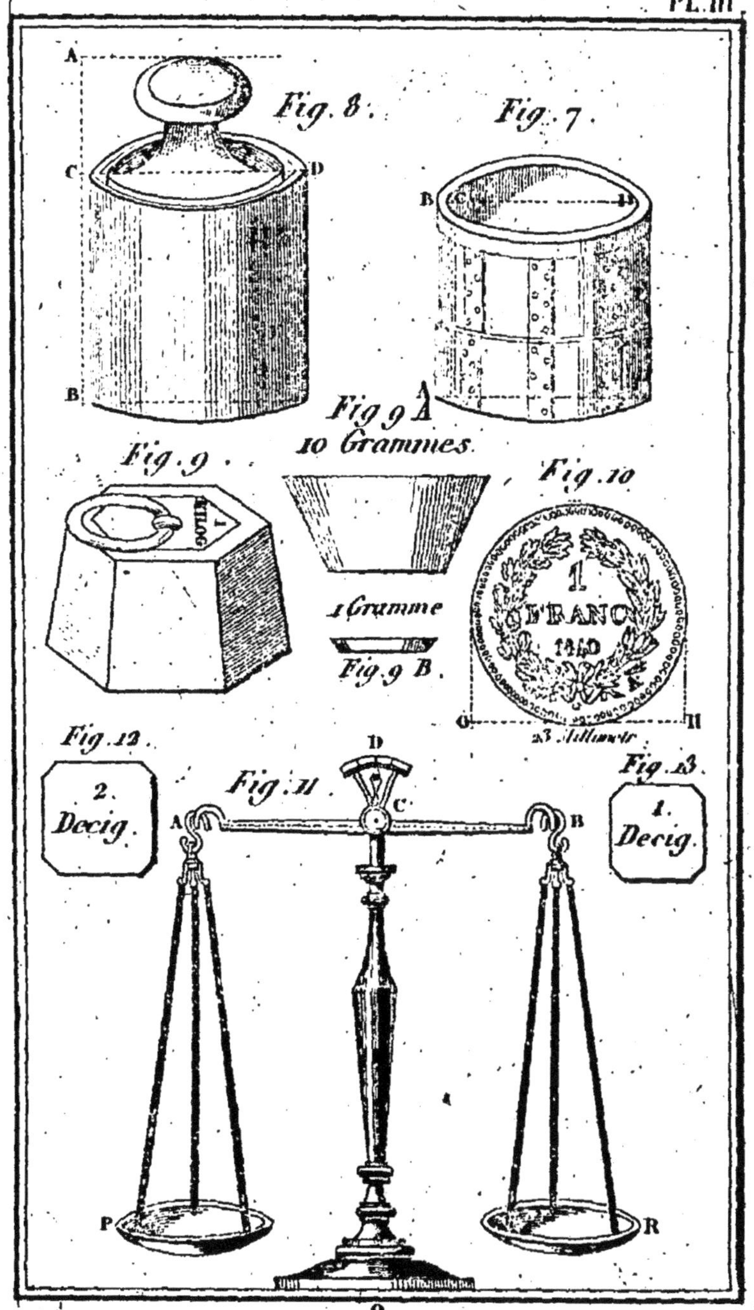
Fig. 8.
Fig. 7.
Fig. 9 A
10 Grammes.
Fig. 9.
1 KILOG
Fig. 10
1 FRANC
1840
1 Gramme
Fig. 9 B.
23 Millimetr
Fig. 12.
2. Decig.
Fig. 11.
Fig. 13.
1. Decig.

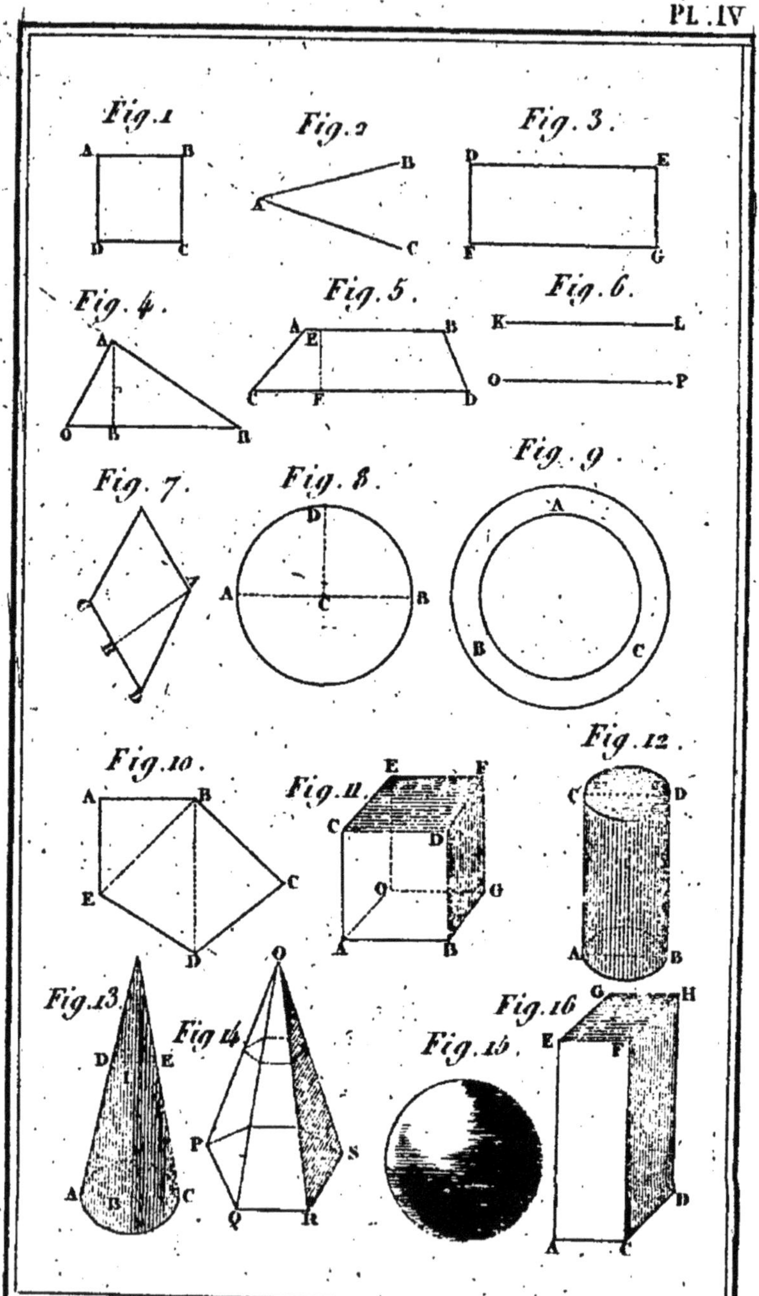
PL. IV
Fig. 1
Fig. 2
Fig. 3
Fig. 4
Fig. 5
Fig. 6
Fig. 7
Fig. 8
Fig. 9
Fig. 10
Fig. 11
Fig. 12
Fig. 13
Fig. 14
Fig. 15
Fig. 16

www.ingramcontent.com/pod-product-compliance
Ingram Content Group UK Ltd.
Pitfield, Milton Keynes, MK11 3LW, UK
UKHW020321200726
13857UKWH00001B/250

9 782011 953131